抓重带轻
对"基础课"教学重点的研究

卢黎歌等 ◎ 著

中国社会科学出版社

图书在版编目（CIP）数据

抓重带轻：对"基础课"教学重点的研究/卢黎歌等著. —北京：
中国社会科学出版社，2016.8
ISBN 978 - 7 - 5161 - 8873 - 6

Ⅰ.①抓…　Ⅱ.①卢…　Ⅲ.①思想修养—教学研究—高等学校
②法律—中国—教学研究—高等学校　Ⅳ.①G641.6②D920.4

中国版本图书馆 CIP 数据核字（2016）第 213340 号

出 版 人	赵剑英	
责任编辑	卢小生	
责任校对	周晓东	
责任印制	王　超	

出　　版	中国社会科学出版社	
社　　址	北京鼓楼西大街甲 158 号	
邮　　编	100720	
网　　址	http：//www.csspw.cn	
发 行 部	010 - 84083685	
门 市 部	010 - 84029450	
经　　销	新华书店及其他书店	

印　　刷	北京君升印刷有限公司	
装　　订	廊坊市广阳区广增装订厂	
版　　次	2016 年 8 月第 1 版	
印　　次	2016 年 8 月第 1 次印刷	

开　　本	710×1000　1/16	
印　　张	22	
插　　页	2	
字　　数	363 千字	
定　　价	80.00 元	

序

　　高校思想政治理论课"05方案"（《关于进一步加强和改进高等学校思想政治理论课的意见》）正式实施以来，全国高校使用中央马克思主义理论研究与建设工程统一编写的"思想道德修养与法律基础"课（本书中简称"基础课"）新教材进行教学。新教材汇集全国著名专家和广大师生集体智慧，体现了我国在该领域的最新理论成果。2006年教材出版，又根据需要多次修改，以及时反映党的最新理论成果。教育部十分重视组织教材编写组对全国骨干教师进行培训。每次培训，首席专家和主要成员都会根据教材编写的意图对教材进行进一步的解读，并在《思想理论教育导刊》及时发表指导性的访谈、论文。另外，还有一些学者有一批专著和关于"基础课"理论研究的成果问世。这些培训和理论研究方面的进展，帮助广大任课教师对新教材有了比较准确的把握和理解，促进了"基础课"教学质量的提高。

　　在实施"05方案"教学实践中，一线教师反映的一个重要的难题就是，"基础课"涉及的领域较广，理论知识点较多。为了保证教材体系的完整性和系统性，在设计教材内容时，不得不涉及广泛领域和很多层面的理论观点。但是，囿于篇幅所限，对所涉及的重要理论问题的阐述，只能采取提纲挈领、简明扼要论述的编写方式。这样，课时的有限性与内容的广泛性形成了一对不易把握的矛盾。有些教师在教学中采用了两种极端的做法：要么面面俱到，每个知识点和理论观点都想涉及，但是重点不突出，不能针对问题释疑解惑，学生收获不大；要么只就教师自己熟悉的学科领域和理论知识点深入讲解，但是，这个点可能在教材中是不需要重点讲授的内容，从而达不到教材设计时的教学目的。很多教师则希望在教材的理论知识点多、课时少的现实情况下，在如何把握重点、讲出效果方面得到指导。为了解决这个问题。这就需要根据本课的教学目的和内容，对教材重点进行研究提炼，供教师教学参考。

　　2011 年，课题组负责人卢黎歌教授就解决上述问题向时任社科司副司长徐维凡和我谈了自己的一些想法和建议。他提出了"基础课"教材"理论观点分层"设想："《思想道德修养与法律基础》教材的理论观点可分为三个层次。包括每一章的核心理论观点、重要理论观点、一般理论观点。每一章都是围绕一个主题、确立并阐明一两个核心理论观点和几个重要理论观点，其他一般理论观点都是为核心理论观点和重要理论观点做进一步说明、论证或者拓展服务的。它们有着内在的有机的联系。"这一教学设计是本课题的基础，也得到了徐司长的认可。徐司长在多次学术会议上都提到了要将教材的理论观点进行分层，并在教学中把握重点。

　　课题组在卢黎歌教授和武东生教授的带领下，全体成员按照"基础课"教学设计研究的要求和突出教材重点的思路，进行了认真研究，通过集体分析、个人探讨、集体修改、负责人把关等环节，完成了项目的结项。值得一提的是，在课题组接受项目到目前完成本书的过程中，马克思主义理论研究与建设工程（简称"马工程"）《思想道德修养与法律基础》教材进行了两次大的修改，课题组及时认真研读新修改版教材，吃透修改的主要意图和精神，对课题组的研究成果进行充实、修改。现在出版的成果，基本上体现了 2015 年版的新内容。

　　最终研究成果由上、下两篇组成，分为五部分。上篇包括以下四个部分：

　　第一部分教学设计。包括关于我国教学设计研究的基本状况、"基础课"教学设计的理论思考、"基础课"教学设计的可操作性思考和"基础课"核心观点和重点理论遴选。

　　第二部分教材主线。包括厘清社会主义核心价值体系与社会主义核心价值观的关系、社会主义核心价值体系研究综述、社会主义核心价值观的理论与实践渊源、主导向主流转化的关键、对作为主线和作为内容的思考。

　　第三部分教学重点。包括教材中各章、节涉及的概念与理论观点。在这一部分中，对各章、节所涉及的全部概念和理论观点进行了提取、清理，略去了论述、举例、佐证的内容，以全面反映本教材的理论成果；遴选了各章的核心理论观点和节的重要理论观点，并对选择的依据进行了说明。

　　第四部分研究综述。包括对每章的核心理论观点进行了研究综述。其中有的包括国内外研究综述；有的国外没有涉及的理论问题，则主要是国内研究综述。研究综述收集了一定范围内的专家学者的研究成果和主要观点，进行了分门别类的整理和归纳，并进行了评价。其内容对于教师讲课和学术研究均有一定的参考价值。

下篇为研究论文。研究论文收集了课题组成员对"基础课"教学的研究或者对"基础课"重要理论观点的研究，在报刊上发表的学术论文和文章。

我认为，以教育部课题方式对思想道德修养与法律"基础课"教材中的理论观点进行梳理、研究和提炼，在全国高校属于针对性很强的理论和应用研究，所获得的研究成果也体现了前瞻性。

厘清教材所涉及的范畴和理论的不同层次，抓住核心层次进行研究，使教学的理论性系统、深化，是本课题的重大创新点。该课题的成果丰富了教材原有的理论内容，进一步增强教材的说理性，维护教材的科学性、严肃性、权威性。在保证对"基础课"教材基本遵循的前提下，帮助主讲教师进一步领会教材的精神实质，吃透教材，构建有"高度"和"深度"的教学内容，能够真正运用"理论的武器"联系实际，为大学生答疑解惑。

作为教育部思想政治理论课教学指导委员会的主任委员，我对于以教指委为组织平台，通过课题研究、论文评选、教学观摩研讨会等活动方式，促进思想政治理论课的教育教学质量、提高思想政治理论课教师的教学水平和队伍素质、提高大学生思想政治素质，充满信心。教指委"基础课"分委员会成立以来，在全国高校"基础课"教师的积极支持和配合下，在这些方面进行了有益的探索，积累了一定的经验，取得了一定的成果。该课题的成果，也从一个小的侧面折射出"基础课"教师的探索和敬业精神。该课题组成员在教指委召开的全国高校思政课骨干教师沈阳会议、苏州会议上发言介绍课题组研究的思路，对全国基础课教学改革起到了积极促进作用。通过课题研究培养和锻炼队伍也富有成效。该课题组成员通过对教材的深入精读和研究，业务水平明显进步，其中有两人入选教育部首届思想政治理论课教学能手，两人入选教育部中青年思想政治理论课教师扶持计划项目。

中共中央办公厅、国务院办公厅印发的《关于进一步加强和改进新形势下高校宣传思想工作的意见》指出，"要建设学生真心喜爱、终身受益的高校思想政治理论课，实施高校思想政治理论课建设体系创新计划，全面深化课程建设综合改革，编好教材，建好队伍，抓好教学，切实办好思想政治理论课"，"要着力增强大学生思想政治教育针对性、实效性，启动大学生思想政治教育质量提升工程，深入开展中国特色社会主义和中国梦教育，加强党史国史和形势任务政策教育，把社会主义核心价值观融入高等教育全过程"。时代对大学生全面素质的期待，思想政治理论课的历史地位和作用，要求我们每一位思想政治理论课教师守土有责、守土负责、守土尽责。"编好教材，建好队伍，抓好教学，切实办好思想政治理论课"即"三好加一好"任务的实现还任重而道远。让我们以自己的辛勤努力向党和人民交出满意的考试答卷吧！

胡树祥
2015 年 8 月于中央财经大学

目　录

上篇　教学教材研究

下篇　研究论文

上篇　教学教材研究

第一部分　教学设计

——"思想道德修养与法律基础"课教学设计研究

　　教学设计是保障教育教学质量和效果的重要环节。根据"思想道德修养与法律基础"课（以下简称"基础课"）的教学实际，对教学设计进行一番认真探索，并呈现出相应的理论见解和实践操作建议等成果，使"基础课"的教学水平和教育效果在现有基础上有一个质的飞跃，是思想政治教育学科在支撑"基础课"教学方面的重要体现。本课题旨在进行专题研究，以期能为同行们提供琢玉之石。

一　关于我国教学设计研究的基本状况

　　"基础课"教学设计，有赖于我国教学设计研究的基础和现有成果水平。所以，在讨论"基础课"教学设计之前，有必要简单地回顾一下我国教学设计研究的基本状况。

　　关于教学设计的研究，我国教育技术学的同仁一般认为教学设计作为一门新兴学科，起源于美国。1962 年，格拉泽提出"教学设计"概念并对教学系统进行设计，开启了该学科建设的先河。20 世纪 80 年代末从美国引入我国，并以 1987 年《外语电化教学》刊登的一篇有关教学设计文章作为标志。其实，从中国知网查阅教学设计主题的文章会发现，《教学与职业》1921 年第 7 期发表过叶公覆的《小学校木工教学设计》，应该是目前能够查阅到的最早以"教学设计"为标题的文章。其后，这一主题便在我国的期刊上销声匿迹。直至改革开放后，这一主题的研究才逐步恢复，90 年代逐步引起学界的关注，2005 年以后，发表的成果呈现"井喷"状态，迄今已经在各类学术期刊发表论文达 25800 篇之多，出现了研究的繁荣景象。

对于教学设计的研究，我国大体有如下方向：教学设计基础理论研究、教学设计本体论研究、课堂教学设计研究、教学资源设计研究、信息化教学设计研究和具体课程的教学方案设计。虽然多数学者都认为，教学设计以教学实践为基础，并且是从研究如何"教"的设计为出发点的，因此它应该是实践性、应用性极强的特色学科。然而，当我们认真查阅目前发表的成果就会发现，应用型研究主要集中于前学科时期和学科初创时期，大多出自教学实践第一线的教师，不仅数量有限，深入程度也远远不够。而学科建立后，尤其是近年来的成果聚焦于分析理论探讨领域，成果主要包括教学设计理论介绍及其我国构建、教学设计原则讨论、教学设计原理研究、教学设计研究方法等。凡是涉及技术层面的研究，比如教学设计能力、教学设计模式，也大都是基于分析、评价、分析、反思等角度阐述的。可见，对具体课程教学的设计，从技术层面和具体内容的设计，并不如有些学者评价得那么乐观，反而还是处于薄弱环节。

北京师范大学教学行为研究所李芒提出，教学设计的九大信条：一是挖掘本领域基本概念的含义；二是讨论教学设计的基本问题；三是关注可操作性；四是遵循简约性原则；五是坚定"教学设计是个性化人类行为过程"的认识；六是坚持认为教师一般的思维方式是"类比思维"而非理论思维；七是坚持认为站讲台的一线教师服务，力争解决教学实践问题的原则；八是完整而全面地研究教学过程，不能只盯着设计不放，而忽视了实施和分析；九是将研究重点放在教学设计理论和方法本身，而不应该将主要精力用于所谓"学科教学设计"或者"信息化教学设计"上。①这些信念中有些的确值得我们在进行"基础课"教学设计研究和设计工作中思考和借鉴。

关于"基础课"教学设计研究，甚至政治理论类课程教学设计，在中国知网的学术期刊总库中微乎其微。可见，对"基础课"教学设计的研究还没有引起思想政治教育学科和本课程教学者的应有重视。本课题就是力图填补此空白，进行尝试性的研究。以此给教学一线的教师提供一些教学参考思路和资料，并期待通过不同意见的学术讨论和争鸣，推进和繁荣"基础课"教学设计研究。

---

① 李芒：《教学设计的九大信条》，《电化教育研究》2010年第4期。

二　"思想道德修养与法律基础"课教学设计的理论思考

(一) 对教学设计定义的理解

要研究"基础课"的教学设计，首先要明确何为教学设计？这是一个含义明确但却表述颇多的概念。钟志贤曾归纳了国内外学界的九类定义，并从客观主义理论的角度提出了他自己对教学设计定义的重构："教学设计是指解决教学问题的系统方法。其目的是为追求教学效果的最优化。"[①] 对于各类定义，撇开字面推敲的因素，对其理解实际上的分歧主要在于：其含义的实质究竟是"过程"，还是"结果"。[②] 所谓"过程"，是指导教师从熟悉教材，把握教学目的，制订教学计划，收集教学资源信息，设计教学方案和环节，问题的提出、理解与求解，直至达到教学目的整个过程的系统设计。所谓"结果"，是设计的教案。

那么，"基础课"的课程设计应该选择何种含义的教学设计呢？这要根据"基础课"的性质所决定。"基础课"是体现社会主义性质的中国特色高等教育课程之一。党和政府的很多文件，以及大量的论文对其性质和设置课程的目的有过详尽的论述。正因为如此，"基础课"的课程设计，不仅要选择第一种含义，而且更要突出地体现教学目的在教学设计中的突出位置，以及如何通过教学设计有效地达到教学目的和要求。"05 方案"设置"基础课"时所确立的该课的性质、教学目标及要求，应该是"基础课"教学设计的逻辑起点和归宿点。基于此认识，本课题组认为："基础课"教学设计，是指"基础课"任课教师依据本课的性质，以规定教科书的主线和核心理论观点为基本遵循，针对教学对象的不同特点，遵循高等教育规律和社会对大学生思想政治道德心理素质的要求，创造性地、整体性地对教学全过程进行系统的设计，使教学实践达到预定的教学目标和教育效果。

---

① 钟志贤：《论教学设计定义的重构》，《电化教育研究》2007 年第 7 期。

② 刘亚萍、张晓英：《对教学设计理论中几个问题的看法》，《教育科学研究》2006 年第 3 期。

（二）对“基础课”教学设计原则的思考

根据上述对“基础课”教学设计概念的理解，在讨论“基础课”教学设计的过程中，首先需要确立设计的原则。在已有的教学设计原则研究成果中，所归纳的“原则”林林总总。研究者从不同的学科背景、研究视角提出的“原则”之己见。有的是基于不同的理论体系（根据不同的教学设计理念，有人把教学设计理论分为行为主义教学设计理论及其“三大新教学流派”、认知性教学设计理论、客观主义理论、建构主义理论、认知负荷理论、移情理论、联结派学习理论等；也有人把教学设计的基础理论归纳为系统理论、教学理论、传播理论和学习理论等），不同的理论体系，自然会归纳出意见相左的原则；有的是基于不同的教学目的，不同的学科、不同的专业，对于教学所要达到的目的是不同的，因而教学设计的原则就会有所差异；有的是基于不同的教学环境，尤其是网络时代教学环境的巨大变化，确定在新的环境中的教学设计新原则；有的是基于对不同教育教学本体的认知，尤其是主体间性理论从哲学引入教育学后，引发了对教育教学本体的不同理解，进而阐发了不同的教学设计原则；有的是基于教育方法的改进，如何在教学中运用现代教学手段，也有着不同观点和依据原则。原则是设计依据的理念和标准，故对原则的思考不仅是理论问题，也是实践问题。上述不同视角引出的原则，固然有值得肯定和借鉴之处，但是，基于本课的设置目的、课程性质和教学目标，应该对上述成果消化后进行“本课化”，以确定自己的教学设计原则。①

第一，突出重点与兼顾一般相协调原则。这是选择教学内容时应当遵循的主要原则。“基础课”涵盖的领域广，内容丰富，观点很多。要把本课所涉及的所有知识点和理论都讲到、讲深入，现有的课时远远不够，而增加课时是不现实的。要克服面面俱到的教学方法。因为只有突出了重点，才能给学生深刻的印象，也能合理地使用教学的时间。因此，要依据“05方案”对本课的定位和要求，围绕课程主线，服务设课目的，突出重点内容，深入探索难点，体现讲授内容的有限性和教学效果的有效性。一般性的内容，是服务于重点内容的，讲课中需要涉及和兼顾，教材上基本讲清楚了，可以布置给学生阅读，或者介绍课外阅读材料补充，也可以提

---

① 六项原则参见卢黎歌《试论高校思想政治理论课教材体系向数学体系的转化》，《教学与研究》2009年第11期。

示性地讲。但在设计中不宜占用不当的教学资源。所有内容的选取，都应该服务于教学目标的实现。

第二，针对问题与传授理论相链接原则。这是设计教学过程中选择切入点应当遵循的主要原则。根据主体间性理论，教学过程是师生之间相互交往的过程。那么，什么是能够激发师生共同兴趣的纽带呢？实践证明是"问题"。从教师角度看，教学的终极目的是提高学生的素质，而引导学生善于发现问题，提高运用相关理论分析问题、解决问题的能力，才是教学的真正目的。从学生角度看，能够引发求知欲望的兴趣点在于问题。问题能够引起学生的好奇，引起探究心理，引起深入的思考。由问题所引发的、运用理论解决问题的过程，不仅印象深刻，而且对理论的掌握牢靠。具体的教学应该从选择问题入手，在破解问题的过程中运用理论，使理论不是枯燥"灰色的"抽象观念，而是鲜活的"长青之树"。美国20世纪初在德育教学中出现过一批教师把道德伦理课变成了对道德伦理概念、名词、观点的诠释课，结果把这门课带向了衰落。这样的教训是值得借鉴的。结合实际问题，释疑解惑，是思想政治理论课的立课之本，也是该课的生命力之所在。当然，作为教学，分析和解决问题的目的在于借助解决问题的"案例"，引导出相关理论，给学生示范如何把理论运用于实际，达到举一反三的效果。在"由问题切入导向理论的出场与阐发"这一教学模式的设计中，首先在于"问题"的选择。一是"问题"是与所授内容密切相关、有助于学生对内容产生兴趣的；二是"问题"是具有典型性、时代性的，在学生中有影响力的；三是"问题"是比较复杂、直观难以判断、需要借助理论进行深度分析的。在"由问题切入导向理论的出场与阐发"这一教学模式的设计中，成败在于理论的应用。理论是人们对于自然世界和人类世界各种现象及其运动规律认识的系统化见解和主张。它来源于实践，通过人们的理性思考，加工成为不同于实践的理论形态。但是，"哲学家们只是用不同的方式解释世界，问题在于改变世界"。① 理论的形成完成了"解释世界"这第一步，而"改变世界"这第二步在于如何运用理论来破解现实"问题"。理论不论是"解释世界"还是"改变世界"都是不可或缺的武器。关键在于是鲜活的、科学的理论，还是教条的、僵化的理论。用解决"问题"来注解理论、阐发理论，才

① 参见《马克思恩格斯选集》第1卷，人民出版社1995年版，第57页。

能使"灰色"的理论鲜活起来，经过解决"问题"的过程验证，才能使人甄别、认同、内化、"保鲜"。鉴于"基础课"是一门培养提高大学生思想道德素质与法律素质的课程，这一原则就显得更符合课程特色。

第三，灵活发挥与遵循教材相结合原则。这是设计和处理教师个性化教学与教材关系应当依据的原则。教学设计与教学实践，是个性化极强的工作。千篇一律、千人一面的教学，肯定是难以取得预期效果的。尤其是在信息化高度发达的今天，学生获取知识信息的渠道是多样的、即时的。照本宣科式的教学，不会再有人能够接受。所以，在教学设计中如何实现从教材体系向教学体系转化、如何实现教师的再创造，是需要确立一定的原则的。这就是灵活发挥与遵循教材相结合的原则。教师的个性化教学决定了教学设计不能走"自动化"的模式，而应该"个体化"、"手工化"。要根据教师个人的个性风格、学术背景、人生经历等具有个性化特征的要素，扬长避短；结合不同学校、不同地域、不同届别学生的不同成长环境等影响具体情况，对教材内容进行"再遴选"、"再创造"。只有这样，才能够使教材更加鲜活起来，更加"接地气"，把理论与实际联系得更加紧密。但是，"灵活发挥"是有度的、有底线的。这就是要以"遵循教材"为原则。假如教学设计完全脱离教材，由教师任意发挥，或者学生不着边际地讨论，都会背离课程设置的初衷。教材是教学的依据和蓝本，"发挥"应该是对教材中的主线、中心思想、核心观点乃至重要理论的展开、深化、生动化、形象化，不是自由地、无所遵循地"漫谈"。两者如何结合，可以用一句通俗的语言来说，就是"离经不叛道"。"经"指的是教材中的语言范式、表述方式、结构顺序、论述分析、典型案例等，而"道"是指教学目的、教材主线、核心观点、重要理论等。

第四，教学形式与教学内容相配套原则。这是设计和处理教学形式、方法、手段与教学内容关系应遵循的原则。教学内容是教育教学的灵魂，体现着教育教学的本质和目的。"思想政治教育的全部工作，其直接的目的和专门的任务，都是为了把本阶级、本社会对人们的思想政治品德要求变成人们实际的思想品德，使人们实现从'现有'向'应有'的转变"。① 能够真正帮助学生解决思想上的困惑，树立正确的世界观、人生观和价值观，最根本的因素究竟是教育的内容，还是教育的形式？肯定是

---

① 张耀灿等：《现代思想政治教育学》，人民出版社 2006 年版，第 6 页。

前者。缺乏内容的教学，没有对正确观点的深入解读，缺乏对科学理论的深度分析，就难以令人信服，就难以达到帮助学生提高理论水平、认识能力、分析能力和觉悟能力的目的。人们在接受某种信息时，首先会对内容很关注：对信息内容的主题进行价值的选择，判断这些信息主题对接受主体的意义，即值不值得去接触了解这些信息；对信息含量的丰富程度和层次相关度进行判断，信息内容的层次和深度是不是符合自己的需要和兴趣，太深了不一定能够懂，太浅了又很乏味，信息内容贫乏也会失去吸引力。受教育者对于内容的关注和选择，就类似于人们收看电视节目时，首先要选择电台、电视栏目和电视剧或节目一样。但是，教育内容是具有思想性、观念性、知识性等属性的信息，它需要一定的形式、方法、手段为载体才能够传播。在确定是不是需要了解接触某种信息之后，形式就上升为主要的考虑因素了。就像人们选择了某个频道的节目后，他会不会继续看下去，就要看节目的吸引力、感染力了。人们接受某些信息，会受到知、情、意、信等心理因素的影响。这四大因素，无一不与教育的方式方法有关。每种方式方法都可能在某种特定的情景中发挥比较好的教育作用，但是，没有一种方式是永恒奏效的。这既与受教育者的年龄、好恶、心理、特点等相关，因此要注意方式方法的针对性，也与人们求新求异的感官需求相关，心理学的实验告诉我们，新奇的信息比较容易引起人们的注意，加深人们的印象和记忆。如果说教育的针对性、实效性主要与理论的魅力有关，而教育的亲和力、感染力则主要与教育的方法手段有关。教学的高超艺术技巧、教师崇高的人格魅力，都会直接产生情感、兴趣的促进剂的作用，吸引着学生的注意力，激发着学生的学习热情和兴趣。相反，呆板、枯燥的教学方法和手段，即使教育的内容很适合，也难以引起学生的学习热情。不能入座、入耳，哪来入脑、入境？这也是为什么现在大家都非常重视和关心教学形式改革的主要原因。① 当然，教学设计中要注意教学形式与教学内容的配套、衔接。单纯为了追求教学形式新颖、时尚而不顾教学内容的做法，只会导致形式主义，并不一定能换来好的教学效果。比如，现在教学评价中，是否有"师生互动"成为考评的条件之一。课堂上师生互动的过程，是师生交流思想体会和感情的过程。但是，

① 程馨莹、卢黎歌：《谈思政课以理论内化为主的教改取向》，《中国高等教育》2011年第11期。

对于什么是互动，应该有一个正确的理解。互动可以是形式的互动，也可以是心灵的互动。形式互动可能会有利于心灵互动，但是两者并不等同。提问、学生讲课等形式上的互动，并不必然会使师生共鸣。而心灵互动并不一定要借助形式上的互动。教师根据学生的反应情绪及时调整教学内容和方法，学生在教师讲课的微微点头或微笑，不也是心灵互动吗？[①] 师生互动一定要追求教学效果而不是为了追求形式。

第五，课堂学习与教学实践相补充原则。这是设计和处理课内学习与校外教学实践之间关系的原则。教学实践与一般的社会实践的相同点在于目的都是实践育人。通过实践活动，接触工农大众，了解国情民情。由于实践活动的直观性、鲜活性，容易形成强烈的感官冲击进而产生比较深刻的影响，具有感染力，所以，近年来越来越被"基础课"教学所采用。但是，教学实践与一般的社会实践又有一定的区别。教学实践是围绕教学展开的实践活动，它是有计划、有目的、有组织、有进度的教学活动。它的重要的任务之一，就是通过实践活动，使学生加深理解、吸收、消化和巩固所学的"基础课"理论，更加自如地运用理论的视角来观察世界，分析问题，解决思想上的困惑。教学实践的设计应该考虑以下几个要素：参与者是否能保证上课的全体同学参加？教学实践是否针对了"基础课"教学的特定内容？教学实践活动是否与课堂学习的内容相衔接？教学实践的方案是否科学？学生参加教学实践的考核是否能够区分层次并且量化？如果缺乏对上述要素的考虑，那就不能算得上是教学实践，而只能算得上是一般的社会实践。

第六，课堂讲授与辅助活动相结合原则。这是处理课堂讲授与教学活动设计时需要遵循的原则。讲授依然是传递知识信息的主要途径。无论是现场教师或者学生对"理"的叙述、辨析、对话、争鸣，还是视频的旁白，都是以口头或者文字"讲"的。即使是精彩的活动，最后还是需要"画龙点睛"予以升华的。完全用"课堂活动"替代教师讲授是不可取的。但是，仅仅靠听来接受知识信息，显然是单调和贫乏的。用"课堂活动"和"课外活动"等教学辅助环节来丰富讲授的内容，增加身临其境的"参与感"、"现场感"，有助于学生通过情感环节以及多器官感受来

---

① 卢黎歌：《试论高校思想政治理论课教材体系向教学体系的转化》，《教学与研究》2009年第 11 期。

接受更多的信息，增强对教学内容的领悟和巩固。教学辅助活动是指利用课内外时间，组织学生开展与教学内容有关的真实的或模拟的各种方式的活动，来理解、吸收、消化和巩固所学理论知识的活动。教学辅助活动从理论上讲，同样具有教学实践的特点和功能，达到相似的教学效果，其经济性和可行性又有明显的优势，是值得研究和开发的领域。适度的教学辅助环节，有利于学生领会教学内容。但是，教学辅助环节的设计一定要与教学内容相联系。例如，在"思想道德修养与法律基础"课教学辅助环节——模拟法庭中，如果单纯地设计一场庭审，与教学的相关度就比较低。但是，在庭审进行过程中，加入对庭审中的法律理论运用的讲解或者知识竞赛，就更为符合教学辅助环节的要求了。①

三　"思想道德修养与法律基础"课教学设计的可操作性思考

汪霞认为，"教学设计既不是一种形式化的拟定教案的过程，也不是排定教学内容的过程。教学设计是一项系统设计，它需要遵循一些必要的程序，运用科学的方法，使教学设计理性化、科学化"。她还认为，完整的教学设计应该包括教学目标设计、教学起点设计、教学内容设计、教学方法和媒体设计、教学评价设计、教学结构设计等环节。② 在中国知识网的教学设计分类中，将其分为教学系统设计、教学内容设计、教学活动设计、教学过程设计、教学模式设计等。

"基础课"教学设计，无疑需要每位教师根据实际情况，进行系统而个性的设计。设计统一的教学模式，不仅无助于教学的改进，还会导致教学的僵化。但是，在一些共性问题上进行研究，提出建议，还是必要的。

对于"基础课"教学，目标设计是重要的前提性设计。目标设计是对课程定位的体现。国家对"基础课"的课程性质和设课目的有明确规定，这是进行目标设计的依据。首先是目标的取向设计。与其他课程目标取向不同的是，其他课程更多的是以传授知识为主，体现的是科学性的特

---

① 卢黎歌：《试论高校思想政治理论课教材体系向教学体系的转化》，《教学与研究》2009年第11期。

② 汪霞：《对教学设计问题的几点思考》，《教学探索》2004年第12期。

点，而"基础课"是以树立正确观念为主，体现科学性与价值性相统一的特点。它不仅以传授思想道德法律方面理论知识为目标，更要以培养学生的价值判断能力，提高思想道德法律素质，坚定正确的理想信念为目标。基于此教学目标，教学设计需要从教材体系向教学体系转化，知识体系向价值体系和信仰体系转化。其次是目标的高度和宽度定位。"基础课"定位于"基础"，所以要打好基础，为后续的思想政治理论学习做好铺垫，也是目标设计需要关注的问题。有所为有所不为，不能涉足过宽，定位过高。重点在于帮助学生在思想道德法律领域建立起某些重要的理念。

目标是通过内容来体现的。课程的内容，全国统编教材已经确定了。教师在教学内容设计所要做的工作，就是在教材确定的内容范围内进行选择和补充。由于教学实际中存在着课程内容多、课时少的突出矛盾，处理和解决这一矛盾就成为内容设计中的难题。本课题研究所提出的"层次性理论假设"是为解决这一矛盾进行的尝试。教材《思想道德修养与法律基础》在社会主义核心价值观这条主线统领下，理论观点可分为三个层次，包括每一章的核心理论观点、重要理论观点、支撑理论观点。每一章都围绕一个主题，确立并阐明一两个核心理论观点和几个重要理论观点，其他的观点都是为这些核心和重要理论观点做进一步说明、论证或者拓展服务的。它们有着内在的联系。因此，教师在进行教学内容选择时，应该紧紧围绕"基础课"的目标、主线，把本课和某章的核心观点放在突出位置，浓墨重彩，强力推介，给学生留下深刻印象，以改善学生的理念结构。其他理论观点和知识信息的选取，一定是为这一目的服务的。以往的实践证明，一门课能够在学生脑海里留下记忆的东西并不多，但是能够扎根的，往往在关键时刻会影响到学生的价值选择。正是基于这一设计理念，我们在设计本课题时，就把研究任务确定为对教材核心观点和重点理论的整理和对其何为重要的论证上。

对于其他设计，更多地应该具有个性化色彩。比如，教学方法和媒体设计、教学活动设计、教学过程设计、教学模式设计等，应当因学校特征而异，因地域文化而异，因听课对象而异，因教师特点而异。总之，把好"规定动作"之源，放开"自选动作"之流，百花齐放、丰富多彩的教学设计，会带来多样化的教学实践，给学生带来多姿多彩的学习享受。坚持教学设计的共性与个性并存，既能保证"基础课"目标的统一性，又能激发教师和学生的创新能力，实现教师和学生在教学中的价值。恰恰是教学设计的个性化特征，造就了"现场"教学（面对面的课堂教学）和"离场"教学的差异，展现了高校课堂教学在网络时代的仍然具有不可替代性和优越性。以至于网络学校教育在红极一时之后，不得不考虑转型走 O&O 教育模式（Online and Offline，即线上和线下）。不过，一旦在线教育的 O2O 取的成功，学校教育的传统优势可能会式微，因此如何保持学校教育优势，是高校具有前瞻性思维的教师亟待解决的新课题。在近几年美国出现慕课（MOOC）教学模式后，高校管理者和教师中的敏感者迅速跟进，稍事迟钝之后，2014 年，"基础课"也开始急起直追，通过学术讨论会、培训班和申报课题的形式，加入了慕课建设的大军之中。慕课建设的理念与现实，也在证实教学设计需要共性与个性并存。

　　关于教学内容和教学形式何者为重之争，也是近年来教学设计的一个热点。2011 年 4 月在上海召开的高校思想政治理论课教学方法创新研讨会上，比较共识性的意见是，推进高校思想政治理论课教学方法创新，是提高教学质量的突破口，是推动教材优势向教学优势转变的重要途径。一位大学领导在总结其经验时说：思政课建设基础是教材，关键是教师，核心是教学方法。可见，教学方法改革被认为是教改的"重点"和"核心"。当然，本课题组成员的成果《谈思政课以理论内化为主的教改取向》（以下简称《教改取向》），表达了与当时会议主流意见相左的不同看法，引起与会代表的关注和讨论。现在看来，《教改取向》一文的观点也不够全面。北京师范大学王树荫教授 2014 年 11 月在济南大学的会议上，介绍了他对教学内容和教学形式关系的分析，比较而言是更加完善的观点。其主要分析如表 1-1 所示。

表 1-1　　　　　　　　　　教学内容与教学形式关系分析

形式	无	无	有		有		有
			当	不当	当	不当	当
内容	无	有	无		有		有
					不当	当	当
效果	无	无	无		无/不好		好

　　王树荫教授的思路跳出了内容形式何者为重的思维，而是找出两者的

最佳契合点,以保证教育教学的效果。

研究型教学也是近年来在教学设计中热议的话题,不少研究型教学的成果纷纷面世。然而,研究与教学是两种不同性质的实践活动,研究是为了创新、出成果;教学是为了传授知识、释疑解惑。两者本是两种不同的实践活动。现在将其嫁接,很多细节是需要进一步推敲的。

研究性教学是指在教学过程中,在教师指导下,学生通过以"自主、探究、合作"为特征的学习方式而达至教学目的的模式。

研究性教学如何实现?对教师而言,在于启发的质量;对学生而言,在于以"自主、探究、合作"为特征的学习方式。产生"我的结论"的成就感,而不是"告诉我的结论"的被动感。

所以,本课题组认为,其实研究性教学的关键在于对启发的把握和运用。启发得有质量,学生就自然会"深思""研究"。本课题组对于常识性的启发概念(开导指点或阐明事例,引起对方联想并有所领悟)进一步研究,得出了新的启发理论。其具体内容见表1-2。

表1-2   关于启发的新理论

无启无发	老师照本宣科,学生被动记忆
有启无发	启之不当(或者提出的问题太直白,无须思考,即 $X+0$;或者提出的问题大大超出学生的理解能力,即 $X+2$)
	学生的求知欲没有被激活
一启一发	例如我们已经进入经济全球化时代了,如果还用100年前我们对爱国主义的理解、标准来套用今天的跨国经济行为,会得出什么样的结论呢?
一启多发	例如道德与法律对人们的行为都起着规范作用,根据自己日常生活的经历,试分析比较,它们有哪些相同和不同的地方?(学生会从产生的程序、规范的范围、规范的渠道或方式、规范的力度、后果承担的责任等多个角度进行探究)
逐启逐发	例如:(1)构成国家和祖国的相同要素和不同要素是什么?(2)在不同要素中,这些要素在什么条件下是相斥的,在什么条件下是相容的?(3)我们常说"爱国与爱社会主义是统一的",社会主义是不是解决了不同要素的相容性问题

四 "思想道德修养与法律基础"课
核心观点和重点理论遴选

本课题研究是依据"层次性理论假设"开展的。提出该假设的原因在于解决教学实践中的如下矛盾:"基础课"涉及大学生思想、政治、道德、心理、法律等若干领域,所包含的内容非常丰富,理论观点和知识点很多。但是,由于课时有限,如果对每个观点都进行深入的讲授和探讨,势必只能涉及很少的理论观点,而多数理论观点将没有时间顾及。我们在教学中只有把有限的时间资源用在重要观点的教学上,这样才能突出重点。抓住了这些重点,我们的教学才能够"纲举目张"地紧紧围绕教学目的和主题,同时通过观点之间的内在逻辑而关照到相关的支撑理论观点,扩展知识面。如果我们没有紧扣重点,就可能"捡了芝麻,丢了西瓜",无法有效地完成教学任务。为此,本课题把重点放在对教材中观点的梳理和选择上,力图从众多理论观点中,遴选出每章的核心理论观点和每节的重要理论观点。概念就不做专门的选择,而依附于理论观点之中。本课题以教材的章为序,第一,章节的观点和概念;第二,每章的核心理论观点和每节的重要理论观点;第三,选择的依据说明三个方面的内容进行。为了有助于教师教学参考,本课题对"基础课"的主线社会主义核心价值观进行了较为深度的研究,专门作为一个部分,各章的重要观点也进行了研究综述。

第二部分　教材主线

——《思想道德修养与法律基础》教材主线研究

教材主线是教材的灵魂。《思想道德修养与法律基础》教材（以下简称《基础》教材）的主线在该教材的绪论第二节中已经明确表示："积极培育和践行社会主义核心价值观，是学生提高思想道德素质和法律素质的根本途径。"在教学设计中，对课程主线的把握、理解和运用是实现教学目的的关键。

一　厘清社会主义核心价值体系与社会主义核心价值观的关系

既然社会主义核心价值体系与社会主义核心价值观是"基础课"的主线，那么，就需要首先厘清两个概念之间的关系，即相关性与相异性。戴木才对社会主义核心价值体系、社会主义核心价值观、社会主义价值体系和社会主义价值观这四个概念之间的关系进行了比较论述。他认为，"社会主义核心价值体系，是社会主义核心价值观形成和发展的必要条件、存在基础和重要载体"；"社会主义核心价值观，是社会主义核心价值体系的内核、高度概括和高度抽象，体现社会主义的价值本质，决定社会主义核心价值体系的根本性质、发展方向和基本特征，引领和主导社会主义核心价值体系的建构"；"社会主义核心价值观，是对社会主义价值观、价值体系和社会主义核心价值体系总的看法和最根本的观点"。① 韩振峰认为："从根本上说，社会主义核心价值观与社会主义核心价值体系

---

① 本刊记者：《积极培育和践行社会主义核心价值观的若干问题——访中宣部思想政治工作研究所副所长戴木才》，《思想教育研究》2013 年第 2 期。

在本质上是一致的、统一的，它们都体现了社会主义的核心价值追求，是建设中国特色社会主义不可或缺的重要组成部分。但是，从严格意义上说，它们又是相互区别的。社会主义核心价值体系是指社会主义意识形态中那些反映社会主义经济、政治和文化制度要求，体现社会主义发展趋势的核心思想意识、价值观念的总和，而社会主义核心价值观则是对社会主义核心价值体系核心内容和精神实质的高度凝练及抽象概括。"① 颜晓峰认为："核心价值体系与核心价值观存在着基础一致，都是以中华民族深厚历史文化为基础的价值升华，以中国特色社会主义道路、理论体系、制度为基础的价值反应，以当代中国社会为基础的价值精神，以13亿中国人民为基础的价值共识；存在着主题一致，都是坚持实现中华民族伟大复兴中国梦的目标引领，坚持中国特色社会主义的道路引领，坚持民族性、先进性、科学性、人民性相统一的价值引领，坚持国家、社会、公民层面价值观的共同引领。同时，核心价值体系与核心价值观又存在着内涵与外延、形式与内容、结构与功能等方面的差异，构成了相互支持、相互渗透、相互转化的关系。其中一个鲜明特点是，社会主义核心价值观是社会主义核心价值体系的高度凝练和集中表达。"② 肖贵清、周昭成认为："社会主义核心价值体系、社会主义核心价值观与中国特色社会主义制度价值取向三者相互关联，具有内在逻辑，是中国特色社会主义道路、理论和制度的价值表达，体现了社会主义制度在价值层面的质的规定性。社会主义核心价值体系是中国特色社会主义制度的精神之魂，社会主义核心价值观是中国特色社会主义制度的价值内核。建设社会主义核心价值体系、培育和弘扬社会主义核心价值观，是实现并彰显中国特色社会主义制度价值取向的必要路径。"③

可以看出，尽管不同学者从不同角度对社会主义核心价值体系与社会主义核心价值观进行了分析解读，表达也不尽相同，但是，他们在以下方面的意思是相通的，或者说是接近的：

① 韩振峰：《社会主义核心价值体系与核心价值观是一回事吗》，《光明日报》2011年1月24日。

② 颜晓峰：《"24字"是社会主义核心价值体系的集中表达》，人民网—理论频道，2014年2月16日。

③ 肖贵清、周昭成：《中国特色社会主义制度价值实现的内在逻辑与基本路径——兼论社会主义核心价值体系与核心价值观的价值旨趣》，《科学社会主义》2015年第2期。

第一，社会主义核心价值体系与社会主义核心价值观，是两个既有内在联系又相互区别的概念。

第二，内在联系在于两者都反映社会主义经济、政治和文化制度的根本要求、体现社会主义发展的基本趋势，是社会主义属性的价值表达。

第三，区别在于社会主义核心价值体系是社会主义核心价值的体系性构造，反映了社会主义核心价值的全貌，包含的内容更为丰富；而社会主义核心价值观是社会主义核心价值体系的内核，是对社会主义核心价值体系的高度抽象和凝练。

二　社会主义核心价值观及社会主义核心价值体系研究综述*

党的十六届六中全会第一次明确提出建设社会主义核心价值体系的科学命题和战略任务，这是我党的又一次重大理论创新。这一重要理论一经提出，立刻引起了学术界的广泛关注和研究。近些年来，学者们从不同角度、不同领域运用了多种研究方法对社会主义核心价值体系进行了深入细致的研究，成果颇丰。党的十八大提出了"三个倡导"，并提出："社会主义核心价值体系是兴国之魂，决定着中国特色社会主义发展方向。"要"深入开展社会主义核心价值体系学习教育，用社会主义核心价值体系引领社会思潮、凝聚社会共识"。"积极培育社会主义核心价值观"。这些新的成果和要求，进一步推动了对社会主义核心价值体系和核心价值观的研究，也对如何运用社会主义核心价值体系教育大学生、提高他们的思想道德素质和法律素质提供了理论支持。现将有关研究成果综述如下：

（一）关于社会主义核心价值体系的科学内涵

吴潜涛认为："社会主义核心价值体系是立足于社会主义经济基础之上的价值认同系统。在社会主义核心价值体系这一有机体中，马克思主义指导思想居于最高层面，是指对作为认识世界、改造世界的理论基础的马

＊　本部分内容以《社会主义核心价值体系相关理论及其教育的研究综述》为题，发表于《思想理论教育导刊》2014 年第 6 期，本书有所充实。作者程馨莹、卢黎歌。

克思主义的价值认同，从根本上说，是指对人类社会发展规律的价值认同；中国特色社会主义的共同理想是指对国家、民族追求的未来美好发展前景的价值认同；以爱国主义为核心的民族精神和以改革创新为核心的时代精神，是指对实现共同理论的动力之源的价值认同；社会主义荣辱观居于重要地位，它指的是对公民思想行为选择标准的价值认同。"[1] 戴木才、田海舰认为："社会主义核心价值体系是融汇了理想与现实、核心价值与基本价值的有机整体。一方面，社会主义核心价值体系是一个包含丰富内容的多层次体系，既有其核心价值，又有其基本价值、具体价值。另一方面，社会主义核心价值体系既包含着理想性的价值诉求，又体现着现实性的价值要求；既有感召人民不断递升的先进性价值理念，又有大多数人可以接受并实践的广泛性价值体现。"[2] 李崇富认为："社会主义核心价值体系是一种社会主义的观念体系，这种价值观念的体系就只能是客观的价值关系或价值事实在人们的主体观念中的反映。因此，我们进行这种价值观念建构和培育的基础，在于客观的价值关系或价值事实。因为，客观事实是第一性的，观念形态的东西是第二性的，一切价值观念都是对其客观的价值关系或价值事实的能动反映。从根本上说，社会主义核心价值体系是根源于和服务于社会主义实践及其社会现实的。"[3] 李斌雄、夏锐认为："社会主义价值体系就是由目的性价值和手段性价值共同构成的体系。而处于核心地位、起指导和统领作用的目的性价值和手段性价值所构成的体系就是社会主义核心价值体系。"[4] 钟明华、黄荟认为："社会主义核心价值体系包括马克思主义指导思想、中国特色社会主义共同理想、以爱国主义为核心的民族精神和以改革创新为核心的时代精神、以'八荣八耻'为主要内容的社会主义荣辱观这四方面基本内容。社会主义核心价值体系是一个内涵丰富、层次清晰、相互联系的有机整体，包含多层次、多方面内容，并以其强大的整合力和引领力指引着中国特色社会主义事业健康

---

[1] 吴潜涛：《社会主义核心价值体系的科学内涵》，《道德与文明》2007 年第 1 期。

[2] 戴木才、田海舰：《论社会主义核心价值体系与核心价值观》，《中国党政干部论坛》2007 年第 2 期。

[3] 李崇富：《建设社会主义核心价值体系从观念到现实的思考》，《江西社会科学》2007 年第 2 期。

[4] 李斌雄、夏锐：《中国特色社会主义核心价值体系界定的多维视角》，《学校党建与思想教育》2007 年第 8 期。

发展。"①

综上所述，这些学者较为一致地认为，社会主义核心价值体系是立足于社会主义经济基础上的，涵盖了丰富的、多层次的价值体系。通过文献查阅，当前对社会主义核心价值体系的研究可以概括为：

第一，虽然在社会主义核心价值体系基本内涵主要包含指导思想、共同理想、精神支柱和荣辱观四个层次的认识方面，尚没有新的突破。但是对内涵的解读方面有很多独到见解。比如，吴潜涛"四个价值认同"的理解，就把对四个层次的认识推进了一步。

第二，对社会主义核心价值体系基本内涵的内容属性进行了研究，揭示其理想性与现实性的统一、先进性和广泛性的统一、目的性和手段性的统一。

第三，对社会主义核心价值体系基本内涵的表现形态进行了分析，指出其既是客观的又是观念的。

（二）关于建设社会主义核心价值体系和社会主义核心价值观的意义

陈秉公认为："社会主义核心价值体系是社会主义国家建构的，在社会精神生活领域占主导和引领地位的价值观念体系和行为规范体系，是社会主义意识形态的本质体现，是全党全国各族人民团结奋斗的共同思想基础。它的实质是社会主义国家的'制度化的思想体系'和'观念形态的国家机器'，是国家的重要'软权力'。它以意识对于存在，精神对于物质的反作用的方式发挥巨大作用，有时是决定性的影响和作用。具有引领和整合社会价值观念体系、维护和发展社会主义经济基础和政治上层建筑、建构中国特色社会主义文化与塑造新人三个方面的社会功能。"②

秋石认为："社会主义核心价值体系四个方面的基本内容，相互联系、相互贯通、有机统一，共同构成一个完整的价值体系。这个价值体系应该是相对稳定的，要长期起作用，但又不是一成不变的，必定要随着社会主义的发展、时代的发展和人们社会实践的发展而不断发展。这个价值体系不应该是封闭的，而应该是开放的，必须要吸收人类创造的一切先进、有益的思想文化成果，不断丰富和完善自己。更重要的是，这个价值体系需要在全社会宣传推广，为广大社会成员所感知、所认同、所接受、所掌

①　钟明华、黄荟：《社会主义核心价值观内涵解析》，《山东社会科学》2009年第12期。

②　陈秉公：《马克思主义意识形态理论与社会主义核心价值体系建构》，《马克思主义研究》2008年第3期。

握，真正成为社会精神生活的主旋律，成为社会发展进步的'生命线'。"①

陈锡喜认为："胡锦涛在党的十七大报告中提出了四个命题：'社会主义核心价值体系是社会主义意识形态的本质体现。''建设社会主义核心价值体系，增强社会主义意识形态的吸引力和凝聚力。''切实把社会主义核心价值体系融入国民教育和精神文明建设全过程，转化为人民的自觉追求。''积极探索用社会主义核心价值体系引领社会思潮的有效途径，主动做好意识形态工作。'这四个命题。在理论上，把社会主义核心价值体系视为社会主义意识形态的本质，更明确地表达了意识形态的本质属性，适应了社会主义市场经济和民主政治的发展以及应对经济全球化趋势的需要，是对马克思主义意识形态思想的继承和发展；在实践上，通过社会主义核心价值体系的建设，构筑国家文化安全的信息过滤网、社会发展的方向盘、社会转型的稳定仪、社会进步的助推器，是在继续坚持改革开放条件下社会主义意识形态工作的必然要求。"②

戴木才、彭隆辉认为："在深入推进社会主义核心价值体系建设的基础上，党的十八大提出了用'三个倡导'来'积极培育和践行社会主义核心价值观'，即'倡导富强、民主、文明、和谐，倡导自由、平等、公正、法治，倡导爱国、敬业、诚信、友善'。这是党的十八大提出的一项重大课题和战略任务。"③

综上所述，学者们一致认为，社会主义核心价值体系不仅仅是理论上的重大创新，更是实践上的思想指南。建设社会主义核心价值体系的意义研究的成果较多，主要观点可以归纳为：第一，确立了"兴国之魂"，形成我国各族人民民族复兴的共同思想基础和精神家园。第二，为构建我国人民共同认可和遵循的价值观念体系和行为规范体系奠定了理论基础。第三，为增强我国软实力，提高我国的国际地位和竞争力强化了文化基础，有利于繁荣发展社会主义文化。第四，有利于加强国家的意识形态安全，正确引导社会舆论和社会思潮。第五，有利于社会和谐稳定，建立和谐人际关系，培育平和的社会心态。

---

① 秋石：《论社会主义核心价值体系》，《求是》2006 年第 24 期。
② 陈锡喜：《建设社会主义核心价值体系增强意识形态的吸引力凝聚力》，《思想理论教育导刊》2009 年第 4 期。
③ 戴木才、彭隆辉：《积极培育和践行社会主义核心价值观》，《光明日报》2012 年 12 月 8 日。

(三) 关于如何建设社会主义核心价值体系和社会主义核心价值观

梅荣政、王炳权认为:"社会主义核心价值体系既是构建社会主义和谐社会的精神支柱,也是引领社会思潮的伟大旗帜,具有强大的整合能力和引领能力。在引领社会思潮过程中,尊重差异,包容多样,最大限度地形成社会思想共识,有助于齐心协力建设中国特色社会主义。必须坚持马克思主义的指导地位不动摇,才能更好地尊重差异、包容多样。"[1]

赵曜认为:"社会主义核心价值体系,以理论层面为主导,统领理想、精神、道德等不同层面,四者相辅相成、相互促进,缺一不可,构成一个完整的体系。建设社会主义核心价值体系,是当前全党和全国人民一项重大战略任务。"[2]

袁贵仁认为:"大力建设社会主义核心价值体系,深入研究社会主义核心价值体系,按照贴近实际、贴近生活、贴近群众的原则加强社会主义核心价值体系宣传教育,使全体社会成员特别是领导干部和青少年全面理解、自觉认同社会主义核心价值体系,形成自己对社会主义核心价值的看法、观点和态度,从而转化为自己的价值观念,转化为自己的行为准则,转化为自己投身中国特色社会主义建设的精神动力。因此,建设社会主义核心价值体系,教育至关重要。"[3]

雒树刚认为:"建设社会主义核心价值体系,关键要全党重视,狠抓落实。要把思想统一到中央提出的建设社会主义核心价值体系这一重大任务上来;动员全党全社会共同建设社会主义核心价值体系;要大力宣传和深入研究社会主义核心价值体系。"[4]

侯惠勤认为:"马克思主义之所以是社会主义核心价值体系之魂,就在于它在揭示社会主义根本区别与其他社会体系的独特价值及其客观依据的同时,展示了社会主义核心价值的进步性、人类性和无限生命力,从而能够真正起到整合并引领日益多样的社会价值观作用。"[5]

隽鸿飞认为:"社会主义核心价值观是在改革开放的现代化历史进程

---

① 梅荣政、王炳权:《坚持以社会主义核心价值体系引领社会思潮》,《中国化马克思主义研究》2007 年第 6 期。

② 赵曜:《核心价值体系的现实针对性》,《人民论坛》2007 年第 2 期。

③ 袁贵仁:《建设社会主义核心价值体系》,《中国社会科学》2008 年第 1 期。

④ 雒树刚:《建设社会主义核心价值体系》,《党建研究》2006 年第 11 期。

⑤ 侯惠勤:《马克思主义的指导是构建社会主义核心价值体系之根本》,《毛泽东邓小平理论研究》2007 年第 3 期。

中逐渐形成的价值取向和规范的统一体。作为一种现实的价值取向和社会规范,一方面它引导、规约着国家、社会和个人的发展;另一方面也在中国社会主义建设的历史进程中不断地丰富、发展和完善。因此,理解和阐释社会主义核心价值观必须立足于当代的中国语境。只有将社会主义核心价值观还原到当代中国语境之中,才能避免对社会主义核心价值观做抽象的、西方化的理解,从而真正阐明社会主义核心价值观具有的深刻内涵及其对于当代中国社会发展的指导意义。"①

综上所述,学者们一致认为,要在坚持马克思主义指导下进行社会主义核心价值体系的建设,其观点主要可以归纳为:第一,坚持马克思主义的指导地位,求同存异,包容多样,达成社会思想共识;第二,以理论进行主导,统领理想、精神、道德等不同层面;第三,充分调动全党、全社会各方面的力量,将社会主义核心价值体系融入国民教育和精神文明建设中;第四,加强调查研究和理论研究,深化对社会主义核心价值体系的认识,通过宣传研究,推动社会主义核心价值体系的全面社会化,更好地融入社会主义建设事业中;第五,坚持和加强马克思主义对于社会核心价值体系的指导地位,建立与社会主义制度相符合,为广大人民群众认同的社会价值。

(四) 关于大学生社会主义核心价值体系教育

在众多的如何建设社会主义核心价值体系的文章中,涉及马克思主义理论、哲学、政治学、社会学、伦理学、教育学等众多学科,我们将关注点放到与我们的高等教育事业相关较为紧密的大学生教育中,同样,这方面的文章成果丰硕。

张耀灿认为:"具体到高校来说,就是要以社会主义核心价值体系引领高校和谐校园文化建设,把校园文化作为高校思想政治教育的优良载体。这就要求构建社会主义核心价值体系引领和谐校园文化建设的长效机制,让社会主义核心价值体系进校园、进教材、进课堂、进学生头脑。第一,充分发挥思想政治理论课作为对大学生进行社会主义核心价值体系教育主渠道的作用;第二,深入持久开展多种形式的主题教育活动;第三,把社会主义核心价值体系渗透到所有课程的教学过程中;第四,努力营造

---

① 隽鸿飞:《必须坚持阐释社会主义核心价值观的中国语境》,《思想教育研究》2015 年第6 期。

建设社会主义核心价值体系、建设和谐校园的舆论氛围；第五，抓住五个载体，推进和谐校园文化建设；第六，大力开展社会实践活动，引导大学生努力成为核心价值体系的坚定信仰者、积极传播者、模范践行者；第七，建好、用好、管好网络，构建网络反馈机制；第八，建设和谐校园文化和社会主义核心价值体系，各级党政领导是关键。"①

李宝艳、郑珠仙认为："要使大学生对这一核心价值体系真正理解并自觉践行，必须做到历史意境与理论认知的统一、历史眼光与时代精神的统一、历史使命与现实实践的统一。"②

房玫认为："建设社会主义核心价值体系，重在教育。而在教育的过程中，要注意防止好大喜功，知识化和政治化倾向。在着力把握大学生接受度的基础上，要明确社会主义核心价值体系的内涵及意义，真正树立以人为本的教育理念，强化历史教育和国情教育，致力于社会主义荣辱观的确立与弘扬，着力于发展大学生的主体能力。在方法上，要以科学的理论武装大学生，营造社会主义核心价值体系教育的舆论环境和社会氛围，使每个大学生都受到全方位和多层次的熏陶。"③

林春生认为："影响大学生社会主义核心价值体系认知认同的因素主要有十个方面：价值取向、理性判断、信仰、学校教育、家庭教育、情感认同、对权威的崇尚、舆论，利益和同伴影响。主观建构是大学生社会主义核心价值观形成的主要途径，客观影响是大学生社会主义核心价值体系形成的重要途径。社会主义核心价值体系的认知认同是内在因素和外在因素相互作用、相互影响的结果。"④

吴迪认为："有效的思想教育首先依赖于教育内容对大学生的吸引力，缺乏这种吸引力就无法使社会主义核心价值体系为大学生所向往和接受，无法使其真正在心中树立起来；增强大学生社会主义核心价值体系教育的有效性，必须更新观念，充分尊重大学生的主体性，通过提升大学生的道

---

① 张耀灿：《以社会主义核心价值体系引领和谐校园文化建设》，《思想政治教育研究》2012 年第 3 期。

② 李宝艳、郑珠仙：《以社会主义核心价值体系引领大学生价值观教育的历史视角》，《思想理论教育导刊》2009 年第 6 期。

③ 房玫：《社会主义核心价值体系教育须着力把握大学生的接受度》，《思想理论教育导刊》2009 年第 3 期。

④ 林春生：《大学生社会主义核心价值体系认知认同影响因素探究》，《思想理论教育导刊》2010 年第 3 期。

德认知能力和道德判断能力，寻求大学生对社会主义核心价值体系的全面认同与自主选择；对大学生进行社会主义核心价值体系教育，不仅要有科学的理论做支撑，正确的理念为基础，还要不断探索行之有效的途径。"①

刘云山在《更加自觉、更加主动地推动社会主义文化大发展大繁荣》中强调：建设社会主义核心价值体系是理论与实践相结合、知与行相统一的过程，必须融入国民教育和精神文明建设全过程，使之成为全体普遍理解接受、自觉遵守奉行的价值理念，成为社会精神生活的"主旋律"，成为社会发展进步的"生命线"。提升大学生思想政治素质、进行社会主义核心价值体系的教育就显得尤为重要。

综上所述，这些学者均认为：大学生的思想政治素质总体上是积极的，是要肯定的，当然，也会存在着一些这样那样的问题。关于大学生社会主义核心价值体系教育研究的主要观点可以归纳为：

第一，应当构建校园建设的长效机制，从多方面、多渠道进行社会主义核心价值体系的教育。

第二，要理论结合实践，历史结合现实，充分做好意识形态和社会现实的有机结合和统一。

第三，了解社会主义核心价值体系的认知认同来自内因和外因的共同作用，要树立以人为本的教育理念，立足大学生的实际情况，有的放矢，强化历史、国情教育，营造社会主义核心价值体系的舆论环境氛围，全面进行教育。

第四，社会主义核心价值体系理论的与时俱进，思想政治教育者的观念更新，运用多种途径、手段进行社会主义核心价值体系的教育工作。

（五）关于社会主义核心价值观研究

社会主义核心价值观与社会主义核心价值体系是两个高度相关的概念。十八大以来我国关于社会主义核心价值观的研究，目前主要集中在如下几个方面：

第一，"三个倡导"是否就是社会主义核心价值观的具体表述，目前有"定论说"和"非定论说"两种截然不同的观点。施芝鸿等持基本肯

---

① 吴迪：《增强大学生社会主义核心价值体系教育的有效性》，《高校教育管理》2007年第6期。

定的态度。他说："党的十八大报告用 24 个字提出覆盖全国各方面意见、反映现阶段全国人民最大公约数的社会主义核心价值观的表述。"① 戴木才持不同观点。他认为："这种表述，采取的是一种开放而未定性和定论的表述方式，它仍然为进一步深入研究、概括总结、凝练深化社会主义核心价值观留下了广阔的空间和充分的余地。现在，理论界有的人把三个倡导的 24 个字等同于社会主义核心价值观，这种看法是值得深入探讨、进一步讨论的。"②

左亚文也持同样的观点。他认为："社会主义核心价值的凝练是理论与实践在长期历史过程中不断互动和建构的结果，不可能一劳永逸地确立下来。根据时代的精神、实践的成果和人民的期待，探讨如何在现有基础上对社会主义核心价值观进行凝练和深化，是倡导与培育社会主义核心价值观的应有之义。"③

于涓、余双好认为，这 24 个字既具有鲜明的先进性，又具有广泛的包容性，是对现阶段现实情况和需要的准确反映，与中国特色社会主义的实际情况和客观需要相契合，为全国各族人民提供了基本的共同的遵循原则。④

第二，"三个倡导"是在哪些层次上提出来的？目前有"国家、社会、个人层面说"和"递进升华说"等不同观点。一种观点认为："这个表述是分别从国家、社会、个人三个层面进行的。"⑤ "从国家层面看，是富强、民主、文明、和谐；从社会层面看，是自由、平等、公正、法治；从公民个人层面看，是爱国、敬业、诚信、友善。"⑥ 目前很多论文都持这一观点。而戴木才有不同的见解。他认为"国家、社会、公民属于同一个层面"，"倡导富强、民主、文明、和谐，集中体现了社会主义初级阶段我国追求的现实价值目标"，"倡导自由、平等、公正、法治，集中

① 陈芸、徐京跃、吴晶、赵超：《党的十八大报告中的八大关键词——专访中央政策研究室副主任施芝鸿》，新华网，2012 年 11 月 9 日。

② 本刊记者：《积极培育和践行社会主义核心价值观的若干问题——访中宣部思想政治工作研究所副所长戴木才》，《思想教育研究》2013 年第 2 期。

③ 左亚文：《社会主义核心价值观的凝练和深化》，《江西社会科学》2013 年第 1 期。

④ 于涓、余双好：《从文化建设的视角看社会主义核心价值观的培育和践行》，《马克思主义研究》2014 年第 4 期。

⑤ 《代表热议十八大报告："三个倡导"引领时代精气神》，新华网，2012 年 11 月 12 日。

⑥ 陈芸、徐京跃、吴晶、赵超：《党的十八大报告中的八大关键词——专访中央政策研究室副主任施芝鸿》，新华网，2012 年 11 月 9 日。

体现了我国社会主义应当追求的理想价值属性"，"倡导爱国、敬业、诚信、友善，集中体现了我国社会主义公民应当遵循的基本道德价值准则"，"体现了递进和升华的关系"。①

第三，社会主义核心价值体系、社会主义核心价值观、社会主义价值体系、社会主义价值观之间的关系（此部分内容并入第一个问题）。

第四，社会主义核心价值观的凝练。吴潜涛指出，对于社会主义核心价值观的理解，既不能望文生义地随意阐释，也不能经院哲学式地抽象论证，应立足于社会主义核心价值观提出的实际，立足于社会主义核心价值体系与社会主义核心价值观之间的有机联系（《积极培育和践行社会主义核心价值观的若干问题》，《中国教育报》2012 年 12 月 7 日）。龚旭芳、吴亚林提出社会主义核心价值观的凝练必须遵循的原则："一是要体现社会主义的性质和方向；二是既具有自己的社会历史文化传统也具有与同时代其他文明国家相一致的价值共识；三是核心价值观凝练既要基于当代中国社会现实，同时也要展示未来发展的可能前景；四是语言要科学严谨，通俗易记；五是在方法上应总结和选择已经形成并经实践检验符合科学社会主义原则，具有中国特色的价值观念。"②

黄三生对学界就凝练社会主义核心价值观研究进行了分析，他认为："主要涉及凝练社会主义核心价值观的必要性；社会主义核心价值观概念解读与辨析；凝练社会主义核心价值观的方法论原则、多重路径及相关尝试等方面。"③

赵立科提出社会主义核心价值观的凝练的基本路径："第一要站在全人类价值观的制高点上；第二要体现中华民族的独特性和社会主义核心价值观的优越性和先进性；第三要兼顾社会主义核心价值观对个人价值信仰和日常生活的引导和感召。"④

顾海良认为，社会主义核心价值观对"明大德、守公德、严私德"践行和遵循的要求，融国家、社会、公民的价值要求为一体，深刻体现了

---

①　本刊记者：《积极培育和践行社会主义核心价值观的若干问题——访中宣部思想政治工作研究所副所长戴木才》，《思想教育研究》2013 年第 2 期。

②　龚旭芳、吴亚林：《关于凝练社会主义核心价值观的思考》，《学校党建与思想教育》2012 年第 32 期。

③　黄三生：《国内凝练社会主义核心价值观研究述评》，《理论月刊》2012 年第 9 期。

④　赵立科：《社会主义核心价值观凝练的基本路径》，《改革与开放》2012 年第 22 期。

社会主义本质要求，传承了中华优秀传统文化，体现了时代精神，彰显了中国精神。①

关于社会主义核心价值观的研究如何聚焦"核心"？张定鑫认为："一是从党的文献去把握社会主义核心价值观成型的逻辑线索；二是注重社会主义核心价值观范畴的价值境界及其两个维度；三是社会主义核心价值观的'出场'意味着拥有 5000 多年文明史的中国人民终于迎来一个作为劳动者的理性觉醒的新起点、迎来一个追求历史性的现代生产生活方式的新起点，其核心在于构筑中国人民科学的价值信仰。实现我国每个劳动者的全面发展、提升整个国家生产方式。"②

第五，社会主义核心价值观的培育与践行。十八大以来，关于社会主义核心价值观研究的理论文章除了部分对价值观本身的理论研究外，其他大多以培育与践行为主题。积极培育和践行社会主义核心价值观是一项系统工程，持此观点的戴木才、彭隆辉认为："不仅需要从基本内容、理论诠释、宣传教育、语言形式等方面系统推进，更需要从法理支撑、制度设计、实践转化等方面逐步确立。"③

刘书林认为，培育和践行社会主义核心价值观，必须弄清楚社会主义核心价值观相关的几个重要问题的关系，包括社会主义核心价值观与中华优秀传统文化的关系，社会主义核心价值观与积极借鉴外国优秀文化成果积极成分的关系，社会主义核心价值观与马克思主义科学社会主义的关系，社会主义核心价值观与社会主义核心价值体系的关系，社会主义核心价值观与社会主义三大主旋律的关系。④

张远新等认为："首先，教育者应具有开阔的视野和现代的价值观念；其次，针对大学生价值取向多元性趋向突出的特点，在价值观教育中需要引导大学生正确认识价值取向一元论和多元性的辩证关系；再次，大学生社会主义核心价值体系教育要与社会生活接轨；最后，核心价值观教

① 顾海良：《"大德"的弘扬、践行和遵循》，《思想理论教育导刊》2014 年第 7 期。

② 张定鑫：《如何把握社会主义核心价值观的"核心"》，《毛泽东邓小平理论研究》2015 年第 4 期。

③ 戴木才、彭隆辉：《积极培育和践行社会主义核心价值观的若干问题》，《光明日报》2012 年 12 月 8 日。

④ 刘书林：《论社会主义核心价值观的几个重要关系》，《思想理论教育导刊》2014 年第 9 期。

育要与情感教育相结合。"①

乔瑞华认为，要构建起社会、学校、家庭以及大学生本身的四位一体化培养模式，使社会主义核心价值观培养更加具体化、标准化、多样化和科学化。②

李蕊认为："榜样是社会主义核心价值观大众化的生动载体，具有承载、传递和引导践行社会主义核心价值观的独特功能……要发挥榜样在社会主义核心价值观大众化中的作用，需建立榜样生成与社会主义核心价值观培育的内在契合机制，突出民族性与时代性、党性与人民性、中国特色与人类共性的统一；建立榜样宣传与社会主义核心价值观传播的整体推进机制，突出由'权威主导型'向'互动引导型'的模式转变；建立榜样学习与社会主义核心价值观践行的引导保障机制，突出社会引导与制度保障的结合。只有实现榜样与社会主义核心价值观在'生成培育、宣传传播、学习践行'三大环节中的良性互动，才能更好地发挥榜样在社会主义核心价值观大众化中的作用。"③

由此可见，以培育与践行为主题的研究，主要集中在关于社会主义核心价值观培育基本问题、高校社会主义核心价值观、教育网络条件下的社会主义核心价值观引导以及国际经验借鉴等方面。

三　社会主义核心价值观理论与实践渊源

价值观的形成发展，总是与一定的历史、时代的社会相呼应。"实现发展目标、实现中国梦，必须增强道路自信、理论自信、制度自信，而这'三个自信'需要我们对核心价值观的认定做支撑。"④ 对核心价值观的"认定"，首先面临的问题是人们对其"来源合法性"的追问：社会主义

---

① 张远新、何煦：《社会主义核心价值体系与当代大学生核心价值观教育》，《思想教育研究》2007年第10期。

② 乔瑞华：《新时期影响大学生社会主义核心价值观的因素及其培养途径》，《思想理论教育导刊》2014年第9期。

③ 李蕊：《榜样在社会主义核心价值观大众化中的作用机制研究》，《中州学刊》2015年第7期。

④ 习近平：《青年要自觉践行社会主义核心价值观——在北京大学师生座谈会上的讲话》，http：//news.xinhuanet.com/politics/2014–05/08/c_126477806.htm。

核心价值观的形成，其历史依据何在？与哪些价值理论有渊源关系？甚至有人在讨论是否应当用儒家核心价值观作为我们社会的核心价值观？也有人主张在经济全球化时代是否可以用普世价值作为我们社会的价值观？针对这些疑问，梳理清楚社会主义核心价值观的理论渊源与实践渊源，对于我们增强在价值观理论上的自信、在实践上的自觉，是有实质性意义的。

（一）社会主义核心价值观来源马克思主义价值理论，体现了以人为本的价值取向

社会主义核心价值观不是凭空产生的，它在理论上首先源于马克思主义价值理论。

首先，人的自由而全面发展，是马克思主义的价值理想追求。马克思、恩格斯在《共产党宣言中》指出："代替那存在着阶级和阶级对立的资产阶级旧社会的，将是这样一个联合体，在那里，每个人的自由发展是一切人自由发展的条件。"① 在《哥达纲领批判》中，马克思表达了他的价值理想：在未来社会里：社会财富极大丰富，实现各尽所能，按需分配，在此基础上实现个人全面发展。恩格斯在《反杜林论》中也表达了同样的价值追求。可见，马克思和恩格斯创立的宏大理论体系，实际上是围绕着"实现人的自由、解放和全面发展"这一核心价值目标展开的。我们党的奋斗目标和社会发展的指向，无不遵循着这样的价值理想。

其次，人民主体、人民利益是马克思主义的价值尺度和价值取向。马克思主义唯物史观认为，社会发展是不以人的意志为转移的客观运动过程，有其内在规律性。社会的发展是合规律性与目的性的统一。人民群众是历史活动的主体，创造着历史，推动着社会前进。一方面，社会处在自然的客观发展进程中；另一方面，作为历史活动主体，在尊重客观规律下，能够充分发挥主观能动性，主动追求价值目标，实现价值理想。在这个过程中，人民群众既是实践主体，又是价值创造主体和价值承载主体。因此，马克思主义价值原则、价值规范必然坚持"人的发展"、"人民主体"、"社会本位"和"群众利益"。正如《黑格尔法哲学批判导言》中写道："人不是抽象的蛰居于世界之外的存在物。人就是人的世界，就是国家，社会。"②

---

① 《马克思恩格斯选集》第 1 卷，人民出版社 1995 年版，第 294 页。
② 同上书，第 1 页。

再次，人的价值是自我价值与社会价值的内在统一，是马克思主义的价值准则。按照这一价值准则，每个个体的人生实践活动，既具有满足自我需要的价值属性，还内在地包含着满足社会需要的价值属性。一个人的需要在多大程度上从社会得到满足，取决于他对社会和他人需要的满足程度。人的价值评价的根本尺度，在于对社会和他人付出及其成果，即劳动和贡献。这一价值准则也体现了，在马克思主义理论体系中，每个人的发展与他人、社会的发展不仅互不排斥，而且互为条件。在与个人、社会、国家关系中的主体与主体、主体与客体之间是一种和谐关系。

最后，实践是马克思主义的价值实现原则。国家、社会、个体的价值，都需要靠社会实践才能实现。在实践中创造物质财富和精神财富，在实践中认识和改造客观世界和主观世界，在实践中提升人的境界。

马克思主义价值理论，为社会主义核心价值观的形成、凝练，奠定了理论基础。

（二）社会主义核心价值观根植于中国传统文化价值观，具有鲜明的中国特色

中国传统文化是先辈们智慧的结晶。牟钟鉴先生的《走近中国精神》自序说："中华民族长存不亡，衰而复兴，在多灾多难中奋进，其秘密在于文化，在于这种文化所包含的生生不息、刚毅诚信、博厚悠远、仁爱通和精神。"张岂之先生在《中国思想史》2011年修订版新序中说，中国古代的思想家"他们的思想经过一定社会经济基础与上层建筑之间的辩证关系的过滤，成为中华民族在历史发展过程中具有代表性的理论思维，他们的思想属于中华民族优秀传统文化的组成部分，体现了中华民族在创造文明的过程中所做出的巨大贡献，他们思想中的精华永远是中华民族子孙们共同的精神财富"。① 继承中国传统文化的精华，挖掘其丰富的价值观内涵，是丰富和发展社会主义核心价值观的历史文化基础。

中国哲学诸家的价值思想中，给我们留下了宝贵价值文化遗产。儒释道墨法，尽管理论旨趣不尽相同，处世态度大相径庭，但是，他们从不同侧面体现了中国传统文化中的价值倾向。在对待人与自然关系上，主张"天人合一""道法自然"，追求人与自然、人与人的和谐；在对待个人与国家关系上，主张"先天下之忧而忧，后天下之乐而乐"；"天下兴亡，

① 张岂之：《中国思想史》上卷，西北大学出版社2012年版，第3页。

匹夫有责";"苟利国家生死以，岂因祸福避趋之"，具有鲜明的爱国特征；在治理国家方面，强调"为政以德"；"民惟邦本"；"文明以止，人文也……关乎人文，以化天下"；在处理矛盾上，强调"和而不同"、求同存异、兼容并蓄、和谐包容、主张多样性的统一；在对待个人与他人关系方面，主张"仁者爱人"、"己所不欲，勿施于人"、"老吾老以及人之老，幼吾幼以及人之幼"、"出入相友，守望相助"、"扶贫济困"，具有与人为善的终极取向；在义利观上，强调"重义轻利"、"君子爱财取之有道"，反对谋取不义之财；在个人品行方面，强调个人修身养性，主张培育"天行健，君子以自强不息"的刚健有为精神，"三军可夺帅，匹夫不可夺志"的风骨，"富贵不能淫，贫贱不能移，威武不能屈"的人格，"言必信，行必果"、"人而无信，不知其可也"的诚信品质，"三人行必有我师"的学习态度和"君子有九思：视思明，听思聪，色思温，貌思恭，言思忠，事思敬，疑思问，忿思难，见得思义"的思考习惯；在学术目标上，强调"为天地立心，为生民立命，为往圣继绝学，为万世开太平"，具有经世致用的特点；在价值结构上，具有了国家、社会、个人的分层特征，"从某种角度看，格物致知、诚意正心、修身是个人层面的要求，齐家是社会层面的要求，治国平天下是国家层面的要求。"①

如上所述，中国传统文化为社会主义核心价值观的形成和凝练奠定了文化基础，提供了丰富的精神养料。从社会主义核心价值观中"文明"、"和谐"、"公正"、"爱国"、"敬业"、"诚信"、"友善"等内容，以及三层面结构，处处都体现了对中国传统价值文化中相应内容的弘扬光大。

（三）社会主义核心价值观吸收人类发展进程共有的文明价值观，体现了海纳百川的气概

社会主义核心价值观既具有独创性和民族性，也吸收了世界文明发展的积极成果。不拒众流，方为江海。正如习近平总书记所说，"中国要永远做一个学习大国"。

法治思想尽管在我国古代法家思想中占有重要地位，但是与现代法治思想还是有本质区别的。2011 年中国特色社会主义法律体系形成，这既是在党的领导下为适应中国特色社会主义建设事业的历史进程而逐步形成的，也是我们积极吸纳世界各个国家各个民族在法治建设方面积极成果的

---

① 赵立科：《社会主义核心价值观凝练的基本路径》，《改革与开放》2012 年第 22 期。

结果。建成并进一步完善法律体系，是全面落实依法治国基本方略的前提和基础。在今后的法治建设中，依然需要不断学习别的民族、别的国家的优秀法治成果。而中国人民在法治建设中的成果也将成为世界法治成果的重要组成部分，为世界的法治思想做出贡献。

民主思想源于古希腊，城邦制直接民主制度适应了小国寡民和混合政体的需要，近代西方的契约论思想和代议制则发展了西方民主，为现代西方民主制度的建立奠定了思想基础。我国明末清初有了民主思想的萌芽，《资政新篇》、资产阶级维新派、资产阶级革命派进行了民主的初步尝试，而民主思想在我国影响力的拓展则得益于五四运动。中国共产党一直致力于民主政治建设，井冈山时期的士兵委员会，抗日根据地政权中实行的"三三制"原则，重庆谈判时期的和平、民主、团结三大口号，新中国成立后的民主政治建设，无不体现了我国在民主建设中的尝试和创造。值得提出的是，我国不仅在民主的形式上有了发展，将票决制民主与政治协商制民主有机结合，而且在民主的实质上由少数人的民主发展为广大人民群众当家做主。这是我们学习、吸纳人类优秀成果的又一成功案例。

由此我们可以看到，自由、民主、法治等价值观，并不是资本主义特有的专利，而是人类在历史发展中共同创造的文明成果，也是社会主义的本质要求。在凝练社会主义核心价值观的过程中，将这些具有共通性，且为我国广大人民群众所认同的价值观，作为社会主义核心价值观的组成部分，体现了我党的世界眼光、历史担当和宽广胸怀。

（四）社会主义核心价值观立足于民族复兴的伟大实践，具有时代性

中国共产党自诞生之日起，带领人民群众争取民族独立、人民解放，实现国家富强、人民富裕，"完成了新民主主义革命，完成了社会主义革命，进行了社会主义建设，进行了改革开放新的伟大革命，这三件大事从根本上改变了中国人民和中华民族的前途命运"。[①] 社会存在决定社会意识，社会实践的发展决定社会理论的发展。正是立足于中华民族复兴的伟大实践，伴随着"三件大事"的进程，社会主义核心价值观得以孕育、形成、凝练、普及。

社会主义核心价值观在理论上，最初是以"社会共同理想"的形态

---

① 选自《习近平在中共中央政治局第七次集体学习讲话》，中国网，http://www.china.com.cn/news/2013-06/27/content_29251301.htm。

出现的。在中国历史上，曾经出现过"大同"的社会理想，《天朝田亩制》中描绘的理想社会是"有田同耕，有饭同吃，有衣同穿，有钱同使，无处不均匀，无人不饱暖"；《大同书》中则把太平世作为理想社会的最高阶段。孙中山也曾憧憬"将来世界总有和平之望，总有大同之日，此吾人无穷之希望，伟大的思想"。① 志士仁人的尝试虽然因其空想的成分而导致屡试屡败，但也为我党提出共同理想提供了教训和重要的借鉴，丰富了爱国精神的价值内涵。在新民主主义革命时期，形成了"推翻三座大山，建立新民主主义共和国"的共同理想，中国人民将会看见，中国的命运已经操在人民自己的手里，中国就将如太阳升起在东方那样，以自己辉煌的光焰普照大地，迅速地荡涤反动政府留下来的污泥浊水，治好战争的创伤，建设起一个崭新的强盛的名副其实的人民共和国。在这一时期，中国人民为共同理想奋斗的伟大实践中，培育了"红船精神"、"井冈山精神"、"长征精神"、"延安精神"、"抗日精神"等革命传统精神和价值观。新中国成立后，在共同理想的提法上走过弯路；1986 年十二届六中全会我党第一次明确提出现阶段我国各族人民的共同理想；党的十八大之后，习近平总书记提出实现中华民族伟大复兴中国梦的重大战略思想，是共同理想时代内涵的拓展和表达方式的大众化。共同理想的确立与为之奋斗的实践，为社会主义核心价值观的进一步明晰和凝练奠定了现实基础。在中共十三大关于党在社会主义初级阶段的基本路线的表述中，提出了"为把我国建设成为富强、民主、文明的社会主义现代化国家而奋斗"②；中共十七大将"富强、民主、文明"增补为"富强、民主、文明、和谐"，国家层面关于经济、政治、文化、社会四大领域的价值目标已经形成。在这一时期，中国人民为共同理想奋斗的伟大实践中，培育了"大庆精神"、"红旗渠精神"、"两弹一星精神"、"载人航天精神"、"北京奥运精神"、"抗洪精神"、"抗震救灾精神"等精神和价值观。

社会主义核心价值体系的建立，是社会主义核心价值观确立的理论前提。党的十六届六中全会首次明确提出社会主义核心价值体系之后，我国学界对此高度关注并形成了研究的热潮。此后，逐步把学术关注点转移到核心价值体系与核心价值观的关系以及核心价值观的凝练上来。十七届六

---

① 《孙中山全集》第三卷，中华书局 2006 年版，第 25 页。
② 中共中央文献研究室编：《十三大以来重要文献选编》（上），人民出版社 1991 年版，第 15 页。

中全会前后，各地区根据地域特色，曾提炼出了各地精神（比如，爱国、创新、包容、厚德的"北京精神"），这一活动曾经发挥过一定的积极作用，它不仅总结了各地区在价值观建设方面的成果，为凝练社会主义核心价值观提供了参考，而且通过凝练过程中人民群众的广泛参与，集思广益，使价值观更加反映了人民群众的意志和要求，培育和践行社会主义核心价值观有了良好的群众基础。

总之，社会主义核心价值观既体现了马克思主义价值理论的指导，又植根于中国传统文化之沃土；既吸收人类关于价值的成果，又立足于民族复兴的伟大实践。因此，它的产生是有历史理论渊源和实践依据的。我们不能静止、孤立、割裂地看待和思考社会主义核心价值观的形成与发展，而应当具有历史的、发展的、开放的眼光。

四　主导向主流转化的关键[*]

将社会主义核心价值观由主导价值观转化为主流价值观，是培育和践行社会主义核心价值观的关键。

在当前宣传社会主义核心价值观的活动中，常常把主导价值观理解为主流价值观。现在，需要从理论上对两者加以辨析，厘清它们之间的联系与区别，以便在学理上更好地支撑培育和践行社会主义核心价值观。

主导价值观是指统领、引导全局，推动整个社会发展的价值观，通常是指国家运用行政权力、宣传机器所倡导的价值观。主导价值观在本质上是体现统治阶级意志和价值目标、价值取向的价值观。主流价值观是指符合时代发展趋势，得到社会多数成员所认同、所赞赏、所践行的价值观，具有民众性、大众化的特点。社会成员常常会对同一事物做出不同的价值判断，表现出价值的多样化。当一种价值意识、价值判断被多数人认同，能够提倡，愿意践行时，才能形成社会的主流价值观。在人类历史发展进程中，主导价值观与主流价值观二者往往并非同向、同步。主导和主流有时候同向但不同步，有一定的滞后性，其原因在于民众有一个吸收、理

---

[*] 本部分内容以《光明日报》记者专访卢黎歌谈话的形式，全文刊登在《光明日报》内参《情况反映》（知识界动态清样）第 178 期。作者卢黎歌、吕广利。

解、内化的过程；有时方向不完全一致，其原因在于统治者与多数民众的价值诉求不完全相同，主导价值观中一致的部分被多数民众接受、转化，而不一致部分则被拒接；有时甚至完全相反，其原因在于统治者与多数民众的价值诉求尖锐对立，主导价值观就不可能转化为主流价值观。

中国特色社会主义的共同理想和现实目标，既反映了国家的意志和宗旨，又体现了广大人民的愿景诉求，为主导和主流的同向奠定了价值基础，具有了实现转化的可能性。由国家倡导社会主义核心价值观，使社会主义核心价值观具有了主导地位。今后还需要深入细致并有效地开展宣传和培育工作，使社会成员熟悉认同，真正将社会主义核心价值观熟记于脑、内化于心、外化于行，转变为自觉的践行，才能真正实现从主导价值观向主流价值观的转化。

主导价值观要转化为主流价值观，关键在于主导价值观具有先进性和强势地位。对此，要着重从以下几点把握：

第一，理论强。理论是人们对自然与社会现象及其规律认识的系统性见解和主张。所谓理论强，是指理论的逻辑性缜密、历史性坚实、自洽性周延、说服性透彻。理论只有彻底，才有说服力，才能被人们认同、接受。培育和践行社会主义核心价值观的工作中，应增强对其价值性、科学性的阐释。文化在社会治理中的作用，古人早有论述，"文明以止，人文也……关乎人文，以化天下"。而文化（尤其是价值观）通过对社会民众的说服而起到的"领导作用"，在葛兰西的文化领导权理论中得到进一步的发挥。葛兰西认为，用"文化领导权"的概念描述社会各个阶级之间的支配关系，并不局限于直接的政治控制，而是试图成为更为普遍性的支配，包括特定地观看世界、人类特性及关系的方式。由此，领导权不仅表达统治阶级的利益，而且渗透进了大众的意识之中，被从属阶级或大众接受为"正常现实"或"常识"。他认为，西方资本主义社会，其统治方式已不再是通过暴力，而是通过宣传，通过其在道德和精神方面的领导地位，让广大的人民接受它们一系列的法律制度或世界观来达到其统治的目的。可见，强势的理论在国家治理中的作用有时候比强制力（即所谓暴力）更为有效。在培育和践行社会主义核心价值观的过程中，理论和宣传工作者不能够仅仅满足于对社会主义核心价值观的基本阐释，还需要深度分析，逐层解读，触及根本。核心价值观的 12 对价值范畴，都值得很好地分析。比如，民主这个概念的产生、发展、内涵和外延，不同的学派和政治力量出于不同的价值追求，对它的定义与解释各不相同。民主的抽象与具体，东西方对民主的不同解读，价值层面民主的实质，等等，都需要在理论上进行细致的研究。只有理论的彻底，才能说服民众。对于态度模糊、论证不充分、逻辑不严密的论述，大众是很难信服的，而缺乏理论深度的引导是弱导，它难以有强的震慑力。所以，提炼出社会主义核心价值观，"只是万里长征走完了第一步"。通过文化理论的"领导力"来凝聚人心，实现核心价值观的价值目标、价值取向、价值规范功能，还有很多深入细致的工作要做。

第二，情感强。对文化与或价值的认同，理论解决认识的"是与非""善与恶"，而情感解决"亲与疏""好与恶"。情感在内化机制中的重要的位置不容忽视。所谓情感强，一是指教育宣传工作者要有情、动真情，"以情动人"。用人们熟悉的历史、共同的记忆、平实的语言、喜欢的形式来学习、交流和沟通，增强社会成员的文化认同感，培养人们的美德意识。二是指要调动教育宣传接受者的情感因素。产生情感的一个主要因素在于"外在"人、事、物与主体的相关度。相关度高，情感度就会高。要引导人们不仅认识到核心价值观对国家民族的意义，也要认识到对个体自身的意义，激活认同接受核心价值观的内在动力。使社会主义核心价值观更易产生主体"自己的价值观"的认同情感。三是要诠释出社会主义核心价值观自身的情感要素，以价值情感来感召人。比如，作为民族精神核心的爱国精神，本身就蕴含着丰富的情感，激励过一代又一代志士仁人为国奉献。

第三，实践强。实践是检验真理的标准，也是人们认识、检验和接受价值观的重要途径。所谓实践强，一是指作为源于实践的核心价值观，重返实践检验，会更加显示出强大生命力。社会主义核心价值观，至少可以追溯出四大渊源：来源于马克思主义价值理论；根植于中华民族优秀传统文化；吸收了世界文明的有益成果；立足于民族复兴的伟大实践。四大渊源在社会主义核心价值观提炼过程的"第一次飞跃"中，为确保其合理性、正确性、合法性，奠定了坚实基础。而重返实践的"第二次飞跃"意义更不可低估。社会主义核心价值观的24字，三个层面，12对范畴，涉及若干重大领域和社会的方方面面，它们各自的定位和功能及相互之间的关系，都需要在实践中去进一步检验、完善。二是充分运用实践本身所具有的示范教育功能，发挥实践在培育践行中的作用。通过实践，可以使实践主体感悟、思考、巩固、深化对社会主义核心价值观的认同。没有经过实践，价值观的接受是不稳固的。同时，实践中践行核心价值观的实际效果，也能产生辐射效应，扩大社会影响力，加速主导向主流的转变。

第四，可操作性强。价值观作为一种观念，它首先表现为抽象理念的形态，如果让它停留在理论形态，就很难以"大众化"为主流的价值观。社会主义核心价值观需要进一步进行操作化的"形而下"之过程。通过操作环节，内化为人的品质，外化为行为习惯。所谓可操作性强，一是指将价值观的观念形态转化为规范形态。规范形态应该具有可操作性、可评判、可监督的特点。二是指将价值典型示范与价值观进行对"接"，使观念、规范鲜活生动起来，起到诠释、示范的作用。古代关于"孝"价值传播的经验，很值得借鉴。首先提出孝的概念，并且以《孝经》将其理论化。其次是定位。它在价值体系中处于"百善孝为先"的地位，唐玄宗亲自为《孝经》注释，更凸显了其地位。再次是操作化。提出孝的具有可操作性、可检验性的主要内涵："奉养"、"敬亲"、"侍疾"、"立身"、"谏净"、"善终"。最后是示范化。自秦代后，历代朝廷也都注意从正面导向，官修正史上都立有《孝义传》，就是表彰孝子，让他们名留青史。编撰《二十四孝图》，使观念图像化，鲜活生动，使人（尤其是少年儿童）记忆深刻。我们在精神文明建设中虽然取得了很多成果，但是如何实现"操作强"，还是需要下大力气的。

五　对作为主线和作为内容的思考

社会主义核心价值体系和社会主义核心价值观既是"基础课"的主线，同时又有一部分成为"基础课"的教学内容。

作为"主线"，其作用在于：第一，价值导向。"基础课"的课程目标是"帮助大学生提高思想道德素质和法律素质"（参见《基础》教材绪论）。而思想道德和法律的价值取向不同，教育的方向也不同。因此，需要正确的价值导向。主线在教材的全书中和教学的全过程中，就是要起到价值导向作用。第二，"穿珍珠为项链"的作用。由于思想道德和法律所涉及的领域非常广泛，有了"主线"，便可以使得分散在不同领域的知识和理论的精华进行逻辑的、价值的整合，成为有机整体。

　　作为"内容"，社会主义核心价值体系和核心价值观的理论和观点，本身就是"基础课"需要学生掌握的。对照《基础》教材2015年修订版，就不难发现究竟有哪些内容融入了"基础课"中，成为其中的教学内的部分。

　　社会主义核心价值体系是兴国之魂。它的基本内容构成要素包括马克思主义指导思想、中国特色社会主义共同理想、以爱国主义为核心的民族精神和以改革创新为核心的时代精神及社会主义荣辱观。"基础课"几乎涉及这四部分全部内容的，但是又与社会主义核心价值体系教育的侧重点有所不同。在理想信念教育中，讲到马克思主义是从树立正确科学信仰的角度入手的。对马克思主义的全面介绍则应该是"原理课"和"概论课"的任务。而中国特色社会主义共同理想，则是理想信念的主要内容。中国精神包括以爱国主义为核心的民族精神和以改革创新为核心的时代精神。爱国主义为核心的民族精神是"基础课"的重要内容，尤其是爱国主义的内容是第二章的重点。而改革创新为核心的时代精神在教材中篇幅并不太多，主要原因在于要深入探讨这一理论，需要与中国特色社会主义的进程相结合。"基础课"显然无力承担，安排"概论课"中结合中国特色社会主义理论的教学，显然更为合理。社会主义荣辱观与道德理论、道德规范是密切相关的。所以安排在"基础课"中全面介绍是比较合理的。

　　社会主义核心价值观是社会主义核心价值体系的高度凝练和抽象。中共中央办公厅印发的《关于培育和践行社会主义核心价值观的意见》指出："富强、民主、文明、和谐是国家层面的价值目标，自由、平等、公正、法治是社会层面的价值取向，爱国、敬业、诚信、友善是公民个人层面的价值准则，这24个字是社会主义核心价值观的基本内容。"三个层面是一个有机的整体，它们相互联系、相互促进。在进行社会主义核心价值观教育中，当然应该全面宣传介绍。但是，作为以"帮助大学生提高思想道德素质和法律素质"的"基础课"而言，在内容安排上主要涉及哪个层面、哪些价值观呢？显然，国家层面的价值目标和社会层面的价值取向是大学生需要了解的，而公民个人层面的价值准则应该是大学生需要熟练掌握的。

第三部分　教学重点[*]
——"思想道德修养与法律基础"课理论重点研究

本课题是按照"理论观点分层假设"的思路进行的。前已述,"基础课"的理论观点可分为三个层次。包括每一章的核心理论观点、重要理论观点、支撑理论观点。每一章都是围绕一个主题、确立并阐明一两个核心理论观点和几个重要理论观点,其他的观点都是为这些核心和重要理论观点做进一步说明、论证或者拓展服务的。它有着内在的联系。

提出该假设的原因在于解决教学实践中的如下矛盾:"基础课"涉及大学生思想、政治、道德、心理、法律等若干领域,所包含的内容非常丰富,理论观点和知识点很多。但是由于课时有限,如果每个观点都进行深入的讲授和探讨,势必只能涉及很少的理论观点,而多数理论观点将没有时间顾及。我们在教学中只有把有限的时间资源用于重要观点,才能突出重点。本部分以教材的章为序,按照章节的观点、概念,章的核心理论观点和每节的重要理论观点,选择的依据说明三个方面的内容进行。对重要观点的研究或综述,将在第四部分呈现。

因为考虑到开学初能提供给教师参考,本部分依据马克思主义理论研究与建设工程重点教材《思想道德修养与法律基础》2015年修改版的初稿进行研究的,对以2013年版为基础的理论重点进行了一定的调整。如果与2015年版正式出版的教材有某些出入,以2015年版教材为准。

---

[*] 教学重点部分是集体研究结晶与个人劳动成果相结合的产物。课题组第一次全体会议确定研究原则和方法、制定研究模板,后多次会议讨论,由各章执笔人撰写完成。2015年修改版教材出版后,课题组成员又根据新修改版教材进行了调整,逐章逐节的核对和修改,形成了现在的最终稿。

各章的撰稿人依次为:绪论,程馨莹(西北大学);第一章,高国希、张琳(复旦大学);第二章,杨华(西安交通大学);第三章,武东生(南开大学);第四章,阎艳(天津师范大学);第五章,宋宝萍(西安电子科技大学)、谢玉进(中央财经大学);第六章,伊景冰(西安交通大学);第七章,何志敏(西安交通大学);第八章,卜丽萍(西安交通大学)。最后由卢黎歌统稿,西安交通大学思想政治教育研究所所长范高社多次参与讨论并提出了宝贵意见。

绪论　珍惜大学生活　开拓新的境界

一　本章涉及的概念与理论观点

（一）第一节涉及的概念与理论观点

（1）基本概念：适应大学生活、自立自强自信自律、学习理念、德智体美、成才目标。

（2）理论观点：大学阶段，是人生发展的重要时期，是世界观、人生观、价值观形成的关键时期。

广泛涉猎相关知识，掌握科学的学习方法，培养自主学习和独立思考问题、分析问题、解决问题的能力，是大学阶段学习的重要特点。

尽快适应新的环境，既要学会过集体生活，又要学会独立处理学习生活中遇到的各种实际问题。

根据自己的特点和爱好、时间和精力，积极参加各种活动，合理安排课余生活，锻炼组织和交往能力。

适应大学生活要树立自立自强自信自律的生活意识，提高明辨是非善恶的能力，虚心求教，细心体察，大胆实践，积累生活经验。

学习是大学阶段的主要任务，是大学生活的中心内容。不仅要努力学习，而且要树立正确的学习理念；不仅要掌握知识，而且要掌握获得知识和应用知识的能力；不仅要在学业上不断进步，而且要在综合素质上不断提高。

树立新的学习理念包括自主学习的理念、全面学习的理念、创新学习的理念、合作学习的理念和终身学习的理念。

大学生的全面发展，就是德智体美的全面发展，是思想道德素质、科学文化素质和健康素质的全面提高。德是人才素质的灵魂，智是人才素质的基本内容，体是人才素质的基础，美是人才素质的综合体现。

要实现德智体美全面发展的成才目标，应着力增强服务国家人民的社会责任感。这既是建设和发展中国特色社会主义事业的必然要求，也是大学生成长成才的必然要求。

（二）涉及的概念与理论观点

（1）基本概念：思想道德、法律、思想道德素质、法律素质。

（2）理论观点：思想道德与法律是调节人们思想行为、协调人际关系、维护社会秩序的重要手段。二者作为社会上层建筑的重要组成部分，共同服务于一定的经济基础。

中国特色社会主义思想道德为中国特色社会主义法律提供价值基础。中国特色社会主义法律为中国特色社会主义思想道德建设提供制度保障。

国家和社会治理需要法律和道德共同发挥作用。坚持和发展中国特色社会主义，既要发挥法律的规范和强制作用，又要发挥道德的教化和引领作用。

思想道德素质和法律素质是人的基本素质，体现着人们协调各种关系、处理各种问题时所表现出的是非善恶判断能力和行为选择能力，是政治素养、道德品质和法律意识的综合体，决定着人们在日常生活中的行动目的和方向。

一个人良好的思想道德素质和法律素质是在学习中升华、内省中完善、自律中养成、实践中锤炼的结果。

（三）涉及的概念与理论观点

（1）基本概念：培育、践行、社会主义核心价值观、富强、民主、文明、和谐；自由、平等、公正、法治；爱国、敬业、诚信、友善。

（2）理论观点：价值观是人类在认识、改造自然和社会的过程中产生与发挥作用的。核心价值观，承载着一个民族、一个国家的精神追求，体现着一个社会评判是非曲直的价值标准。积极培育和践行社会主义核心价值观，是大学生提高思想道德素质和法律素质的根本途径。

倡导富强、民主、文明、和谐，倡导自由、平等、公正、法治，倡导爱国、敬业、诚信、友善，这 12 个范畴概括了国家的价值目标、社会的价值取向和公民的价值准则，是社会主义核心价值观的基本内容。

社会主义核心价值观是社会主义核心价值体系的内核，体现着社会主义核心价值体系的根本性质和基本特征。社会主义核心价值体系包括马克思主义指导思想、中国特色社会主义共同理想、以爱国主义为核心的民族精神和以改革创新为核心的时代精神、社会主义荣辱观四个方面，是一个系统性、总体性的框架。社会主义核心价值观则更清晰地揭示了这个价值体系的内核，确立了当代中国最基本的价值观念，是对社会主义核心价值体系的高度凝练和集中表达。

富强、民主、文明、和谐是国家层面的价值要求。自由、平等、公正、法治是社会层面的价值要求。爱国、敬业、诚信、友善是公民层面的价值要求。

培育和践行社会主义核心价值观的重大意义在于它是实现中华民族伟大复兴的中国梦的价值支撑，是协调推进"四个全面"战略布局的精神动力，是引导大学生进德修业、成长成才的根本指针。

（四）涉及的概念与理论观点：

（1）基本概念：立志、树德、做人、联系实际、学以致用。

（2）理论观点：本课的主要任务是：以马克思列宁主义、毛泽东思想、邓小平理论和"三个代表"重要思想和科学发展观为指导，深入贯彻习近平总书记系列重要讲话精神，针对大学生成长过程中面临的思想道德和法律问题，有效地开展马克思主义的世界观、人生观、价值观、道德观和法律观教育，开展社会主义核心价值观教育，引导大学生提高思想道德素质与法律素质，使大学生成长为德智体美全面发展的社会主义事业的合格建设者和可靠接班人。

学习"思想道德修养与法律基础"课，有助于当代大学生认识立志、树德和做人的道理，选择正确的成才之路；有助于当代大学生掌握丰富的思想道德和法律知识，为提高思想道德和法律素养打下知识基础；有助于当代大学生摆正"德"与"才"的位置，做到德才兼备、全面发展。

掌握学习"思想道德修养与法律基础"课的基本方法，要学好科学理论，掌握基本知识，注重联系实际和坚持学以致用。

二　本章的核心理论观点、各节的重要理论观点及选择说明

本章是全书的开篇，从新生入校后首先遇到的问题（对新环境不适应、目标迷茫、价值选择混乱）入手，激发学生对本课的兴趣，为本课的教学奠定良好的基础。故本章设计了四节，第一节和第二节引导大学生意识到认识新的学习生活环境、新的历史使命和目标，对于健康成长的意义，第三节引导大学生掌握社会主义核心价值体系，前三节在逻辑上和学生认识层次上是层层递进的关系，第四节介绍学习本课的意义与方法。

本章的核心理论观点：思想道德素质和法律素质是人的基本素质，积极培育和践行社会主义核心价值观，是大学生提高思想道德素质和法律素质的根本途径。

选择说明：（1）这一观点所包含的关键词：社会主义核心价值观、大学生、思想道德素质和法律素质，是本章乃至本课的重大范畴，培育和践行社会主义核心价值观，是大学生提高思想道德素质和法律素质的根本途径。（2）这一观点指出了开设本课程的目的的专业指向性：提高大学生的思想道德素质和法律素质。（3）这一观点指出了提高思想道德素质和法律素质的根本路径。

（一）第一节重要理论观点及选择说明

（1）大学阶段，是人生发展的重要时期，是世界观、人生观、价值观形成的关键时期。尽快适应大学新生活，为今后的健康成长成才打下良好基础，是同学们面临的首要问题。

选择说明：适应大学生活的教育，是本章的逻辑起点和教育起点。新生对于新的生活学习环境并没有足够的心理准备和了解，引导其熟悉、认识新环境、新目标、新任务是继入学教育后需要不断强化的理念。

（2）不仅要努力学习，而且要树立正确的学习理念；不仅要掌握知识，而且要掌握获得知识的能力；不仅要在学业上不断进步，而且要在综合素质上不断提高。

选择说明：理念是行动的先导。适应大学生活的教育，技术指导固然需要，但是观念转变对新生而言更为根本。这里所提到的三对关系的处理，尤其是学业与综合素质的关系，对于新生而言是很有针对性的。

（3）德是人才素质的灵魂，智是人才素质的基本内容，体是人才素质的基础，美是人才素质的综合体现。

选择说明：这一观点表述的是大学生的成才目标。对大学生适应大学、认识大学，确定奋斗的方向和目标是非常重要的内容。德智体美全面发展是党和国家教育方针的规定，也是人才成功的普遍规律。大学生德才兼备，是他们认同社会主义核心价值观的思想基础。了解德智体美之间的相互地位和关系，也有助于大学生为摆正他们之间的地位、正确处理相互关系，打下正确的认识基础。

（二）第二节重要理论观点及选择说明

（1）思想道德与法律是调节人们思想行为、协调人际关系、维护社会秩序的重要手段。中国特色社会主义思想道德为中国特色社会主义法律提供价值基础。中国特色社会主义法律为中国特色社会主义思想道德建设提供制度保障。国家和社会治理需要法律和道德共同发挥作用。

选择说明：思想道德、法律是本课的核心概念。这一观点表述了这一对核心概念之间的关系。了解这一关系，是理解本课要义的重要基础。

（2）思想道德素质和法律素质是人的基本素质，体现着人们协调各种关系、处理各种问题时所表现出的是非善恶判断能力和行为选择能力，是政治素养、道德品质和法律意识的综合体，决定着人们在日常生活中的行动目的和方向。

选择说明：这一观点对思想道德素质和法律素质的地位、功能做了概要性的表述，是学好本课的知识基础。道德素质和法律素质作为人的基本素质，是调节人们思想行为、协调各种关系、维护社会秩序的两种基本社会规范，也是本课的核心内容。

（三）第三节重要理论观点及选择说明

（1）培育和践行社会主义核心价值观，是大学生提高思想道德素质和法律素质的根本途径。社会主义核心价值观的基本内容是富强、民主、文明、和谐；自由、平等、公正、法治；爱国、敬业、诚信、友善。

选择说明：这是对社会主义核心价值观基本内容的介绍，是大学生必须掌握的重要内容。掌握这些内容，才能够使大学生能够深入地领会把握社会主义核心价值观。

（2）培育和践行社会主义核心价值观的重大意义在于它是实现中华民族伟大复兴的中国梦的价值支撑，是协调推进"四个全面"战略布局的精神动力，是引导大学生进德修业、成长成才的根本指针。

选择说明：对重大意义的认识，是自觉培育和践行社会主义核心价值观的前提。通过对重大意义的理论阐述，使大学生更加认同并自觉践行社会主义核心价值观。

（四）第四节重要理论观点及选择说明

本课的主要任务是：以马克思列宁主义、毛泽东思想、邓小平理论、"三个代表"重要思想和科学发展观为指导，深入贯彻习近平总书记系列重要讲话精神，针对大学生成长过程中面临的思想道德和法律问题，有效地开展马克思主义的世界观、人生观、价值观以及道德观、法律观教育，开展社会主义核心价值观教育，引导大学生提高思想道德素质与法律素质，使大学生成长为德智体美全面发展的社会主义事业的合格建设者和可靠接班人。

选择说明：这一观点是对本课主要任务的完整表述，当然是纲要性的观点。本课是一门融思想性、政治性、知识性、综合性和实践性于一体的课程，了解学习本课的意义，可以提高大学生学习本课的自觉性。只有明确学习基础课的意义和作用，才有可能挖掘出大学生潜在的学习需求，激发他们的学习动力与热情。

这一观点是对学习本课基本方法的表述。方法是学好课程的前提性基础。注重学好理论，掌握基本知识，注重联系实际和坚持学以致用，不断地增强自我教育、自我约束、自我激励的能力，才能提高自己的思想道德素质和法律素质，才能使大学生学习本课后，真正有所收获，终身受益。

第一章　追求远大理想　坚定崇高信念

一　教材中本章涉及的概念与理论观点

（一）第一节涉及的概念与理论观点

（1）基本概念：理想、信念、信仰、理想信念。

（2）理论观点：理想信念是人的精神世界的核心。追求远大理想、坚定崇高信念，是大学生健康成长、成就事业、开创未来的精神支柱和前进动力。

理想是人们在实践中形成的。理想带有时代的烙印，源于现实又超越现实，与空想有着本质的区别。理想是多方面和多类型的，具有现实性和预见性。

信念是认知、情感和意志的有机统一体，有不同的内涵和层次，信仰是信念最集中、最高的表现形式。

理想和信念是相互依存的。理想是信念的前提和根据，信念则是实现理想的重要保障。在很多情况下，理想亦是信念，信念亦是理想。

理想信念是人生目的的最高体现，也是人生发展的内在动力。理想信念给大学生指引奋斗目标，提供前进动力，提高精神境界。

大学生只有树立崇高的理想信念，才能明确学习的目的和意义，增强国家富强、民族振兴的责任感与使命感。大学生要把个人奋斗、个人进步同国家、民族的前途命运紧密联系起来。

（二）第二节涉及的概念与理论观点

（1）基本概念：马克思主义信仰、共同理想、信任、信念、信心。

（2）理论观点：大学生应当正确认识自身肩负的历史使命，确立马克思主义的科学信仰，树立在中国共产党领导下走中国特色社会主义道路、为实现中华民族伟大复兴而奋斗的共同理想。

大学生是我国社会主义事业的建设者和接班人，承担坚持和发展中国特色社会主义、实现中华民族伟大复兴的中国梦的历史使命。

马克思主义是科学理想信念的理论基础。马克思主义作为我们党和国家的根本指导思想，是近代以来中国历史发展的必然结果，是中国人民长期探索的历史选择。马克思主义是科学的又是崇高的，是具有持久的生命力的，是以改造世界为己任的。

中国特色社会主义共同理想，就是在中国共产党领导下，坚持和发展中国特色社会主义，实现中华民族伟大复兴。这个共同理想有着广泛的社会共识，具有令人信服的必然性、广泛性和包容性，强调国家要基本实现现代化、民族要实现伟大复兴、人民要过上宽裕的小康生活，具有感召力、亲和力和凝聚力。

大学生要坚定对中国共产党的信任，坚定中国特色社会主义信念，坚定实现中华民族伟大复兴的信心。坚定道路自信、理论自信、制度自信。

（三）第三节涉及的概念与理论观点

（1）基本概念：理想与现实、社会理想、个人理想、中国梦、社会实践。

（2）理论观点：理想信念是一个思想认识问题，更是一个实践问题。

正确认识理想与现实的关系是实现理想的思想基础。要辩证地看待理想与现实矛盾，充分认识理想实现的长期性、艰巨性和曲折性，正确认识和对待顺境与逆境。理想必须通过实践才能转变为现实，践行艰苦奋斗精神，是大学生实现理想的根本途径。

坚持个人理想与社会理想的统一。当代大学生应将个人理想与社会理想有机地结合起来，在为实现社会理想而奋斗的过程中实现个人理想。社会理想决定制约着个人理想。社会理想是个人理想的凝练和升华。

大学生肩负实现中华民族伟大复兴中国梦的历史重任，只有把实现理想的道路建立在脚踏实地的奋斗上，才能放飞青春梦想，实现人生理想。大学生要做到：立志当高远，立志做大事，立志须躬行。

二　本章的核心理论观点、各节的重要理论观点及选择说明

本章的核心理论观点：追求远大理想，坚定崇高信念，是大学生自身成长成才的现实需要，是践行社会主义核心价值观和实现中华民族伟大复兴的客观要求。

选择说明：上述观点，既说明了大学生树立远大理想和坚定崇高信念的重大意义，又指明了应该全面把握的关键点以及要求，这是对本章三节内容的高度提炼和概括。具体如下：

首先，本章解决的是大学生为什么要树立远大理想和坚定崇高信念的问题。理想信念是人的思想和行为的定向器，对人生历程起着重要的导向作用。科学的理想信念，可以使大学生方向明确、精神振奋，不论前进的道路如何曲折、人生的境遇如何复杂，都可以满怀希望，永不迷失地前进。而模糊的、错误的理想信念，必将使大学生误入歧途。有无理想信念，有什么性质的理想信念，成为区分高尚充实的人生与庸俗空虚的人生的一道分水岭。

其次，对于当代中国的大学生而言，就是要树立马克思主义的科学信仰、中国特色社会主义的共同理想，并坚定地实施。综观全章内容，第一节是引出理想，第二节是理想本体，第三节是落实理想或理想怎么实现的问题。

（一）第一节重要理论观点及选择说明

（1）理想信念是人生目的的最高体现，也是人生发展的内在动力。理想信念也给大学生指引奋斗目标，提供前进动力，提高精神境界。

选择说明：理想信念教育是思想政治教育的核心问题，理想信念是人的一种"自为"的需要，是精神追求的最终归宿，使人的本质力量的展现。

要进行理想信念教育，首要是准确把握理想信念的科学内涵及意义。理想信念科学内涵及意义的把握是马克思主义信仰、中国特色社会主义共同理想的知识基础和理论前提。理想信念中的理想不是一般的理想，而是人们所尊崇的社会理想，这里的信念是把崇高的社会理想作为信仰，即理想信念是指中国特色社会主义的共同理想和马克思主义的信仰。引导大学生树立科学的理想信念，激发大学生对未来的向往和追求，既是促进大学生全面成长的动力，也是针对性很强的教育内容。社会理想的缺失，对前进方向的迷茫，是一些大学生不能健康成长的深层思想根源。

（2）大学生只有树立崇高的理想信念，才能明确学习的目的和意义，增强国家富强、民族振兴的责任感与使命感。

选择说明：十八大提出的奋斗目标的实现，中华民族伟大复兴的中国梦的实现，均需要理想信念来支撑和保障。只有树立共同的理想信念，才能够凝聚人心，团结全国各族人民共同为实现伟大目标而奋斗。

（二）第二节重要理论观点及选择说明

（1）马克思主义是科学理想信念的理论基础。马克思主义作为我们党和国家的根本指导思想，是近代以来中国历史发展的必然结果，是中国人民长期探索的历史选择。马克思主义是科学的又是崇高的，是具有持久的生命力的，是以改造世界为己任的。

选择说明：马克思主义是我们立党立国的指导思想，也是社会主义核心价值体系的灵魂、是理想信念的理论之根。这一理论观点，运用了我党对马克思主义在理论上的最新阐释，论述了马克思主义与理想信念之间的关系。

（2）中国特色社会主义共同理想，就是在中国共产党领导下，坚持和发展中国特色社会主义，实现中华民族伟大复兴。

选择说明：在中国共产党的领导下，走中国特色社会主义道路，实现中华民族伟大复兴，是我国理想信念教育的重要内容。我党最近的文献中对中国特色社会主义道路及中国梦的表述，是我们思想政治教育的重要理论。

（3）实现中国特色社会主义共同理想，需要坚定对党的信任、走中国特色社会主义道路的信念、实现中华民族伟大复兴的信心。坚定道路自信、理论自信、制度自信。

选择说明：中国特色社会主义共同理想是社会理想的核心，是当代中国的马克思主义最新成果。坚定马克思主义信仰和坚信中国特色社会主义共同理想，是树立科学理想信念的知识基础和理论前提。这二者是理想信念在当今时代的具体体现，具有科学性、先进性、实践性、指导性。

信仰、信念、信任、信心是理想信念的核心支柱。四个自信是十八大的新概括。

实现中国特色社会主义共同理想，就是要高举中国特色社会主义伟大旗帜，坚持中国特色社会主义道路，以解放思想、改革开放、凝聚力量、攻坚克难的精神状态，为全面建成小康社会而奋斗。

（三）第三节重要理论观点及选择说明

（1）正确认识和理解理想与现实的关系是实现理想的思想基础。要辩证看待理想与现实矛盾，充分认识理想实现的长期性、艰巨性和曲折性，正确认识和对待顺境与逆境。

选择说明：在复杂的社会现实中，大学生对理想信念问题存在一些片面认识和模糊看法，需要予以澄清。正确理解和认识理想与现实的关系，是实现理想的现实基础，坚定的信念是实现理想的重要条件，勇于实现和艰苦奋斗是实现理想的根本途径。

（2）大学生肩负实现中华民族伟大复兴中国梦的历史重任，只有把实现理想的道路建立在脚踏实地的奋斗上，才能放飞青春梦想，实现人生理想。大学生立志当高远，立志做大事，立志须躬行。

选择说明：理想的实现是一个长期的、复杂的和艰巨的过程，不是一蹴而就的。理想的实现一定需要各种主客观的条件和努力，否则理想就不会实现甚至会面临被丢弃或被抛弃的境地。这节重要观点的选择主要基于，它是理想信念的落脚点和归宿，是实现理想的现实基础、重要条件和根本途径。

（3）当代大学生应将个人理想与社会理想（中国特色社会主义共同理想）有机结合起来，在为实现社会理想而奋斗的过程中实现个人理想。

选择说明：高举中国特色社会主义共同理想，是党的十八大的主题。十八大明确提出了旗帜问题、道路问题、精神状态问题和奋斗目标问题，这是在我国进入全面建成小康社会、实现中国梦的决定性阶段提出的关乎我国发展前途的重大问题，也是应该让学生掌握宏观大局的重大问题。

第二章　弘扬中国精神　共筑精神家园

一　教材中本章涉及的概念与理论观点

（一）第一节涉及的概念与理论观点

（1）基本概念：中国精神、民族精神、时代精神。

（2）理论观点：重精神是中华民族的优秀传统，它表现在对物质生活与精神生活相互关系的独到理解上，也表现在中国古人对理想的不懈追求上，亦表现在对道德修养和道德教化的重视上。

中国共产党是中华优秀传统的忠实继承者和坚定弘扬者。

中国精神是凝心聚力的兴国之魂、强国之魂。

中国精神始终是激励和支撑中华儿女团结一致、前赴后继、英勇拼搏的强大精神力量，是实现民族复兴的精神基石。

中国精神是维系中华民族生存与发展的精神纽带，对维护民族团结和国家统一发挥着重要的凝聚作用。

大力弘扬中国精神，是提升综合国力的重要思想保证和精神支撑。

民族精神和时代精神，是社会主义核心价值体系的精髓，两者的有机结合构成了中国精神的基本内容。

民族精神是指一个民族在长期共同生活和社会实践中形成的，为本民族大多数成员所认同的价值取向、思维方式、道德规范、精神气质的总和。它是一个民族赖以生存和发展的精神支柱。

时代精神是在新的历史条件下形成和发展的，体现民族特质、顺应时代潮流的思想观念、行为方式、价值取向、精神风貌和社会风尚的总和，是一种对社会发展具有积极影响和推动作用的集体意识。

民族精神为时代精神提供生长根基和发展动力，是时代精神形成的重要基础和依托；时代精神则是民族精神的时代性体现，牵引着民族精神的发展方向，并赋予民族精神以时代内涵。

大力弘扬中国精神，培育中华民族共同的精神家园，既需要大力弘扬以爱国主义为核心的伟大民族精神，也需要大力弘扬以改革创新为核心的伟大时代精神。

（二）第二节涉及的概念与理论观点

（1）基本概念：爱国主义、民族精神、经济全球化。

（2）理论观点：爱国主义作为民族精神的核心，既是中华民族最深厚的精神传统，也是动员和鼓舞中国人民团结奋斗的精神旗帜，推动中国社会历史发展的巨大力量。

中华民族形成了以爱国主义为核心的团结统一、爱好和平、勤劳勇敢、自强不息的伟大民族精神。

爱国主义体现了人们对自己祖国的深厚感情，反映了个人对祖国的依存关系，是人们对自己故土家园、民族和文化的归属感、认同感、尊严感与荣誉感的统一。它是调节个人与祖国之间关系的道德要求、政治原则和法律规范，也是民族精神的核心。

爱国主义的基本要求是：爱祖国的大好河山；爱自己的骨肉同胞；爱祖国的灿烂文化；爱自己的国家。

爱国主义是历史的、具体的，在不同的历史时代和文化背景下所产生的爱国主义，总是具有不同的内涵。

在现阶段，爱国主义主要表现在献身于建设和保卫社会主义现代化事业，献身于促进祖国统一大业。

爱国主义随着国家的产生而产生、发展而发展。在未来的共产主义社会，世界上国家消亡后，爱国主义就会失去存在的条件和意义。

在阶级社会中，爱国主义具有阶级性。

爱国主义是对整个民族大家庭的热爱，我们应当尊重历史，不苛求古人，既充分肯定历史上的爱国人物、爱国情感、爱国思想和爱国行为，又要看到这些人物、情感、思想和行为的历史局限性，从爱国主义的丰富表现中升华出爱国主义的普遍情怀。

爱国主义具有鲜明的时代价值：是中华民族继往开来的精神支柱；是维护祖国统一和民族团结的纽带；是实现中华民族伟大复兴的动力；是个人实现人生价值的力量源泉。

新时期中华民族的爱国主义，既承接了历史上爱国主义的优良传统，又体现了鲜活的时代特征，内涵更加丰富。

经济全球化是当今时代发展的重要趋势。它的发展使世界各国在经济上的联系日益紧密，同时影响到世界各国的政治和文化，对爱国主义也提出了挑战。

经济全球化是一把"双刃剑"，既是机遇，更是挑战。在这种情况下，更需要大力弘扬爱国主义，维护本国、本民族的利益。

大力弘扬爱国主义，必须以宽广的眼界观察世界，以积极而理性的姿态参与经济全球化进程，实施互利共赢的开放战略，促进国家更快更好的发展。

要正确处理热爱祖国与关爱世界、为祖国服务与尽国际义务、维护世界和平与促进共同发展的关系。

人有地域和信仰的不同，但报效祖国之心不应有差别。

科学没有国界，但科学家有祖国。

经济全球化是世界经济发展的必然趋势，但不等于全球政治、文化一体化。

在经济全球化的条件下，国家仍然是民族存在的最高组织形式，是国际社会活动中的独立主体。只要国家继续存在，爱国主义就有其坚实的基础和丰富的意义。

在当代中国，爱国主义首先体现在对社会主义中国的热爱上，这是中华人民共和国每一个公民必须坚持的立场和态度。爱国主义与爱社会主义的统一是中国历史发展的必然结果。

爱国主义与拥护祖国统一的一致性，不仅是对生活在中国大陆的中国公民的要求，也是对全体中华儿女包括港澳台同胞以及海外侨胞的基本要求。

爱国既需要情感的基础，也需要理性的认识，更需要实际的行动。

只有把国家的安全、荣誉和利益放在高于一切的地位，始终做到爱国的深厚情感、理性认识和实际行动相一致，与祖国同呼吸、共命运，才是真正的爱国者。

做忠诚的爱国者，应当做到：自觉维护国家利益；促进民族团结；维护祖国统一；增强国防观念；增强国家安全意识。

（三）第三节涉及的概念与理论观点

（1）基本概念：改革创新、全面的改革、全面的创新、改革创新的实践者。

（2）理论观点：时代精神是民族精神的时代性体现，体现了一个国家在一定历史时期的思想观念、价值取向、精神风貌和社会风尚。改革创新既是中华民族革故鼎新优良传统的延伸继承，也是中国人民在改革开放伟大实践中体现出来的精神特征和精神品格。

改革是全面的改革，既包括经济体制改革，也包括政治体制、文化体制、社会体制以及其他方面的改革；创新也是全面的创新，既包括理论创新，也包括制度创新、科技创新、文化创新以及其他各方面的创新。

改革创新是进一步解放和发展生产力的必然要求，是全面深化改革、推动经济社会全面发展的重要条件，是建设社会主义创新型国家的迫切需要。

实施创新驱动发展战略，最根本的是要增强自主创新能力，最紧迫的是要破除体制机制障碍，最大限度地解放和激发科技作为第一生产力所蕴含的巨大潜能。

大学生要树立突破陈规陋习的自觉意识，树立大胆探索未知领域的信心和勇气，树立以创新创造为目标的志向，努力做改革创新的实践者。

二　本章的核心理论观点、各节的重要理论观点及选择说明

本章的核心理论观点：实现中华民族复兴的伟大中国梦，必须弘扬中国精神，这就是以爱国主义为核心的民族精神，以改革创新为核心的时代精神。弘扬中国精神，大学生要努力做忠诚的爱国者和勇于创新的实践者，用实际行动展现出弘扬中国精神的青春风采。

选择说明：（1）本章的内容主要通过阐述中国精神的传承与价值、中国精神的内涵：以爱国主义为核心的民族精神和以改革创新为核心的时代精神，最后落脚到大学生如何做忠诚的爱国者和勇于创新的实践者。这三节的内容都紧紧围绕着弘扬中国精神，就是要弘扬以爱国主义为核心的民族精神以及以改革创新为核心的时代精神。（2）爱国主义是中华民族生生不息、自立于世界民族之林的强大精神动力，是每一个中华儿女的责任与使命，这也是本章在本课程中的意义，也是本章的主旨。（3）大学生是国之栋梁，肩负着实现民族复兴中国梦的伟大使命，做一个忠诚的爱国者是对大学生的基本要求，也是中华民族精神的具体体现与弘扬。（4）以改革创新为核心的时代精神，是当代中国人民精神风貌的集中写照，是激发社会创造活力的强大力量。时代精神与民族精神紧密相连，构成了中国精神。时代精神是民族精神的时代性体现，民族精神是时代精神形成的重要基础和依托。

（一）第一节重要理论观点及选择说明

（1）中国精神是凝心聚力的兴国之魂、强国之魂。大力弘扬中国精神，培育中华民族共同的精神家园，既需要大力弘扬以爱国主义为核心的伟大民族精神，也需要大力弘扬以改革创新为核心的伟大时代精神。

选择说明：中华民族是富有高远精神追求的民族，在五千多年的历史长河之中，创造了灿烂辉煌的文明，代代相传，从未间断。是因为她有一脉相承的精神追求和精神特质。中华民族重精神的优秀传统，突出表现在以德修身的人生追求、精忠报国的爱国情怀和德治仁政的治国智慧几个方面。

中华民族历来具有将国家民族大义置于首位，以心怀天下、经世济民、担当责任等为人生追求的思想文化传统。

中国精神始终是激励和支撑中华儿女团结一致、前赴后继、英勇拼搏的强大精神力量，是实现民族复兴的精神基石。中国精神是维系中华民族生存与发展的精神纽带，对维护民族团结和国家统一发挥着重要的凝聚作用。大力弘扬中国精神，是提升综合国力的重要思想保证和精神支撑。

（2）民族精神为时代精神提供生长根基和发展动力，是时代精神形成的重要基础和依托；时代精神则是民族精神的时代性体现，牵引着民族精神的发展方向，并赋予民族精神以时代内涵。

选择说明：该理论观点阐述的是如何处理爱国主义的历史传统与时代价值之间的关系，是爱国主义理论科学性的体现。民族精神和时代精神两者的关系，是对大学生进行教育的重要内容。弘扬民族精神和时代精神的有机统一是爱国主义精神的现代指归，也是社会主义核心价值体系的重要内容。

（二）第二节重要理论观点及选择说明

（1）爱国主义作为民族精神的核心，既是中华民族最深厚的精神传统，也是动员和鼓舞中国人民团结奋斗的精神旗帜，推动中国社会历史发展的巨大力量。

选择说明：这个观点是爱国主义科学内涵的理论延伸，进一步说明了爱国主义的重要作用，是大学生如何履行爱国责任与义务的理论依据。

（2）在不同的历史时代和文化背景下所产生的爱国主义，总是具有不同的内涵。爱国主义的特点要求我们以历史唯物主义的态度，去认识历史发展过程中的爱国主义。

选择说明：爱国主义不是抽象的、一成不变的，而是历史的、具体的。爱国主义的这一特点是其他特点的核心，是爱国主义历史传统与时代价值的理论依据。中华民族的爱国主义传统与时代价值是这一特点的具体体现，也是本章内容的逻辑起点。讲清楚这一特点，不仅可以让学生对本章的理论逻辑关系清楚，更能帮助他们学会以历史唯物主义的态度去认识历史发展过程中的爱国主义。

（3）在当代中国，爱国主义首先体现在对社会主义中国的热爱上，这是中华人民共和国每一个公民必须坚持的立场和态度。爱国主义与爱社会主义的统一是中国历史发展的必然结果。

选择说明：本节主要阐述的是新时期的爱国主义，在第一节爱国主义的科学内涵和特点的相关理论基础上，爱国主义具体化为新时期的体现即是该重要理论观点。该理论观点表明了爱国主义的时代性，明确了新时期爱国主义的具体表现，与第一节的爱国主义优良传统相呼应，构成爱国主义历史性、时代性、具体性的表征。爱国主义是具体的，在现时代我国爱国主义的具体体现就是爱国主义与爱社会主义具有深刻的内在一致性。热爱社会主义中国是中华人民共和国每一个公民必须坚持的立场和态度。这一观点是针对把爱国主义与爱社会主义脱节的错误认识。

（4）做忠诚的爱国者，应当做到：自觉维护国家利益；促进民族团结；维护祖国统一；增强国防观念；增强国家安全意识。

选择说明：本节的主题是具体践行爱国主义。践行爱国主义的原则和要求即是本节的核心内容。该理论观点是这一核心内容的具体体现，是爱国主义时代价值的现实体现。是大学生践行爱国主义的行动指南。

（三）第三节重要理论观点及选择说明

（1）时代精神是民族精神的时代性体现，体现了一个国家在一定历史时期的思想观念、价值取向、精神风貌和社会风尚。改革创新既是中华民族革故鼎新优良传统的延伸继承，也是中国人民在改革开放伟大实践中体现出来的精神特征和精神品格。

选择说明：该理论观点阐述的是时代精神与民族精神的关系，二者的有机统一是中国精神的重要内容，也是大学生弘扬中国精神的要求与指归，是社会主义核心价值体系的重要内容。

（2）大学生要树立突破陈规陋习的自觉意识，树立大胆探索未知领域的信心和勇气，树立以创新创造为目标的志向，努力做改革创新的实践者。

选择说明：引导大学生努力践行时代精神，勇于改革创新是本节教学的出发点和落脚点。

第三章 领悟人生真谛 创造人生价值

开设思想政治理论课，目的是"深入开展马克思主义立场、观点、方法教育"，"帮助大学生树立正确的世界观、人生观、价值观"。在"05方案"规定的课程体系中，"基础课"主要承担的是引导学生树立高尚的理想情操和养成良好的思想道德和法律品质，进行的是人生观、价值观教育的任务。

一 教材中本章涉及的概念与理论观点

（一）第一节涉及的概念与理论观点

（1）基本概念：人生、人的本质、人性、世界观、人生观、价值观、人生目的、人生态度、人生价值、人生矛盾。

（2）理论观点：人在生产、交往、创造的实践中，形成一定的人生价值目标，以一定的人生观指导自己的行为，赋予人生这样或那样的意义。

人生观是世界观的重要组成部分，它决定着人们实践活动的目标、人生道路的方向和对待生活的态度。

人的本质不是单个人所固有的抽象物，在其现实性上，它是一切社会关系的总和。

社会属性是人的本质属性，人的自然属性也深深打上了社会属性的烙印。

正确的世界观，是正确的人生观的基础，人们对人生意义的正确理解，需要建立在对世界发展客观规律的正确认识的基础之上。人生观又对世界观的巩固、发展和变化起着重要的作用。

人生目的，是对"人为什么活着"这一人生根本问题的认识和回答，它决定走什么样的人生道路，决定持什么样的人生态度，决定选择什么样的人生价值标准；人生态度，表明人应当怎样对待生活，它是人生观的重要内容，是人生观的表现和反映；人生价值，判别什么样的人生才有意义，思考价值问题并形成一定的价值观，是人们使自己的认识和实践活动达到自觉的重要标志。

对人生价值的看法，在整个人生观体系中具有重要地位，它在深层次上影响、制约和指导人们的实践活动，为人们的人生目的和人生态度的选择提供依据。

人的实际生活充满各种各样的矛盾和问题，大学生在树立人生目的、端正人生态度、实现人生价值的过程中，面对什么是人生的真正幸福的问题以及如何处理得与失、生与死等矛盾，应确立正确的幸福观、得失观、生死观。

以为人民服务为核心内容的人生观是无产阶级的人生观，是科学高尚的人生观。大学生应当自觉地以为人民服务的人生观指引人生，在服务人民、奉献社会的实践中创造人生的价值。

拜金主义、享乐主义和极端个人主义等是对人生目的的错误看法，这些错误思想观念容易侵蚀大学生的纯洁心灵，不利于大学生树立科学高尚的人生观和价值观。

（二）第二节涉及的概念与理论观点

（1）基本概念：自我价值、社会价值、人生价值的标准和评判、人生价值的实现条件。

（2）理论观点：人生的社会价值和自我价值，既相互区别，又密切联系、相互依存，共同构成人生价值的矛盾统一体。

个人既不单纯是社会和他人的手段，也不单纯就是目的，这个"必然的事实"是我们认识人生自我价值与社会价值的辩证关系的基础。人生的自我价值是个体生存和发展的必要条件；人生的社会价值是实现人生自我价值的基础。

人是社会的人，总是生存和活动于各种各样的社会关系当中，并受到一定社会关系的制约。任何个体的人生意义只能建立在一定的社会关系和社会条件基础之上，并在社会中才能得以实现。

一个人的生活具有什么样的价值，从根本上说，是由社会所规定的，而社会对于一个人的价值评判，也主要是以他对社会所做的贡献为标准的。

人生价值评价的根本尺度，是看一个人的人生活动是否符合社会发展的客观规律，是否通过实践促进了历史的进步。劳动以及通过劳动对社会和他人做出的贡献，是社会评价一个人的人生价值的普遍标准。

人生价值的评价，要坚持能力有大小与贡献须尽力相统一，坚持物质贡献与精神贡献相统一，坚持完善自身与贡献社会相统一，坚持动机和效果相统一。

人生价值实现的条件包括社会条件和个人条件。实现人生价值要从社会客观条件出发，人生价值目标要与社会主义核心价值体系相一致；实现人生价值也要正视个体自身条件，不断提高自身的能力，增强实现人生价值的本领，立足于现实，保持自强不息的精神状态。

社会实践是人生价值真正的源头活水，是实现人生价值的必由之路。大学生要走与人民群众相结合的道路，走与社会实践相结合的道路。在全面建成小康社会、加快推进社会主义现代化、实现中华民族伟大复兴的实践中实现人生价值。

（三）第三节涉及的概念与理论观点

（1）基本概念：人生环境、和谐、身心健康、个人与他人、个人与社会、生态文明。

（2）理论观点：创造有价值的人生，总是在一定的环境中进行的，人生价值能否实现以及实现的程度，与如何对待人生环境有重要关联。

科学对待人生的环境，主要就是要协调好自我身心的关系、个人与他人的关系、个人与社会的关系、人与自然的关系等。

协调身心关系以及身心与外部环境的关系以保证人自身系统的健康和活力，是保持身心健康的关键环节。

大学生处于特定的心理期，是产生心理问题的内因；社会环境的影响，是产生心理问题的外因。

要掌握促进心理健康的重要途径和方法，树立正确的世界观、人生观、价值观，掌握应对心理问题的科学方法，合理地调控情绪，积极参加集体活动，增进人际交往。

个人与他人的关系，在本质上是社会关系尤其是社会利益关系的表现形式。处理个人与他人的关系，关键是要处理好个人与他人的利益关系。

协调个人与他人的关系应坚持平等、诚信、宽容和互助等原则；要正确认识和处理竞争与合作的关系。

个人与社会不可分离，社会是个人生存和发展的基础，个人是构成社会的前提。

正确认识个体性与社会性、个人需要与社会需要、个人利益与社会利益、享受个人权利与承担社会责任之间的统一关系。

人来源于自然界又依存于自然界，人永远是自然界的有机组成部分。

协调人与自然的关系，在促进经济发展的同时保护好人类赖以生存的自然环境，是人类以及人类的每个个体持续、健康发展的重要条件。

建设生态文明，是关系人民福祉、关乎民族未来的长远大计。要树立尊重自然、顺应自然、保护自然的生态文明理念，把生态文明建设放在突出地位，融入经济建设、政治建设、文化建设、社会建设各方面和全过程，努力建设美丽中国，实现中华民族永续发展。

坚持节约资源和保护环境的基本国策，从源头上扭转生态环境恶化趋势，为人民创造良好生产生活环境、为全球生态安全做出贡献。

二 本章的核心理论观点、各节的重要理论观点及选择说明

本章的核心理论观点：学习和掌握马克思主义认识和处理人生问题的基本理论观点，对于成长中的大学生领悟人生真谛、创造人生价值具有重要的意义。

选择说明：本章专门阐述马克思主义的人生观、价值观理论，核心思想是：帮助大学生较为系统地了解和学习"以为人民服务为核心内容的人生观"理论，掌握马克思主义理论理解和说明人生问题的基本立场和主要观点，为科学认识和正确解决生活实践中遇到的问题提供方法论的指导。

（一）第一节重要理论观点及选择说明

（1）"人生目的"是生活实践的根本问题，因而构成人生观的核心。

选择说明：以一定的人生观指导自己的行为并赋予人生一定的意义，是人之所以为人的特点。大学时代是大学生形成人生观的关键时期，联系实际深入系统学习科学的人生观理论并由此树立正确的人生目的，对于大学生确立积极进取人生态度、追求高尚的人生价值至关重要。

（2）人的本质在其现实性上是一切社会关系的总和。

选择说明：这个观点是马克思主义理论认识和说明现实的人的基本观点，也是帮助和引导大学生正确认识个人和社会关系问题的重要理论。

（3）以为人民服务为核心内容的人生观，是科学高尚的人生观。

选择说明：只有认同"为人民服务"的人生观的科学性和高尚性，才能坚持"为人民服务"的人生观，自觉抵制各种错误人生观的影响。在社会主义市场经济条件下，对大学生进行"为人民服务"的人生观教育，有助于大学生认清如何在社会主义市场经济条件下发挥自己的优势为人民服务，抵制消极负面影响和种种诱惑。

（二）第二节重要理论观点及选择说明

（1）人生的社会价值和自我价值既相互区别又相互依存，人的社会性决定了人生的社会价值是人生价值的基本内容。

选择说明：教材中对人生的自我价值和社会价值的关系的判断，是马克思主义理论关于个人和社会辩证统一关系理论在价值观上的体现。"自我价值"是当下大学生追求的时尚概念。但是，许多人并不真正了解什么是人生的自我价值、如何实现人生的自我价值，并不理解人生的自我价值与社会价值的辩证统一关系。

（2）价值追求定位的个体性必须是在与社会对个体价值追求定向一致的前提下方为有意义，社会对人的价值评判，以他对社会和他人所做的贡献为标准。

选择说明：人生价值的判断标准是人生价值观教育的主要内容。人的社会性决定了人生的社会价值是人生价值的基本内容，一个人的生活是否有价值在根本上是由社会决定的。关于人生价值的判断，大学生中有一些错误的认识。所以，有针对性地在理论上讲清这个问题，有助于大学生正确选择价值、评判价值。

（3）人生价值的实现依赖于一定的社会条件和个人条件，人生价值目标的实现是一个实践过程。

选择说明：实现人生价值，是人生价值教育的目的。掌握人生价值实现的社会条件和个人条件，有助于大学生更好地实现人生价值。大学生要把自己的人生价值目标建立在正确把握社会发展所提供的条件和客观认识自身条件基础上，在投身社会实践过程中创造有价值的人生。

（三）第三节重要理论观点及选择说明

（1）人生价值的创造总是在一定的具体环境中进行，身心、自我和他人、个体与社会、人与自然构成人生实践的基本环境。

选择说明：人生环境是人在社会中生活需要面对的各种关系的总和，任何人都只能在正确对待人生环境的过程中创造有价值的人生。在讲述身心、自我和他人、个体与社会、人与自然四种关系或环境之前，首先要让学生掌握环境与人的健康成长、人的价值的实现之间的关系。

（2）协调身心关系以及身心与外部环境的关系，才能保证人自身系统的健康和活力。

选择说明：由于大学生在中学期间已经学习了一定的心理健康知识，加上大学还有心理教育，所以，本课只需要在理念上强调身心协调和健康的意义，引起学生的重视就可以了。

（3）在处理与他人关系时坚持平等、诚信、宽容、互助、合作的原则。

选择说明：坚持平等、诚信、宽容、互助的原则，正确处理竞争与合作的关系，学会与他人和谐相处，是大学生和谐人际关系在认识和理念上需要掌握的基本知识。

（4）社会是个人生存和发展的基础，个人是构成社会的前提。

选择说明：正确认识个体性与社会性、个人需要与社会需要、个人利益与社会利益的统一关系，正确地认识享受个人权利与承担社会责任的统一关系，才能更好地促进大学生个人与社会的和谐。

（5）自觉保持人与自然的和谐，是人类以及每个个体持续健康发展的重要条件。

选择说明：把生态文明融入"五位一体"，是十八大的重要理论创新，是我们党对社会主义建设规律在认识和实践上不断深化的重要成果。正确认识人对自然的依存关系，科学把握人对自然的改造活动，积极促进人与自然的和谐共存和发展，作为未来的建设者和接班人，掌握这些理论是极为重要的。

第四章　注重道德传承　加强道德实践

一　教材中本章涉及的概念与理论观点

（一）第一节涉及的概念与理论观点

（1）基本概念：道德、道德的功能、道德的认识功能、道德的规范功能、道德的调节功能、道德的社会作用。

（2）理论观点：道德属于上层建筑的范畴，是一种特殊的社会意识形式。它是以善恶为评价方式，主要依靠社会舆论、传统习俗和内心信念来发挥作用的行为规范的总和。

道德产生有多方面的条件：社会关系的形成是道德赖以产生的客观条件；人类自我意识的形成与发展是道德产生的主观条件；道德产生所需要的主客观条件是统一于生产实践的。

道德是社会经济关系的反映，归根结底是由经济基础决定的。一方面，社会经济关系的性质决定着相应的道德体系的性质，它所体现的利益关系决定着道德的基本原则和主要规范。另一方面，道德对社会经济关系的反映不是消极被动的，而是积极能动的。

道德的功能集中表现为：它是处理个人与他人、个人与社会之间关系的行为规范及实现自我完善的一种重要精神力量。在道德的功能系统中，主要的功能是认识功能、规范功能和调节功能。

道德的认识功能是指道德反映社会现实特别是反映社会经济关系的功效与能力。道德的规范功能是指在正确善恶观的指引下，规范社会成员在职业领域、社会公共领域、家庭领域的行为，并规范个人品德的养成。道德的调节功能是指道德通过评价等方式，指导和纠正人们的行为和实践活动，协调人们之间关系的功效与能力。

道德的社会作用主要表现在：道德能够影响经济基础的形成、巩固和发展；道德是影响社会生产力发展的一种重要的精神力量；道德对其他社会意识形态的存在有着重大的影响；道德通过调整人们之间的关系维护社会秩序和稳定；道德是提高人的精神境界、促进人的自我完善、推动人的全面发展的内在动力；在阶级社会中，道德是阶级斗争的重要工具。

道德有自己的发生发展过程。迄今为止，人类社会先后经历了五种基本社会形态，与此相适应，出现了道德发展的五种历史类型，即原始社会的道德、奴隶社会的道德、封建社会的道德、资本主义社会的道德、社会主义社会的道德。

（二）第二节涉及的概念与理论观点

（1）基本概念：中华传统美德。

（2）理论观点：大学生应当自觉继承和弘扬我国人民在长期实践中培育和形成的传统美德，努力成为传播中华美德、中华优秀文化的主体。

弘扬中华传统美德是社会主义现代化建设的需要，是加强社会主义道德建设的需要，是大学生成长成才的需要。

中华传统美德内涵丰富、博大精深，是中华传统文化中不可分割的组成部分，是人类文明发展的重要精神财富，是社会主义道德建设的源头活水。中华传统美德的基本精神包括重视整体利益、国家利益和民族利益，强调责任意识和奉献精神；推崇"仁爱"原则，追求人际和谐；讲求谦敬礼让，强调克骄防矜；倡导言行一致，强调恪守诚信；追求精神境界，重视道德需要；强调道德修养，塑造理想人格。

中国传统道德是一个矛盾体，具有鲜明的两重性。在对待中国传统道德、弘扬中华传统美德的问题上，要反对虚无论和复古论两种错误观点。要在去粗取精、去伪存真的基础上坚持古为今用、推陈出新，加强对中华传统美德的挖掘和阐发；用中华传统美德滋养社会主义道德建设；以开放的胸怀和视野吸收借鉴人类文明的有益道德成果。

（三）第三节涉及的概念与理论观点

（1）基本概念：中国革命道德。

（2）理论观点：中华传统美德和中国革命道德是一脉相承的。继承和发扬中国革命道德既是弘扬中华传统美德的应有之义，是加强社会主义道德建设的客观需要，也是激励大学生锤炼优良道德品质的必然要求。

中国革命道德是指中国共产党人、人民军队、一切先进分子和人民群众在中国新民主主义革命和社会主义革命、建设和改革中所形成的优良道德。

中国革命道德具有丰富而独特的内涵，既包括革命道德的原则、要求、态度、修养、风尚等方面，也包括理想、思想意识方面的"应当"。其内容主要包括为实现社会主义和共产主义理想而奋斗；全心全意为人民服务；始终把革命利益放在首位；树立社会新风，建立新型人际关系；修身自律，保持节操。

中国革命道德作为一种精神力量，从它形成的时候起，就对中国的革命和建设事业发挥着极其重要的作用。在协调推进"四个全面"战略布局、实现"两个一百年"奋斗目标、实现中华民族伟大复兴的中国梦的过程中，大力弘扬中国革命道德有利于加强和巩固社会主义和共产主义的理想与信念；有利于培育和践行社会主义核心价值观；有利于引导人们树立正确的道德观，积极投身于社会主义建设事业；有利于培育良好的社会道德风尚，抵制腐朽思想的侵蚀。

（四）第四节涉及的概念与理论观点

（1）基本概念：社会主义道德、社会主义荣辱观、诚实守信。

（2）理论观点：社会主义道德是对中华传统美德的传承与升华，是对中国革命道德的继承和发展。

社会主义道德建设作为精神文明建设的重要内容，对于推进"四个全面"战略布局具有重要的支撑作用。

社会主义道德建设要以为人民服务为核心、以集体主义为原则。

为人民服务是社会主义经济基础和人际关系的客观要求；是社会主义市场经济健康发展的要求；为人民服务体现着社会主义道德建设的先进性要求和广泛性要求的统一。为人民服务作为社会主义道德建设的核心，是社会主义道德区别和优越于其他社会形态道德的显著标志。

集体主义原则是指导人们行为选择的主导性原则。社会主义集体主义包括三层含义：强调国家利益、社会整体利益和个人利益的辩证统一；强调国家利益、社会整体利益高于个人利益；强调重视和保障个人的正当利益。

现阶段，在弘扬社会主义道德的同时，还要继续宣传和弘扬共产主义道德。

社会主义荣辱观贯穿社会生活各个领域，涵盖个人、集体、国家三者关系，是社会主义核心价值体系的重要组成部分，对于大学生成长成才具有重要的规范、激励和指导作用，也是个人投身崇德向善的道德实践的重要渠道。

二 本章的核心理论观点和各节的重要理论观点及选择说明

本章的核心理论观点：作为处理个人与他人、个人与社会、个人与自然之间关系的行为规范和实现自我完善的重要精神力量，道德发挥着认识和调节的重要功能。大学生要弘扬中华传统美德，继承和发扬中国革命道德，全面把握社会主义道德建设的核心、原则，积极投身崇德向善的道德实践。

选择说明：上述观点，既说明了道德在何领域发挥着何等重要作用，又指出了应全面把握的关键点以及养成目标，这是对本章四节内容的高度概括和总结。

（一）第一节重要理论观点及选择说明

（1）道德是社会关系的产物，社会经济关系变化必然引起道德的变化。

选择说明：认识道德与社会经济关系，是把握道德的关键。把道德看成是僵化的、一成不变的，不仅违背了道德的本质，违背了马克思主义道德观，也扼杀了道德的生命力和功能。所以要引导大学生正确认识道德发展与社会经济发展的关系。

（2）理解道德的本质和作用是实现道德自觉的理论基础。

选择说明：由于古今中外历史上对道德的起源、本质、功能、作用及历史发展的观点并不统一，这里首先就需要我们用马克思主义的观点来指导大学生对道德的基本理论知识有一个科学的认知。了解道德的起源、本质、功能、作用及历史发展，有助于大学生加强道德修养，锤炼道德品质。

（二）第二节重要理论观点及选择说明

（1）中华传统美德是中华文化的精髓，蕴含着丰富的思想道德资源。大学生应当自觉继承和弘扬我国人民在长期实践中培育和形成的传统美德，努力成为传播中华美德、中华优秀文化的主体。

选择说明：在"全球化"时代，面对西方国家的文化渗透和挑战，大学生应该了解中华传统美德的基本精神，了解弘扬中华传统美德的意义和价值，从而强化大学生的主体文化，守好自己的文化疆域，提升中华民族文化的生命力和凝聚力。

（2）在对待中国传统道德、弘扬中华传统美德的问题上，要反对虚无论和复古论两种错误观点。

选择说明：中国传统道德具有矛盾性，良莠不齐，需要大学生认真甄别，科学对待。所谓科学对待，即指要坚持马克思主义的立场、观点和方法，既不能全盘肯定、全面照搬，也不能全盘否定、全面抛弃；在对待传统道德的问题上，要反对两种错误观点：一种是虚无论，另一种是复古论。这两种观点都割裂了道德的历史与发展的关系，否定道德的历史进步性，结果必然否定革命道德传统，否定社会主义道德。大学生要树立高度的文化自觉和文化自信，加强对优秀传统道德传承体系的建设，努力实现中华传统美德的创造性转化、创新性发展，使中华传统美德成为新时代鼓舞人民前进的精神力量。

（三）第三节重要理论观点及选择说明

中国革命道德是马克思主义与中国革命建设的伟大实践相结合的产物，是对中国优良道德传统的继承和发展，是中华传统美德新的升华和质的飞跃，是中华民族极其宝贵的道德财富。

选择说明：中国革命道德萌芽于五四运动前后，发端于中国共产党成立以后的伟大的工人运动和农民运动，经过土地革命战争、抗日战争、解放战争以及社会主义革命和建设的长期发展，逐渐形成并不断发扬光大。中国革命道德继承了中国传统道德的精华，摒弃了传统道德的糟粕，是中国优良传统道德的延续和发展，是超越了中华传统美德的时代局限而形成的一种崭新的道德。历史经验表明，革命传统特别是革命道德传统，是克服前进道路上一切困难的重要精神支柱，是战胜千难万险的重要力量源泉。中国共产党始终非常重视继承和发扬革命道德传统，"我们永远不能忘记自己是从哪里走来的，永远都要从革命的历史中汲取智慧和力量，把理想信念的火种、红色传统的基因一代代传下去，让革命事业薪火相传、血脉永续。"

（四）第四节重要理论观点及选择说明

（1）社会主义道德建设作为精神文明建设的重要内容，对于推进"四个全面"战略布局具有重要的支撑作用。

选择说明："四个全面"战略布局是治国理政的"总纲"，勾绘出的是社会主义中国的未来图景。真正的社会主义不能仅仅理解为生产力的高度发展，还必须有高度发展的精神文明。实现我们的发展目标，不仅要在物质上强大起来，而且要在精神上强大起来。加强全社会的思想道德建设，激发人们崇德向善的正能量，是全面建成小康社会的重要条件；顺利推进改革的全面深化，也需要有社会主义道德的价值引领，协调和妥善处理好现实生活中的各种利益关系，引导人们理性合理表达改革诉求，最大限度地凝聚社会共识，营造安定团结的社会氛围；全面依法治国、建设社会主义法治国家，同样需要以道德滋养法治精神；全面从严治党，也必须在思想上和行动上筑牢拒腐防变的道德防线，通过加强道德建设来坚定党员干部的理想信念、锤炼党员干部的道德品质。

（2）为人民服务是社会主义道德建设的核心；集体主义是社会主义道德建设的原则。

选择说明：道德建设的核心，即道德建设的灵魂，它决定并体现着社会道德建设的根本性质和发展方向，规定并制约着道德领域中的种种道德现象；为人民服务作为社会主义道德建设的核心，是社会主义道德区别和优越于其他社会形态道德的显著标志。社会主义集体主义原则的根本思想，就是正确处理集体利益和个人利益的关系。在社会主义社会，人民当家做主，国家利益、社会整体利益和个人利益根本上是一致的，但在实际生活中难免会发生矛盾。这就需要当代大学生正确认识和处理国家利益、社会整体利益和个人的利益关系，提倡在多方利益发生矛盾时，个人应当以大局为重，使个人利益服从国家利益、社会整体利益，在必要时作出牺牲。反对小团体主义、本位主义和极端个人主义，要把个人的理想与奋斗融入广大人民的共同理想和奋斗之中。

（3）社会主义荣辱观是社会主义核心价值体系的重要组成部分，对于大学生成长成才具有重要的规范、激励和指导作用，也是个人投身崇德向善的道德实践的重要渠道。

选择说明：社会主义荣辱观反映了社会主义道德的本质要求，指明了社会主义道德建设的方向，是引领社会风尚的一面旗帜。践行社会主义荣辱观能够增强人们的道德荣誉感和道德判断力，对大学生的成长成才产生重要的影响。大学生应该准确把握社会主义荣辱观的基本内涵，坚持知与行的统一，坚持自律与他律的统一，坚持知荣与明耻的统一，时时处处检查自己的言行举止，自省自警、自珍自爱、知荣求善、知耻改过。

第五章 遵守道德规范 锤炼高尚品格

一 教材中本章涉及的概念与理论观点

公共生活、职业生活与婚姻家庭生活，是人们社会生活的重要领域，也是个人品格形成的重要领域。大学生学习和掌握社会生活领域的道德规范和法律规范，自觉加强道德修养和法律修养，锤炼高尚品格，可以为应对和解决走向社会、立业成家等人生重大课题打下良好基础。

（一）第一节涉及的概念与理论观点

（1）基本概念：公共生活、社会公德、公共秩序、道德规范。

（2）理论观点：公共生活是人们社会生活的重要组成部分，公共生活需要道德和法律来约束、协调。自觉遵守公共生活中的道德规范和法律规范，养成良好的行为习惯，是锤炼高尚品格的重要途径。

当今世界，公共生活的领域更为广阔，公共生活的重要性更加凸显。

当代社会公共生活主要特征：活动范围的广泛性、活动内容的公开性、交往对象的复杂性、活动方式的多样性等特点。

公共生活需要良好的公共秩序。因为有序的公共生活是构建和谐社会的重要条件；是促进经济社会健康发展的必要前提；是提高社会成员生活质量的基本保证；是一个国家现代化和文明程度的重要标志。

公共生活中的道德规范即社会公德，是指人们在社会交往和公共生活中应该遵守的行为准则。每一个社会成员都应该遵守以文明礼貌、助人为乐、爱护公物、保护环境、遵纪守法为主要内容的社会公德。

网络生活中的道德要求，是人们在网络生活中为了维护正常的网络公共秩序而需要共同遵守的基本道德准则，是社会公德规范在网络空间的运用和扩展。

大学生要认真学习社会公德规范、努力践行社会公德，并带动社会良好道德规范氛围形成。

（二）第二节涉及的概念与理论观点

（1）基本概念：职业生活、职业道德、择业、创业、择业观、创业观。

（2）理论观点：职业生活是人类社会生活中最普遍、最基本的活动方式。

职业道德，是指从事一定职业的人在职业生活中应当遵循的具有职业特征的道德要求和行为准则，涵盖了从业人员与服务对象、职业与职工、职业与职业之间的关系。

随着现代社会分工的发展和专业化程度的提高，市场竞争日趋激烈，整个社会对从业人员职业观念、职业态度、职业纪律和职业作风的要求越来越高。职业生活中的道德规范，不仅对各行各业的从业者具有引导和约束作用，而且也是促进社会持续健康、有序发展的必要条件。

爱岗敬业反映的是从业人员对待自己职业的一种态度，也是一种内在的道德需要。

在社会主义制度下，从业者之间以及从业者与服务对象之间都是平等的。他们的职业差别只是所从事的工作不同，而不是个人地位高低贵贱的象征。在职业生活中，无论对人对己都要出于公心，遵循道德和法律规范来处世待人。

为人民服务是社会主义道德建设的核心，各行各业的从业人员都要以服务群众为宗旨。在社会主义社会，每个人无论从事什么工作、能力如何，都应该在本职岗位上通过不同形式为群众服务。

奉献社会就是要求从业人员在自己的工作岗位上树立奉献社会的职业精神，兢兢业业地为社会和他人做贡献。这是社会主义职业道德中最高层次的要求，体现了社会主义职业道德的最高目标指向。

就业是民生之本。大学生的就业牵涉大学生自身和千家万户的利益，牵涉国家和社会的利益。每个大学生都要面临就业的现实。树立正确的择业观和创业观，对于大学生顺利走进职业生活具有重要的现实意义。

职业活动不仅是人们谋生的方式和手段，也是人们奉献社会、完善自身的必要条件。如果只是从个人的、工具性的和物质需要的角度来看待职业，就必然会忽视职业生活所具有的更丰富、更深刻的人生内涵。

择业固然要考虑个人的兴趣和意愿，同时也要充分考虑现实的可能性和社会的需要，把自己对职业的期望与社会的需要、现实的可能结合起来，既不好高骛远，也不消极被动，以积极主动的态度面对就业问题。

做好必要的择业准备，才有可能产生相应的求职择业行为，有助于大学生选择一个合适的职业，实现求职目标。择业需要以自身的能力和素质为基础。

创业是通过发挥自己的主动性和创造性，开辟新的工作岗位、拓展职业活动范围、创造新业绩的实践过程。

要进一步解放思想，进一步解放和发展社会生产力，进一步解放和增强社会活力，打破一切体制机制的障碍，让每个有创业愿望的人都拥有自主创业的空间，让创新创造的血液在全社会自由流动，让自主发展的精神在全体人民中蔚然成风。

大学生不仅要树立正确的择业观，还应当树立正确的创业观。

职业生活是否顺利、是否成功，既取决于个人的专业知识和技能，更取决于个人的职业道德素质。

通过学习职业道德规范，明确职业活动的基本规范和目的，从而提高自己的职业认知能力、判断能力，树立正确的价值理念，对青年人来说尤为重要。

大学生要提高自己的职业道德素质，不应当停留在对道德知识的记忆和背诵的层面上，仅仅成为一个装载知识的容器，而应当将其内化为自身的素质，提高到自觉意识的层面。

（三）第三节涉及的概念与理论观点

（1）基本概念：爱情、婚姻、家庭、婚姻家庭关系、家庭美德。

（2）理论观点：事业成功，往往与美好的爱情和美满的婚姻家庭密切相关。从恋爱到缔结婚姻和建立家庭，是人生需要经历的阶段。树立正确的恋爱观和婚姻观，遵守相关的道德和法律规范，处理好复杂的感情和人际关系，有利于大学生的健康成长、顺利成才。

所谓爱情是一对男女基于一定的社会基础和共同的生活理想，在各自内心形成的相互倾慕，并渴望对方成为自己终身伴侣的一种强烈、纯真、专一的感情。

恋爱作为一种人际交往，也必然要受到道德的约束。

恋人间彼此尊重人格的表现，主要是尊重对方的独立性和重视双方的平等。

自愿地为对方承担责任，是爱情本质的体现。

恋人在公共场所出入，要遵守社会公德，不要对他人生活和公共生活造成不良影响。恋人独处，也要讲文明，讲道德。

恋爱是缔结婚姻、组成家庭的前提和基础，婚姻和家庭则是恋爱的结果。婚姻和家庭是爱情在内容和形式上的升华。

婚姻是指由法律所确认的男女两性的结合以及由此而产生的夫妻关系。家庭是指在婚姻关系、血缘关系或收养关系基础上产生的，亲属之间所构成的社会生活单位。婚姻是家庭产生的重要前提，家庭又是缔结婚姻的必然结果。

婚姻家庭关系是特定的人与人之间的特殊关系，具有自然属性和社会属性。

家庭美德是调节家庭内部成员以及与家庭生活密切相关的人际关系的行为规范，是每个人在家庭生活中应该遵循的行为准则，以尊老爱幼、男女平等、夫妻和睦、勤俭持家、邻里团结为主要内容。

大学生要树立正确的恋爱观，对爱情采取审慎严肃的态度，处理好学习和恋爱的关系，妥善解决恋爱中出现的误会、失恋等问题，避免在恋爱问题上把握和处置失当。

自然属性是婚姻家庭得以形成和发展的前提条件，社会属性是婚姻家庭的本质所在。

婚姻不仅代表两情相悦，更代表责任和义务。

家庭是社会的基本细胞，是人生的第一所学校。每个人都应该自觉遵守家庭美德，重视家庭、注重家教、注重家风，促进家庭生活的和谐与幸福。

实现中华民族伟大复兴的中国梦，离不开千千万万"家和"的力量，离不开许许多多"最美家庭"的滋养。

婚姻家庭关系不仅需要道德来维系，也需要法律来调整，遵守婚姻家庭生活中的法律规范是自觉遵守家庭美德的集中体现。

（四）第四节涉及的概念与理论观点

（1）基本概念：个人品德、道德修养、崇高道德追求。

（2）理论观点：个人品德在社会道德建设中具有基础性作用。

个人品德是通过社会道德教育和个人自觉的道德修养所形成的稳定的心理状态和行为习惯。是个体对某种道德要求认同和践履的结果，集中体现道德的知情意行的内在统一。

个人品德具有鲜明的实践性、综合性、稳定性。

个人品德的作用：个人品德对道德和法律作用的发挥具有重要的推动作用，是个人实现自我完善的内在根据，是经济社会发展进程中重要的主体精神力量。

道德修养是指个人在道德意识、道德行为方面，自觉地按照一定社会或阶级的道德要求所进行的自我审度、自我教育和自我完善的活动。个人品德的养成，既要加强个人道德修养，又要加强法律修养，遵纪守法，维护合法权益，履行法定义务。

追求崇高道德境界应当成为大学生的人生目标。

二　本章的核心理论观点、各节的重要理论观点及选择说明

本章的核心理论观点：公共生活、职业生活与婚姻家庭生活，是人们社会生活的重要领域，也是个人品德形成的重要领域。遵守道德规范，加强道德修养，注重道德实践，是锤炼人的思想品德、提升人生境界的重要途径。

选择说明：公共生活、职业生活与婚姻家庭生活是每个社会成员的三大生活领域，公共生活的秩序不仅影响到每个社会成员的生活质量，还体现了社会的文明程度。要引导大学生认识遵守三大领域的道德规范对个人品德形成的意义作用，养成讲规矩的习惯。

遵守三大领域的道德规范，不仅是社会的需要，也是大学生自身发展的需要。让学生了解这一点，更能激发他们的自觉意识和主动性。

（一）第一节重要理论观点及选择说明

（1）在当代社会，公共生活日益成为社会成员生活的重要组成部分。有序的公共生活是一个国家文明程度的重要标志。

选择说明：学生开始并将深入到社会生活各领域，了解公共生活的特点、公共秩序的作用，是自觉约束自己行为的起点。追求和崇尚文明，是大学生的基本心理特征之一，指出"有序的公共生活是一个国家文明程度的重要标志"，有助于学生把有序的公共生活纳入文明的价值体系中，从而更加重视公共生活中的道德与法律规范。

（2）网络生活中的道德要求，是人们在网络生活中为了维护正常的网络公共秩序而需要共同遵守的基本道德准则，是社会公德规范在网络空间的运用和扩展。

选择说明：网络生活已经成为大学生重要的生活方式，引导大学生认识到网络生活是虚拟与现实的融合，是公共生活的重要组成部分，自觉遵守基本道德准则，是公德教育的重要时代内容。

（二）第二节重要理论观点及选择说明

（1）职业生活是人类社会生活中最普遍、最基本的活动方式。

选择说明：强调"职业生活是人类社会生活中最普遍、最基本的活动方式"的观点，就是要引导大学生认识到职业生活的意义，树立尊重劳动、以劳动为荣的正确观念。

（2）奉献社会是社会主义职业道德中最高层次的要求，体现了社会主义职业道德的最高目标指向。

选择说明：社会主义职业道德作为大学生职业生活的规范体系，对大学生的职业状态有显著的指引作用。在诸多的指引作用中，"奉献社会"应当被凸显出来，并对学生阐释清楚，以帮助学生在职业选择中理性地处理好个人与社会、国家的关系。

（三）第三节重要理论观点及选择说明

（1）恋爱作为一种人际交往，必然也要受到道德的约束。

选择说明：这是给大学生讲清楚恋爱中的道德规范的前提。大学生需要从人际关系的维度理解爱情，继而才能理解恋爱的社会性，才能正确地认识恋爱中的道德责任。

（2）自愿地为对方承担责任，是爱情本质的体现。

选择说明：鉴于部分大学生爱情观的模糊认识，讲清楚爱情的本质体现不仅具有知识性，更具有行动指导性。

（3）婚姻家庭的社会属性，是婚姻家庭的本质属性。

选择说明：婚姻家庭关系之所以需要道德和法律来规范，根本原因在于婚姻家庭的社会属性。只有向大学生阐释清楚婚姻家庭的本质属性为什么是社会性，以及婚姻家庭的社会性本质意味着什么等基本理论问题，才能说服学生自觉去学习、践行婚姻家庭关系中的道德和法律。

（4）实现中华民族伟大复兴的中国梦，离不开千千万万"家和"的力量，离不开许许多多"最美家庭"的滋养。

选择说明：古语云：修身、齐家、治国、平天下。从中可以看出齐家向来是治国平天下的基础。家齐而后国能治，这在今天看来依然如此，妥善处理好婚姻家庭关系，既关系到千家万户的幸福，又关系到人际关系的和谐，乃至社会的长治久安。大学生对婚姻家庭关系的认识需要上升到社会和谐稳定的高度，才能真正理解婚姻家庭关系的真谛，进而才能给予婚姻家庭关系中的道德和法律足够的重视。

（四）第四节重要理论观点及选择说明

（1）个人品德在社会道德建设中具有基础性作用。它是通过社会道德教育和个人自觉的道德修养所形成的稳定的心理状态和行为习惯，是个体对某种道德要求认同和践履的结果，集中体现道德的知情意行的内在统一。

选择说明：该理论观点既说明了个人品德的基础性作用，也说明了它是如何形成的。所以，对于大学生认识养成个人品德是有指导意义的。

（2）个人品德的养成，既要加强个人道德修养，又要加强法律修养，遵纪守法，维护合法权益，履行法定义务。追求崇高道德境界应当成为大学生的人生目标。

选择说明：该理论观点进一步阐释了个人品德养成的具体方法和途径，并且给大学生指明了个人品德养成的目标。

第六章 学习宪法法律 建设法治体系

一 本章涉及的概念与理论观点

（一）第一节涉及的概念与理论观点

（1）基本概念：法律的含义、法律的本质、法律的特征、法律的分类、法律的演进与发展。

（2）理论观点：法治是现代文明的制度基石。法治兴则国家兴，法治强则国家强。实现法治中国梦，离不开每个公民的参与和推动。

法律作为一种特殊的社会规范，是在人类进入阶级社会以后出现并不断发展的。

法律是由国家制定或认可并依靠国家强制力保证实施的，反映由特定社会物质生活条件所决定的统治阶级意志，规定权利和义务，以确认、保护和发展有利于统治阶级的社会关系和社会秩序为目的的行为规范体系。

法律是统治阶级意志的体现。在阶级社会中，法律体现的是统治阶级的整体意志，不是统治阶级内部个别人的意志。法律保护的是统治阶级的整体利益，所以统治阶级也必须遵守法律。

法律体现的是上升为国家意志的统治阶级意志，即通过国家立法的形式所体现的意志。它不是统治阶级意志的全部，统治阶级的意志还通过政策、道德等形式来体现。

法律的特征主要有三点：它是调整社会关系的行为规范；是由国家创

制并保证实施的行为规范；是规定权利和义务的行为规范。

法律不是从来就有的，也不是永恒存在的。它随着私有制、阶级和国家的产生而产生，也将随着私有制、阶级和国家的消亡而消亡。法律制度的基本内容和性质总是与其所在社会的生产关系相适应的。除原始社会没有法律外，法律发展史上先后产生过奴隶制法律、封建制法律、资本主义法律和社会主义法律。

社会主义法律是人类历史上唯一以公有制为基础的新型法律，以消灭阶级剥削、消除两极分化、实现共同富裕为历史使命和价值追求。

（二）第二节涉及的概念与理论观点

（1）基本概念：社会主义法律、社会主义法律本质特征、社会主义法律的作用、社会主义法律的运行。

（2）理论观点：我国的法律属于社会主义法律，它是党的主张和人民共同意志的体现，是维护人民利益和公民权利的法律武器，是国家机关、社会组织和全体公民的活动规则和行为准绳。

我国社会主义法律制度，是在继承新民主主义革命时期法律制度的基础上，在新中国成立后随着社会主义建设的不断发展而确立的。中国特色社会主义法律体系已经形成，我国在政治、经济、文化、社会生活各个方面实现了有法可依。

我国社会主义法律的本质特征，从体现的意志看，我国社会主义法律是党的主张和人民共同意志的体现，是阶级性与人民性的统一。从实质内容看，我国社会主义法律是社会历史发展规律、自然规律的反映，是科学性和先进性的统一。

我国社会主义法律的科学性和先进性主要体现在三个方面：一是坚持以辩证唯物主义和历史唯物主义的世界观、方法论以及中国特色社会主义法治理论为指导；二是善于借鉴我国传统法律和外国法律的成功经验；三是立法体制、立法程序和立法技术能适应时代发展而不断改革与创新，确保立法的质量和水平。

中国特色社会主义法律体系的特征，体现了中国特色社会主义的本质要求；体现了改革开放和社会主义现代化建设的时代要求；体现了结构内在统一而又多层次的国情要求；体现了动态、开放、与时俱进的发展要求。

我国社会主义法律反映了社会主义初级阶段的特点，其最重要的作用表现为确立和维护社会主义的政治制度、经济制度、社会秩序以及推动社会改革与进步。此外，社会主义法律和其他法律一样，还有指引、预测、评价、教育、强制等重要作用。

法律的运行是一个从创制、实施到实现的过程。包括立法（法律的制定）、执法（法律的执行）、司法（法律的适用）和守法（法律的遵守）等环节。法律的立法是国家对权利和义务的权威性分配，法律的遵守、执行和适用是把法定的权利和义务转化为现实的权利和义务。法律的顺利运行需要科学立法、严格执法、公正司法、全民守法的有机统一。

（三）第三节涉及的概念与理论观点

（1）基本概念：宪法的地位、宪法基本原则、国体、政体、根本政治制度、基本经济制度、实体法律部门、程序法律部门。

（2）理论观点：宪法是国家的根本大法，具有最高的法律地位、法律权威、法律效力，具有根本性、全局性、稳定性、长期性，是治国安邦的总章程。我国宪法以国家根本法的形式，确立了中国特色社会主义道路、中国特色社会主义理论体系、中国特色社会主义制度的发展成果，反映了我国各族人民的共同意志和根本利益，成为历史新时期党和国家的中心工作、基本原则、重大方针、重要政策在国家法制上的最高体现。

我国宪法的基本原则包括党的领导原则、人民主权原则、人权保障原则、法治原则和民主集中制原则。

我国宪法确立的国体是中华人民共和国是工人阶级领导的、以工农联盟为基础的人民民主专政的社会主义国家。

我国宪法规定了人民代表大会制度是我国的根本政治制度。人民代表大会制度是中国社会主义民主政治最鲜明的特点，是人民当家做主的重要途径和最高实现形式，是社会主义政治文明的重要制度载体，是我国的根本政治制度。

我国宪法确立的基本政治制度，主要有中国共产党领导的多党合作和政治协商制度、民族区域自治制度和基层群众自治制度。

我国宪法确立的基本经济制度规定，社会主义公有制是我国经济制度的基础，全民所有制和劳动群众集体所有制是我国社会主义公有制的两种基本形式。国家在社会主义初级阶段，坚持公有制为主体、多种所有制经济共同发展的基本经济制度，坚持按劳分配为主体、多种分配方式并存的分配制度。

国家根据现行法律规范所调整的社会关系及其调整方法不同，将其分为不同的法律部门。中国特色社会主义法律体系，是以宪法为统帅，以法律为主干，以行政法规、地方性法规为重要组成部分，由多个法律部门组成的有机统一整体。

实体法律部门，是指以规定具体权利义务为内容的法律，包括宪法相关法、民法、商法、行政法、经济法、社会法、刑法。

程序法律部门，就是规定行使具体实体法所要遵循的程序，包括诉讼法与非诉讼程序法。诉讼法是规范国家司法机关解决社会纠纷的法律规范，非诉讼程序法是规范仲裁机构或者调解组织解决社会纠纷的法律规范。

（四）第四节涉及的概念与理论观点

（1）基本概念：社会主义法治体系、法律规范体系、法治实施体系、法治监督体系、法治保障体系、党内法规体系、科学立法、严格执法、公正司法、全民守法、国家治理体系、国家治理能力。

（2）理论观点：建设中国特色社会主义法治体系，是全面依法治国的重要内容和奋斗目标，是建设社会主义法治国家的总抓手。

建设中国特色社会主义法治体系，是凝聚思想共识的法治航标，推进国家治理现代化的重要举措，全面依法治国的基础工程。

建设中国特色社会主义法治体系的内容包括在中国共产党领导下；坚持中国特色社会主义制度；形成完备的法律规范体系、高效的法治实施体系、严密的法治监督体系、有力的法治保障体系；形成完善的党内法规体系。

坚持依法治国、依法执政、依法行政共同推进，坚持法治国家、法治政府、法治社会一体建设，实现科学立法、严格执法、公正司法、全民守法，促进国家治理体系和治理能力现代化。

二　本章的核心理论观点、各节的重要理论观点及选择说明

本章的核心理论观点：我国宪法以国家根本法的形式，确立了中国特色社会主义道路、中国特色社会主义理论体系、中国特色社会主义制度的发展成果，反映了我国各族人民的共同意志和根本利益，成为历史新时期党和国家的中心工作、基本原则、重大方针、重要政策在国家法制上的最高体现。

选择说明：上述观点回答了我国宪法为什么是国家的根本大法；具有

最高的法律地位、法律权威、法律效力；具有根本性、全局性、稳定性、长期性；是治国安邦的总章程。只有了解我国宪法的性质、地位、作用，才能更好地理解依法治国、依宪治国的国家战略，自觉维护宪法和法律的权威性，自觉遵守我国法律。

（一）第一节重要理论观点及选择说明

（1）法律是由国家制定或认可并依靠国家强制力保证实施的，反映由特定社会物质生活条件所决定的统治阶级意志，规定权利和义务，以确认、保护和发展有利于统治阶级的社会关系和社会秩序为目的的行为规范体系。

选择说明：培养大学生的法律素质，首先要从法律本质的知识入手。

（2）社会主义法律是人类历史上唯一以公有制为基础的新型法律，以消灭阶级剥削、消除两极分化、实现共同富裕为历史使命和价值追求的法律制度。

选择说明：在社会主义初级阶段，中国实行公有制为主体、多种所有制经济共同发展的基本经济制度，这就决定了中国的法律制度必然是社会主义的法律制度。这个理论观点起着承上启下的作用，社会主义法律制度既是对一般意义上的法律本质的理论的深化、细化，也是学习第二节我国社会主义法律的理论基础。有利于学生领会社会主义法律制度的优越性，自觉学法、守法、用法。

（二）第二节重要理论观点及选择说明

（1）我国的法律属于社会主义法律，它是党的主张和人民共同意志的体现，是维护人民利益和公民权利的法律武器，是国家机关、社会组织和全体公民的活动规则和行为准绳。

选择说明：这一观点阐释了我国法律的类型和本质属性，通过这个理论观点的学习，使大学生对我国法律在理论上有更加清晰的认识。

（2）中国特色社会主义法律体系是体现社会主义性质和社会主义法律的科学性、先进性的法律体系。形成中国特色社会主义法律体系是全面落实依法治国基本方略的前提和基础。

选择说明：我国社会主义法律体系与历史发展的基本方向和基本规律性相一致，并善于学习和借鉴成功经验，不断改革和完善，所以具有科学性。我国社会主义法律体系是以公有制为基础而建立起来的，是反映全体人民共同利益的，所以具有先进性。通过这个理论观点的学习，有利于帮

助大学生认识社会主义法律体系为了人民的本质属性，有利于大学生增强
对社会主义法律的认同感。

中国特色社会主义法律体系所包括的全部法律规范和确立的各项法律
制度，都是从人民群众的根本意志和长远利益出发，都是把实现好、维护
好、发展好最广大人民的根本利益作为根本出发点和落脚点的，充分体现
了中国特色社会主义性质。同时中国特色社会主义法律体系也是符合时代
要求、结合国情、借鉴先进经验、不断完善的法律体系。对这些知识的学
习有利于大学生领会和认同社会主义法律精神。

全面依法治国，是我国的基本国策。中国特色社会主义法律体系就是
为了保障国家和社会生活各方面都能有法可依，在立足中国国情和实际的
基础上形成的，是建设社会主义法治体系的逻辑起点。了解中国特色社会
主义法律体系形成在全面依法治国中发挥的重要作用和意义，为后面了解
我国的宪法、法律部门以及建设中国特色社会主义法律体系的学习做必要
准备。

（3）法律的作用是历史的，与法律所反映的经济基础和阶级本质紧
密相连。我国社会主义法律反映了社会主义初级阶段的特点，其作用首先
是确立和维护社会主义的政治制度、经济制度、社会秩序以及推动社会改
革与进步。此外，法律还有指引、预测、评价、强制、教育等重要作用。

选择说明：首先，从一般意义上介绍法律的作用是历史的、具体的，
任何法律都具有维护统治阶级的根本利益和核心价值、为统治阶级服务的
作用。其次，结合我国所处的社会主义初级阶段的特点，从个别意义上介
绍我国法律在确立和维护社会主义的政治制度、经济制度、社会秩序以及
推动社会改革与进步等方面的作用，便于学生从共性和个性上对我国法律
的作用加强认识。

（4）我国社会主义法律的运行包括立法、执法、司法、守法四个
环节。

选择说明：通过对这个理论观点的学习，有利于学生从法律运行的各
个环节更深切体会我国社会主义法律是如何确立和维护全体人民共同利益
的，也为第四节学习党的十八届四中全会所提出"科学立法、严格执法、
公正司法、全民守法"十六字方针的明确具体部署做必要的理论准备。

（三）第三节重要理论观点及选择说明

（1）我国宪法的基本原则包括党的领导原则、人民主权原则、人权

保障原则、法治原则和民主集中制原则。

选择说明：宪法在法律体系中居于核心地位、起统率作用，是一个国家法治的基础和核心。而我国宪法的基本原则又是宪法的核心和灵魂。学习宪法，必须要深入学习和掌握这些基本原则。

（2）我国宪法确立的国体是工人阶级领导的、以工农联盟为基础的人民民主专政的社会主义国家，政体是人民代表大会制度。宪法还确立了基本政治制度和基本经济制度。

选择说明：宪法规定的是国家生活中最根本、最重要的方面，国体、政体、基本政治制度和基本经济制度就是国家生活中最根本、最重要的方面。这些最根本、最重要的方面，规定着我国政治、经济、文化和社会生活等方面的主要内容及其发展方向，而且从社会制度和国家制度的根本原则上规范着整个国家的活动。这些是大学生学习宪法时需要掌握的重点。

（3）中国特色社会主义法律体系，是以宪法为统帅，以法律为主干，以行政法规、地方性法规为重要组成部分，由多个法律部门组成的有机统一整体。国家根据现行法律规范所调整的社会关系及其调整方法不同，将其分为实体法律部门和程序法律部门两大类。

选择说明：形成中国特色社会主义法律体系，保证国家和社会生活各方面有法可依，是全面落实依法治国基本方略的前提和基础，是中国发展进步的制度保障。

中国特色社会主义法律体系涵盖社会关系各个方面，相应的法律规范数量庞大。这些法律规范是依据法律体系自身的内在逻辑，形成层次分明、法律部门划分合理、内容全面的有机整体。了解中国特色社会主义法律体系逻辑结构和主要内容，有利于大学生了解有哪些法律上的权利和义务，以及如何正确行使权利和履行义务，自觉提高法律素质，做全民守法的榜样。

（四）第四节重要理论观点及选择说明

（1）建设中国特色社会主义法治体系，是凝聚思想共识的法治航标、推进国家治理现代化的重要举措、全面依法治国的基础工程。

选择说明：中国特色的社会主义以尊重和保障人民利益为旨归，目的在于确保人民当家做主。社会主义法律体系的形成只是基本解决了确保人民当家做主的有法可依问题，但是法律的生命在于实施。从中国特色社会主义法律体系迈进法治体系，是法治国家的历史必然，是法治中国的现实任务。党的十八届四中全会以全面推进"依法治国"为主题提出建设中国特色社会主义法治体系和社会主义法治国家的战略目标，并对"依法治国"方略实施的具体步骤做了全面部署和顶层设计，表明我国的法治建设已经进入了新的历史阶段。

这一理论要点是对前几节的理论知识基础上的继承和发展，回答了为什么要建设中国特色社会主义法律体系的问题。在"法治"一词后面加上"体系"，无非是要告诉我们法治的实现是一个复杂的过程，是一个系统工程。解释清楚法治体系的概念，需要我们厘清在法治实现的过程中，法治各环节各子系统之间的相互制约与相互配合的复杂关系。而只有在此基础之上，才能全面并有重点地推进法治中国建设。中国特色社会主义法治体系更关注在实际生活中法律规范的实施状况和实现程度，保证国家机关和公职人员正确行使权力，把人民赋予的权力真正用来为人民谋利益。

（2）建设中国特色社会主义法治体系内容包括建设完备的法律规范体系、建设高效的法治实施体系、建设严密的法治监督体系、建设有力的法治保障体系、建设完善的党内法规体系。

选择说明：这一理论观点，回答了怎样才算是建设成中国特色社会主义法治体系的问题。中国特色社会主义法治体系作为全面推进依法治国的总抓手，内涵非常丰富。既涉及静态的法律规范体系，也涉及动态的法运行体系；既有对具有国家强制力保障的法律规范体系化的要求，也包含了对执政党的带有政治领导性质的准法律规范体系化的期待。

（3）坚持依法治国、依法执政、依法行政共同推进，坚持法治国家、法治政府、法治社会一体建设，实现科学立法、严格执法、公正司法、全民守法，促进国家治理体系和治理能力现代化。

选择说明：这一理论观点，回答了如何建设中国特色社会主义法治体系的问题。作为依法治国总目标的中国特色社会主义法治体系，关注在实际生活中法律规范的实施状况和实现程度。该观点把我党在法治建设顶层设计的几大关系（包括治国、执政、行政；国家、政府、社会；法律运行的四个环节；国家治理体系和治理能力）讲得很到位。

第七章　树立法治观念　尊重法律权威

一　教材中本章涉及的概念与理论观点

（一）第一节涉及的概念与理论观点

（1）基本概念：法治、法治观念、法治道路、依法治国、以德治国、依宪治国。

（2）理论观点：法治是党和政府治国理政的基本方式。

法治观念是在实践中逐渐形成的，并指导人们的社会实践。

中国特色社会主义法治道路，它包括坚持党的领导、坚持中国特色社会主义制度、贯彻中国特色社会主义法治理论三个方面的核心要义。

党的领导是中国特色社会主义最本质的特征，是社会主义法治最根本的保证。中国特色社会主义制度是中国特色社会主义法治体系的根本制度基础，是全面依法治国的根本制度保障。中国特色社会主义法治理论是中国特色社会主义法治体系的理论指导，是全面依法治国的行动指南。

党的领导、人民当家做主和依法治国三者是一个统一整体。党的领导是人民当家做主和依法治国的根本保证。人民当家做主是党的领导和依法治国的本质要求。依法治国是党领导人民当家做主的治国方略。

社会主义法律和社会主义道德在性质、作用和目标上的一致性，决定了建设中国特色社会主义法治国家，必须坚持依法治国和以德治国相结合。

法治是治国理政的基本方式，依法治国是基本方略，法治具有根本性、决定性和统一性；德治是治国理政的重要方式，以德治国就是通过在全社会培育、弘扬社会主义核心价值观和社会主义道德，对不同人群提出有针对性的道德要求。

法治发挥作用要以国家强制力为后盾，主要依靠法律的预测作用、惩罚作用、威慑作用和预防作用对公民和社会组织的行为进行约束，并对违反法律的行为追究法律责任；德治发挥作用主要通过人们的内心信念、传统习俗、社会舆论等进行道德教化，并对违反道德的行为进行道德谴责。

法治主要依靠制定和实施法律规范的形式来推进和实施，体现的是规则之治；德治主要依靠培育和弘扬道德等途径来推进和实施，体现的是自律之治。

坚持依法治国首先要坚持依宪治国，坚持依法执政首先要坚持依宪执政，要把推进宪法实施、落实依宪治国作为全面依法治国的首要任务。

我国宪法是党和人民意志的集中体现，是通过科学民主程序形成的根本大法，是全国各族人民、一切国家机关和武装力量、各政党和各社会团体、各企业事业组织的根本活动准则。

加强宪法实施，是一切组织和个人的共同责任和历史使命。

宪法规定了国家的根本制度、根本任务、国家权力以及公民的基本权利与义务，加强宪法实施，才能巩固和发展国家根本制度，保证国家权力依法规范运行，并使公民基本权利切实得到实现，公民基本义务切实得到履行。

宪法确立了中国共产党的领导地位，使党的领导的正当性和合法性毋庸置疑。

在全社会树立宪法意识，弘扬宪法精神。加强宪法实施。坚持党的依宪执政，自觉在宪法法律范围内活动。

我国依宪治国、依宪执政与西方宪政的本质区别在于：制度基础不同；领导力量不同；权力主体不同；权力行使方式不同。

（二）第二节涉及的概念与理论观点

（1）基本概念：法治思维、法治价值、法治精神。

（2）理论观点：法治思维是指以法治价值和法治精神为导向，运用法律原则、法律规则、法律方法思考和处理问题的思维模式。

法治思维是一种融法律的价值属性和工具理性于一体的特殊的高级法律意识。它具有正当性思维、规范性思维、逻辑思维、科学思维等含义。

培养法治思维，必须抛弃人治思维。要区分法治思维与人治思维在依据上、方式上、价值上和标准上的不同。

法治思维主要表现为价值取向和规则意识两个方面，价值取向是指个人如何看待和对待法律，规则意识是指个人如何用法律看待和对待自己。一般来说，法治思维包括法律至上、权力制约、公平正义、人权保障、正当程序等内容。

培养法治思维的途径很多，大学生可以通过学习法律知识、掌握法律方法、参与法律实践、养成依法办事习惯等途径，逐渐提高法治思维能力，养成科学的法治思维方式。

（三）第三节涉及的概念与理论观点

（1）基本概念：法律权威。

（2）理论观点：法律权威是指法律在社会生活中的作用力、影响力和公信力，是法律应有的尊严和生命。尊重法律权威，既要尊重一般法律的权威，更要尊重宪法至上的权威。

法律有无权威，取决于四个基本要素：一是法律在国家和社会治理体系中的地位和作用；二是法律本身的科学程度；三是法律在实践中的实施程度；四是法律被社会成员尊崇或信仰的程度。

全体社会成员都尊重社会主义法律权威，不仅是保证法律发挥作用的基本前提和要求，也是保障个人平安幸福的底线和红线。

尊重法律权威的意义在于，它是社会主义法治观念和法治思维的核心要求，是建设社会主义法治国家的前提条件；对于推进国家治理体系和治理能力现代化、实现国家的长治久安极为重要；是实现人民意志、维护人民利益、保障人民权利的基本途径；也是维护个人合法权益的根本保障。

尊重法律权威的基本要求包括信仰法律、遵守法律、服从法律、维护法律。

二 本章的核心理论观点、各节的重要理论观点及选择说明

本章的核心理论观点：当今中国，法治已经成为党和政府治国理政的基本方式。

选择说明：主要基于三点考虑：一是依据我国治国理政的现实。自十八届四中全会以来，党和政府已经把法治作为了治国理政的基本方式。二是在这样的背景下，能否在全社会培育法治观念，养成法治思维，树立法律权威，关系到社会主义法治国家建设的进程能否顺利推进。三是大学生是社会主义法治国家建设的重要力量，因此，必须在学习和生活中逐渐提高其法治思维能力，养成法治思维方式，尊重社会主义法律权威，信仰宪法法律。

（一）第一节重要理论观点及选择说明

（1）坚持走中国特色社会主义法治道路。

选择说明：中国特色社会主义法治道路，是社会主义法治建设成就和经验的集中体现，是建设社会主义法治国家的唯一正确道路。中国特色社会主义法治道路的核心要义包括了最根本的保证、根本制度基础和理论指导。选择这一理论观点，就可以进一步辐射到三个方面：党的领导、中国特色社会主义制度和中国特色社会主义法治体系的理论指导。

（2）坚持党的领导、人民当家做主与依法治国相统一。

选择说明：在社会上曾流行所谓的"党大还是法大"的质疑，对学生也是很有影响的。所以，这一理论观点把三者的辩证关系讲清楚，有利于解开学生的认识谜团，进一步坚信党的领导是人民当家做主和依法治国的根本保证，人民当家做主是党的领导和依法治国的本质要求，依法治国是党领导人民当家做主的治国方略。

（3）社会主义法律和社会主义道德在性质、作用和目标上的一致性，决定了建设中国特色社会主义法治国家，必须坚持依法治国和以德治国相结合。

选择说明：在提出依法治国的同时，还要不要提以德治国？这是一个在学界有争议的话题。讲清楚两者的关系，有利于大学生能辩证地看待两者在中国特色社会主义建设中的作用。

（4）坚持依法治国首先要坚持依宪治国，坚持依法执政首先要坚持依宪执政，要把推进宪法实施、落实依宪治国作为全面依法治国的首要任务。

选择说明：这一观点，讲清了坚持依法治国的首要任务，讲清了加强宪法实施，是一切组织和个人的共同责任和历史使命。通过对这一理论的阐述也可以伸展到我们树立宪法意识，弘扬宪法精神与西方国家宪政的界限与区别等问题。

（二）第二节重要理论观点及选择说明

（1）法治思维是指以法治价值和法治精神为导向，运用法律原则、规则和方法思考和处理问题的思维模式。

选择说明：法治思维方式的养成，是培育大学生法律素质的重要途径，通过学习引导学生认识到法治思维是正当性思维、规范性思维、逻辑思维和科学思维，就会增强学生培养法治思维的自觉性。

（2）培养法治思维，必须抛弃人治思维。

选择说明：人治思维在中国历史上曾长期占有统治地位，也形成了一种思维惯性，一代一代地传承。人治思维又是与法治思维有着根本区别的两种不同的思维模式。人治思维的存在不仅会影响到法治思维的培育，也会影响到党和政府的执政水平。所以，让大学生分辨两者四个方面的区别，有利于大学生法治思维的培养。

（3）法治思维主要表现为价值取向和规则意识两个方面，价值取向是指个人如何看待和对待法律，规则意识是指个人如何用法律看待和对待自己。一般来说，法治思维包括法律至上、权力制约、公平正义、人权保障、正当程序等思想认识和思维品质。

选择说明：该理论观点阐述了法治思维的主要表现形式和内容，有助于大学生更加具体地理解法治思维。

（三）第三节重要理论观点及选择说明

（1）法律有无权威，取决于四个基本要素：一是法律在国家和社会治理体系中的地位和作用；二是法律本身的科学程度；三是法律在实践中的实施程度；四是法律被社会成员尊崇或信仰的程度。

选择说明：法律权威是本节的基本概念，也是需要掌握的重点。该理论观点分析了法律有无权威的四个基本要素，有助于大学生在学理上了解法律权威形成的规律，进而自觉尊重法律权威。

（2）尊重法律权威的意义在于，它是社会主义法治观念和法治思维的核心要求，是建设社会主义法治国家的前提条件；对于推进国家治理体系和治理能力现代化、实现国家的长治久安极为重要；是实现人民意志、维护人民利益、保障人民权利的基本途径；也是维护个人合法权益的根本保障。

尊重法律权威，需要发自内心的信念和自觉。而信念与自觉的确立，又是建立在对尊重法律权威意义认识的基础上的。该理论观点从国家利益、人民利益和公民个人利益的不同角度，论述了尊重法律权威的意义，有理论说服力。

第八章　行使法律权利　履行法律义务

一　教材中本章涉及的概念与理论观点

（一）第一节涉及的概念与理论观点

（1）基本概念：权利观、义务观、法律权利、人权、法律义务。

（2）理论观点：权利和义务问题是人们在生产生活中经常遇到的现实问题，权利和义务关系也是社会关系的核心部分。被法律规定或认可的，称为法律权利和法律义务。

公民享有广泛的权利，同时承担相应的义务；公民的权利和义务是平等的，任何人不得享有法内或法外特权；公民的权利和义务是统一的，不允许任何人只享受法律权利，不履行法律义务；任何公民都是享有法律权利和履行法律义务的统一体，并把自己依法履行义务作为他人依法享受权利的实现条件。

权利的产生、发展和实现，都必须以一定的社会经济条件为基础，强调社会的物质生活条件对权利的制约和决定作用，这是马克思主义权利观与其他权利观的根本区别。

马克思主义权利观认为，权利就是一定的社会物质生活条件所制约的行为自由，是法律允许权利人为满足自己的利益而采取的由义务人所保证实现的法律手段。

法律权利具有四个方面的特征：一是法律权利的内容、种类和实现程度受社会物质生活条件的制约；二是法律权利的内容、分配和实现方式因社会制度和国家法律的不同而存在差异；三是法律权利不仅由法律规定或认可，而且受法律维护或保障，具有不可侵犯性；四是法律权利必须依法行使，不能不择手段地行使法律权利。

法律权利依据不同的划分标准，可以分为基本权利和普通权利；政治权利、人身权利、财产权利、社会经济权利和文化权利；一般主体享有的权利和特定主体享有的权利；实体性权利和程序性权利。

人权与法律权利关系密切。人权是法律权利的内容和来源，法律权利是对人权的确认和保障。法律权利只有符合人权保障的精神和要求，才具有正当性和合理性；人权只有上升为法律权利，才能得到有效的尊重和保障。

法律义务是指法律规定的、以作为或者不作为的方式履行对他人的责任。法律义务具有法定的强制性，违反法律义务必须承担法律责任。

法律义务具有四个特点：法律义务是历史的；源于现实需要；必须依法设定；可能发生变化。

在社会生活中，每个人既是享受各种法律权利的主体，又是承担各种法律义务的主体。

法律权利与法律义务平等，是现代法治的基本原则，是社会公平正义的重要方面。

（二）第二节涉及的概念与理论观点

（1）基本概念：政治权利与义务、人身权利与义务、财产权利与义务、社会经济权利与义务、精神文化权利与义务。

（2）理论观点：我国公民的权利与义务具有广泛性、公平性和真实性，表现在：权利与义务的主体为全体公民，权利范围涵盖社会政治经济文化生活的各个方面；权利与义务为公民平等地享有或履行；国家从制度上、法律上、物质上保障公民权利与义务的实现。

政治权利是公民参与国家政治活动的权利和自由的统称。它包括选举权、被选举权、政治表达的自由、民主管理权、监督权等。公民的政治权利构成了实现人民主权原则及各种具体民主制度不可或缺的前提条件，反过来又体现了人民主权原则及各种具体民主制度的必然要求。

人身权利是指公民的人身不受非法侵犯的权利，包括生命健康权、人身自由权、人格尊严权、住宅安全权、通信自由权等具体权利。人身权利是公民参加国家政治、经济与社会生活的基础，是公民权利的重要内容，一切组织和个人都负有不侵害他人人身权利的义务。

财产权是指公民、法人或其他组织通过劳动或其他合法方式取得财产和占有、使用、收益、处分财产的权利。对个人而言，财产权是公民权利的重要内容，是公民在社会生活中获得自由与实现经济利益的必要途径。

社会经济权利是指公民要求国家根据社会经济的发展状况，积极采取措施干预社会经济生活，加强社会建设，提供社会服务，以促进公民的自由和幸福，保障公民过上健康而有尊严的生活的权利。它以生存权为核心，具体包括生存权以及与这项权利密切相关的劳动权、休息权、社会保障权、物质帮助权等。

宗教信仰及文化权利是指公民依法享有的与宗教信仰活动和文化生活相关联的自由和权利的总称，主要包括宗教信仰自由、文化活动权利等。依法保障宗教信仰和文化权利，是公民创造和享受精神文化财富、推动精神文化发展不可或缺的条件。同时，公民行使宗教信仰和文化权利也必须受宪法法律约束。

（三）第三节涉及的概念与理论观点

（1）基本概念：依法行使权利、依法履行义务。

（2）理论观点：依法行使权利是体现权利正当性和保障权利实现的充分必要条件。在现代法治社会，人们行使任何权利、做任何事情都不能超越法律界限。

权利行使的目的要符合立法意图和精神，不得违反宪法法律确定的基本原则，保障权利行使的正当性。不得破坏公序良俗，妨碍法律的社会功能和法律价值的实现。

权利行使有其相应的限度，必须依照法律规定的限度来行使权利。

权利行使的方式分为口头方式、书面方式和行为方式，有时口头方式和书面方式可以兼用。

权利行使的程序是法律规定的。

我国宪法法律赋予公民广泛的权利，一旦受到损害或侵犯，公民可以依法采取权利救济的手段，予以补救、恢复或对损害或侵害行为予以纠正和惩罚。我国公民的权利救济方式主要包括司法救济、行政救济、政治救济、社会救济和自力救济五种。

我国法律鼓励当公民的权益受到损害时，通过各种途径和方式合理表达诉求，维护自身权益。但不管采取什么诉求，不管运用何种方式，都必须在法律允许的框架内进行。依法维权不仅是在维护自身合法权益，也是在维护一个规范化的法治社会。

尊重他人权利本身就是一项义务。由于社会成员对共同利益和个体利益的意识性及其彼此的相互承认，才构成了权利成立的正当性和可实现性。权利实现的内在动力是人们彼此之间对各自权利的相互尊重。认同是权利产生的条件，尊重则是权利实现的保证。

权利意识不仅包括对自我权利的认识，也包括对他人权利的认同和尊重。自我权利的主张以尊重他人权利为前提，而对他人权利的尊重则能更好地实现自己的权利主张。只有当尊重他人权利成为全体社会成员价值观的组成部分，变成人们日常生活习惯的时候，个人权利才能真正得到全面、充分的实现。

法律权利的行使必须伴随着法律义务的履行，但法律义务更需要由法律加以规定。义务的设定必须有法律依据；法定的义务应当履行，否则会承担不利的法律后果。

我国宪法规定公民的主要义务包括：维护国家统一与全国各民族团结的义务；遵守宪法和法律的义务；维护祖国安全、荣誉和利益的义务；依法服兵役的义务；依法纳税的义务。

二　本章的核心理论观点和各节的重要理论观点

本章的核心理论观点：权利和义务关系是社会关系的核心部分。法律权利与法律义务平等，是现代法治的基本原则，是社会公平正义的重要方面。

选择说明：该理论观点阐述了当代社会关系的核心和现代法治的基本

原则，是法理部分的核心理论观点。

（一）第一节的重要理论观点及选择说明

（1）权利就是一定的社会物质生活条件所制约的行为自由，是法律允许权利人为满足自己的利益而采取的由义务人所保证实现的法律手段。

选择说明：阐述了马克思主义权利观，指出了马克思主义权利观与其他权利观的根本区别。有利于大学生树立正确的权利观、义务观。

（2）在社会生活中，每个人既是享受各种法律权利的主体，又是承担各种法律义务的主体。

选择说明：既说明了法律权利与法律义务的辩证和依存关系，也说明了作为法律主体的每个公民既要享受法律权利，同时又要承担法律义务，不可偏废。任何公民都是享有法律权利和履行法律义务的统一体，并把自己依法履行义务作为他人依法享受权利的实现条件。

（二）第二节的重要理论观点及选择说明

（1）主要理论观点。我国公民的权利与义务具有广泛性、公平性和真实性，表现在：权利与义务的主体为全体公民，权利范围涵盖社会政治经济文化生活的各个方面；权利与义务为公民平等地享有或履行；国家从制度上、法律上、物质上保障公民权利与义务的实现。

（2）选择说明：该理论观点从权利与义务主体、权利涵盖范围、权利与义务平等享有或履行、实现的保障等层面，有力地说明了我国公民的权利与义务具有广泛性、公平性和真实性。

（三）第三节重要理论观点及选择说明

（1）重要理论观点：依法行使权利，依法履行义务。在现代法治社会，人们行使任何权利、做任何事情都不能超越法律界限；法律权利的行使必须伴随着法律义务的履行。

（2）选择说明：法律权利和法律义务的辩证关系，是对大学生进行法治教育的重要内容，也是行为上容易出现偏颇的地方，既要培养大学生依法维护法律权利的意识，同时也要强化依法履行义务的意识。让履行义务成为自觉的遵循，用义务履行创造更多社会财富，满足权利需求。

第四部分　研究综述

——《思想道德修养与法律基础》
重点理论研究综述

绪论　思想道德素质与法律素质
及其培养研究综述[*]

　　思想道德素质与法律素质是"基础课"的核心概念。本章的核心理论观点是："思想道德素质和法律素质是人的基本素质，积极培育和践行社会主义核心价值观，是大学生提高思想道德素质和法律素质的根本途径。"因此，对思想道德素质与法律素质概念及相关理论的掌握，对于吃透"基础课"精神具有关键性意义。

一　研究基本情况

　　通过中国学术期刊网络出版总库，对思想道德素质、法律素质及其相关概念为主题进行了搜索。截至 2015 年 8 月 15 日，其概况如下：

　　以思想道德素质为主题，共 337074 条；思想道德素质教育 482 条；思想道德素质评价 16 条；思想道德素质结构 6 条；思想道德素质培养 194 条；培养模式 2 条；思想道德素质发展 40 条；思想道德素质现状 99 条；思想道德素质重要性 11 条；思想道德素质建设 79 条。被引 100 次以上的 28 篇，最高 324 次；50 次以上 100 次以下的 86 篇。下载 1000 次以上的 140 篇，最高 6741 次。另外，对博士学位论文的搜索，以思想道德素质为主题的共 45 篇。被引最高 58 次，下载 15622 次。

　　学术期刊和博士学位论文是反映学术研究最新成果的载体。通过以上数据分析可以看出，对此领域的研究成果很丰硕，以下载率和引用率为标

---

　　[*] 本章执笔人：卢黎歌，西安交通大学教授。

志的关注度也很高。其中下载率最高的达到 6741 次和 15622 次，这在哲学社会科学领域下载率中是很罕见的，说明我国有重视思想道德素质的传统。在该主题中，关注度高的集中在思想道德素质教育、思想道德素质培养等方面。这说明了社会和学界对现实思想道德素质水平不太满意，对提高公民思想道德素质有很高的期盼。

以法律素质为主题，共 2273 条；法律素质教育 183 条，法律素质养成 16 条，法律素质培养 138 条，法律素质评价 2 条，法律素质培养的重要性 6 条。被引 20 次以上的 23 篇，最高 72 次；下载 1000 次以上的 5 篇，最高 2240 次。

思想道德素质与法律素质为主题，共 11 条，被引 10 次以上的仅 1 篇，最高 15 次；下载 100 次以上的 5 篇，最高 415 次。

二 思想道德素质与法律素质

关于思想道德素质与法律素质对人才培养的重要意义，学界一直是重视的。2002 年，张方提出："公民综合素质主要由思想道德素质、科学文化素质和法律素质组成。发展有中国特色的社会主义民主政治，必然要求公民法律素质与公民思想道德素质、科学文化素质同步进行、同时提高。"① 吴敏英、马丹（2008）分析说："大学生思想道德与法律素质及其培养问题的提出具有深厚的时代背景和重要的现实意义。加强大学生思想道德与法律素质培养是历史经验教训的总结，是实施治国方略，建设社会主义法治国家，构建社会主义和谐社会的需要，是大学生综合素质提升与发展的内在要求，也是'思想道德修养与法律基础'课程建设的根本任务。"② 田桂莹（2011）也指出："法律是硬约束，具有强制性和权威性；道德是软约束，具有感召力和引导力。只有把两者结合起来，既发挥法律对人们思想和行为的强制性规范和约束作用，又发挥道德对人们思想和行为的教育引导和自我启发功能，才能真正提高人才的综合素质，实现全面发展。因此，教育者在对人才培养教育时，一定要将道德素质与法律素质的教育整合进行，才能实现教育的最大效能。"③ 四川师范大学陈泽在他

---

① 张方：《法律素质是公民素质的基本组成部分》，《中国司法》2002 年第 11 期。
② 吴敏英、马丹：《大学生思想道德与法律素质培养意义分析》，《思想理论教育导刊》2008 年第 6 期。
③ 田桂莹：《论道德素质与法律素质的整合教育对人才培养的重要性》，《中国人才》2011 年第 14 期。

的硕士学位论文（2007）中提出："大学生思想道德和法律素质是大学生素质的核心内容，是培育合格大学生，搞好大学生思想政治教育的关键因素，也是构建和谐社会的重要任务。大学生的思想道德和法律素质有着内在的不可分割的联系，研究和谐社会大学生思想道德和法律素质的特征，遵循思想道德素质和法律素质相互渗透、相互促进的规律，有助于从整体上培养并促使大学生不断提高自身的思想道德和法律素质，促使大学生的思想道德教育和法律教育的科学化、系统化，从而有利于促进大学生的全面发展。"何玉芳、张艳红（2011）从教学角度提出："在教学中，思想道德与法律教育相融合应坚持以教材体系为基础，理论与实际相统一的原则；关联性与差距性相统一的原则；知识性与思想政治教育性相统一的原则。"[1] 谢惠媛（2011）撰文指出："调查显示'90后'大学生已在理性认知的基础上具备了基本的道德素养和法律常识，但仍在情与理、德与法相交融的问题上存在着困惑，并在一定程度上存在知行脱节的现象。"[2]

三 思想道德素质研究

（一）思想道德素质对人的意义的研究

思想道德素质是指人们的思想道德认识和思想道德行为水平的综合反映，是人在思想道德方面的内在基础。

潘懋元（2004）在谈及转变教育质量观时指出："知识必须转化为能力才有力量……能力必须与思想道德素质、心理素质、身体素质协调发展，才能成为知识经济时代德智体全面发展的人才。"[3] 换言之，思想道德素质是知识经济时代德智体全面发展的人才不可或缺的素质之一，而且是重要的素质。关于思想道德素质是人的最重要素质的观点，很多学者都从不同角度进行论述。赵友元（2012）认为："人的科学发展是人的素质综合发展的过程。在人的科学发展的过程中，需要发挥思想道德素质的特殊作用。如果忽视思想道德素质的提高，就可能导致德才失衡，影响自身发展。因此，人的思想道德素质培养本质上是人的科学发展的问题。"[4]

---

① 何玉芳、张艳红：《基础课思想道德与法制教育内容的"融合"探析》，《思想理论教育导刊》2011年第3期。

② 谢惠媛：《"90"后大学生道德法律素质的调查与思考》，《思想教育研究》2011年第4期。

③ 潘懋元：《新时期中国高等教育的质量战略》，《中国大学教学》2004年第1期。

④ 赵友元：《论思想道德素质培养与人的科学发展的一致性》，《学校党建与思想教育》2012年第3期。

司岩也持同样的观点，他（2011）说："在影响人的科学发展的一切因素当中，人的思想道德因素尤为重要。人的思想道德素质是人的素质科学发展的灵魂，人的思想道德能力是人的能力科学发展的关键，人的思想道德境界是人的科学发展的核心。"① 陈青山（2008）认为："思想道德素质是人素质中的灵魂与核心。大学生思想道德素质的高低不仅关系到个人的成才，而且直接关系到我国社会主义现代化战略目标能否实现，关系到中华民族的伟大复兴……大学生思想道德素质的变化发展过程中，经济基础是决定性因素，思想政治教育工作具有引导作用，摆脱不了传统文化的影响熏陶以及外来文化的激荡渗透等。"② 秦其文（2008）从反贫困角度提出："人的思想道德素质是人力资本的重要内容，新时期应重视基于贫困者自身思想道德素质提高的思想反贫困。"③ 同年，他在其他论文中进一步指出："人的思想观念素质之所以是人力资本的内容，是因为其同知识、技能、健康等人力资本要素一样，总是依附在人身上，与人身不可分离；并且其通过支配人的行为，进而使人获得或失去经济机会（经济机遇），最终促进或阻碍家庭脱贫致富、社会经济增长和经济发展；一切导致家庭贫困和社会经济不发展的人口素质低下的原因都可以在人口思想观念素质低下那里找到终极因。"④ "农民典型落后思想道德素质导致农户家庭贫困的具体路径遵循了发展经济学家关于人的思想道德影响经济增长和经济发展总路径的规定。据此，可以得出一切导致家庭贫困和社会经济不发展的劳动者素质低下的原因都可以在其思想道德素质低下那里找到终极原因的结论，可以提出新时期思想反贫困的对策建议。"⑤ 朱伟（2007）认为："加强和改进思想道德素质教育是构建和谐社会的必然要求，思想道德素质教育的根本目的是促进人的全面发展，构建和谐社会。"⑥ 张红兵、吕宝云

---

① 司岩：《论人的思想道德与人的科学发展》，《学校党建与思想教育》2011 年第 17 期。

② 陈青山：《建国以来大学生思想道德素质发展轨迹及其规律性认识》，硕士学位论文，四川师范大学，2008 年。

③ 秦其文：《经济增长与经济发展的人的思想道德原因研究述评》，《贵州财经学院学报》2008 年第 4 期。

④ 秦其文：《农民思想道德素质与农户家庭贫富——农民民生问题的一种研究视角》，《江西财经大学学报》2008 年第 3 期。

⑤ 秦其文：《人的思想道德影响经济增长和经济发展路径的理论分析》，《江汉论坛》2008 年第 4 期。

⑥ 朱伟：《论和谐社会与思想道德素质教育创新》，《郑州大学学报》（哲学社会科学版）2007 年第 4 期。

（2010）认为："学生思想道德素质培养是高等教育的组成部分，同时，它又通过传播精神文明、培养社会主义建设者而与社会主义现代化建设的各项事业息息相关，并对中国未来命运和面貌产生重要影响。"① 刘美驹（2000）在讨论思想道德素质与人的可持续发展时指出："人的可持续发展的关键在于人的素质，而人的素质中最根本的是思想道德素质。"②

（二）思想道德素质培育研究

关于青少年思想道德培养途径与方法，翟丽萍（2012）认为："青少年的健康成长过程中，培养良好的思想道德素质极为重要。实践是青少年思想道德素质培养的根本途径；灌输引导和接受选择是青少年思想道德素质培养的基本途径；把握好课堂教育、管理教育、互联网教育和引导学生实现自我完善是青少年思想道德素质培养的具体途径。"③ 而对于传统教育途径，贾建梅、么玉乔（2013）分析说："高校在大学生思想道德素质培养方面积累了一定的经验，大学生思想道德素质培养的传统路径有正面灌输、社会实践和身教示范。传统培养路径存在着灌输路径与接受路径非同步增长、知与行脱节、偏重显性教育、忽视隐性教育的重要作用等问题。"④ 从主客体的角度，项久雨（2003）认为："思想道德教育作为客体，要满足主体的需要，从效用关系角度看，应采取两种途径，即灌输引导途径和接受选择途径。它们共同构成思想道德教育价值实现活动的两个轴心，并且贯穿于思想道德教育价值实现过程的始终。由于影响价值主体的思想道德素质形成的客观条件的复杂性，以及价值主体需要的多样性，只有通过多样化的具体途径，思想道德教育才有望实现其价值的最大化。"⑤ 成云雷很关注典范人格对人的德行培养的作用，他（2005）认为："典范人格具有崇高的德行，充分体现了一个时代的文化理想和人生追求，同时又能影响和带动普通大众，对于提高整个民族的思想道德素质起

---

① 张红兵、吕宝云：《当代大学生思想道德素质培养探析》，《山西高等学校社会科学学报》2001 年第 4 期。

② 刘美驹：《思想道德素质与人的可持续发展》，《思想·理论·教育》2000 年第 6 期。

③ 翟丽萍：《青少年思想道德素质培养的途径与方法》，《青少年研究》（山东省团校学报）2012 年第 3 期。

④ 贾建梅、么玉乔：《辩证分析大学生思想道德素质培养的传统路径》，《山西青年管理干部学院学报》2013 年第 3 期。

⑤ 项久雨：《论思想道德教育价值的实现途径》，《教育研究》2003 年第 10 期。

着重要作用。"① 关于诚信与道德关系，林滨（2011）认为："诚信问题是道德危机……重建社会信任需守护对熟人的情感信任，建立对陌生人的基本信任，以及培植对人信任的乐观态度。"② 关于网络对道德的影响，许朝华、李增光（2014）认为："随着目前信息技术的迅猛发展，互联网逐渐成为当代高校学生获取信息和相互交流的不可或缺的渠道，同时对大学生的道德产生了深刻影响。探讨互联网对大学生道德影响的成因，是有效运用网络，进而解决大学生网络道德问题的关键所在，也使进一步提高大学生思想道德素质更具有针对性和实效性。"③ 康立娟（2009）也从网络文化的影响角度进一步指出，要"加大思想政治教育力度，提高学生网络免疫力；创建网络教育平台，开展网上思想政治教育；思想政治教育工作者要转变观念，增强网上工作能力；丰富校园文化生活，抵制有害信息影响"。④ 王静（2011）则从可持续发展与大学生思想道德素质提高的角度提出："可持续发展教育蕴含着深刻的思想道德要求，对大学生的思想道德素质产生重要的影响，同时，大学生思想道德素质的提高也有利于促进可持续发展教育的实施。"⑤ 张加明（2005）从思想道德素质形成规律的角度认为："从横向来看，个体思想道德素质形成发展是环境、教育、遗传、主观能动四因素综合互动的结果，即环境、教育、遗传、主观能动四因素综合、互动作用规律；从纵向来看，个体思想道德素质形成发展与其身心发展、社会实践是相适应的，即个体思想道德素质形成发展与其身心发展和社会实践相适应规律。"⑥ 此外，戴荣明（2000）认为，要重视社会转型期对大学生思想道德素质影响问题；王云丽、张继才（2011）认为，要重视大学生休闲文化对思想道德培养的价值。

---

① 成云雷：《当代中国道德建设中的榜样作用》，《毛泽东邓小平理论研究》2005 年第 5 期。

② 林滨：《从道德危机到存在危机——重建社会信任的思考》，《道德与文明》2011 年第 5 期。

③ 许朝华、李增光：《分析互联网对当代大学生思想道德素质影响因素及成因》，《前沿》2014 年第 12 期。

④ 康立娟：《网络文化对大学生思想道德素质的影响及对策》，《中国市场》2009 年第 5 期。

⑤ 王静：《可持续发展教育对大学生思想道德素质的影响》，《群文天地》2011 年第 14 期。

⑥ 张加明：《个体思想道德素质形成发展规律新探》，《学校党建与思想教育》（高教版）2005 年第 9 期。

（三）关于伦理道德的普世性与阶级性问题

从康德的《纯粹理性批判》到霍克海姆的《唯物主义与道德》，到阿多诺的《道德哲学的问题》，无不从哲学角度探讨道德及其属性。杜林依据其从原则出发的认识论，认为道德的世界和一般知识的世界一样，有其永恒的原则和单纯的要素，"道德的原则'凌驾于'历史和现今的民族特性的差别之上"。尤其是自阿多诺 20 世纪 50 年代初的《最低限度的道德》及 40 年后召开的世界宗教议会发表《全球伦理——世界宗教议会宣言》之后，道德底线、全球伦理（或普世伦理）的讨论曾风靡一时，我国不少学者对此也表现出了浓厚的兴趣。继万俊人 2001 年出版专著《寻求普世伦理》后，刘述先、刘东超、李秋心等人先后也著书立说或者发表论文，讨论普世伦理问题。而阎桂祥、宋洪兵、谭培文、秦行音、陈怀泽、何怀宏则针对我国道德滑坡的现象，讨论最低限度的道德问题，"次道德"的概念也常常被运用。由此一个关于道德性质的问题逐步成为学界争论的热点：道德普世性与阶级性问题。第一，道德是否具有这两种属性？第二，如果兼而有之，那么两者的地位与关系如何？对此，谢地坤（2004）认为："普世伦理与各个民族和国家的具体道德规范则是普遍性与特殊性的统一，永恒性与时代性的统一。"① 而张耀灿（2005）的观点是："道德和道德教育的阶级性是显而易见的……在阶级社会里，道德的阶级性是绝对的、起主导作用的，道德的共同性（全人类性）是相对的，受阶级性制约的。"② 陈强（2012）认为："人类一直在追求真正人的道德。当我们回顾历史，总会发现道德的实质总是维护统治者的统治地位和利益的。""在人类以往一切社会形态中，都不同程度地孕育出以特殊形式存在的全人类文明财富。不同的时代、不同的利益关系有着不同的伦理道德。""真正人类共同的伦理道德是无产阶级的共产主义伦理道德，是人类精神发展的最高形态，是人类历史上一种新型的、最崇高的伦理道德，是属于最进步的普世化的伦理道德体系。"③ 王伟光（2009）认为："在阶级社会中，最基本的、大量的道德是阶级的道德，是有鲜明的阶级性的。""但是，不可否认，在阶级社会中，也存在为对立的阶级或不同

---

① 谢地坤：《道德的底线与普世伦理学》，《江苏社会科学》2004 年第 1 期。

② 张耀灿：《思想政治教育的特点和规律探析》，《思想理论教育》2005 年第 2 期。

③ 陈强：《由民族精神浅谈普世伦理道德》，中国论文网，http://www.xzbu.com/5/view - 1236984.htm，2012 - 03 - 26。

阶级所共同遵循的道德准则。其表现形式有二：一是同一道德具有阶级性和共同性的二重性；二是社会公德。""但这些道德或多或少地受阶级关系的制约、局限和影响。"① 陈明、江萍（2007）认为："当今人类要建立的普世伦理，并不是什么无条件的道德真理，而是建立在经济全球化背景下人们业已形成的共同利益基础上的有限责任伦理。构成其现实基础的不是什么空洞的形式或抽象的人性，而是人类的共同生活形成的相互依存关系和共同利益。"②

四 法律素质研究

法律素质原意是指法律人应当具备的职业素质（专业素质），其要素包括法律思维能力、法律表达能力和对法律事实的探索能力。本书中的法律素质是指公民所具有的法律意识、法律知识、法律行为的综合体现，是构成一个人内在素质的组成部分。

"改革开放30年来，高校法制教育经历了一个不断发展提升的过程。从教育目标定位的视角回眸高校法制教育发展历程，可以将其分为以向大学生基本普及法律常识为目标的奠基阶段、以帮助大学生增强法律意识为目标的巩固阶段和以帮助大学生提升法律素质为目标的发展阶段。"③

陈立永等人（2015）从我国建设法治中国的大背景下提出："加强青年学生法治素质培育的理论研究，拓宽法治素质培养的理念和价值取向；契合学生特点和时代发展，做好法治素质培育目标和内容的顶层设计；建立学校、家庭和社会联合多维的法治素质培育体系；发挥网络环境下新媒体的巨大优势，更新传统教育模式和方式，构建多样化的法治培育形式，以此推动高校学生法治素质培育工作科学化、常态化发展。"④ 林国强（2014）从培养法律素质的意义角度，认为："大学生法律素质的培育对促进人的全面发展的时代价值主要体现在两个方面：一是促进了'人的

① 王伟光：《关于道德的阶级性与继承性》，《高校理论战线》2009年第8期。
② 陈明、江萍：《普世伦理：一种有限的责任伦理——重读恩格斯〈反杜林论〉》，《中南大学学报》（社会科学版）2007年第6期。
③ 陈大文、刘一睿：《从普及法律常识到提升法律素质的教育——改革开放30年高校法制教育发展回眸》，《思想理论教育导刊》2009年第4期。
④ 陈立永、杨逸隆、王力：《法治中国视角下大学生法律素质培育存在的问题及其对策》，《湘潮》（下半月）2015年第2期。

本质'的全面发展；二是促进了'人的个性'的全面发展。"① 陈大文等人（2013）针对高校法制教育的定位认为："在新形势下加强和改进高校法制教育，需要对其性质、目标、课程关系等方面的定位问题进行深入思考，进一步寻求共识。在'思想道德修养与法律基础'课教学实践中，我们不能简单地以教材篇幅大小来衡量法制教育的地位，不能机械地以课时多少来判断法制教育的分量，应该在坚持法制教育的思想品德教育性质基础上，不断追求法律素质教育目标，努力实现法制教育与思想道德教育和公民教育的有机结合，以适应加快建设社会主义法治国家的需要。"② 胡神松等人（2011）对法律素质培养的基本要素进行了分析，认为："法律知识是法律素质提升的起点，法律意识是法律素质提升的关键，法律信仰是法律素质提升的核心，法律道德是法律素质提升的职业需要，法律价值评判是法律素质提升的本质要求，法律能力是法律素质提升的最终目标。"③ 胡沁熙（2015）从高校学生管理法治化的视角提出："大学生法律素质的提升是一个系统的综合性工程。我国的教育现状表明，高校在此过程中承担着非常重要的角色，仅仅依靠传统的教育模式，已不能适应社会对大学生法律素质的要求。高校应以法治化建设为契机，从学生管理法治化入手，重点从制度建设、文化建设两个方面形成法治化氛围，潜移默化地提升学生法律素质。"④ 徐立（2014）指出，法律应从他律走向自律，"传统的法律他律论建立在法律的外在性、强制性、预测性之上，这种立论基础在当今法治社会已发生重大改变，表现在法律由外在立法走向自我立法、由强制性走向正当性、由外在观点走向内在观点。因此，现代法律不仅具有他律的性质，也具有自律的性质"。⑤ 杨惠菊（2013）认为："作为未来社会的主体，具备较高素质的大学生的法律素养的高低影响到社会主义法治制度的完善、民主法治的完善，从而影响到我国社会主义法治国

①　林国强：《大学生法律素质培育与人的全面发展的关系及其时代价值》，《教育探索》2014 年第 1 期。

②　陈大文、孔鹏皓：《关于高校法制教育定位问题的思考》，《思想理论教育导刊》2013 年第 7 期。

③　胡神松、魏纪林、刘颖：《论我国公民社会主义法律素质提升的基本要素》，《学校党建与思想教育》2011 年第 25 期。

④　胡沁熙：《高校法治化建设对提高大学生法律素质的影响——以高校学生管理法治化为视角》，《湖北成人教育学院学报》2015 年第 1 期。

⑤　徐立：《法律自律论》，《中国法学》2014 年第 6 期。

家建设的进程。而今，大学生的法律素养的现状不太乐观。"① 针对大学生法律培养中存在法律知识匮乏、法律意识不健全、法律能力欠缺等问题，高林（2013）认为，应着重从以下几个方面加强对大学生法律素质的培养："提高对大学生进行法制教育和法律素质培养重要性的认识；积极营造校园法治环境；改进和加强课堂教学；构建有效的实践环节。"②法律素质教育如何评估？于景成（2014）从接受状况提出："建构公民法律素质教育的评估体系，应根据公民自觉学法、自觉守法、自觉用法的评估标准，按照国际通行的成熟方法，着力建构公民基本法律素质教育的接受状况评估体系而不是教育状况评估体系。"③

五　评述

（1）从研究基本情况的数据可以看出，学界对思想道德素质与法律素质的研究摆在很重要的地位，取得了丰硕成果。但是也存在一些值得注意的问题。其一，与思想道德素质的研究相比，对法律素质研究情况就有些不尽人如人意了。为什么会有如此明显的反差？一是说明在中国传统文化观念中，人们的法律意识明显滞后于思想道德意识。二是法律专业化程度相对更高一些，而我国法律的专业人士研究的兴趣和重点不在法律素质研究这一方面。就当前的研究重点而言，主要也在于法律素质培养、法律素质教育等方面，与思想道德素质领域的关注重点有着同样的趋势。其二，把思想道德素质与法律素质两种素质综合起来研究的成果不多。其实，道德与法律都是社会规范中最基本、最重要的两大规范，思想道德素质和法律素质是人的基本素质。两者虽有区别，但是也有很多相同之处，尤其是在素质教育与培养方面，共同点更多。需要加强综合性研究。之所以出现这一主题的"跛脚"，是因为以往两者分属于不同学科。把这两者结合起来也只是教育部"05 方案"出台之后的事了。即使如此，在思想上认同"合并"为一个学科、一门课的，也并不是教师的全体。理念上的坚持或顾虑，可能是原因之一。因此，两种素质之比较，之关联，之总和，需要进一步加强研究。

---

①　杨惠菊：《发挥法律课教学功能提高大学生法律素养——以〈思想道德修养与法律基础〉课的法律基础教育功能研究为例》，《吉林省教育学院学报》（中旬）2013 年第 8 期。

②　高林：《新时期大学生法律素质培养探颐》，《学校党建与思想教育》2013 年第 12 期。

③　于景成：《论公民法律素质教育的评估》，《东北师范大学学报》（哲学社会科学版）2014 年第 1 期。

（2）关于思想道德素质与法律素质对人才培养的重要意义，学界一直是重视的。大学生思想道德与法律素质及其培养问题的提出具有深厚的时代背景和重要的现实意义。将道德素质与法律素质的教育进行整合，才能实现教育的最大效能。

（3）在思想道德素质研究方面，思想道德素质是人的最重要素质。思想道德素质的高低，不仅关系到个人的成才，而且直接关系到我国社会主义现代化战略目标能否实现，关系到中华民族的伟大复兴，这一观点得到广泛的认同。关于"人的思想道德素质是人力资本的重要内容"的观点，为我们进一步认识思想道德素质的功能提供了新的视角。关于思想道德培养途径与方法也有较多的研究，不仅涉及对主渠道的思考，也涉及新兴媒体和渠道。但是，真正指导教育实践能够取得良好效果的可操作性建议还是比较鲜见。关于伦理道德的普世性与阶级性问题，虽然有争议，但是认为，伦理道德在现当代还具有阶级性是比较主流的观点。对于伦理道德的普世性的问题，学界从不同的角度还在探索中。

（4）在法律素质研究方面，把法律素质培养置于建设法治中国的高度来认识是近年来的趋势。同时，对法律素质培养的基本要素及其相互关系的认识、对法律素质培养存在的问题及其改进措施的研究也取得了一定的成绩。随着我国法治建设的深入，以及对大学生法治意识培养要求的提高，预计今后法律素质研究将会升温，学术含量高和具有可操作性建议的成果也将会不断涌现。

第一章　理想信念研究综述[*]

"追求远大理想，坚定崇高信念，是大学生自身成长成才的现实需要，是践行社会主义核心价值体系和实现中华民族伟大复兴的客观要求"是本章的核心理论观点。理想信念教育既是本章的核心，也是当前理论研究的热点。

大学生理想信念教育是关系国家发展的全局性和根本性战略问题，即

---

[*] 本章执笔人：张琳，复旦大学博士后，北方民族大学教授；高国希，复旦大学教授、博士生导师。

"培养什么样的人"和"怎样培养人",党的十八大报告进一步提出,要"广泛开展理想信念教育,把广大人民团结凝聚在中国特色社会主义伟大旗帜之下"。① 因此,认识理想信念对大学生成长成才的重要意义、加强大学生理想信念教育、拓宽和优化大学生理想信念教育的路径等,是当前我国高等学校的重要使命,更是从事思想政治教育工作者亟须研究的重要课题。

理想信念作为当前思想政治教育的热点问题,不仅研究者众多,而且可供参考和阅读的文献资料也相当丰富。近些年来,学者们从不同角度、不同领域、运用了多种研究方法对大学生理想信念教育相关问题进行了深入细致的研究,取得了丰硕的研究成果。综述如下:

一　国外研究综述

国外分别研究"理想"或"信念"的著作、论文较少,他们一般是以"life intentions/goals"、"social intentions/goals"或"belief"等为研究内容。代表性成果有美国哲学家宾克莱的《理想的冲突——西方社会中变化着的价值观念》、雅各布·尼德曼(Jacob Needleman)的《美国理想:一部文明的历史》、奥里森·马登的《信念:相信是万能的开始》、布鲁斯·H.利普顿的《信念的力量:新生物学给我们的启示》、大卫·R.霍金斯的《意念力:激发你的潜在力量》、维克多·弗兰克尔的《活出生命的意义》等。由于西方把理想看作一种任意的、依凭主观意志、情感、经验而转移的不确定性的东西,因此,关于理想或信念方面的研究比较松散,主要体现在认知心理学或者存在于道德教育中,或体现在对人们理想状态的研究中,或是体现在人生规划中,或出现在管理学或国家意识形态目标的研究中,还有些出现于宗教信仰的研究中。

《理想的冲突》一书是全面系统分析理想的专门著作。该书具体分析了资本主义世界各种对立的人生理想之间的冲突,回顾了20世纪前期实用主义、相对主义对西方社会道德观念的影响,着重阐述了20世纪70年代以前对西方世界有较大影响的马克思主义、精神分析的人本主义、存在主义及其人道主义和新基督教神学等哲学、社会思潮及其代表人物的基本思想和理论观点,并结合对西方社会变化着的价值观念的研究,分析了西

---

① 胡锦涛:《坚定不移沿着中国特色社会主义道路前进　为全面建成小康社会而奋斗》,人民出版社2012年版。

方世界关于人生理想的立场和观点，试图对西方社会人生理想的选择做出回答。作者把人和人性作为观察、判断一切问题，特别是作为理想问题的根本出发点。这些理想以及价值观念存在着一个大体一致的特征：否认人类历史是一个自然的历史过程，是有规律地运动着，否认理想的价值判断和选择、在理想的建构上是有客观标准可循的。他们把历史仅仅看成是偶然性事件的堆砌，看成主体——人的不受任何制约的任意的"创造"。这种立场和观点显然是和历史唯物主义的观点截然对立的。这种立场和观点的发生更有其哲学上的根源，而其焦点就在于对人和人性的理解上。

就西方人的个人理想信念而言，呈现出多元化态势，侧重于宗教信仰或信念，就生活理想而言，西方人重个人幸福、金钱和享受；就道德理想而言，处于相对主义状态；就社会理想而言，他们更关注于国家的进步、公平、和平、繁荣、安全、自由、可持续；就全球理想而言，他们关注世界和谐、道德以及服务理念。

埃里克森（Erikson）和麦克亚当斯（McAdams）分别提出并概括了信念在人生发展过程中呈现的不同心理阶段，大致依次要经历"对于结局的信念、对于行为结果的信念、对于人性的信念和对于社会关怀的信念"的四个阶段。[①] 而美国心理学家维克多·弗兰克尔将信念视为人生存的核心理念，将自己的经验与学术相结合，开创了意义疗法。他的《活出生命的意义》一书就是一部鼓励人们面对无可改变的厄运而敢于挑战的信念之作。在他看来，苦难本身毫无意义，但我们可以通过自身对苦难的反应赋予其意义，人的内在力量是可以改变其外在命运的。生活是充满意义的，人们要摒弃环境的侵扰，学会追寻生活的意义。他发现了可能找寻到生命意义的三个基本途径，即工作（做有意义的事）、爱（关爱他人）以及拥有克服困难的勇气。

西方关于信仰研究成果较多，研究者包括康德、弗洛姆、罗素、弗洛伊德、荣格、斯宾格勒、卡西尔、雅斯贝尔斯、海德格尔、古迪纳夫、弗德曼、帕斯卡尔、蒂里希等。弗洛伊德、荣格以及弗洛姆从心理学视角对信仰进行了功能定位，弗洛姆认为，信仰具有使人获得心理慰藉和归宿感的文化意义；荣格则认为，信仰是生命延续的需要，通过《寻找灵魂的

① Theodore L. Gessner, Jenifer A. O'Connor, Timothy C. Cliftor etc., The development of moral beliefs: A retrospective study, *Current Sychology*, Vol. 12, No. 3, 1993, pp. 236-259.

现代人》一书，旨在创建一种"有精神的心理学"，认为灵魂与精神同义，寻找灵魂即找寻生活的意义。而有些学者认为，信仰与人的存在关联，海德格尔就试图用一种完整的理论对人的有限存在作前逻辑的先验分析，与之不同的雅斯贝尔斯则试图全面剖析并说明现实存在状况对现代西方人就是困境，注重信仰对于良好生活秩序和社会稳定所具有的重要价值。卡西尔从探讨人和人类文化本质入手来分析，认为人类活动本质上是一种符号或象征活动，语言、神话包括信仰等都是符号活动的组成和生成。存在主义神学家的代表蒂里希则在《信仰的动力》一书中阐述了信仰与神圣的动力，认为对"神圣"的追求就构成了信仰之动力。

许多思想家以及哲学家对于理想、信念与信仰的危机展开过反思和探讨，其中雅斯贝尔斯基于生存哲学的底线进行了反思，在《时代的精神状况》中描述了西方社会在现代化进程中所遭遇的精神文化危机，探讨了西方现代性与传统文化精神间的内在冲突和联系。马克斯·韦伯在他所说的"伦理公设"的某种解构中发现了现代性的存在阈限——宇宙有神意注定的合法性衰落了，似乎我们可以从他的断言中推导出：信仰的困境即存在于现代性的阈限中。社会学家吉登斯虽然没有直接谈论信念问题，但从现代社会运行的风险及其困境中洞见了个人无意义感的威胁，认为潜在于生活规划最深层的过程及各种两难困境（即联合而分裂、无力与占有、权威与不确定、个人化的与商品化的经验）之中的，是个人无意义感的潜在威胁。此外，丹尼尔·贝尔却从文化意义上直接提出，资本主义经济问题的根基中蕴藏着更大的"文化"问题或者信仰危机，"所有这一切导致了失向感和不安感，动摇个人对他们所处社会的信念"，"城邦意识丧失后，取而代之的是，每个人各行其是，追逐个人不道德的欲望，这种欲望只有牺牲公共利益才能得到满足"。

总之，国外学者对理想信念相关的研究呈现出注重微观、注重实际、注重目标实现的可操作性和实证性研究的特点，会就某一细微方面做出比较深刻的研究，而不太重视宏观层面和崇高目标的研究。研究内容主要侧重于道德教育和宗教影响，能够充分认识树立人生目标的重要性，能对如何设置目标、实现目标的过程进行比较深入的研究，诸如美国马里兰大学管理学兼心理学教授洛克（E. A. Locke）的"目标设置理论"也就是目标激励理论，以及 SMART（Specific Measurable Attainable Realistic Truthful）等。

二　国内研究综述

总体而言，国内相关研究成果较多，研究内容丰富、类型多种、视野广阔、对象广泛、方法多样，专题研究成果也较为丰富。专题成果以理想信念概念的演变过程为线索，主要涉及的问题有：理想信念的内涵、特征、功能、种类、价值、形成机制、教育方法与规律、载体、理想信念与核心价值观的联系以及科学理想信念体系的建构，等等。代表性成果有中共中央文献研究室编的《毛泽东邓小平江泽民论世界观人生观价值观》、罗国杰的《理想信念与三观建设》、王玉樑的《理想、信仰与价值观》、叶泽雄的《社会理想论》、刘建军的《马克思主义信仰论》和《追问信仰》、姚亚平的《社会精神资源的整合与开发：论当代中国社会的共同理想》、郑承军的《理想信念的引领与建构：当代大学生的社会主义核心价值观研究》、高强编著的《理想·信念·信仰：共产主义新解》、彭绪琴的《当代大学生理想信念教育研究》、宋清华的《重建理想主义信念》、周中之的《道德理想与现时代》、檀传宝的《信仰教育与道德教育》、李少军的《理想论：对一个马克思主义哲学范畴的研究》、荆学民的《人类信仰论》、张锡金的《人生哲语：信仰说》、张永红的《网络时代大学生理想信念教育初探》、朱喜坤的《论理想教育中的心理引导问题》、高全仁的《试论理想与金钱的关系》、巩洁群的《理想教育与创新人才的培养》，等等。

近些年来，取得的最新研究成果主要涉及以下内容：

（一）关于理想信念的内涵研究

如吴潜涛在《正确理解理想信念的科学含义》一文中指出，从字面上看，理想信念这一概念是由"理想"和"信念"这两个概念结合在一起形成的一个复合性概念，但其内涵绝不是这两个概念含义的简单叠加，它把二者有机地融为一体，并赋予了丰富深刻的独特意蕴，同与其相近的理想、信念、一般意义的理想信念以及信仰等概念从根本上区别开来。与理想和信念相比，理想信念强调了理想和信念中两个基本方面的统一；与一般意义的理想信念相比，理想信念是最高层次的理想和最高层次的信念的统一；与信仰相比，理想信念与马克思主义、社会主义结合在一起使用，更加科学、更加适合中国语境。中共中央、国务院在《关于进一步加强和改进大学生思想政治教育的意见》中确认并突出强调理想信念教育是大学生思想政治教育的核心。这里所指的"理想信念"实际上就是对大学生进行理想信念教育过程中形成的具有中国特色的一个综合性的新概念，即马克思主义的科学信仰和坚定的社会主义理想信念，而不是其他意义上的理想信念。因此，理想信念其核心内涵是指把一种未来的社会蓝图视为最高的价值，是对一定社会理想的自觉认同和执着追求。

（二）关于理想信念功能和形成机制研究

郑永廷的《现代社会理想的功能发展》一文中，比较全面和科学地归纳了理想的导向、激励、凝聚、规范以及调控五个功能；王玉樑的《理想　信念　信仰　价值观》一书中也提到理想的导向功能、激励功能、凝聚功能、调控功能、精神支柱功能、权衡功能、抚慰功能和承受功能，其中，精神支柱功能是理想、信念和信仰最重要的功能。有学者从三个层面理解理想信念形成的心理机制，即一是从具体心理因素以及具体心理因素与主客观因素相互作用这个层面来理解心理机制；二是从包括认知过程、情感过程和意志过程在内的具体心理过程以及具体心理过程与主客观因素相互作用这个层面来理解心理机制；三是从作为整体的心理过程以及作为整体的心理过程与主客观因素相互作用这个层面来理解心理机制。

（三）当代中国转型时期理想信念的建构研究

荆品娥在《科学理想通论》中从多角度说明了理想系统的构成要素、系统优化，以及理想价值构建。张清明的《理想教育与理想实践》以共产主义理想教育为线索，以理想、理想价值、理想教育、理想实践为逻辑联系，立足理想教育体系的构建。郑承军的《理想信念的引领与建构：当代大学生的社会主义核心价值观研究》从解读理想信念入手，通过对意识形态与价值观的内在关联分析，探讨理想信念的基本内涵，世界观、人生观、价值观的基本内容，分析理想信念、价值观与意识形态的关系。他认为，理想信念与人类历史发展规律的内在联系决定了它是核心价值观的内核；理想信念在精神生活中不可或缺的地位，使其发挥了核心价值观的作用；理想信念是政党治国理政的旗帜，民族奋力前行的向导，使其成为核心价值观的内核具有社会必然性。宋清华在《重建理想主义信念》一书中从理论上解构传统的理想主义，如自由资本主义的理想、传统的苏联式的共产主义和法西斯主义的理想主义理论等，又从逻辑上分析形而上的理想主义的价值及其存在的问题；同时，立足于马克思主义的实践观，用历史与逻辑相结合的方法，建构我们时代的共产主义理想。

（四）关于共产主义理想信念的研究

学者们对共产主义理想、共同理想的科学性、重要性以及内在规律进行了比较深入的研究。如叶泽雄的《社会理想论》从清理社会理想观念的种种误区入手，从历史唯物主义的角度全面、准确界定社会理想，提出研究社会理想问题的基本思路和主要方法，从人类学、社会学、历史学等视角探究社会理想生成的本质基础，进而在历史与逻辑的统一中考察社会理想形态的历史演变，透析社会理想的冲突和认同，概括社会理想的特点，提出社会理想的合理性及其建构原则，建构了一个有关社会理想论的比较完整的理论体系。荆学民基于信仰危机的社会背景和理论基础的分析，在他著的《当代中国社会信仰论》中不仅提出了信仰重建的两个维度，即社会与文化发展维度、人的全面发展维度，还提出了通达神圣的重要路径，即神圣的马克思主义信仰。刘建军的《马克思主义信仰论》对共产主义信仰的理论证明和实践证明、理想信仰与宗教的区别、信仰者及其组织以及信仰的作用等进行了深入的论证，提出了加强新世纪马克思主义信仰的建议与对策。姚亚平的《社会精神资源的整合与开发：论当代中国社会的共同理想》论析了共同理想的科学内涵、形成的条件、产生的时代背景和基本功能，分析了当代中国构筑共同理想的现实必要性，探讨了共同理想形成过程中的领导权威和权力运作问题，分析了行政权力弱化形势下对社会共同理想形成的意义与阻力，强调了构筑共同理想过程中国家与社会良性互动的重要性以及理想与利益的辩证关系，论证了社会共同理想的构筑是一个社会理想与民众社会参与的互动过程。

（五）关于马克思主义信仰研究

刘建军教授在《马克思主义信仰论》一书中通过对马克思主义信仰的系统研究，回答了关于马克思主义信仰的诸多问题。比如马克思主义是不是一种信仰？在何种意义上才可以说它是一种信仰？这种信仰与世俗崇拜、宗教信仰有何不同？马克思主义信仰在人类信仰史中占据何种地位？怎样才算信仰马克思主义？等等。事实上，马克思主义信仰是内涵丰富的概念，涉及谁在信仰、信仰什么以及如何信仰的基本内容。

首先，谁在信仰？即信仰主体。马克思主义信仰是指人们对马克思主义的信仰，这里突出的是人们的信仰心态。马克思主义理论是马克思主义信仰的理论基础和思想来源，但是，理论本身并不是信仰，只有人们对于这种理论相信或信奉，才能构成信仰。不同的人由于对马克思主义理论的理解、相信程度、信仰方式、态度的不同，在一定程度上决定了马克思主义信仰的内涵的不同。从这个意义上说，马克思主义信仰的问题，首先关系到马克思主义信仰者的问题。

其次，信仰什么？即信仰客体。马克思主义信仰是指信仰者心中的马克思主义。作为信仰对象的马克思主义在不同的信仰者心中也有着不同的理解，信仰者心中的马克思主义应包括三个方面的内容：其一，马克思主义的基本理论和学说。其二，马克思主义的基本立场、观点和方法。其三，马克思恩格斯等社会实践活动和杰出的马克思主义者。马克思主义理论是马克思主义信仰的基石和思想来源，马克思主义的立场、观点和方法是马克思主义信仰的实质和灵魂，马克思主义的社会实践活动和杰出的伟人风范是马克思主义信仰对象的外在表现、精神追求和行为指向。

最后，如何信仰？即信仰的方式和信仰产生的机制。这是把信仰主体与信仰客体联结起来，是产生信仰并发挥作用的关键。从信仰方式来看，马克思主义信仰是信仰者对马克思主义的精神追求和行为指向。对马克思主义的精神追求是指信仰者对马克思主义的理解、相信和敬慕，是对实现共产主义理想的向往和对人与世界、人与人关系的终极关怀，是人们善待生命和追求生活意义的需要。对马克思主义的行为指向是指马克思主义的信仰者把马克思主义信仰从理论层面引向实践层面。行为指向并非就是行为，只是行为的指导和方向指引。信仰也并非实践活动，但是必须通过实践活动来体现和证明。从信仰的机制来看，马克思主义信仰是对马克思恩格斯以及毛泽东等思想的信仰，是一种对马克思主义的理性信仰。所谓理性信仰，是相对于非理性信仰而言的，是认为人类理性与信仰可以统一起来的信仰观。当然，理性的信仰也包含着非理性的成分。理性和信仰应该是可以统一起来的，马克思主义信仰作为理性和信仰的辩证统一，其实是一种人类精神活动的特殊的能动性，正是这种能动性的作用才使理论不断地向实践转化。同时，马克思主义信仰又是在理解基础上的信仰，也是在信仰的基础上的理解。因此，马克思主义信仰在本质上是一种理性信仰和科学信仰。

（六）关于中国特色社会主义共同理想的研究

学者主要聚焦于中国特色社会主义共同理想的内涵、特征、意义、认同及教育方式等，还涉及中国特色社会主义共同理想与社会主义核心体系、社会主义价值观的关系研究。其中，刘建军在《中国特色社会主义共同理想是社会主义核心价值体系的主题》一文中阐述了中国特色社会主义共同理想。首先，中国特色社会主义共同理想是一个综合性的社会理想。它综合性地包含着社会生活各个方面的发展状态；它把理想与信念包含在一起，形成共同的理想信念；它不单单是一个理想目标，而且包括追求和实现这个理想目标的道路和方式。其次，中国特色社会主义共同理想是一个具体的阶段性理想，与远大理想相比，阶段性的理想更为具体，因而它可以成为一定历史时期人们所普遍追求的比较切近的理想目标。最后，中国特色社会主义共同理想是全体中国人民都可以认同和追求的共同的理想。赵胜轩在《坚定中国特色社会主义共同理想》一文中论述了认识坚定中国特色社会主义共同理想的重要意义，即中国特色社会主义共同理想是中国历史发展的必然选择，是最广大人民根本利益和共同愿望的集中体现，是实现中华民族伟大复兴的强大动力，是我国文化软实力和中华文化国际影响力的重要内容。在此基础上，他提出了必须正确认识和处理的四个关系，即共产主义最高理想和中国特色社会主义共同理想的关系，个人理想和共同理想的关系，理想和现实的关系，尊重差异、包容多样和确立主导、谋求共识的关系。赵修义认为，公平正义是中国特色社会主义共同理想不可或缺的价值目标，将"公平正义"明确地纳入共同理想，有助于增强中国特色社会主义在道义上的感召力，有助于将科学发展观与核心价值体系紧密地连接起来，从而有助于为进一步落实科学发展观、全面建设小康社会凝聚人心。在共同理想的实现方式上，学者认为，要通过利益激励、理论说服、情感诱导、环境熏陶、权威倡导等方式实现。

党的十七届六中全会通过的《中共中央关于深化文化体制改革、推动社会主义文化大发展大繁荣若干重大问题的决定》，把坚定中国特色社会主义共同理想作为建设社会主义核心价值体系的根本任务。换言之，中国特色社会主义共同理想，是社会主义核心价值体系的主题。这个共同理想，把党在社会主义初级阶段的目标、国家的发展、民族的振兴与个人的幸福紧密联系起来，把各阶层各群体的共同愿望有机地结合在一起，有着广泛的社会共识，具有鲜明的必然性、广泛性、包容性，因而具有强大的感召力、亲和力和凝聚力。中国特色社会主义的共同理想，就是在中国共产党的领导下，走中国特色社会主义道路，实现中华民族的伟大复兴。因此，它包含实现中华民族伟大复兴这一理想目标、坚持中国共产党领导这一实现理想目标的方式、中国特色社会主义道路这一实现理想目标的道路三个方面。

在党十八大报告中，胡锦涛再次强调："社会主义核心价值体系是兴国之魂，决定着中国特色社会主义发展方向。要深入开展社会主义核心价值体系学习教育，用社会主义核心价值体系引领社会思潮、凝聚社会共识。"要求我们，"胸怀理想，坚定信念，不动摇、不懈怠、不折腾，顽强奋斗、艰苦奋斗、不懈奋斗"①，要求全党要坚定中国特色社会主义的道路自信、理论自信、制度自信。

（七）实现中华民族伟大复兴的"中国梦"之研究

2012年11月29日，习近平同志带领新一届中央领导集体到国家博物馆参观《复兴之路》基本陈列，首次提出"中国梦"的概念，即实现中华民族的伟大复兴，就是中华民族近代以来最伟大的梦想。2013年3月17日，习近平在十二届全国人大一次会议上的讲话，系统阐述了中国梦的具体属性和实践要求，即中国梦是人民的梦，必须紧紧依靠人民来实现，必须不断为人民造福；中国梦的实践要求是坚持中国道路、弘扬中国精神、凝聚中国力量。之后，习近平在许多正式场合提到"中国梦"，使得中国梦的内涵更加具体、更加深入，诸如中国梦不仅是人民的梦，也是强军梦、航天梦、世界梦、民生梦等。因此，中国梦的基本内涵就是国家富强、民族振兴、人民幸福。它的奋斗目标则是：到建党100年时，全面建成小康社会；到新中国成立100年时，建成富强、民主、文明、和谐的社会主义现代化国家，实现中华民族伟大复兴。中国梦的时代价值，则为坚持和发展中国特色社会主义打开了新视野，为提升党的执政理念开辟了新境界，为实现民族伟大复兴聚合了正能量。

中国梦提出之后，学界主要围绕中国梦的基本内涵、功能意义、本质特征、精神实质、理论定位、发展历程、认同践行等进行了深入的探讨。诸如在中国梦的内涵方面，有学者提出了三个层次的统一，即国家梦、大家梦和个人梦的统一，也就是我们所说的国家好、大家好和个人好的统一。在中国梦的理论定位问题上，有学者坚持认为中国梦是新一届党中央治国理政的新思想和重大战略思想，是科学发展观的坚持、继承、发展和创新，是马克思主义中国化的最新理论成果，是中国特色社会主义理论体系的最新理论成果。金冲及早在《二十世纪中国史纲》中就说过，实现

---

① 胡锦涛：《坚定不移沿着中国特色社会主义道路前进　为全面建成小康社会而奋斗》，人民出版社2012年版。

中华民族的伟大复兴，在整个20世纪一直是中国无数志士仁人顽强追求的目标，一直是时代潮流中的突出主题。中国的革命也好，建设也好，改革也好，归根结底是为了实现这个目标。这可以说是贯穿20世纪中国历史的基本线索。在中国梦发展历程的研究中，有学者提出中国梦思想经历八个阶段：第一个阶段为少数人觉醒阶段，即"师夷长技以制夷"的阶段；第二个阶段是搞洋务运动或称自强运动阶段；第三个阶段为孙中山振兴中华的梦想；第四个阶段为毛泽东提出中国经济总量赶超美国的梦想；第五个阶段是邓小平韬光养晦、建设现代化国家的梦想；第六个阶段是江泽民讲振兴，也谈实现中华民族伟大复兴的阶段；第七个阶段是胡锦涛提出和谐社会、和谐世界的梦想；第八个阶段是习近平提出实现中华民族伟大复兴的中国梦。在实现中国梦的道路上，学者提出要有强大的力量来保障和支撑，因为梦不同，圆梦的道路就不同，与其他国家相比，中国一贯坚持集中力量办大事的方针；梦不同，背后的精神与价值支撑亦不同，而中国社会的精神依托则是社会主义核心价值观。中国梦的实现还需要凝聚力量，而凝聚力量首先要凝聚共识，凝聚共识的基础是社会的整合。还有学者提出，中国梦的实现还要坚持党要管党、从严治党，保持党的先进性和纯洁性，不断提高拒腐防变抗风险能力。中国梦只有通过实干才能实现，实干是求真务实地干，是面向未来的脚踏实地地干，是勇于攻坚克难地干。同时，中国梦的实现，要解决很多问题，诸如政治体制改革问题、转换发展方式问题、文化自醒的问题、科技创新与生态环境、教育与社会和谐、腐败等问题。

第二章 中国精神、爱国主义、民族精神和时代精神研究综述*

"实现中华民族复兴的伟大中国梦，必须弘扬中国精神，这就是以爱国主义为核心的民族精神和以改革创新为核心的时代精神。弘扬中国精神，做忠诚的爱国者，是对大学生的基本要求"，是本章的核心理论观

---

* 执笔人：杨华，西安交通大学马克思主义学院副教授，教育部首届"全国高校思想政治理论课教学能手"。

点。本章核心理论观点的核心概念是爱国主义、民族精神、时代精神和中国精神，所以，本章从以上四个核心概念入手进行文献综述。

党的十八大强调：大力弘扬民族精神和时代精神。习近平在第十二届全国人民代表大会第一次会议讲话中指出：实现中国梦必须弘扬中国精神。这就是以爱国主义为核心的民族精神和以改革创新为核心的时代精神。民族精神与时代精神是大学生成长成才的精神支柱，这不仅在于一个人的成长离不开积极向上的精神引领，还在于人才的培养必须依托祖国的发展与繁荣。

一　民族精神及其教育的相关研究综述

民族精神是一个民族在长期共同生活和实践中逐步形成和培育起来，并通过一定的社会行为方式表现出来的思想观念、价值取向、性格心理等方面的总和。它是一个民族的灵魂和核心，是一个民族的生命力所在，是一个民族创造力和凝聚力的集中体现。在中共十六大报告中，中华民族精神被精辟地概括为"以爱国主义为核心的团结统一、爱好和平、勤劳勇敢、自强不息"的精神。"一个民族，一个国家，如果没有自己的精神支柱，就等于没有灵魂，就会失去凝聚力和生命力。有没有高昂的民族精神，是衡量一个国家综合国力强弱的重要尺度。"① 爱国主义是中华民族精神的核心，民族精神是民族凝聚力的精神力量，爱国主义是民族精神的核心，说明民族精神的含义更为广泛，它包含了爱国主义的内容，然而，爱国主义却更为集中，它体现了中华民族精神的精髓。中华民族的凝聚力在各个不同的历史时期有不同的内容，中华民族精神在不同的历史时期有不同的反映。但是，爱国主义始终是中华民族精神、民族凝聚力的最重要的组成部分。

（一）关于民族精神内涵的研究

就民族精神的定义来说，可谓百家争鸣。20 世纪初，辜鸿铭先生在《中国人的精神》一书中指出："我所指的中国人的精神，是中国人赖以生存之物，是本民族固有的心态、性情和操守。"② 张岱年先生认为，中华民族精神就是中国文化的基本精神，并把它规定为"文化发展过程中

---

① 江泽民：《在全国抗旱抢险总结表彰大会上的讲话》，人民出版社 1998 年版。
② 辜鸿铭：《中国人的精神》，海南出版社 1996 年版。

的精微内在动力，即是指民族文化不断前进的基本思想"。① 杜汉生先生在《中国精神》一书中指出：中国精神"是中华民族赖以生存发展，独立不殆的内在动力，是中华民族赖以发扬光大、绚丽辉煌的民族灵魂，是那种始终支撑中华民族优秀儿女前赴后继，为民族救亡和振兴事业奋斗不息的坚强意志"。② 所谓民族精神，是指一个民族共同具有的、稳定的心理素质和精神品质，是一个民族特有的精神风貌。民族精神是民族文化的精髓，任何民族精神都是民族文化的历史产物。③ 民族精神，一般来说，是指一个民族群体意识所显现出来的精神风貌或精神状态。民族精神反映了一个民族独特的精神气质，其基本核心则是对待民族或国家利益的态度。④ 还有一些不同的说法，比如："中华民族精神是指集中体现我们民族的优秀品德、崇高风格和伟大抱负的那些东西，是中华民族传统思想文化的精髓，是哺育我们民族绵延不绝，生生不息的精神力量，是指中华民族凝聚力历久不衰，发扬光大的根底所在。"⑤ "中华民族精神是中华民族几千年形成和发展起来的正确思想观念、优秀文化传统、淳朴社会风貌和优良作风美德的荟萃。"⑥ 大部分学者认同民族精神是一个民族的精神状态的综合反映，在许多论述民族精神的文章中，都引用民族精神是一个民族在长期的共同生活和共同社会实践的基础上形成和发展的，大多数成员所认同和接受的思想品格、价值取向和道德规范，是一个民族的心理特征、文化传统、思想感情等的综合反映。从政治与文化相结合的角度来看，民族精神可以有政治层面上的民族精神与文化层面上的民族精神之分，是政治意义与文化意义的辩证统一。从个性与共性相结合的角度来看，民族精神体现民族性与普世性的辩证统一。⑦

（二）关于民族精神教育的相关研究

关于民族精神教育意义的相关论述有：民族精神是民族进步和发展的

① 张岱年：《论中国文化的基本精神》，《中国文化研究集刊》第1辑，复旦大学出版社1984年版。

② 杜汉生：《中国精神》，长江文艺出版社1998年版。

③ 李秀林：《辩证唯物主义和历史唯物主义原理》，中国人民大学出版社1995年版。

④ 唐凯麟、李培超：《民族生存与发展的深层透视——中华民族爱国主义的历史观照和现代价值审思》，《北京大学学报》（哲学社会科学版）2001年第3期。

⑤ 杨应彬：《简论增强中华民族凝聚力》，《求是》1992年第12期。

⑥ 孙金年：《论当代中华民族精神》，《南京师范大学学报》2000年第5期。

⑦ 王靖欧：《近年来民族精神教育研究综述》，《学理论》2011年第2期。

动力。青年大学生是祖国的希望和未来，他们肩负着实现中华民族伟大历史复兴的重任，是我们民族精神传承的中坚力量。对于一个国家和民族来讲，"如果大学生丧失了民族精神，就会陷入民族虚无主义的深渊，就不可能持久地存在和发展"。① 民族精神可以为大学生的成长提供强大的精神动力。第一，加强高校民族精神教育是克服民族虚无主义，抵制西方"和平演变"的需要；第二，加强高校民族精神教育是大学生健康成长的必然要求；第三，民族精神教育是高校德育教育的中心。戴黎认为，在中华民族伟大历史复兴的征程上，需要富有民族精神的大学生来承担历史使命。② 伴随着经济全球化，民族精神丧失了原有的吸引力和凝聚力，给当前的民族精神教育带来了较大的冲击。西方国家通过网络所进行的文化侵略更具有隐蔽性。从丹尼尔·贝尔的"意识形态终结论"到福山的"历史终结论"，都是在宣扬资本主义意识形态斗争取得全面胜利，让"资本主义的价值观具有终极价值，因而成为西方全球化理论的主流"。③ 当前我国社会关系的复杂性使当前的民族精神教育在实践上出现了一些困难。

大力弘扬民族精神，是取得中国特色社会主义道路伟大胜利的动力源泉，是建设社会主义核心价值体系的重要内容。党的十六大报告明确指出："必须把弘扬和培育民族精神作为文化建设极为重要的任务，纳入国民教育的全过程，纳入精神文明建设的全过程，使全体人民始终保持昂扬向上的精神状态。"④ 党的十七大报告明确提出了"推动社会主义文化大发展大繁荣"的战略任务，并将建设社会主义核心价值体系列为实现这一任务的首要工作。报告指出，建设社会主义核心价值体系，必须"用以爱国主义为核心的民族精神和以改革创新为核心的时代精神鼓舞斗志"。党的十八大报告明确指出："社会主义核心价值体系是兴国之魂，决定着中国特色社会主义发展方向。要深入开展社会主义核心价值体系学习教育，用社会主义核心价值体系引领社会思潮、凝聚社会共识。"要"大力弘扬民族精神和时代精神，深入开展爱国主义、集体主义、社会主

---

① 沈兴全、张晓辉：《高校大学生民族精神教育探析》，《华北工学院学报》（社会科学版）2003 年第 4 期。

② 戴黎：《对当前高校民族精神教育的思考》，《西南民族大学学报》（人文社会科学版）2011 年增刊第 3 期。

③ 程光泉：《全球化与价值冲突》，湖南人民出版社 2003 年版。

④ 江泽民：《在中国共产党第十六次全国代表大会上的报告》，《人民日报》2002 年 11 月 8 日第一版。

义教育，丰富人民精神世界，增强人民精神力量"。

关于如何进行民族精神教育方面的论述：

（1）利用民族精神进行思想教育。明立志的《必须把培养和弘扬民族精神纳入国民教育和精神文明建设的全过程》，提出精神是一个国家、一个民族兴旺发达的精神动力，是维系本国、本民族生存发展的精神支撑。吴新力、陈永利的《爱国主义教育比较研究及借鉴》主张爱国主义教育应该采取开放式的，吸纳外国爱国主义教育的经验，并介绍了大量美国、日本、欧洲等国家爱国主义教育经验，并提出要走有中国特色的符合中国国情的爱国主义教育。

（2）通过历史教育进行民族精神教育。姚红艳的《历史教育社会功能的再思考》提出，历史教育功能的独特价值有民族精神的延续、爱国意识的培养、治国安邦的史鉴、公民道德的建设、正确政治观的坚定和人文素质的培养教育六个方面，并浅析了历史教学的社会功能，尤其提到民族精神的延续。陈敏、焦阳的《历史教育是培育民族精神的重要基础》指出，历史教学在民族精神教育中具有重要的意义，并用实例指出历史教学作为民族精神教育基础的重要性。李传印的《历史教育与民族精神》提出，民族精神的核心是爱国主义，而爱国主义的前提是对民族历史文化的认同，离开历史教育，民族精神就没有根植之处，离开历史教育，民族精神的培育就会因为缺少民族的历史文化认同这个基本承接面而难收成效。郑师渠的《历史教育与民族精神的弘扬》指出，历史教育是实现作为民族精神核心的爱国主义教育的基础。历史教育是实现继承与弘扬民族优良传统的基础。历史教育是引导国人培育历史责任感的基础。

有学者提出了进行民族精神教育的具体对策，比如，提升对民族、国家的认同感；推动家庭教育和学校教育相结合；加强大众媒体的宣传作用；开展公共历史教育等。①

二 爱国主义相关研究综述

爱国主义是民族精神的核心。进行民族精神的教育与培养，需要首先深入了解爱国主义理论和爱国主义的时代课题。

爱国主义是一个历史范畴，具有很强的政治功能和道德意义。当前学术界对爱国主义问题的研究成果颇丰，主要表现在：一是专题文章日益增

---

① 宋暖、徐畅：《当下民族精神认知状况的调查与研究》，《文化学刊》2012年第5期。

多；二是研究主题逐渐拓宽；三是逐步理论化、系统化。但是，目前关于爱国主义的研究，距离形成一个系统的、严密的理论体系仍然还存在很大差距，与爱国主义思想本身的重要性和深刻性相比是远远不够的。中国大量学者主要关注和讨论的是爱国主义教育的问题，而对于爱国主义本身的理论探讨为数不多。① 关于爱国主义理论研究基本没有科学化、系统化的研究，但涉及的内容较丰富。

（一）关于爱国主义科学内涵的研究

关于爱国主义的内涵界定学者大体有以下几种观点：

（1）有学者将爱国主义的内涵初步表述为爱国主义就是一种把关心和维护祖国利益作为自己最高职责的思想观点。②

（2）爱国主义是指归属于特定民族国家的人们，在长期的历史发展过程中逐渐孕育而成的，对该民族国家的生存发展、繁荣兴旺等根本利益高度关心和自觉维护的一种道德情感、思想理论和行为方式。③ 爱国主义的内涵就是对祖国和民族的忠诚、热爱和报效的思想与行为有机统一的完整体系。④

（3）从根本上讲，爱国主义是对人的爱国情感的理论说明，是一种理性化精神，它产生于爱国情感，又是指导和培育爱国情感的力量。理性爱国主义是朴素爱国情感的一种升华。⑤ 提出爱国主义是一种集情感、意志、思想理论及行为为一体的反映个人与国家关系的综合复杂的价值体系。⑥

（4）有的学者从认识论、价值学、伦理学、政治学的角度认为，爱国主义的内涵主要应包括以下两个方面的内容：一是爱国主义作为人类的一种精神现象，首先表现为一种对祖国的深厚感情，它是在长期的社会生活实践中形成的，是对个人与祖国关系认识的感性阶段，价值论的角度看，反映的则是主体（人）对国家价值的情绪体验。二是爱国主义还表

---

① 李乐：《近二十年国内爱国主义理论研究综述》，《西南民族大学学报》（人文社会科学版）2010 年第 5 期。

② 朱兆中：《爱国主义内涵探要》，《南京师范大学学报》1991 年第 1 期。

③ 李乐刚：《爱国主义的最高风范》，《江汉论坛》2001 年第 7 期。

④ 傅守祥：《爱国主义——中华民族精神的核心》，《当代思潮》2003 年第 1 期。

⑤ 马剑：《面向世界和未来的自尊、自信、自强——新时期理性爱国主义的核心》，《南京政治学院学报》1999 年第 3 期。

⑥ 郑志发：《爱国主义与人的发展》，《南昌大学学报》2003 年第 2 期。

现为理性的爱国主义观念，它是建立在对祖国前途命运的深沉思考和对人们与国家民族内在价值关系的理性把握之上，具体以爱国主义道德规范和政治规范的形式表现出来，在阶级社会还表现为一定的阶级性。①

（5）爱国主义是爱国情感、思想和行为的理性升华，是"基于人们在长期社会实践中形成的对自己祖国无比忠诚和热爱的深厚情感，体现了深厚的爱国之情、坚定的报国之志和高尚的效国之行的有机统一"。② 爱国主义是一种集情感、意志、思想理论及行为为一体的反映个人与国家关系的综合复杂的价值体系。③

（6）有的学者从"爱国主义"的逻辑学分析，认为爱国主义的内涵应为：一定国家、阶级所倡导的对自己祖国、民族、人民、亲人、故乡、山河、文化、语言及各种优良传统和习俗习惯的认同与热爱，具有民族自尊心与自豪感，并乐于为祖国的利益、尊严和荣誉献出自己一切甚至生命的系统理论或思想作风。爱国主义作为社会意识形态和上层建筑，一方面具有相对独立性和继承性，另一方面具有历史性和阶级性。④

（7）爱国主义是一个道德范畴，体现的是个人对民族、国家的基本价值认同，是正确处理个人利益与民族利益、国家利益关系的行为准则，能够从内心规范人们的爱国行为，使其自觉自愿地履行好各自对祖国的道德义务和道德责任。爱国主义也是一项政治原则，作为政治情感，爱国主义具体表现为人们对国家政治制度价值取向的一种政治认同感。⑤

（8）爱国主义包含思想和实践两个方面。爱国主义必须包含有"对自己祖国的一种最深厚的感情"这一内涵，其核心问题是个人对祖国的态度，这是爱国主义最起码的标准。爱国情感的深层底蕴是根植于人们对自己所在的民族共同体利益的关切，是一种民族认同。⑥

综上所述，笔者认为，关于爱国主义内涵的界定，理论界基本可以达成共识的是，爱国主义应该包含思想、情感和行为三个核心要素；爱国主义的内涵体现为道德、法律、价值等范畴。爱国主义虽然在表述上学者们

---

① 郑志发：《爱国主义与人的发展》，《南昌大学学报》2003 年第 2 期。

② 王霞娟：《爱国主义精神的当代要求及其价值》，《高校理论战线》2004 年第 5 期。

③ 郑志发：《爱国主义与人的发展》，《南昌大学学报》2003 年第 2 期。

④ 李明顺：《"爱国主义"论略》，《成都教育学院学报》2006 年第 11 期。

⑤ 崔志胜：《爱国主义在构建社会主义和谐社会中的价值意蕴》，《学术论坛》2007 年第 9 期。

⑥ 吴霞、李尚敏：《当前大学生爱国主义教育研究综述》，《科教文汇》2008 年第 8 期。

略有差异，侧重点有所不同，实质上是对一个问题的不同视角分析的结果。比如，认识论、价值学、伦理学、行为学，等等。近年来，由于多元文化对人们思想意识的冲击，学术研究有泛化、简单化，甚至庸俗化的趋势。如将日常生活中的业务工作、思想政治、行为规范都当作爱国主义的内容及评价标准。这样势必造成爱国主义研究的泛化、实用主义化，也极易引起受教育群体的思想困惑、行为盲从。

（二）关于爱国主义起源的研究

"爱国主义"一词是一个外来语，它源于希腊语，意为"某人的祖国"。在西方学者看来，古典时代的世界里，任何一个文明国度里的爱国主义均无法与希腊人的爱国主义相提并论。① 在中国，最早在《战国策》和《汉纪》中就已经提出了"爱国"和"爱国如家"的观念。② 尽管作为一个名词，爱国主义已经有悠久的历史，但是，它确实是一个近代概念。爱国主义与民族国家一样，都是近代逐渐形成的思想观念。③ 当然，学者们也普遍承认，爱国主义作为思想理论术语，时间并不长，但它作为文化传统却深植在人民群众几千年以来的思想和实践中。热爱群体、热爱人民的思想、情怀，发端于国家形成之前，在氏族社会，部落家族形成的集体精神都可以看作早期爱国思想的渊源。④ 随着西方资产阶级革命和民族国家的建立，爱国主义和民族主义开始变得紧密而不可分离，并很快被许多地方的人们所接受，走向世界，取得辉煌的胜利。⑤ 从爱国主义起源来看，爱国主义从一开始就与民族国家结下了不解之缘。它发端于部落家族的集体精神，伴随着民族国家的建立而形成发展。所以爱国主义始终与民族精神相连，是民族精神的核心。

（三）关于爱国主义类型的研究

目前学术界对爱国主义的类型和表现形式也有一些不同的看法。

（1）根据爱国主义的性质分类，可以分为真正的爱国主义与打着爱国主义招牌的伪爱国主义。⑥

---

① 丘石：《爱国主义源流考》，《学术交流》1993 年第 3 期。
② 周溯源：《试论中华民族的爱国主义传统》，《甘肃社会科学》1995 年第 3 期。
③ 章开沅：《学习张謇的理性爱国主义》，《华中师范大学学报》2006 年第 2 期。
④ 冯征：《论爱国主义与传统文化》，《中国特色社会主义研究》1995 年第 4 期。
⑤ 刘志琴：《爱国主义与传统文化》，《学术月刊》1995 年第 11 期。
⑥ 徐梁伯：《爱国主义新论》，《长白学刊》1998 年第 4 期。

（2）根据历史发展，可以分为传统爱国主义与近代爱国主义①或者古代、近代和现代三种不同类型。②

（3）根据爱国主义的层次性，可以分为朴实的爱国主义和科学的爱国主义。③

（4）根据阶级标准，可以分为地主阶级的爱国主义、农民阶级的爱国主义、资产阶级的爱国主义和无产阶级的爱国主义④，"无产阶级的爱国主义是最高层次、最高境界的爱国主义"。⑤

（5）根据不同的政治理念，有学者将西方的爱国主义分为宪法爱国主义、社群主义的爱国主义（如泰勒）、新共和主义的爱国主义（如维罗里）。⑥ 还有其他一些分类法，如从主体上分为政府主导下的爱国主义与群众自发的爱国主义；从表现形式上可以分为符号爱国主义、情感爱国主义和行为爱国主义。

学者们对爱国主义的类型的不同看法，追根溯源是因为对爱国主义内涵界定的不尽相同。

（四）关于爱国主义特征的研究

（1）单一特征说：爱国主义本身体现的是民族性，而不是阶级性。⑦ 也就是说，爱国主义本质上是没有阶级性的。⑧ 有学者则认为，时代性是爱国主义最显著的特征。⑨

（2）两特征说：认为时代性和阶级性是爱国主义的两大特征⑩；有学者则认为民族性和阶级性是爱国主义的两大特征⑪；还有学者认为民族特

---

① 任复兴：《晚清士大夫对华夷观念的突破与近代爱国主义》，《社会科学战线》1992 年第 3 期。

② 吴廷桢：《试论爱国主义的历史特点》，《西北师范大学学报》（社会科学版）1983 年第 3 期。

③ 刘清荣：《试述当代爱国主义》，《江西社会科学》1990 年增刊。

④ 顾杰善：《关于我国古代爱国主义的几个问题》，《理论探讨》2003 年第 6 期。

⑤ 杨生博：《试谈爱国主义的含义及其层次性》，《人文杂志》1999 年第 4 期。

⑥ 彭刚：《哈贝马斯的话语民主与宪法爱国主义》，《江西社会科学》2009 年第 7 期。

⑦ 徐梁伯：《爱国主义新论》，《长白学刊》1998 年第 4 期。

⑧ 徐梁伯：《什么是爱国主义》，《学海》1994 年第 6 期。

⑨ 郑志发：《试论社会主义初级阶段的爱国主义》，《求实》2003 年第 12 期。

⑩ 李乐刚：《爱国主义的最高风范》，《江汉论坛》2001 年第 7 期。

⑪ 任登奎：《浅论爱国主义》，《理论探索》1995 年第 6 期。

色和时代特色是爱国主义的两大特征。[①]

（3）三特征说：认为爱国主义具有人民性、广泛性和科学性[②]；认为爱国主义有阶级、时代、政治等方面的属性[③]；认为爱国主义具备理论思辨性、历史功效性和主体实践品格。[④]

（4）四特征说：认为爱国主义具有时代性、阶级性、共同性和继承性。[⑤]

（5）六特征说：这种观点认为爱国主义体现"三个统一"。即民族性和世界性的统一、独立性和时代性的统一、传统性和兼容性的统一。[⑥]

（6）十大特征说：柳新元认为，爱国主义具有历史继承性、内容时代性、政治立场性、道德约束性、思想教育性、行为实践性、地域国家性、基础广泛性、系统开放性和理论科学性十大特征。[⑦]

（五）关于爱国主义的价值判断

有两种观点：一种是正面说，如爱国主义有着明确的价值取向和坚定的目标，那就是最大限度地实现全民族的福祉，实现民族振兴。[⑧] 另一种是两面说，爱国主义并不总是表现为正面的、积极的、进步的意义，而是在某些时候、某些情况下也会表现为负面的、消极的，甚至是反动的意义。[⑨] 这种消极、负面的意义来自爱国主义自身的局限性。因为爱国情感具有比较浓厚的非理性色彩，这就决定了爱国主义在某些特定时候具有某种盲目性。[⑩]

（六）关于新时期爱国主义研究

新时期的爱国主义不是凭空产生的，而是在悠远的中华民族爱国主义传统基础上发展起来的。全球化背景下的爱国主义面临着生成时空的改变，在人们思想与实践中易造成模糊认识或者是混乱。这些也是新时期爱

---

① 康凤云、赵建国：《中国爱国主义的民族特色和时代特色》，《江汉论坛》1996 年第 12 期。

② 冯征：《论爱国主义与传统文化》，《中国特色社会主义研究》1995 年第 4 期。

③ 丘石：《爱国主义源流考》，《学术交流》1993 年第 3 期。

④ 段建海：《传统爱国主义精神简论》，《理论导刊》1999 年第 11 期。

⑤ 朱兆中：《爱国主义内涵探要》，《南京师范大学学报》1991 年第 1 期。

⑥ 研讨会综述：《关于爱国主义的内涵》，《道德与文明》1995 年第 2 期。

⑦ 柳新元：《爱国主义十大特征》，《道德与文明》1993 年第 6 期。

⑧ 房宁：《世界格局与爱国主义》，《高校理论战线》1995 年第 1 期。

⑨ 李乐刚：《爱国主义的最高风范》，《江汉论坛》2001 年第 7 期。

⑩ 黎民：《现代化的精神动力与爱国主义》，《江汉论坛》1995 年第 3 期。

国主义理论产生的历史根基与时代要求，关于全球化与爱国主义及全球化与爱国主义教育的研究成为热点。如全球化与民族国家的爱国主义、全球化时代爱国主义教育的特点等。已有的研究成果中大多是关于新时期爱国主义教育方面的研究。主要包括全球化背景下爱国主义教育面临的挑战、新时期爱国主义的特征、新时期爱国主义教育存在的问题等。

关于全球化和爱国主义教育的研究主要观点有："全球化具有客观历史性，是世界各民族地区在经济、政治、文化等各个领域跨越国界、增强交往的历史进程和历史趋势。"① "在和平建设时代，爱国主义是思想政治教育的主要文化资源，爱国主义教育上升为当代思想政治教育的主题，在全球化背景下，爱国主义教育成为弘扬民族精神、抵制西方文化的阵地。"② "爱国主义是激励全国各族人民团结奋斗、共同发展的伟大旗帜，是鼓舞全国人民积极参与社会主义实践，实现中华民族伟大复兴的精神动力，是中华民族的'民族之魂'。"③ "爱国主义是民族精神形成和发展的精神动力。在全球化背景下，祖国需要理性爱国主义行为。全球化背景下必须要加强爱国主义教育，弘扬爱国主义精神。"④ 这些观点都充分说明了在全球化背景下进行爱国主义教育的必要性。

关于全球化给爱国主义带来的机遇和挑战的研究主要观点有："全球化背景下的爱国主义受到了来自各方面的挑战，其中最主要的就是全球主义、个人自由主义、历史虚无主义、民族分裂思想。认为在社会主义发展的新时期更要发挥爱国主义教育的作用，沉着地应对各种挑战。"⑤ "全球化进程对于传统的爱国主义观念的冲击主要表现在对传统的国家主权观念、民族认同和民族文化的冲击三方面。其应对的解决方法就是通过政治爱国、文化爱国、经济爱国的形式教育公民。"⑥

关于新时期爱国主义的时代特征主要观点有：第一，爱国主义与社会主义的一致性，是当代爱国主义的本质特征；第二，爱国主义与维护国家

---

① 施华东：《论全球化对爱国主义的影响》，《思想政治教育》2009 年第 6 期。
② 曹祖明、罗云馀：《试论爱国主义教育的当代特殊价值》，《思想政治教育》2010 年第 4 期。
③ 刘芳：《当代爱国主义的时代特征和本质要求》，《思想政治教育》2009 年第 12 期。
④ 唐凯麟：《爱国主义三题》，《精神文明导刊》2009 年第 10 期。
⑤ 杨发航：《新时期影响爱国主义的主要社会思潮辨析》，《思想政治教育》2010 年第 9 期。
⑥ 施华东：《论全球化对爱国主义的影响》，《思想政治教育》2009 年第 6 期。

主权、安全和民族尊严相联系；第三，爱国主义与维护国家安定、民族团结和维护祖国统一相联系；第四，爱国主义与追求国家的发展、富强相联系；第五，爱国主义与对外开放有机地统一。① 特别是爱国主义和社会主义的关系是当代中国爱国主义不同于外国和历史上的爱国主义的关键，爱国主义是中国特色社会主义的力量源泉，而社会主义则是爱国主义不断发展的方向保证，社会主义和爱国主义在本质上是一致的，爱国就是要爱社会主义的中国，二者是辩证统一的关系。② 因此，有学者将当代中国爱国主义的基本特征概括为：第一，当代爱国主义是对中华民族爱国主义传统的继承和发展。第二，拥护中国共产党的领导，拥护社会主义制度，是当代爱国主义的首要特征。第三，坚持以经济建设为中心，积极支持并参与改革开放，是当代爱国主义的内在要求。③ 深刻认识和准确理解社会主义初级阶段的中国的爱国主义必须把握以下几点：首先，社会主义初级阶段的爱国主义必须牢牢坚持经济建设这个中心，把发展作为执政兴国的第一要务；其次，社会主义初级阶段的爱国主义必须坚持四项基本原则这个立国之本；再次，社会主义初级阶段的爱国主义必须坚持改革开放这条强国之路，积极参与经济全球化进程；最后，社会主义初级阶段的爱国主义必须继续坚持爱国主义与国际主义相结合的方针。④

学者认为，新时期爱国主义教育存在以下问题：爱国主义教育在内容上缺乏时代性；爱国主义教育在对象上忽视了针对性；爱国主义教育在工作上缺少实效性。过于偏重政党伦理道德，道德选择不宽容；重形式，工作表面化，存在急功近利的心态；过分倚赖课堂；灌输式教育严重等问题。⑤

有的学者认为，（1）大学生对待爱国主义教育在态度和心理上存在偏差。大学生对正面灌输这一爱国主义教育方式不屑一顾甚至有些厌恶。（2）爱国主义教育在帮助大学生树立正确人生观、价值观上未发挥应有的作用。（3）大学生爱国主义教育缺乏连续性、长期性和针对性。我国

① 琚忠友：《论当代爱国主义的时代特征》，《南京政治学院学报》1996 年第 5 期。
② 王霞娟：《爱国主义精神的当代要求及其价值》，《高校理论战线》2004 年第 5 期。
③ 孙明贵：《试论当代爱国主义的基本特征》，《齐鲁学刊》1995 年第 2 期。
④ 郑志发：《试论社会主义初级阶段的爱国主义》，《求实》2003 年第 12 期。
⑤ 闫晓梅：《大学生爱国主义教育的问题及对策研究》，《黑龙江高教研究》2005 年第 2 期。

对青少年爱国主义教育的重视是相当高的，但是，对于思想相对独立、活跃，人生价值观念不断受到冲击，不断更新，并呈现出复杂化、多元化发展趋势的当代大学生来说，这样的教育过于肤浅和形式化。①

有的学者认为当前对大学生的爱国主义教育还存在一些不足，主要表现在：（1）爱国主义教育的理论性不强，缺乏创新。（2）爱国主义教育的整体性不强，缺乏系统性、层次性。（3）爱国主义教育的时代感、现实感不强，缺乏针对性。②

针对大学生爱国主义教育出现的问题，有的学者认为，大学生爱国主义教育失效的社会原因有：（1）只注重经济效益，弱化爱国主义教育。（2）我国社会转型时期各种不良风气的影响。一是腐败之风在无形中使爱国主义教育黯然失色。二是实用主义风气的蔓延，消解了爱国主义教育。三是形式主义风气严重影响爱国主义教育的成效。（3）全球化发展过程中，一些错误思想对大学生爱国主义教育带来消极影响。一是"趋同论"的错误思潮模糊了人们对爱国主义的信仰和追求。二是西方发达国家试图实现其文化和价值取向的全球化，对大学生爱国主义教育造成了消极影响。三是大众传媒中错误思想的影响。③

关于爱国主义的研究还有很多，这里无法一一列举。对爱国主义的研究虽经久不息，但是，很多理论研究实际往往只是停留在某一个层面，发展和理论创新不够。总的来看，研究还比较零散，没有形成系统性，不够全面和深入。尤其是在全球化时代，爱国主义研究还要着重突出以下几点：

第一，"全球化"时代，进一步丰富和发展爱国主义理论的研究。爱国主义理论不是单一的理论，它与民族主义、文化、发展、环境等直接相关。近年来，"信息社会"、"全球意识"、"全球民主化论"、"超民族主义"、"趋同论"等西方社会思潮蜂拥而至，"民族国家主权过时论"、"人权高于主权论"、"全球民主化论"等理论观点直接挑战爱国主义教育。民族国家意识受到全球意识的冲击。全球性问题比如气候变暖、能源

① 李贵峰：《浅论新时期大学生爱国主义教育的主要问题及解决思路》，《中山大学研究生学刊》（社会科学版）2006年第27卷第1期。
② 王文义：《对大学生爱国主义教育的几点思考》，《社科纵横》2007年第12期。
③ 张莉、徐国锋：《当前大学生爱国主义教育低效的社会原因探析》，《重庆文理学院学报》（社会科学版）2007年第1期。

危机、环境污染、文化危机等的出现越发强化人们的全球化生存概念。西方个人主义也冲击着国家民族意识。

第二，"全球化"背景下，爱国主义群体性事件和行为的研究亟待加强。近年来，随着中国的和平崛起，中国的国际环境日益复杂，中国在国际外交中面临的压力不断增大，特别是周边的日本、越南、菲律宾等挑起的领土争端，容易引发群体性爱国主义游行事件，但是，对这些事件的研究却相对落后，现有的研究学科相对单一，无法对这些群体性事件的管理与引导提供有效指导。

第三，"全球化"背景下，爱国主义理论教育研究有待深入，特别是结合"全球化"的爱国主义理论教育以及将爱国主义理论教育的优秀传统发扬光大的研究等进一步系统化。具体来看，主要有：一是结合"全球化"和当代爱国主义新变化的爱国主义教育研究成果较少。爱国主义教育的新探索要与爱国主义的新变化相结合才能得到深入的研究。全球化对爱国主义教育的冲击与影响，迫切需要结合爱国主义理论自身的发展与完善，探讨当前爱国主义教育中的实际效果及困惑。二是爱国主义理论教育理论系统性、整体性需要加强。三是结合"全球化"时代的特点，进一步将爱国主义教育的优良传统推陈出新方面，进行深入的研究。

第四，"全球化"背景下爱国主义教育方式方法创新研究。"全球化"时代，经济全球化、政治多极化、信息网络化、环境生态化，爱国主义教育要在新的时代背景下探讨爱国主义理论教育的方式、方法创新问题。教育网络化，要求我们关注媒体的发展，并通过最新传媒加强爱国主义理论教育。

三　时代精神相关研究综述

时代精神是一个社会在最新的创造性实践中激发出来的，反映社会进步的发展方向、引领时代进步潮流、为社会成员普遍认同和接受的思想观念、价值取向、道德规范和行为方式，是一个社会最新的精神气质、精神风貌和社会时尚的综合体现。① 民族精神和时代精神，是社会主义核心价值体系不可分割的重要组成部分，是社会主义核心价值体系的精髓。不论是民族精神，还是时代精神，都是一个民族赖以生存和发展的精神支柱。民族精神是一定社会时代精神之基之源；时代精神则是民族精神在各个历

---

① 李少莉：《弘扬以改革创新为核心的时代精神》，《思想政治工作研究》2008 年第 2 期。

史时期的延续和弘扬。① 爱国主义是一个历史范畴，在各个时期的表现不同，在建设中国特色社会主义的历程中形成了以改革创新为核心的解放思想、实事求是，与时俱进、勇于创新，知难而进、一往无前，艰苦奋斗、务求实效，淡泊名利、无私奉献的时代精神。

党的十八大报告指出："改革开放是坚持和发展中国特色社会主义的必由之路。要始终把改革创新精神贯彻到治国理政各个环节，坚持社会主义市场经济的改革方向，坚持对外开放的基本国策，不断推进理论创新、科技创新、文化创新以及其他各方面创新，不断推进我国社会主义制度自我完善和发展。"因此，时代精神是中华民族富于进取的思想品格同马克思主义与时俱进的理论特征与中国革命、建设、改革实践相结合的伟大成果，是民族精神和中国共产党优良革命传统在当代的弘扬，是当今中国发展内在动力在精神层面的生动体现，它已深深地融入我国经济、政治、文化、社会建设的各个方面，成为各族人民不断开创中国特色社会主义事业新局面的强大精神动力。②

四 中国精神相关研究综述

（一）关于中国精神概念的研究综述

关于中国精神的概念界定，主要有如下几个观点：

第一，从中国精神的本质属性及地位来界定中国精神。认为："中国精神是中华民族在长期的求生存、图发展、谋振兴的过程中形成的共同的民族品格、民族意识、民族心理、民族情怀的总和，是绵延数千年并沉淀于中国人民血液之中的巨大精神力量，是支撑中华民族百折不挠、勇往直前的不朽灵魂，是实现中华民族伟大复兴、建设中国特色社会主义的不竭动力，是建设社会主义核心价值体系的丰厚精神资源。"③

第二，从中国精神的形成和功能来界定中国精神。认为："中国精神是指生发于中华文明传统、积蕴于现代中华民族复兴历程，特别是在近些年中国的快速崛起中迸发出来的具有很强的国族集聚、动员与感召效应的精神及其气象，是中国文化软实力的重要显示。"④

---

① 凌厚锋：《论提高国家文化软实力》，《东南学术》2008 年第 2 期。

② 陈再生：《高校加强民族精神与时代精神教育的思考》，《思想教育研究》2008 年第 11 期。

③ 鲍振东：《坚持社会主义核心价值观与传承中国精神》，《文化学刊》2010 年 9 月 15 日。

④ 邹诗鹏：《中国精神的历史生成及其时代呈现》，《光明日报》2012 年 11 月 20 日。

第三，从国家精神和民族复兴的角度来界定中国精神。"中国精神是中华民族优秀传统与时代精神的有机结合，是中国道路、中国模式的精神内涵，代表着中国各民族的形象，体现着社会主义核心价值观，彰显着中国人的精神风貌。"①

第四，从中国精神的历史底蕴与培育主体角度来界定中国精神。认为："中国精神是中华民族在长期的历史发展中逐步形成、巩固、发展和丰富的共同精神，是民族传统、文化、心理、素质的集中体现。中国精神扎根于民族的连绵不断的文明历史之中，是各族人民共同培育、共同坚守的理想信念。中国精神由社会先进阶级及其政党所倡导，由广大中国人民所认同和践行，与世界文明相融合。"②

总的来看，对于中国精神概念的界定，虽然表述不一，但基本共识一致，都认为，中国精神是中华民族在长期的历史发展中逐步形成、发展和巩固的，体现了中华民族的传统文化、心理、素质和价值理念，具有强大凝聚力的共同精神力量。

（二）关于中国精神内涵的研究综述

习近平主席在十二届人大一次会议的讲话中指出，实现中国梦要弘扬中国精神，中国精神是以爱国主义为核心的民族精神和以改革创新为核心的时代精神。关于中国精神内涵的研究观点主要有以下几个方面：

第一，从国家精神和民族特色角度凝练中国精神，把中国精神的内容概括为：自强不息的精神；强烈的忧患意识；无比强大的民族凝聚力和对外来文化的高度融合力；中和思想。③杜汉生在《中国精神》一书中认为，中国精神本质上是一种忧患意识，它的基本内涵是对民族、国家和人民的命运及利益的强烈关怀和责任感，是一种深沉的终极关怀，外在表现为自强精神和中国精神。他认为中国精神的诸表现形态包括天人合一、道法自然、天人相胜、中和意境。

第二，从中国优秀的传统文化中总结中国精神，如钟茂森教授在其著作《中国精神》中谈振兴中国精神时认为中国精神是作为一个中国人应有的精神，是中国人的灵魂。他认为："我们应该从兼收并蓄，从儒释道三家为主的学派当中去领会中国精神，在我们身上做起，振兴中国精

---

① 公方彬：《中国精神：中华民族伟大复兴的呼唤》，《决策与信息》2013 年第 1 期。
② 颜晓峰：《中国精神：实现中国梦的动力之源》，《江西日报》2013 年 4 月 1 日。
③ 臧嵘：《中国精神的弘扬和历史教育》，《历史教育研究》1995 年第 1 期。

神。"将中国精神总结为十条:"一体"(孝)、"二相"(本末)、"三宝"(慈、俭、敢为天下先)、"四勿"(非礼勿视、非礼勿听、非礼勿言、非礼勿动)、"五常"(仁义礼智信)、"六和"(见和同解、戒和同修、身和同住、口和无诤、意和同悦、利和同均)、"七治"(喜怒哀惧爱恶欲)、"八德"(孝悌忠信礼义廉耻)、"九思"(视思明、听思聪、色思温、貌思恭、言思忠、事思敬、疑思问、忿思难、见得思义)和"十义"(父慈子孝、兄良弟悌、夫义妇听、长惠幼顺、君仁臣忠)。

第三,从中国精神生成发展的历史过程及理论底蕴角度凝练中国精神,认为中国精神的深刻内涵主要包括三个部分:一是中华民族的传统文化精神;二是解放斗争和民主革命过程中形成的革命精神;三是社会主义现代化建设中形成的开拓精神和创新精神。[①] 复旦大学哲学学院邹诗鹏则认为:"中国精神包含刚柔相济、自强不息的意志品质,和谐与中道的核心价值,持续不断地生成、创新与转化精神以及共同的华夏认同及其卓越的包容性与涵摄力。"他认为,中国精神是在近代以后应对民族生存危机,争取民族解放及复兴的道路探索中不断生成的。[②]

第四,从民族精神和时代精神的结合体角度,李明泉等认为:"中国精神的历史内涵和时代特点表现在以下五个精神层面:天人合一的宇宙精神、仁者爱人的道德精神、自强不息的奋斗精神、万众一心的团结精神、开放博纳的创新精神。中国精神的时代内涵包括批判精神、求真务实精神和与时俱进精神。"[③]

第五,从辩证对待中华民族优秀传统角度出发,认为可以把中国精神概括表述为:爱国奉献、开拓创新、坚韧顽强、兼容并包。[④] 关于中国精神的内涵的论述,学术界论述得相对比较多,成果也比较丰富,但还没有达成一个共识。但是,对于中国精神内涵的概括要体现的原则是一致的。一是体现中国优秀的传统文化;二是中国精神内涵的凝练要体现中国共产党领导的革命、建设和改革的实践。

正确理解中国精神的科学内涵,就要准确把握中国精神的实质及其基

① 鲍振东:《坚持社会主义核心价值观与传承中国精神》,《文化学刊》2010 年 9 月 15 日。
② 邹诗鹏:《中国精神的历史生成及其时代呈现》,《光明日报》2012 年 11 月 20 日。
③ 李明泉、向荣、肖云:《中国精神:历史内涵与主体性建构》,《中华文化论坛》2012 年第 3 期。
④ 公方彬:《中国精神:中华民族伟大复兴的呼唤》,《决策与信息》2013 年第 1 期。

本内容。精神是人脑对客观世界及其本质的集中反映，是人类在生产交往的各种物质现象中所体现出的意识、观念和心态的概括和升华。"中华民族在五千多年的历史发展的伟大实践中，形成了具有中国风格、中国气派的中国精神，它体现为以爱国主义为核心的中华民族精神和以改革创新为核心的时代精神的有机统一。"① 民族精神和时代精神是相辅相成的，二者有机融合于中国精神之中。"民族精神构成了中国精神的民族特质，离开民族精神，时代精神就寻找不到现实的民族承载体，也会丧失应有的民族特色，中国精神的培育和弘扬便无从谈起；时代精神构成了中国精神的时代特征，离开时代精神，民族精神就难以及时地从火热的时代实践中吸取鲜活的发展力量，就会失去时代价值。"② 中国精神是中华民族在长期历史发展中所形成的稳定的精神品格，它不是一蹴而就的，而是经历了从古代中国精神到近代中国精神的历史演进过程，中华民族在多民族的共同发展、相互交融中逐渐完成了统一，与这一历史进程相伴随，形成了多民族融合、多样文化协同发展的精神格局，并孕育了以厚德载物、自强不息、公而忘私、亲仁善邻、谦敬礼让、言行一致、自省修身等精神为主要内容的古代中国精神。这些精神蕴含于中华民族五千多年悠久文明的传承之中，并成为历代中国人精神世界和价值追求的文化底色。③

对于弘扬中国精神的意义，学界已达成共识，特别是新一届领导集体提出中国梦新的命题之后，实现中国梦要弘扬中国精神已成为共识。

学界对于培育中国精神的意义的代表性观点有：李明泉、向荣、肖云在《中华文化论坛》2012 年第 3 期发表的文章《中国精神：历史内涵与主体性建构》中认为，中国精神是中华民族的魂，是将灿烂的中华文明传承至今而未中断的精神力量，也是中国崛起过程中克服各种艰难险阻的精神力量。军事科学院军队政治工作研究中心的刘茂杰、王幸生、霍其成在《求是》2013 年第 9 期发表文章《实现中国梦不可或缺的精神力量》中指出，弘扬中国精神是实现中国梦的题中应有之义，是进一步凝聚和团结全国人民为实现中国梦共同奋斗的现实需要。中国精神是凝心聚力的兴国之魂、强国之魂，中国精神为中华儿女构建了永久的精神家园，为各族

---

① 吴潜涛：《论中华民族精神的科学内涵》，《学校党建与思想教育》2003 年第 2 期。
② 吴潜涛、李忠军：《用中国精神凝心聚力》，《人民日报》2013 年 8 月 27 日。
③ 吴潜涛：《弘扬和践行中国精神——〈中国精神教育读本〉解读》，《北京教育》（德育版）2015 年第 1 期。

同胞提供了牢固的价值认同，是中华民族团结统一的精神纽带和自强不息的精神动力。吴潜涛认为，中国梦是中国精神的终极价值目标，中国精神是实现中国梦的精神纽带、精神依托。中国精神贯通社会主义核心价值体系内容结构的始终，渗透在社会主义核心价值体系的方方面面，从整体上体现着社会主义核心价值体系的根本要求。同时，中国精神是培育和践行社会主义核心价值观的关键环节。①

第三章　人生观问题及生态文明理论研究综述

"学习和掌握马克思主义认识和处理人生问题的基本理论观点，对于成长中的大学生领悟人生真谛、创造人生价值具有重要的意义"是本章的核心理论观点。本部分将对涉及大学生人生问题的两个基本问题进行研究综述。其一，是对如何认识人生问题即人生观问题进行研究；其二，是对如何认识人与自然关系问题即生态文明理论进行研究。

一　人生观问题研究综述*

大学时期是大学生人生观形成的关键时期，在大学生人生成长过程中具有十分重要的地位，大学生确立什么样的人生观关系到他们道德品质的优劣，也关系到他们事业的成败，更是关系国家命运和前途的大问题。党的十八大报告提出："广大青年要积极响应党的号召，树立正确的世界观、人生观、价值观，永远热爱我们伟大的祖国，永远热爱我们伟大的人民，永远热爱我们伟大的中华民族，在投身中国特色社会主义伟大事业中，让青春焕发出绚丽的光彩。"② 因此，加强对大学生的思想教育，培养大学生正确的人生观，是大学教育应当承担的重要职责和使命，也是高校思想政治工作的重要内容和任务。

目前，关于"人生观"的研究取得了一定的成果，主要表现在一些专著、教材的部分章节和一些学术期刊之中，但是关于"大学生人生观"

---

① 吴潜涛：《弘扬和践行中国精神——〈中国精神教育读本〉解读》，《北京教育》（德育版）2015 年第 1 期。

* 作者：吕广利，咸阳师范学院政治社会学院教授。

② 胡锦涛：《坚定不移沿着中国特色社会主义道路前进　为全面建成小康社会而奋斗》，人民出版社 2012 年版。

方面的研究还不是很多。笔者通过 CNKI 中国期刊数据库检索做了一项统计，从 2000 年起至今（2013 年 3 月底），篇名与"人生观"精确匹配的全部期刊论文 829 篇，其中核心期刊论文 112 篇；篇名与"大学生人生观"精确匹配的全部期刊论文仅 94 篇，其中核心期刊论文只有 15 篇。尽管数量有限，但综观近年来关于"人生观"的研究，还是取得了一些成果。

（一）关于人生观内涵的研究

关于人生观的内涵，历来说法不一，但实质基本趋于一致。罗国杰认为："人生观就是人们对于人生目的、价值和道路的根本看法和态度。"万斌、罗许成认为："人生观既是一种内涵丰富的哲学观，又是一种社会生活的现实观念引导；它既体现了人类的愿望，又体现了个体人生的现实选择。我们对当代人生观的理解应该有多种维度——科学求真维度、感性幸福维度、伦理道德维度、审美乐感维度。"① 关于人生观，学术界大体有广义和狭义两种看法。广义的如邱伟光等认为："人生观的内涵包括人生、人生目的和人生态度三方面主要内容。"吴灿华等人认为："人生观的基本理论部分，主要研究人的本质、人的需要、人生与自然的关系、人生与社会的关系等，基本的范畴有人生目的、人生理想、人生态度、人生价值、人生责任、人生道路等，人生基本课题主要是信仰问题、人际交往问题、爱情婚姻问题、人格审美问题、成才问题。"狭义的如邹学荣认为："人生观主要包括人生目的、人生态度和人生评价三个组成部分。"张孝宜认为："人生观就是人们对生活的目的、意义和价值的理解和看法。"陈秉公认为："人生观一般包括人生目的、人生价值和人生态度三个基本内容。"

从人生目的来讲，卢黎歌、王霞在《关于人生目的教育若干问题之管见》一文中提出，人生目的的教育，既不可脱离具体目标空谈终极目的，也不要就事论事地只讲具体目标，不考虑目标的方向性以及与终极目标的一致性，应当强调两者的结合与统一。脱离具体的社会现实和人生实践，抽象地谈论"普适性人生目的"，在理论上是有缺陷的，在实际中是没有意义的。孙英在《论人生目的》一文中认为，人生目的是人的一切行为的目的，是人生终极目的。人生目的，就其事实如何来说，是追求快乐、

① 万斌、罗许成：《当代人生观问题的哲学反思》，《哲学研究》2006 年第 2 期。

避免痛苦；就其应该如何来说，则只应该追求幸福、避免不幸。朱秋飞在《不同时期大学生人生观的实证研究》一文中认为，大学生人生目的的排序依次是事业成功、身体健康、家庭美满和知识渊博。学者们既有对"终极目标"与"具体目标"辩证关系的研究，又有对特定对象具体人生目的等的研究。

从人生态度来讲，张卫萍在《不同时期大学生人生观状况的调查与比较》一文中认为，积极进取是大学生人生态度的主流，当今大学生的思想更敏锐、更活跃，但差异性较大。朱秋飞认为，"积极乐观、拼搏进取"、"满足现状、量力而行"基本符合大学生的实际想法，是大学生人生态度的基本情况。大学生人生态度的依次排序是责任心、诚实守信、勤奋上进和自尊自信。薛雷《当代大学生人生态度的价值及教育引导对策》一文从大学生树立正确人生态度的意义、时代规定性着手，着重论述了当代大学生人生态度的现状，并在阐述目前大学生人生态度存在的主要问题的基础上，分析了大学生人生态度问题产生的原因，进而提出了教育大学生树立正确人生态度的对策。荆钰婷认为，大部分大学生在人生态度上重视自我努力、敢于挑战困难。总体来说，主要是针对大学生群体人生态度的研究，大学生人生态度基本呈现积极向上的特征。

从人生价值来说，刘吉发在《从价值观念变革看精神文明建设》一文中提出，人们的价值取向呈现多元化走势，这种多元化的价值取向，是社会转型期的历史特产，具有自身的过渡性，亟待"内导、优化和重建"，以加速观念转型，减少民族阵痛。余伦信、刘勇、李敬真在《高校要注重大学生的人生价值导向》一文中指出，要引导大学生把人生价值导向确立在自我价值与社会价值、理想追求与职业选择、艰苦奋斗与合理享受、义与利、知与行相统一的关系上。张卫萍认为，当今大学生追求社会价值与个人价值的统一，但在给个人价值以适当地位的同时也有个别大学生过分追求个人价值的实现。朱秋飞认为，大学生人生价值的依次排序即大学生最关注的是个人发展、经济收入、符合自己特长。周海燕在《当代大学生人生价值观调研与对策研究》一文中认为，在校大学生的人生价值取向呈现四个特点：一是个体价值取向明显，基本人生态度积极；二是传统价值取向淡化，市场经济价值取向初步确立；三是多元的人生价值取向，矛盾的人生态度；四是自我评价及道德评价标准散乱。学者们深刻分析了大学生人生价值的特征，突出强调了个人价值，并深入研究了个人价值与其他价值因素的联系。

（二）关于影响人生观因素的研究

学者认为，影响人生观有多重因素。羊展文、秦耀武深刻分析了影响大学生人生观的主客观因素，他们认为："要真正地、充分地、准确地把握当代大学生人生观的现状及特点，不能够停留在人生观的外在表现，而必须从心理学和社会学相关角度去分析影响当代大学生人生观形成的主客观因素，揭示当代大学生人生观的内在本质。"① 学校和家庭教育、社会环境的变化（经济、思想政治、国际背景）、大众传媒等是影响当代大学生人生观形成的客观性因素，心理因素、社会适应性等是影响大学生人生观形成的主观性因素。张道理、华杰在《论当代大学生人生价值观教育》一文中认为，社会转型、市场经济、西方不良价值观和社会思潮、当代大学生自身的弱点等，是导致当代大学生人生观偏颇的主要因素指出，改革开放以来，伴随着市场经济的洪流，各种思想纷至沓来，传统与现代、东方与西方的文化碰撞与交流，利益分配的重新调整，社会价值评判的多种标准，家庭与他人的影响，构成了大学生价值观选择与确立多样化的外部因素；就大学生本身而言，个性爱好、受教育程度及对复杂社会现象认识的差异，构成了大学生价值选择与确立多样化的内部因素。朱俊林认为，人生观教育效果不佳是因为教育方法缺乏创新，他在《大学生人生观教育方法创新的思考》一文中指出："在当代中国，大学生人生观教育的实际效果之所以与建设中国特色社会主义事业的时代要求存在着一定差距，其中一个重要因素，就是教育主体未能应时代要求进行教育方法的创新。"② 他认为，传统大学生人生观教育方法只有创新，才能够适应时代发展的需要。黄约认为，"性别缺失"是影响大学生人生观形成的重要因素，他在《大学生人生观教育应融入性别平等理念》一文中在分析大学生人生观"性别缺失"的原因及后果的基础上，阐述了"性别歧视"对大学生成长所产生的危害，倡导大学生自觉投身于男女平等的实践之中，促进性别之间的平等与和谐，携手共同发展。综上所述，学者们从主客观、内外部等不同的角度深入分析了影响大学生人生观的因素，具有借鉴意义。

① 羊展文、秦耀武：《影响当代大学生人生观形成的因素分析》，《广西民族大学学报》2006年第12期。
② 朱俊林：《大学生人生观教育方法创新的思考》，《伦理学研究》2010年第9期。

（三）关于人生观现状的研究

有学者认为，当前的人生观现状呈现积极健康的状态，也有的学者悲观认为，当前的人生观现状呈现消极的状态。从积极的方面来讲，荆钰婷在《大学生人生观、国家观现状调查与分析》一文中认为，大部分学生在人生观方面更加冷静务实。张道理、华杰在《论当代大学生人生价值观教育》一文中认为，大学生人生价值观的主流是好的，是积极向上的，呈健康、务实、积极、进取的趋势，自立、竞争、公平、效率、时代意识明显增强。从消极的方面来讲，荆钰婷认为，部分大学生人生理想的定位层次不高，没有远大的理想或人生目标，以自我利益为中心，历史使命感不强。张道理、华杰认为，当代大学生的人生价值观还存在诸多偏颇之处，表现在重个人利益的追求，轻国家集体利益的实现；重功利讲实惠，轻理想少追求；强调知识才能，忽视道德品质；注重追求享受，淡忘艰苦奋斗。刘本炬在《主体意识的自我强化需要正确引导》一文中提出，在人生观的层次上，个人专权、金钱至上、唯利是图的极端个人主义腐败意识正严重排斥着社会主义民主意识和集体主义意识。董丁戈、丁刚在《当代大学生人生观、价值观的现状及思考》一文中提出，在看到大学生积极进取的主流与趋势的同时，也要看到存在的问题及严重性：一是信奉"主观为自己客观为别人"的合理利己主义；二是理想的低层次与模糊性；三是消费行为的认同，超前消费的倾向有所发展。从研究成果来看，学者对大学生人生观消极一面的分析要较积极一面的分析更为透彻。

从当前人生观现状所具有的特征来讲，李桂梅、张翠莲认为："人生观教育随着时代的发展而变化，当代社会人生观教育带有自己时代的特征。其基本取向表现为主体性和引导性相结合，生活性和道德性相结合，多元性和主导性相结合，知识性和价值性相结合。"① 李桂梅、郑自立在《试析中西传统人生观教育方法之异同》一文中认为，由于经济、文化传统等因素的影响，中西传统人生观教育方法在发展的基本趋势上呈现出了不同的特征，而在具体方法层面，有共同的特点，也有相异之处。中西传统人生观教育方法的相同点主要体现在：都注重"因材施教"；都强调"知行合一"；都重视"学科渗透式教育"。中西传统人生观教育方法的不

---

① 李桂梅、张翠莲：《试论当代社会人生观教育的基本取向》，《湖南师范大学社会科学学报》2012 年第 6 期。

同点主要体现在：西方重"宗教化"，中国重"世俗化"；西方重"心理疏导"，中国重"行为引导"；西方重"外在拯救"，中国重"反求诸己"；西方重"正他而树己"，中国重"正己而令他"。杨良奇认为，当前大学生人生价值观的特点是思考认真、认识模糊，积极向上、取向多元，重责任、凸显个人意识。刘松年认为："作为社会意识的人生观不是机械地反映社会存在，它的发展不总是同社会的发展保持绝对的一致或平衡，有其相对独特的发展规律，具有相对的独立性。"① 张莉莹在《剖析当代大学生人生观的特点》一文中通过对当代大学生人生观特点分析，认为大学生在对待价值观、理想观、政治观、婚恋观、职业观、苦乐观等各方面存在比较多的不正确的认识和困惑。于晓斐在《中国师生人生目的的调查分析》一文中认为，大学生人生目的明确度不高，大学生群体中不乏人生思考的茫然者。综合以上学者的观点，人生观会随着时代的变化而变化，受社会存在的制约而又具有自己的独立性，呈现出一定的特征。

（四）关于人生观教育的研究

关于人生观教育这一问题的研究成果较为丰硕，但还存在强调片面性而不尊重个性的问题。陈华在《规范性与个体发展性：大学生人生价值观教育中的冲突与调适》一文中指出，大学生人生价值观教育中的规范性与个体发展性之间是辩证统一的关系，然而在现实教育的实践中，却存在着片面强调规范性，忽视个体发展性的倾向，从而导致了一些不良现象的产生，要培养和塑造大学生人生价值观的主体意识，将规范性与个体发展性之间的张力转化为锻造大学生正确人生价值观的合力。荆钰婷也认为，大学生人生观教育应该在尊重大学生多元化需要的基础上进行，避免高高在上的片面说教。因此，人生观教育还存在一定的问题，需要进一步研究和改进。目前来看，关于人生观教育的研究主要包括以下几个方面内容：

（1）人生观教育主客体关系的研究。刘本炬强调客体的作用，他在《主体意识的自我强化需要正确引导》一文中提出，要通过科学世界观、人生观、价值观的"灌输"，为社会主体意识的自我强化确立正确的导向和支柱。有些学者则强调主体的作用。杨国蓉在《积极人生观的主体性诠释》一文中主张，人是认识主体也是实践主体，人应该积极面对人生，

---

① 刘松年：《关于人生观教育的重新思考》，《湖北大学学报》（哲学社会科学版）2003 年11 月。

人能够积极创造人生，人需要积极评价人生，要积极处理与人与自然、人与社会、人与自身的关系，主体不是与生俱来的既成，而是实践活动的生成。刘秀峰在《"以学生为中心"的人生观教育如何可能》一文中主张，"以学生为中心"作为人生观教育的一种方式可以被看成一个事实，它基于这样的人性假设：人性是积极、建设性的，是可信赖和有限可塑的。在"以学生为中心"的人生观教育中，教师应当从批评者和主导者转变为促进者，和学生建立"主体—主体"的新型关系。杨良奇在《论大学生人生价值观内化机制的构建》一文中提出了构建科学的大学生人生价值观内化机制：树立以人为本的德育理念；改革思想政治理论课教育教学，实施"可接受性"教育机制；建立"合目标运行"的大学生社会实践运行机制；整合资源，建立"三育人"示范性德育机制；加强引导，建立大学生"自我教育，自主选择"的人生价值培育机制。有的学者则强调主客体的统一。赵国新认为："塑造正确的人生观，必须正确认识人的本质，把握人生观发展变化的规律，实现内在动因与外部条件的统一。"①学者在人生观主客体关系的研究中，既重视主体的作用，又强调客体的作用，认为要实现主客体的统一。

（2）人生观教育方法（途径）的研究。朱俊林强调了人生观教育要进行方法创新，他认为，要遵循知识性教育与价值教育相结合的原则、整体性原则、人文关怀和心理疏导相结合的原则、与时俱进原则，实现教育方法理念的创新、教育方法结构体系的创新、教育方法运用的创新。董丁戈、丁刚提出了大学生人生观教育的新途径，他认为，要将大学生的人生观与日常的思想政治教育相结合：一要坚持教育的长期性；二要发挥党团组织、群团组织的作用，指导学生在社会实践中自觉树立正确的人生理想，选择正确的人生道路；三要与必要的组织纪律教育相结合。中共山西大学委员会在《在大学生中开展人生观教育》一文中提出了四种人生观教育的有效方法：一是开展学理论、明使命活动，树立务实风格与远大抱负相统一的理想观；二是开展学英模、促学习活动，确立自我实现与社会贡献相统一的价值观；三是开展倡助俭、塑人格活动，形成物质富裕与精神富有相统一的幸福观；四是开展搞比赛、献爱心活动，强化创业为荣与

① 赵国新：《人生观塑造需要内在动因与外部条件相统一——兼论构筑拒腐防变的思想防线》，《中国特色社会主义研究》2002年第3期。

助人为乐相统一的竞争观。李桂梅、张翠莲认为，要对人生观进行引导，具体体现为导学、导思、导行，通过导学、导思、导行，使个体提升主体性，做出自主选择，实现从人生价值认识到人生实践能力的转化。周士逑在《当代大学生人生价值观教育探究》一文中认为，加强当代大学生对优秀传统价值观念的了解和秉承、引导其正确认识多元价值观念、加强集体主义价值导向、激励其在竞争大潮中实现人生价值，是加强当代大学生人生价值观教育的重要路径。任飞、张备争在《论当代红色电影对青年人生观的塑造作用》一文中指出，当代红色电影以其真实的形象刻画、震撼的视听效果、华丽的明星阵容和强大的宣传攻势吸引了众多青年的关注，影片所阐释的革命思想和教育意义对于当代青年人生观的塑造起着重要作用，有利于激发青年爱国主义热情，增强集体主义意识，发扬艰苦奋斗精神，培养积极乐观态度。学者们认为，人生观教育需要遵循一定的原则进行方法（途径）创新，要拓展载体，加强引导，与日常思想政治教育和开展活动相结合。

（3）人生观教育目标的研究。鲁洁在《教育的返本归真——德育之根基所在》一文中认为，要"既授人以生存的手段和技能，又导人生存的意义和价值；既使人懂得何以为生，又使人懂得为何而生，拥有人所特有的意义世界。"李桂梅、张翠莲认为，提高受教育者的自我辨别能力和自我选择能力是人生观教育的重要目标。人生观教育既是知识型教育，又是价值型教育，但从价值目标来看，其本质上是一种价值型教育。因此，人生观教育必须把知识型教育和价值型教育结合起来，将人生观教育中的知识型的东西转化为个体人生信仰，变成个体人生的自觉追求。

具有代表性的人生观教育的研究。就如何加强马克思主义人生观的教育，赵馥洁提出："要正确认识人的本质、目的和意义，从而处理好个人和民众的关系，坚持全心全意为人民服务的宗旨。"① 李宗阳、路子平在《从世界观、人生观、价值观的高度划清四种界限》一文中提出，必须同一切不正确的观点划清界限：一是划清社会主义市场经济效益与拜金主义的界限；二是划清提高人民生活水平和享乐主义的界限；三是划清人格独立意识与个人主义的界限；四是划清以权为公与以权为私的界限。于晓

① 赵馥洁：《世界观、人生观、价值观与精神文明建设——以哲理观念提高人》，《理论导刊》1996 年第 9 期。

权、赵红认为:"人生观教育的前提就是对人生观进行科学的理解。对科学人生观的理解应以马克思主义人学理论为根基,从人的存在状态、人的生活困惑和人的终极意义追求中总体概括人生观,为人生观教育提供科学的理论支撑。"[1] 就为人民服务的人生观教育的研究,徐雅芬在《新时期人生观教育的几点思考》一文中认为,要教育学生正确认识新形势下树立为人民服务的人生观的必要性,要注意为人民服务的人生观教育的层次性,在引导大学生树立为人民服务的人生观时,需注意引导大学生自觉识别和抵制各种错误人生观的影响,引导大学生正确认识按劳分配与为人民服务的相互关系,引导大学生在实践中树立自觉为人民服务的人生观。

(4) 道德与人生观教育的关系研究。张鹏在《论德性与人生观教育的互动》一文中指出,社会转型、经济转轨和文化冲突是我们遭遇的历史现实,其带来的直接后果是"现代性问题"。"现代性问题"的核心是道德危机,道德危机最核心的是人生观危机,即人缺乏"做什么样的人"、"如何做人"、"成为什么样的人"的认识。他认为,人生观教育的命运和时代命运相联系,人生观教育的使命就是使人摆脱道德危机。人生观教育以德行为基础,德行培育以人生观教育为实践载体,两者之间形成互为基础的关系。人生观教育所要建立的基础是人的向善趋向,人生观教育最终要达到"善"的境界,这种境界的最终表达就是德行。郑永廷在如何提高现代思想道德教育实效性这一问题上提出了一系列新方法,如思想道德教育模式的变革、教育内容主导性与多样性的统一、教育与参与相结合、他教与自教相结合、思想道德教育环境的优化等。李萍论述了现代道德教育的社会载体及功能,其中讲了家庭、学校、社会及其德育功能在进行思想政治教育中的作用。在现代道德教育的基本规律中还谈了主客体交替与互动规律以及有机性与渐进性规律的问题。董丁戈、丁刚认为,当前高校的德育课程也面临着如何适应市场经济进行改革的问题,改革的核心是教学内容和教学方法,以提高理论的说服力和针对性。李桂梅、张翠莲认为,从内容上看,人生问题融于道德问题中,道德教育就是人生教育,在这个意义上,中国传统的人生观教育具有伦理本位和道德至上的特点,人生观教育包含伦理道德教育,但又不能仅仅归结为道德教育,它应

---

① 于晓权、赵红:《人生观教育的前提性确证——以构建和谐社会为视角》,《教育评论》2009 年第 4 期。

该更关注人和人的生活本身，关心人的生存、发展和幸福能力的培养。从学者们的观点我们可以得出，道德教育与人生观教育关系密切，道德教育是人生观教育的基础，人生观教育既包含道德教育，又高于道德教育。

（5）网络与人生观教育的研究。李燕、邵林认为："网络时代给马克思主义人生观教育带来了变化，呈现四个特点：一是网络信息内容的多样化，弱化了以往马克思主义人生观教育的一元化指导地位；二是选择信息方式的自主化，激发了以往'两课'教学中处于被动地位的客体的主观能动性，同时也带来了负面影响；三是获得信息途径的多样化改变了以往'两课'教育偏重于课堂教学及寓教活动的单一途径；四是为马克思主义人生观教育在知、信、行三个重要环节上提供了创新途径。"[①] 就网络时代、增进网络时代马克思主义人生观教育，他们提出了三点意见：一是加强正面引导，增强马克思主义人生观教育的时代性；二是创新教育途径，拓展马克思主义人生观教育的空间；三是改革教学手段，增进"两课"教育的实效性。可见，网络时代，人生观教育既碰到了难得的机遇，又面临着巨大的挑战。

（6）增强人生观教育实效性的研究。杨良奇认为，当前高校人生价值观教育存在的主要问题是认识有待进一步提高、手段创新有待进一步加强、育人氛围需要进一步改善。对于进一步增强大学生人生观教育的实效性，学者众说纷纭。杨一平认为："人生观教育要真正收到实效，就必须与真实鲜活的生活情境融为一体。只有将大学生的个人发展规划与人生观教育有机地结合在一起，才能引发他们对人生的主动探索与深入思考，并通过个体与社会之间的良性互动来促进个人的发展与社会的进步。"[②] 董丁戈、丁刚认为，对大学生进行有效的人生观、价值观教育，是一个长期复杂而又细微的工作，我们只有站在历史与现实的交汇点上，根据大学生人生观、价值观的现状与特点，在理论与实践的结合上下工夫，才能真正收到实效。张道理、华杰认为，要加强社会主义核心价值体系重要思想的教育，加强社会公德、爱国主义、集体主义和社会主义教育，要营造良好环境用先进典型优化大学生的人生价值观，要在社会实践中优化大学生的人生价值观。中共山西大学委员会认为，要深入进行人生观教育，必须同

---

① 李燕、邵林：《网络时代马克思主义人生观教育的几点思考》，《毛泽东邓小平理论研究》2002 年第 2 期。

② 杨一平：《对人生观教育的另一种解读》，《高等教育研究》2005 年第 11 期。

马克思主义的世界观教育结合起来，必须充分发挥干部教师的示范和主导作用，必须发挥"两课"在人生观教育中的主渠道作用，必须营造一个良好的精神氛围。李桂梅、张翠莲认为，要大张旗鼓地宣传和弘扬主旋律，对错误的社会思潮和思想观念要旗帜鲜明、理直气壮地予以抵制、驳斥和批判。要提高政治敏锐性和鉴别力，牢牢把握先进文化的前进方向，牢牢把握思想舆论的导向，牢牢把握社会主义核心价值体系的指导地位。学者们认为，要增强大学生人生观教育的实效性，要唱响主旋律，创造良好环境，紧密结合社会和个体的实际。

（7）人生观教育展望的研究。羊展文为我们进一步拓展了人生观教育的前景。他在《当代大学生人生观教育研究综述》一文中认为，大学生人生观教育研究需要进一步的深化、拓展和探讨。他认为，有四方面问题需要进一步研究：第一，关于人生观内涵要进一步丰富和充实的问题；第二，关于人生观教育研究中的主导性与多元性结合的问题；第三，关于当代大学生人生观形成过程的问题；第四，关于大学生人生观教育对策的问题。

（五）人生观研究对教学的启示

综上所述，学者从不同的视角对人生观进行了多角度、多层次的研究，对我们教学具有重要启示，主要有以下几点：

（1）要优化教学环境。学校是学生学习、生活、交往的最主要场所，是大学生人生观教育的主环境。美化校园环境、整顿校园秩序，营造积极向上的校园文化氛围，优化教育教学环境对学生人生观形成具有潜移默化的作用。家庭是学生人生观教育的启蒙，家庭成员、家庭氛围都对学生人生观有很直观深刻的影响，和睦温馨的家庭环境有助于大学生正确人生观的形成。经济和信息全球化、思想多元化对大学生树立正确人生观都有很大挑战，我们必须强化社会机制的调控、限制、规范作用，加强社会监督，营造健康、有序、和谐的社会氛围。学校、家庭和社会共同承担起大学生人生观教育的重任。

（2）要加强课程建设。要重视教学课程建设，丰富教材内容，与时俱进，注意将政治学、社会学、心理学以及交叉学科相关成果引进到人生观教育，进一步丰富和完善人生观的教育内容。

（3）要创新教学方法。要改变单纯道德说教，尊重大学生多元化需要。首先，要善于发现并及时解决现代社会政治、经济、文化、民生等方面与传统人生观教育碰撞所产生的现实焦点问题。其次，要打破传统人生观齐一化标准，改变教育者关于人生观批评者和主导者的角色地位，尊重学生个体成长环境和成长过程的差异性，建立平等互信的师生关系。再次，要丰富教学手段，充分利用现代多媒体，如视频、QQ、微博、微信等，用学生感兴趣的方式与学生沟通，在沟通中倾听、引导。最后，要密切关注教学效果的反馈，及时解决学生中存在的现实思想问题，注重学生主体上的人文关怀，客体上正面教育，坚持马克思主义不动摇。

（4）要加强教师队伍建设。要强化师德师风，肩负年青一代人生观教育重任的教育者除应具有一定的理论水平、合理的知识结构和丰富的学生工作经验外，自身必须具有坚定的马克思主义理想信念，积极进取向上的人生态度和高度的责任心。教育者自身的人格魅力在教学环节中对受教育者直接或间接的影响是不可忽视的。

（5）要重视理论教育，强化实践环节。传统人生观教育只注重单向灌输，忽视或轻视社会实践环节，这样，再生动的理论教育也很难对学生人生观产生深层次的影响，只有有目地、有计划地开展形式多样的社会实践，才能让学生在实践中消化、提升理论，而且这种社会实践应形成教育机制，正式列入教学环节。同时，认真做好人生观现状调查，有针对性地引导，加强对策研究，提高实效性。

（6）注重文化差异。要加强中西文化对比，倡导主流文化。一方面加大对西方文化的研究，认真吸收其优秀文化成果，同时要深入分析西方文化的弊端，提高学生明辨是非能力，抵制和消除不良文化对青年学生的侵袭和影响。另一方面，重视学习和继承中华民族优秀传统文化，充分发挥文化传承作用。

二　生态文明理论研究综述*

十八大把生态文明建设作为"五位一体"的重要组成部分，提出："必须树立尊重自然、顺应自然、保护自然的生态文明理念，把生态文明建设放在突出地位，融入经济建设、政治建设、文化建设、社会建设各方面和全过程，努力建设美丽中国，实现中华民族永续发展。"生态文明理论不仅成为近年的研究热点，也涌现了大量的研究成果，这些成果不仅扩展了我们的研究视野，也为我们对大学生进行生态文明教育提供了理论

＊ 作者：李小京，西安交通大学马克思主义学院博士生，陕西中医学院教师。

支撑。

　　生态文明理论主要形成于第二次世界大战以后。第二次世界大战后，工业化在全世界范围内的大规模扩展，以及与之相伴随产生的环境问题的日益严峻和人们对于生产力与科学技术相互关系的重新认识，是生态文明理论走向成熟的理论和实践基础。生态文明是经济全球化深入发展进程中出现的议题。研究生态文明问题，必须具有全球性的视野。当前具有全球性影响的生态文明理论体系主要有：西方生态文明理论、生态马克思主义、当代中国化马克思主义生态文明理论。其中西方生态文明理论和生态马克思主义是国外生态文明理论，当代中国化马克思主义生态文明理论是国内生态文明理论。

　　（一）西方生态文明理论

　　西方生态文明理论是20世纪60年代开始在西方发达国家产生，并不断得到发展的理论体系。西方生态文明理论围绕解决经济社会发展中的环境污染问题，涉及生产力发展、科技创新、技术批判和政治意识形态等有关社会发展的各个范畴。西方生态文明理论从狭义上说，是解决生态问题的理论；从广义上说，其实就是社会发展理论。这种对于生态文明内涵不同理解基础上的理论发展路径，在生态马克思主义和当代中国化马克思主义生态文明理论中也同样存在。前一种理论路径把生态文明作为一种现实的社会发展范畴，而后一种则把生态文明作为一种文明形态来进行考察。

　　20世纪80年代之前，生态运动和生态文明理论研究都是围绕对于"工业主义"的批判进行的。这主要是因为，第二次世界大战以后，世界范围的工业化程度快速提高，工业化进程中的环境污染问题在全球范围内日益严峻，成为世界性的不容回避的突出矛盾。20世纪60年代开始的生态运动以对"工业主义"的批判为主要内容，围绕"罗马俱乐部"提出的"增长的极限"的议题展开争论。争论的一方主张，为了防止环境污染问题的进一步恶化，应该限制工业化的发展进程，维持一种"零增长"的经济发展模式；另一方则主张，工业化进程中不断出现的环境污染问题，可以通过技术的改良得到治理。可以说，正是在这个观点基础上，形成了"科学技术是第一生产力"的观点。科技创新是经济社会发展的决定性因素逐渐成为人们的共识。然而从80年代开始，技术批判逐渐进入人们的视野，形成了生态运动和生态文明理论研究的新的范畴。到了20世纪末，技术批判开始成为生态运动和生态文明理论研究的主要范畴，科技创新成为批判的主要对象。这主要是因为，科技创新对于经济社会发展的决定性作用开始显现，科学技术逐渐作为一个相对独立的因素在经济社会发展中发挥作用，进而人们开始从人与自然的直接关系中重新认识生态问题。这时，科学技术已经面临着一个两难境地，一方面，要依靠科技创新解决人口、资源与环境问题，保证经济社会的可持续发展；另一方面，又要面对科技创新本身对于人与自然关系的影响。

西方生态文明理论在其发展的过程中，形成了一些重要的理论成果，其中具有整体意义的是对于人类中心主义的批判和对于技术与价值关系的探讨。对于人类中心主义的批判实质上就是对于人的社会实践价值的重新认识。提出人类中心主义批判议题的原因是生态问题已经危及人类社会的发展，迫使人们不得不重新思考人类改造自然的方式，试图改变社会实践的价值观念。所以，对于人类中心主义的批判实际上是对于工业社会主流价值观的批判。伴随对于人类中心主义的批判，人们提出了动物权利论、生命中心论和生态中心论等理论观点。这些观点的提出都促进了人们对于人与自然的关系和人的社会实践价值的重新认识。应该说对于人类中心主义的批判，并不是对于人的自身价值的否定；相反，是为了更好地实现人的价值。技术与价值的关系问题是生态文明理论对于工业社会进入一个新的发展阶段的理论回应。20世纪80年代，"科学技术是第一生产力"，科技创新是经济社会发展的决定性因素，这些观念为人们所普遍接受。这时，人们也开始对科学技术领域的一些传统观念（如技术的理性主义传统、技术工具论或者技术中立论）提出质疑，开始质疑技术的本质和价值，试图在技术与社会的联系中重新发现技术的价值，重新发现技术和自然的关系。在这些努力的基础上，西方科学技术的发展出现了伦理化的转向，科学技术哲学取代了科学技术的哲学，形成科学技术本体论、价值论、认识论和方法论这些新的理论范畴。有关科学技术理论的这些新变化，其目的指向都在于实现科技创新的生态化或者绿色科技。也可以说，对于技术与价值关系的探讨，催生了生态文明意识的出现。对于技术与价值关系的探讨，总结出的一个重要结论就是，人类在改造自然、创造和使用技术的过程中所产生的生态问题，其根源不在于技术本身，而在于人和社会，而且，当前科学技术的发展又促使人们在此基础上考察人与自然的直接关系。

西方生态文明理论产生的直接原因是对于金钱主义、消费主义和享乐主义生活方式的批判，以及对于科学技术异化为财富创造的工具的批判。西方生态文明理论集中表现为生态主义的主张。生态主义主张在解决人类社会存在的经济政治问题的基础上，把解决人与自然关系中存在的生态问题作为人类社会发展的终极问题。但是，生态主义的主张仍然是一种抽象的概念化的表述，还只是局限于生态中心主义与人类中心主义的论争，还缺乏一种实现的操作路径。改变金钱主义、消费主义和享乐主义的生活方式，改变科学技术异化为财富创造工具的状况，必须以根本改变资本主义的经济政治文化为前提，而不是对于资本主义经济政治文化的细枝末节的修补。可以说，生态主义的主张只能在一定程度上缓解资本主义发展过程中出现的生态问题，而不可能根本改变生态问题产生的资本主义经济政治文化根源。生态主义把解决人与自然关系中存在的生态问题作为人类社会发展的终极问题，实际上指出了当前人类社会发展的主要矛盾。但是，当前，人类科学技术的发展状况还处于生态问题不断大量出现的阶段，还处于一种不自由的状态，因此，生态主义也就不能提出解决生态问题的具体主张。

以不改变资本主义的经济政治文化为前提，西方生态文明理论提出了解决生态问题的一系列主张，形成了不同的流派，其中建设性后现代主义是具有领导性的一个流派。从现代性反思的角度来说，生态文明建设是一种建设性的后现代主义。"解构性"和"建设性"的后现代主义可以视为对于包括生态问题在内的工业文明所存在的问题进行分析和解决的不同主张。但是，后现代主义的最终目的是建设性的，解构和颠覆只是实现这种建设性过程中的一种手段。当前人类社会面临着最高秩序的改变。所谓人类社会的最高秩序的改变，应该是指世界观、价值观的改变和发展方式、生活方式的重新选择。发展方式和生活方式的重新选择，是经济发展和生态文明建设的双重要求。新的生活方式和发展方式的建立包括对于市场经济体制的改造。正确处理人与自然的关系，必须把人作为自然的一部分来考察人的价值，而不能把人的价值脱离自然的存在状况。虽然西方生态文明理论，包括建设后现代主义对于解决生态问题的重要性和建设生态文明的未来前景已经有了丰富的认识。但是，生态问题的根源在于社会，资本主义社会关系只能导致生态问题以一种新的形式出现。

西方生态文明理论是以解决经济全球化发展进程中出现的全球性生态问题为理论的根本目的。但是，在资本主义主导的经济全球化深入发展进程中，现存的国际经济政治秩序是生态问题产生的根本社会根源。西方生态文明理论具有过度维护发达资本主义国家的经济利益，忽视广大发展中国家利益的倾向。西方生态文明理论对于资本主义的批判是以维护资本主义制度为根本目的。当然，由于西方生态文明理论产生于发达资本主义国家高度发达的科学技术水平的基础之上，其关于人与自然关系的阐释，关于技术与价值关系的阐释仍然具有积极的理论意义。

西方生态文明理论的代表人物有美国的保罗·霍肯（Paul Hawken），其代表作是《自然资本论》和《商业生态学：可持续发展的宣言》；美国的霍尔姆斯·罗尔斯顿（Holmes Rolston），其代表作是《哲学走向荒野》和《环境伦理学》；挪威的阿恩·内斯（Arne Naess），其代表作是《浅层生态运动和深层长期生态运动论纲》和《面向21世纪的深层生态学》；美国的建设性后现代主义的领军人物约翰·柯布爵士（John B. Cobb Jr.），其代表作是《文明与生态文明》和《论生态文明的形式》。

（二）生态马克思主义

生态马克思主义是生态社会主义的理论反映。生态马克思主义与西方生态文明理论互相伴随着共同产生和发展，它们的研究对象都是资本主义社会工业化发展中的生态问题，只是其理论基础和根本目的不同。西方生态文明理论坚持资产阶级革命以来所形成的资本主义理论体系，虽然也批评资本主义制度，但是始终以维护资本主义制度为根本目的，具有无政府主义的倾向。生态马克思主义以马克思主义为理论基础，以批判资本主义制度，试图建立新的社会制度为根本目的，但是，限于其理论产生的现实社会条件，其理论主张主要是社会调和的论调。生态马克思主义是试图从马克思主义的原理、观点和方法出发，分析当今世界经济社会发展的主要矛盾，即生态问题，围绕解决生态问题所形成的各种理论观点。生态马克思主义在发展过程中形成了一些重要的理论流派和不同的理论观点。虽然其中的有些理论观点与马克思主义的基本原理相背离，但是，总体来看，这些观点对于理解当今世界的客观实际，解决经济社会发展中的重要问题具有积极的理论意义。

20世纪40年代，法兰克福学派创始人霍克海姆和阿多诺就在《启蒙的辩证法》一书中分析了启蒙运动的内在矛盾，提出了生态问题。面对第二次世界大战后西方资本主义高速发展过程中出现的种种问题以及苏联模式的弊端，各种社会思潮对其进行了分析和批判，主要是对于资本主义主导的经济全球化深入发展过程中的异化现象进行了分析和批判，提出了各种不同于斯大林时期社会主义观点的新看法，以期寻找西方社会的新出路，西方马克思主义就是其中最重要的思潮之一。20世纪60年代以来，全球性的环境危机日益严峻，无论是发达资本主义国家还是发展中国家都面临着环境问题的挑战，各种社会思潮不得不寻找解决环境问题的途径。在这种状况下，西方马克思主义也开始把关注的焦点转移到环境问题方面，并且在分析和试图解决环境问题的过程中，促使生态马克思主义成为西方马克思主义最为重要的流派。生态马克思主义在20世纪90年代进入了一个崭新的发展时期，以批判资本主义主导的经济全球化进程中的生态问题和展望未来社会为基础，形成了比较系统的理论。生态马克思主义的理论发展与生态社会主义运动的实践相呼应。生态社会主义产生于绿色运动的大本营——德国，要求建立一个由绿党和其他非暴力社会组织组成的广泛的群众联盟。

生态马克思主义以历史唯物论为指导，从制度批判和价值批判的维度解释了生态危机产生的根源，提出了通过社会制度和价值观的变革来解决生态危机的根本出路。生态马克思主义主张，应该把生态学与马克思主义相结合，并在此基础上分析资本主义主导的经济全球化进程中的生态危机和资本主义总危机，认为生态马克思主义可以克服资本主义生态危机和总危机，并进而实现生态平衡和经济稳定的社会。生态马克思主义的价值主张，不是简单地反对"生态中心主义"和"人类中心主义"，而是提出了新的人类生态学，这种人类生态学整体的内在逻辑经历了反对"自然中心主义"，到反对"工业帝国主义"，再到反对"生态帝国主义"的发展历程。生态马克思主义认为只有把生态价值观、科学技术及其发生作用的社会制度和生产方式作为一个整体予以考察，才能形成对于生态文明的准确认识。

应该说，从20世纪六七十年代西方生态运动诞生时起，运用马克思主义的原理、观点和方法分析生态问题，提出解决生态问题的对策措施就是生态运动的重要组成部分。"罗马俱乐部"的成员亚当·沙夫，曾经是波兰共产党意识形态负责人，被认为是共产党人中最早介入生态运动的人。生态马克思主义与西方生态文明理论在生态运动发展的不同时期，关注的核心问题基本相同。前期主要是对于工业主义的批判，20世纪90年代以来主要是技术批判。对于工业主义的批判，生态马克思主义主要集中于主导第二次世界大战后工业化大规模发展的资本主义体系，认为第二次世界大战后资本主义社会的主要危机是生态问题，资本主义制度是导致生态问题的根本原因。在生态马克思主义的理论流派中，法兰克福学派的技术批判理论是最具有现实性和解释力的理论体系。法兰克福学派是"西方马克思主义"中的主要流派之一。"西方马克思主义"致力于在西方的社会环境中发展马克思主义理论。早期的法兰克福学派从整体上说是一种社会批判理论，继承了马克思主义批判性的传统。应该说，早期的法兰克福学派是以技术批判为出发点的社会批判理论。

早期的法兰克福学派对于技术的批判主要在于两个维度：一个是技术化的社会，另一个是社会中的技术。前者体现在意识形态的技术化，后者则体现在作为意识形态的技术。法兰克福学派学者众多，研究领域非常广泛，其理论整体上被称为社会批判理论或者批判社会理论，人们对其理论关注比较多的是科学意识形态、工具理性、文化工业等研究范畴。总体上来说，了解其理论的起源或许有助于人们理解其理论主旨。法兰克福学派诞生的标志是卢卡奇的《历史与阶级意识》（1923）一书，在20世纪三四十年代以反对法西斯主义，追求"精神解放"而获得了"左派的"和"批判的"声誉。法兰克福学派认为，科学技术的"合理性"原先以征服自然为目的的，但是后来变成了国家垄断组织集团统治人的工具。法兰克福学派并不是以研究马克思主义为根本目的，但是，却不自觉地选择了马克思主义为其基本的理论工具。法兰克福学派在社会批判理论中形成的技术批判传统，在人与自然关系方面也得到了进一步发展，并且与生态马克思主义对于马克思主义理论体系的整体反思相结合，形成了以技术批判理论为理论基础，以生态文明为理论主题的生态马克思主义理论体系。

生态马克思主义的主要理论成果在于以生态问题为核心的比较系统的对于马克思主义理论体系的重新认识和技术批判理论。生态马克思主义对于马克思主义理论体系的重新认识立足于社会主要矛盾的改变，从人与自然关系的视角对于生产力发展、科技创新等社会发展的核心主题形成了新的价值评判，并且从这种价值观出发考察了资本主义社会关系的新发展。生态马克思主义对于以资本主义社会关系为基础的人们的生活方式也提出了批判性的意见。如果说生态马克思主义在20世纪90年代之前主要是作为西方马克思主义的主要流派着力于对马克思主义的整体性反思，技术批判理论则是在此基础上对于马克思主义某些重要观点结合科学技术发展状况的深入分析，是前一时期理论的延续和发展，或者可以说，生态马克思主义已经演变为技术批判理论。技术批判理论与科学技术哲学的发展方向基本一致，都注重从自然科学与社会科学的结合上理解科学技术问题。同时两者的侧重点又是不同的，技术批判理论注重从人、自然与社会的相互关系中考察生态问题，西方生态文明理论注重于技术与价值的探讨，而对于价值形成的现实社会环境缺乏足够的分析。

生态马克思主义结合现实问题对马克思主义理论进行了探讨和分析，但是，现实的社会环境还缺乏实现其理论主张的途径。而且，生态马克思主义理论流派众多，主张繁杂，其理论主张缺乏现实的内在统一性。当然，生态马克思主义对于资本主义主导的经济全球化进程的全面批判和对于马克思主义理论的全面而深入的分析和发展仍然具有积极的理论意义。

生态马克思主义的代表人物有英国的瑞尼·格仑德曼（Reiner Grundmann），其代表作是《马克思主义与生态学》和《生态学对马克思主义的挑战》；英国的戴维·佩珀（David Pepper），其代表作是《当代环境主义的根源》和《生态社会主义：从生态学到社会公正》；英国的泰德·本顿（Ted Benton），其代表作是《马克思主义与自然极限：一个生态批判和重建》；加拿大的威廉·莱斯（William Leiss），其代表作是《自然的控制》。

（三）当代中国化马克思主义生态文明理论

党的十七大把生态文明作为构建社会主义和谐社会的重要内容，党的十八大把生态文明建设作为中国特色社会主义"五位一体"总布局的重要组成部分，这给我们提出了当代中国化马克思主义生态文明理论研究的重要任务。国内当前已经具有丰富的生态文明相关理论研究，包括对马克思恩格斯生态伦理思想的研究、科学技术哲学的研究、中外环境伦理思想的研究、解决生态问题的对策措施的研究，以及前述的西方生态文明理论研究和生态马克思主义的研究，等等。这些研究对于认识和解决中国特色社会主义建设进程中的生态问题，提供了必要的理论依据。但是，作为中国特色社会主义理论组成部分的当代中国化马克思主义生态文明理论研究还处于起步阶段。是否应该建立当代中国化的以建设生态文明为出发点的社会发展理论是一个仍然需要继续探讨的问题，但是，理解中国特色社会主义理论却必须具有一个生态文明的视角，具体来说，就是从生态文明的视角理解科学发展观。作为科学发展观的重要组成部分，当代中国化马克思主义生态文明理论研究主要包括三个方面的内容：马克思主义生态伦理思想的研究、生态文明与科学发展观相互关系的研究和解决生态问题的对策措施的研究。

生态文明是人类文明的新的历史选择，是对于工业文明的扬弃，是一项系统工程。马克思恩格斯生态文明思想为今天的中国特色社会主义生态文明建设提供了基本的思想基础。建设生态文明是贯彻落实科学发展观的重要方面，而且是最具有决定性作用的方面。建设生态文明，为人类开辟了一条人与自然和谐相处的道路，是党和国家不得不面对的重大问题。为此，必须从马克思恩格斯的生态文明思想中寻找思想的启迪。马克思恩格斯在分析批判资本主义制度的过程中形成的人、社会与自然相互关系的思想，以及相关的观点和方法，为认识和解决生态问题，提供了基本的理论工具。马克思恩格斯的生态文明思想是一种人化自然基础上的人与自然和谐相处的自然观，这种自然观区别于教条的"自然中心主义"、"工业中心主义"和"生态帝国主义"，体现了人与自然和谐相处的辩证法观点，这种自然观超越了人类中心主义和非人类中心主义的争论，是人与自然有机统一的，自然主义与人道主义有机统一的生态人本主义。当前研究当代中国化马克思主义生态文明理论就是要从马克思恩格斯生态文明思想出发，结合中国生态文明建设的实际，按照整体性的原则，开辟一个马克思主义研究的新领域。

应该说，当代中国化马克思主义生态文明理论就是坚持马克思主义的立场、观点和方法，以马克思恩格斯生态文明思想为基础，以解决当今世界和当前中国经济社会发展中的生态问题为目的，形成的关于人、社会和自然相互关系的科学认识，以及处理它们相互关系的价值准则。关于马克思主义生态文明思想，当前的理论研究主要是围绕马克思主义的当代价值，马克思主义的全球化理论与生态文明的全球性、马克思恩格斯的生态文明思想等问题展开，并且形成了一些基本的共识：第一，坚持马克思主义的立场、观点和方法，是认识和解决当今世界和当代中国实际问题包括生态问题的基本理论要求，促进马克思主义的时代性是马克思主义理论研究的重大任务。第二，马克思主义有全球化的理论，具有解决生态问题所要求的全球视野。第三，马克思恩格斯生态文明思想所提出的人、社会、自然的相互关系的思想和人与自然"两个和解"的价值准则，为马克思主义生态文明思想提供了理论基础。第四，在解决当今世界和当代中国的生态问题的过程中发展马克思主义生态文明思想，是其保持生命力和时代性的必然要求。

生态文明与科学发展观的关系实际上涉及生态文明、科学发展观和社会和谐三者之间的关系。生态文明与社会和谐之间的联系通过其与科学发展观的联系得以实现。建设生态文明是贯彻落实科学发展观，全面建成小康社会的重要内容；构建社会主义和谐社会与贯彻落实科学发展观则是目的和方法的关系，而且它们具有共同的价值主题即以人为本。在党的重要文献中，生态文明与科学发展观是局部与整体的关系，生态文明作为统筹兼顾的要素出现。但是应该注意到，由于生态文明建设在当今世界和当代中国经济社会发展中的突出地位，从生态文明的视角理解科学发展观虽然不是唯一的，却是最重要的。在有关科学发展观的理论研究中，从生态文明的视角理解和阐释科学发展观与社会和谐是当前的一个热点问题。在此基础上，通过对有关的建设生态文明对策措施的研究，形成了一个围绕生态文明的研究领域。

当代中国化马克思主义生态文明理论是从中国经济社会发展的实际出发，坚持马克思恩格斯生态文明思想的基本观点，总结近代以来工业化现代化发展进程中生态文明理论和实践发展的基本经验，特别是 20 世纪 70 年代末以来科学技术的大发展对于人类文明发展的实际状况，提出的用以指导中国生态文明建设的理论体系。当代中国化马克思主义生态文明理论是一个在实践中不断丰富和完善的开放体系。

当代中国化马克思主义生态文明理论的代表人物有：徐崇温，其代表作是《科学发展观推进了人类发展理论的创新发展》；周兰珍，其代表作是《论科学发展观为中国生态伦理建设提供的价值视阈》；韩永进，其代表作是《马克思对人与自然关系之生态阐释》；陈学明，其代表作是《马克思唯物主义自然观的生态意蕴——约翰·贝拉米·福斯特对马克思主义的解释》；冷鹤鸣，其代表作是《科学发展观：生态文明世界观的理性自觉》；何建坤，其代表作是《在公平原则下积极推进全球应对气候变化进程》。

（四）有关生态文明观的学术争鸣

李艳艳在《传统生态文明观四问》（《江淮论坛》2012 年第 4 期）一文中对当前较为流行的生态文明观提出了四大质疑：

第一，生态文明是替代工业文明的人类文明新形态吗？她认为，"生态文明是继原始文明、农业文明、工业文明之后的人类文明新形态"① 的观点的认识误区：一是生态问题并非工业社会所独有，在前工业社会就已经存在。二是导致生态危机的元凶不是工业文明，而是以营利为目的的资本主义工业文明。三是生态危机并非人类天性的必然产物，而是现代人的贪婪所致。

第二，生态文明的价值目标就是协调人与自然的关系吗？她认为，"生态文明旨在通过保护环境、治理污染，协调人与自然的关系。"② 这种观点的认识误区：一是仅把自然作为人类的改造对象，忽视了人也是自然界的组成部分。二是孤立地仅把生态问题看作自然环境问题，忽视了生态问题的社会属性。她认为，"从价值目标来看，生态文明不仅要协调人与自然的关系，更重要的是要保障每个人公平享有生态权益。处理人与自然的关系关键在于处理好人与人的关系。"

第三，生态文明建设的基本要求能等同于按自然规律办事吗？她认为，"生态文明建设就是要尊重自然、严格按照自然规律办事"③，这种观点的认识误区：一是人类对自然规律的认识程度随人类实践活动的深入而发展。二是人类认识自然规律的过程体现了人类多样化的生态价值。

第四，生态文明的实现途径只能依靠经济、技术手段吗？她认为，建设生态文明的方式关键在于积极发展循环经济和低碳技术④以及形成节约能源资源和保护生态环境的产业结构、增长方式、消费模式的观点⑤，其认识误区在于仅从经济角度认识生态文明，忽视了生态文明也是一个思想意识范畴。

《传统生态文明观四问》一文提出的四个问题，对我们进一步深化对生态文明观的认识，有着积极的意义。

---

① 王宏斌：《生态文明与社会主义》，中央编译出版社 2011 年版。

② 陈寿朋：《生态文明建设论》，中央文献出版社 2007 年版。

③ Paul W. Taylor, *Respect for Nature: A Theory of Environmental Ethics*, Princeton: Princeton University Press, 1986.

④ 黄承梁：《不断深化生态文明建设的认识与实践》，《人民日报》2012 年 5 月 22 日第七版。

⑤ 《十七大以来重要文献选编》，中央文献出版社 2009 年版。

第四章　全面提高公民道德素质研究综述*

　　"作为处理个人与他人、个人与社会、人与自然之间关系的行为规范和实现自我完善的重要精神力量，道德发挥着认识和调节的重要作用。大学生要继承和弘扬中华传统美德、中国革命道德，全面把握社会主义道德建设的核心、原则，养成良好的道德品质"是本章的核心理论观点。全面提高公民道德素质，是道德建设的着力点和重要目标。十八大闭幕后，在思想道德领域，关于全面提高公民道德素质的研究正在继续升温。

　　道德是提高人的精神境界、促进人的自我完善、推动人的全面发展的内在动力。历史和现实反复表明，一个社会是否文明进步，一个国家能否长治久安，很大程度上取决于公民思想道德素质。党的十八大报告指出：全面提高公民道德素质，这是社会主义道德建设的基本任务。要坚持依法治国和以德治国相结合，加强社会公德、职业道德、家庭美德、个人品德教育，弘扬中华传统美德，弘扬时代新风。改革开放特别是党的十六大以来，中国共产党始终把公民道德建设放在党和国家全局工作重要战略地位，坚持物质文明和精神文明两手抓，显著提高了全民族思想道德素质，为坚持和发展中国特色社会主义提供了强大精神力量。与此同时，我国思想战线上的理论和实践工作者围绕如何全面提高公民思想道德素质这一课题也进行了大量的研究和探索，取得了丰硕的成果，出版了相关的研究专著及诸多通俗读物，发表的论文数量也相当可观。本部分拟就十六大以来学术界就全面提高公民道德素质这一主题的主要研究成果进行梳理和概括，以期进一步深化全面提高公民道德素质研究的方向和路径，切实推进全面提高公民道德素质研究的进展。

（一）社会主义核心价值体系与公民道德建设研究

　　社会主义核心价值体系是兴国之魂，决定着中国特色社会主义发展方向。社会主义核心价值体系是一个包括思想理论、理想信念、道德准则、精神气质和社会风尚等内容的价值认同整体，它界定了社会主义核心价值、道德意识和道德规范，对于公民道德素质研究是一种理论意义上的升

＊　闫艳，西安交通大学马克思主义学院出站博士后，天津师范大学马克思主义学院教授。

华。用社会主义核心价值体系引领社会思潮、凝聚社会共识、推进公民道德建设研究是近些年来学界研究的一个热点和重点。围绕社会主义核心价值体系与公民道德建设的关系问题，佘双好、田贵华指出：社会主义核心价值体系和社会主义思想道德建设是中国特色社会主义文化建设的两个重要概念，它们既有各自作用领域和着力点，又相互联系和贯通，并且在很多方面融为一体。在两者关系中，社会主义核心价值体系起着导引社会主义思想道德建设的重要作用，社会主义核心价值体系具有明显的层次性和深厚的思想道德建设意蕴，应以社会主义核心价值体系引领广大人民群众发挥思想道德建设的主体作用，弘扬社会主义的主流思想道德价值，抵制思想道德领域错误思潮，推动社会主义思想道德建设的新实践，促进中国社会主义文化的繁荣与发展。① 龙静云指出：社会主义核心价值体系是社会主义道德的价值源泉和精神依托，社会主义道德是社会主义核心价值体系的具体体现和内容要求；社会主义核心价值体系重在建设，道德建设是社会主义核心价值体系建设的重要途径之一。以社会主义核心价值体系引领道德建设，在理论上，应深刻揭示核心价值体系建设与道德建设的内在关系；在具体的建设过程中，则涉及道德建设机制建立、道德建设理念重构、道德建设规范建构、道德教育活动展开、不同群体的道德实践、道德建设实效性提升等重要问题的研究和探索。② 曾建平、代峰指出：公民道德建设是使社会主义核心价值体系得到广泛认同的重要实践方式，这是由于社会主义核心价值体系是公民道德建设的灵魂和根本，而道德价值是核心价值体系的构成和基础。因此，公民道德建设如何在实践中创新主体、创新内容、创新形式、创新方法，决定着社会主义核心价值体系在何种程度上成为社会成员的共识。③ 王泽应指出：公民道德建设既是社会主义核心价值体系建设的重要方面，又体现和反映着社会主义核心价值体系的要求。社会主义核心价值体系必须贯彻到公民道德建设过程中去，并成功地引领公民道德建设，只有这样，核心价值体系才能真正担当社会价值导向

---

① 佘双好、田贵华：《论社会主义核心价值体系与社会主义道德建设》，《思想政治教育研究》2009 年第 1 期。

② 龙静云：《社会主义核心价值体系引领道德建设论纲》，《华中师范大学学报》（人文社会科学版）2011 年第 6 期。

③ 曾建平、代峰：《公民道德建设与核心价值认同》，《道德与文明》2010 年第 6 期。

和价值培育的职责，成为价值整合和价值凝聚的枢纽和原点。① 张进蒙就如何在多变的社会文化环境中塑造社会成员正确的世界观和人生观，践行社会主义核心价值体系这一问题指出：公民道德建设是破解这一难题的根本。他认为，只有不断加强公民道德建设，通过道德实践内化社会成员的道德意识，培养社会成员良好的思想观念，在社会树立正确的道德规范，才能建设和谐稳定的社会秩序，让社会成员在道德建设中增进对社会主义核心价值体系的整体认同感，促使社会成员主动接受核心价值体系倡导的基础价值观、共享价值观、共同价值观和最高价值观，在世界观和人生观上与社会主义意识形态相适应。如果道德建设不力，社会成员则转而认同消极、落后的价值体系，非核心价值体系在社会占据重要地位，最终结果是社会意识形态混乱，社会动荡不安，危及社会和谐稳定。② 张露认为，社会主义核心价值体系对公民道德建设的引领与推进主要体现在四个方面：增强公民的主体意识，坚持公民的道德建设主体地位；培育公民的责任意识，塑造具有道德责任感的社会公民；拓展公民道德建设的内容，使之更加丰富和完善；在践行的方式上，注重公民的价值认同与道德内化。③ 唐凯麟、张静指出：社会主义核心价值体系具有得到公民认同的理论和现实、内在和外在的基础，并且它一旦被公民所广泛认同，便会对公民道德建构产生巨大的影响和作用，因此可以从社会主义核心价值体系入手，通过培养敏锐的道德判断能力、理性的道德选择能力；提高道德自觉，增强主体意识和责任意识；树立道德信仰，构建完满公民道德人格等几方面来建构公民道德。④ 董朝霞指出：公民道德建设，以社会主义核心价值观作为科学的指导理论，而社会主义核心价值观的培育践行，又作为实际内容和要求寓于公民道德建设活动中。二者在理论和实践上的内在契合性和互动性，以及由此而表征出的同源性逻辑、共通性逻辑和互动性逻辑，在新时期的意识形态建设和思想宣传工作中越来越交融呈现，辩证统

① 王泽应：《论社会主义核心价值体系与公民道德建设的关系》，《道德与文明》2010年第6期。
② 张进蒙：《践行社会主义核心价值体系与推进公民道德建设》，《陕西社会主义学院学报》2011年第3期。
③ 张露：《社会主义核心价值体系引领公民道德建设的思考》，《当代世界与社会主义》2013年第2期。
④ 唐凯麟、张静：《社会主义核心价值体系的公民认同和道德建构研究》，《伦理学研究》2014年第1期。

一于中国特色社会主义先进文化发展和精神文明建设中。她认为，随着社会主义核心价值观培育践行的不断加强，公民道德建设在明确的社会主义价值导向下将得以不断加强。①

二 社会主义和谐社会构建与公民道德素质提升研究

构建民主法治、公平正义、诚信友爱、充满活力、安定有序、人与自然和谐相处的社会主义和谐社会，是当前我们全党全国面临的重要而艰巨的任务。这个课题包含的内容极为丰富，其中公民道德素质的提升是一项基本的工程，必须真正摆在重要位置，认真加以对待，不断向前推进。学者们围绕社会主义和谐社会构建与公民道德素质提升问题展开了深入的探讨。程龙指出：公民道德素质应该成为社会主义和谐文化的重要支撑点。他认为，和谐文化是和谐社会的根基和灵魂，是和谐社会的重要特征。在构建社会主义和谐社会的过程中，建设与和谐社会相适应的和谐文化，其重要性和紧迫性不言而喻。而建设社会主义和谐文化要真正取得成效，就必须高度重视公民道德素质的提升，把公民道德素质作为社会主义和谐文化的重要支撑。只有不断提升公民思想道德素质，丰富人民群众的精神文化生活，使人们的精神世界得到更好的陶冶，使整个社会逐步形成平等友爱、诚实守信、互帮互助、融洽相处的风尚，才能将社会主义和谐社会的目标逐步变为现实。② 魏雷东指出：全面提升公民道德素质研究，要着眼于理论与实践的统一、历史与现实的关联，立足于当代中国构建和谐社会的实际，以和谐为基点和主线，致力于探讨当代中国公民道德建设的必要性和现实可能，整合并吸收思想史相关主题的学术资源，分析当代思想家对于道德问题的思考，为当代中国公民道德建设提供文化参照和理论辩护。③ 夏伟东指出：公民道德建设要为我国社会的政治文明、为各级干部的清正廉洁做出重要的贡献，应当将此作为全面小康社会与和谐社会的重要道德目标来追求。关于和谐社会中公民基本的道德标准是什么，夏伟东认为，从社会公德来看，应当是看"礼让"的水平；从职业道德来看，关键应当看"敬业"的水平状况；从家庭道德来看，应当看承担"责任"

① 董朝霞：《践行社会主义核心价值观和公民道德建设的内在逻辑探研》，《山东青年政治学院学报》2015年第1期。
② 程龙：《大力加强公民道德素质与和谐文化建设》，《光明日报》2006年12月6日。
③ 魏雷东：《和谐社会视阈下的公民道德建设研究》，中国社会科学出版社2011年版。

的水平状况。^① 马宁指出：社会主义和谐社会构建的主体要以平等、自由、参与、公正、理性的公共精神推动和谐事业的发展。公民道德并非每个人先天就具有的，公民道德需要培养。在公民实际地参与公共事务之前就进行，并采用多种形式，包括正式的、非正式的形式，也包括知识性内容的学习和实际的观察、参与、体验等感受性学习，公民道德的培养效果才更佳。^② 覃凤英认为，构建社会主义和谐社会，必须提升公民的道德素质。提升公民的道德素质有助于协调人们在日常工作和生活中产生的矛盾和分歧，形成和谐的人际关系，有利于保持和促进社会主义市场经济健康有序发展，有利于增强人们构建社会主义和谐社会的能力。为此她认为，提升公民道德素质：一是要承接中华民族的传统美德；二是要树立正确的义利观；三是要以诚信友爱为重点；四是营造以和谐为基调的舆论导向和社会氛围。^③ 于健慧指出：构建社会主义和谐社会，是中国共产党提出的一种社会发展战略目标。现代公民应有的品格应该包括这样几个方面，即"爱国守法、明礼诚信、开放包容、妥协节制"，其内涵与和谐社会特征呈一一对应的关系。这四个方面是和谐社会构建之根基。现实中，公民道德品格的缺失是和谐社会构建之障碍。构建和谐社会之理性选择就是要培育公民道德品格，其主要途径是：建立公民道德品格培育长效机制，强化学校主阵地和新闻媒体造势作用，经常开展强化公民意识的各种实践活动，营造公民文化氛围。^④ 葛晨虹指出：和谐社会是一种具有民主法治、公平正义、诚信友爱、充满活力、安定有序、人与自然和谐相处等基本特征的社会发展模式。建设社会主义和谐社会需要全体民众达成道德共识，遵循共同的道德规范和伦理精神。为促进新形势下道德共识的达成，应该采取如下路径：其一，强化价值引领，发挥社会主义核心价值体系的导向作用；其二，注重公民品格教育，凸显道德共识构建的主体条件；其三，建立利益协调及法律机制，完善道德共识构建的制度保障；其四，倡导理性和谐的社会互动，营造道德共识构建的社会心理。^⑤

---

① 夏伟东：《小康社会、和谐社会与道德建设》，《江苏社会科学》2005 年第 4 期。
② 马宁：《构建社会主义和谐社会的道德思考》，《北京青年政治学院学报》2006 年第 1 期。
③ 覃凤英：《和谐社会的构建与公民道德素质的提升》，《党史文苑》2006 年第 3 期。
④ 于健慧：《公民道德品格培育视角下和谐社会构建》，《江淮论坛》2014 年第 4 期。
⑤ 葛晨虹：《道德共识的达成与和谐社会建设》，《光明日报》2015 年 7 月 24 日。

三　中国传统文化与现代公民道德建设研究

任何一个民族的存在和发展，都离不开其在长期的历史实践中孕育而成的优秀的思想道德传统的支撑。尊重民族的历史发展，发掘民族的优秀思想道德传统，并使其随着时代的进步不断超越自身，不断与时俱进、弘扬光大，是一个民族繁荣昌盛、立于不败之地的客观要求。学界围绕中国传统文化与加强社会主义思想道德建设关系问题也做了大量研讨。吴潜涛指出：中国古代思想道德传统中的为民族、为社会、为国家而献身的整体主义思想和爱国主义精神，同中国革命传统道德中的关心人民、爱护人民、献身人民、献身祖国的集体主义思想和爱国主义精神有着民族的思想渊源关系。中华民族思想道德传统中的"见利思义"、"见得思义"、"先义后利"和"以义求利"的思想，能够使广大人民更容易、更亲切地接受和认同社会主义道德的以人民利益、国家利益为基础的义利并重的价值观念，因而也就更有利于我们反对自私自利、唯利是图、损人利己、损公肥私的腐朽思想。同样，我国革命传统道德中的对社会主义和共产主义的坚定信念和对理想人格的执着追求，也就是中国优良道德传统的"杀身取义、舍生取义"在社会主义革命和建设时期的飞跃和升华，是这一思想在社会主义时期的新的时代体现。因此，弘扬中国优良道德传统和新时代的革命传统，并使二者有机地结合起来，能更好地形成有中国特色的社会主义的新道德，更有利于提高广大人民群众的道德水平。① 闫国明、任树芳指出：在全国大力加强公民道德建设和文化建设的新形势下，应当鼓励并组织人文社会科学工作者积极挖掘中国传统文化和宗教中的伦理观念、道德规范，做出现代性的诠释，并且在自己力量所及的领域进行宣传，以与社会公民的道德建设相适应。要继承中华民族几千年形成的传统美德，发扬我们党领导人民在长期革命斗争与建设实践中形成的优良传统道德，积极借鉴世界各国道德建设的成功经验和先进文明成果，在全社会大力宣传和弘扬解放思想、实事求是、与时俱进、勇于创新，知难而进、一往无前，艰苦奋斗、务求实效，淡泊名利、无私奉献的时代精神，使公民道德建设既体现优良传统，又反映时代特点，始终充满生机与活力。②

---

① 吴潜涛：《发掘和弘扬中华民族古代优秀思想道德传统》，《学校党建与思想教育》2006年第 3 期。

② 闫国明、任树芳：《中国传统文化与现代公民道德建设》，《中共石家庄市委党校学报》2012 年第 7 期。

李莹指出：中国传统道德教育理论针对理想人格的培养，提出"德教为先修身为本"思想。发掘其道德教育资源，并加以运用和转化，对当代我国公民道德人格的培养具有重大的理论和现实意义。她认为，中国传统道德的核心问题就是修养问题，始终强调并坚持"修身为本"，是古代道德中最具有中国特色的内容，古代思想家提出的立志、存养、克制等修养方法，既是对人类道德修养理论和实践的重大贡献，也是留给我们的宝贵精神财富。① 常江指出：中国人有自己的生活方式和价值标准，对于公民道德的建设也应在传统的文化资源中汲取养料。道家德行原则所奉行的"不盈"（约等于"不自满"）原则，无疑是对物质极大丰富、经济极大繁荣所带来的精神层面的"盈余的空虚"的最有力的制衡。简单地引入一些道德行为标准，或许便于宣传，却无法解决根本上的问题。只有促使人们对这个以"盈余"为特征的时代展开内心深处的反思，我们的道德建设才能有实质的成效。②

四　全面提高公民道德素质途径研究

提高公民思想道德素质是社会主义精神文明建设和社会道德建设的重要内容，是增强中国特色社会主义软实力的主要举措。围绕全面提高公民道德素质的途径研究方面，学者们纷纷献计献策。王勤指出：公民道德素质的培养与提高是一项艰巨复杂的系统工程，提高公民素质是一个潜移默化、长期积累的过程，绝非一朝一夕所能达到，因此需要全社会共同关注和长期努力。具体来说，一要加大文明素质教育力度；二要扩大文明意识宣传影响；三要完善公民道德素质提高工作机制；四要建立提升公民道德素质监督机制；五要抓好公民道德素质建设的长效机制。③ 卓越指出：改革开放以来，我国公民道德素质建设取得了显著成绩，已初步形成了适应社会主义市场经济体制的思想道德体系。这是我们党提出构建社会主义和谐社会的重要依据。但是，我国现在仍处在社会主义初级阶段，道德能力建设的水平还不高，与社会主义和谐社会的新要求还不相适应，甚至出现了道德滑坡的现象。因此，提升公民的道德素质显得尤为重要和紧迫。一是承接中华民族的传统美德；二是树立正确的义利观；三是以诚信友爱为

---

① 李莹：《"德教为先修身为本"思想对公民道德人格培养的启示》，《郑州大学学报》2007 年第 2 期。

② 常江：《从中国传统德性原则看公民道德建设》，《光明日报》2015 年 7 月 15 日。

③ 王勤：《关于提升新时期公民道德素质的思考》，《新闻世界》2012 年第 3 期。

重点；四是营造以和谐为基调的舆论导向和社会氛围。① 赵立指出：提高公民道德素质，一方面，我们应该通过道德自律自觉地改变人的创造方式、生产方式、生活方式，从每个人自身做起，摒弃不文明、不道德的生活陋习，确立维系健康、文明社会正常运转的社会公德。另一方面，当社会倡导的道德原则、道德规范还没有成为人们自觉的意识和自觉的行为时，仅仅依靠道德教育的规劝是难以奏效的。在这种情况下，就需要辅之以强制性的他律手段。社会主义道德风尚的形成、巩固和发展，要靠教育，也要靠法制。把道德的要求上升为惩戒性的法律和制度约束，才能保护大多数社会成员免受不道德行为造成的侵害，只有通过有力的制度约束，才能引导人们的道德行为沿着社会道德准则体系所要求的方向发展，并通过强制性的惩戒使那些尚未具备自律能力、不能自觉遵守道德准则的人放弃、改变其不道德的行为，进而在实践中受到教育。他同时强调，在人们物质文化生活水平得到较大提高、较富裕的社会环境里，提高公民的道德素质，在运用强化道德教育、道德他律手段的同时，更应注重培养公民的道德自律精神。② 李菱、李艳玲以常州市"道德讲堂"现象为例，指出：公民道德建设既要坚持弘扬中华民族的传统美德，又要与时俱进，贴近实际、贴近生活、贴近群众；公民道德建设必须坚持以群众为主体，充分激发群众的创造力，才能拥有生命力；公民道德建设要注重分层渐进，注重长期坚持，才能收到实效。他们强调，"道德讲堂"之所以能够在不长的时间内取得明显的成效，一个重要的原因就是充分考虑到人们道德状况的层次性和差异性：一是按照不同类型人群的不同情况，设置了七种不同类型的"讲堂"。二是按照每一类"讲堂"的主要对象，设置了不同的工作侧重点。三是在内容安排上，围绕社会公德建设，以"礼仪"为重点；围绕职业道德建设，以"诚信"为重点；围绕家庭美德建设，以"和睦"为重点；围绕个人品德建设，以"友善"为重点。四是在"讲堂"形式上不拘一格、灵活丰富，充分体现了分类指导、分层施教、循序渐进的原则。③ 王伟、赵爱玲指出：加强公民道德建设，就必须积极探索新形势下公民道德建设的特点和规律，把公民道德建设融入社会主义核

---

① 卓越：《公民道德素质是构建和谐社会的根基》，《马克思主义与现实》2008 年第 2 期。

② 赵立：《全面建设小康社会与提高公民道德素质》，《理论月刊》2004 年第 1 期。

③ 李菱、李艳玲：《用道德的力量促进社会的和谐发展——从常州市"道德讲堂"看如何加强公民道德建设》，《红旗文稿》2011 年第 9 期。

心价值体系。具体而言，公民道德建设必须坚持马克思主义的指导地位；中国特色社会主义共同理想是公民道德建设的核心理念；培育民族精神和时代精神是公民道德建设的价值目标；树立社会主义荣辱观是公民道德建设的基础工程。此外，要更加注重做好抓基层、打基础工作，把公民道德建设各项任务落实到城乡基层；要进一步提高舆论引导能力，努力掌握话语权、赢得主动权，使社会舆论在公民道德建设中发挥更加有力的作用。[1] 刘光斌指出：培养公民良好的道德行为，加强公民道德建设是一项长期而紧迫的任务，需要营造一个良好的道德生态，需要社会各界的共同努力，因此，必须把公民道德建设看成一个系统工程，营造一个适应公民道德建设的道德生态。即营造公民道德建设的生命系统：公民；营造公民道德建设的环境系统：各种社会因素；营造公民道德建设的生态平衡：制度。[2] 卢勇指出：每个公民既是道德建设过程的参与者，也是道德建设成果的直接受益者。为此，必须要坚持在各种类型的群众性精神文明创建活动中突出思想内涵，强化道德要求，使人们在自觉参与中思想感情得到熏陶，精神生活得到充实，道德境界得到升华。具体而言，第一，以广泛开展各类文明主题评选为载体，拓展各类群众道德实践活动。第二，要善于发现和运用先进典型，广泛开展向先进典型学习的活动。第三，充分利用各种重要节日、纪念日，开展群众广泛参与的道德实践活动。第四，积极倡导开展必要的礼仪、礼节、礼貌活动，引导人们进行道德实践。[3] 李滨指出：长期以来，在党和国家的高度重视和大力推动下，我国社会主义公民思想道德素质教育得到了不断加强，已积累了许多有益的经验。不过在新的形势下，还必须以求真务实的态度，根据新的历史任务、新的时代特点研究规律、继续创新，并在实践中进一步改进思想道德教育工作体制和加强队伍建设。他强调，各级党委和政府必须在公民思想道德素质教育中体现政治责任，切实采取措施加以落实；理论研究、教育教学机构和大众传媒必须在公民思想道德建设中体现社会责任感，坚持正确的宣传舆论导向；全社会成员积极自觉参与，形成思想道德建设的良好社会环境。[4] 张

---

① 王伟、赵爱玲：《固本强基切实抓好公民道德建设》，《求是》2012 年第 3 期。

② 刘光斌：《公民道德建设的生态分析》，《理论与改革》2009 年第 2 期。

③ 卢勇：《关于公民道德建设的思考》，《山西高等学校社会科学学报》2012 年第 7 期。

④ 李滨：《论邓小平公民思想道德素质标准的传承与创新》，《毛泽东思想研究》2008 年第 2 期。

宜海指出：公民道德的动力不足，是当前我国道德生活和道德教育面临的突出问题，甚至出现故意作恶、自己不为善甚至抨击别人为善、几乎否定任何道德宣传说教等极端现象。在认真分析了公民道德动力不足的原因基础上，他提出了增强公民道德动力的对策，即用科学的道德观引导人们的生活；利用制度的力量引导人们向善；通过道德训练培养"道德人"；解决"道德之知"与"道德之行"的矛盾；创建德、利、福相统一的道德环境。①

综上所述，学界自十六大以来聚焦社会主义核心价值体系与公民道德建设、和谐社会视域下公民道德素质提升、传统文化与公民道德之间的关系及公民道德素质提高的途径等问题进行了广泛的探讨、研究，这些研究一定程度上为我们进一步研究全面提高公民道德素质这一课题提供了很好的指导作用，从而推动了公民道德建设的步伐。但是成绩不能掩盖问题，国内目前的研究应然色彩较浓，实证程度还不够高。此外，缺乏从学科交叉的视角对这个问题的探讨。这些问题希望在以后的学术研究中能够得到重视和加强。

第五章　遵守道德规范　锤炼高尚品格研究综述*

公共生活、职业生活与婚姻家庭生活，是人们社会生活的重要领域，也是个人品德形成的重要领域。"遵守公共生活中的道德规范、加强道德修养，是锤炼人的思想品德、提升人生境界的重要途径"是本章的核心理论观点，围绕这一核心观点，以及本章所涉及的其他重要观点，我们对理论进行了综述研究。

一　大学生公德意识及其培养研究综述

经济全球化的发展使得公共生活领域涉及范围越来越广，对人们的影响也越来越大。因此提高大学生公共生活的道德规范知识的素质培养，是大学生面向社会的重要知识和技能。对大学生的公共生活的道德规范知识的素质培养也有利于提高全民素质，提高我国文明程度，进而提升国际形

---

① 张宜海：《公民道德动力不足的原因和对策》，《学校党建与思想教育》2015年第6期。
*作者：宋宝萍，西安交通大学马克思主义理论博士生，西安电子科技大学副院长、教授；谢玉进，中央财经大学副教授。

象和影响力。因此本文是以时代为背景，以社会需要为基础，以课程教学为桥梁，以提升大学生在公共生活领域的规范和道德的培养为目的，树新时期大学生形象，树新时期社会风貌。

（一）理论观点及研究现状

（1）公共生活领域的研究。公共生活是人类生活领域不可或缺的重要部分，大学生虽然生活在象牙塔中，但仍与公共生活发生着必然联系。从公民责任角度来探讨公共生活，是近年来研究的一个热点。围绕公民个体角度来阐述公共生活的重要性，孙晓春在《个体理性与公共生活的关系》一文中提出，优良的公共生活源于良好的个体理性。公共理性在本质上是公民个体理性正当运用的结果，只有每个个体保持理性的行为习惯和思考模式，才能提升整体的公共生活质量。[①] 金友渔在《现代"公民社会"公共生活之意义彰显与民众公共人格的养成》一文中则针对当今社会现状提出，在中国这样一个缺乏现代公共生活传统的国家，发育公民社会，培育现代公民意识与公民精神，提高全体民众的公民素养，不仅事关中国公民公共人格的形成，更是中国在国际舞台上的"国家形象"树立的核心内容所在。[②] 吴育林则认为，当代资本主义统治的合法性危机的一个重要原因就是一方面传统的公共生活被不断蚕食，另一方面个体的主体性逐渐丧失。因此，公共生活中的个体主体品质是建设现代公民社会的一个非常重要的精神质素，只有个体主体品质有所提升，公共生活才能逐步健全。[③] 林尚立则认为，公共生活的每一次演进都意味着民主体系的成长，有机的公共生活是社会与国家有机互动，共同创造的，而认识社会关系的总和，人因秩序而自由，人在获得自由的同时，也必须承担维护秩序的使命。[④]

（2）社会公德研究。社会公德作为个体在社会生活中需要履行的道德原则，对维系社会生活的有序性具有重要的作用。近些年来，涉及社会公德的研究，主要涉及以下几个方面：

第一，从社会公德的作用及价值这一侧面入手，深入研究社会公德。

① 孙晓春：《个体理性与公共生活的关系》，《学术研究》2008 年第 4 期。

② 金友渔：《现代"公民社会"公共生活之意义彰显与民众公共人格的养成》，《人文杂志》2007 年第 6 期。

③ 吴育林：《论公共生活及其主体品质》，《江海学刊》2006 年第 6 期。

④ 林尚立：《有机的公共生活——从责任构建民主》，《社会》2006 年第 3 期。

学者王伟从三个方面阐述了社会公德的价值：一是社会公德水平的高低直接影响一个国家的社会秩序、社会风气和社会凝聚力，是一个社会文明程度的重要标志。二是社会公德是社会主义思想道德体系的有机组成部分，是培养有道德的社会主义公民的有效途径。三是大力弘扬社会公德是构建社会主义和谐社会的重要内容。这三种价值充分证明社会公德在社会发展过程中的重要性及其价值。因此，大力提倡社会公德是道德建设中的紧迫课题。① 郭学贤从社会公德对人们生活领域中活动与行为的认识和调节是为了维护人们共同生活的利益要求的观点出发，认为社会公德的现实价值表现在四个方面：一是社会公德是公民素质的直观体现；二是社会公德是社会文明进步的标志；三是社会公德是社会有序运转的基本保障；四是社会公德是培养良好社会风尚的现实基础。② 李晓辉在《论当代中国社会公德建设的重要性与紧迫性》一文中明确指出，社会公德建设为构建社会主义和谐社会提供良好的社会环境。同时还指出，在现实社会生活中，我国人们社会公德意识淡薄，不遵守社会公德的现象时有发生，严重地扰乱了正常的社会秩序，导致了人际关系冷漠，从而影响和谐社会建设的进程。因此，从这个层面来说，社会公德建设的重点应在于培养公民的公德意识。另外，他还强调社会公德是衡量一个国家公民素质高低和社会风气是否优良的重要杠杆和标志。对我国社会整体文明的发展具有不可替代的作用；"社会公德水平的高低，直接影响到一个国家的社会秩序、社会风气、社会凝聚力。是一个社会文明程度的重要标志"。③

第二，从社会公德在整个社会道德体系中处于基础地位这一侧面入手，研究社会公德。齐亚红指出，在一个良好的道德环境里，在良好的社会和道德氛围感召和压力下，人们往往能够自觉遵守社会道德规范。社会公德是全体公民为维护社会正常生活秩序和人际关系而必须共同遵守的最简单、最起码的社会公共生活准则，是公民个人道德修养和社会文明程度的重要表现。社会公德水平的高低，直接影响一个国家的社会秩序、社会风气、社会凝聚力，是一个社会文明程度的重要标志。弘扬社会公德是建立健全社会主义思想道德体系的有机组成部分，是培养有道德的社会主义

① 王伟：《社会公德建设三题》，《求是》2006 年第 5 期。
② 郭学贤：《加强社会公德建设　提高公民道德素质》，《道德与文明》2002 年第 5 期。
③ 李晓辉：《论当代中国社会公德建设的重要性与紧迫性》，《理论月刊》2010 年第 9 期。

公民的有效途径，是构建社会主义和谐社会的重要内容。① 吴灿新在《简论社会公德的基本规定性和类型》一文中提出，社会公德应是最低层次的道德，是对社会成员最起码的道德要求，是人的行为区别于动物活动的最起码、最基本的标志。社会公德应具有最大的全民性。在社会关系体系中，人们所处的社会地位是不同的。但是，要使社会生活得以进行，就要保障每个社会成员生存和发展的"共同利益"，因而也就必然要求全体成员共同遵守最一般的道德准则，任何人不能例外。社会公德应具有相对的范围性。社会生活是多方面的，一般可分作职业生活领域、家庭生活领域、公共生活领域。因此，用以调整社会生活的道德具有多层次性，既有调整整个社会领域的道德，又有调整各个领域的道德。而社会公德既具最低层次性也具最大全民性，因此，也决定它只能是调整社会公共生活领域的道德。社会公德应具一定的国际性，当今社会是一个开放性社会，国际人际交往日趋频繁，为了保证国际社会公共生活的正常进行，必须要有一些为国际人士所共同认可和遵守的最起码的行为规则，例如：遵守公共秩序、注意公共卫生，等等。② 陈余芳在《论社会公德》一文中在强调社会公德的作用的同时也指出了社会公德的基础性。他提出，社会公德状况，是一个社会繁荣昌盛的重要前提。社会公德好，社会就会安定，社会就会具有凝聚力、向心力和创造力；人民就会安居乐业，为社会的发展贡献自己的聪明才智，促进社会的繁荣。社会公德状况，还是一个民族素质修养高低的重要体现。所以，对一个公民来说，是否遵守和维护社会公德，是其灵魂高卑、文明野蛮的重要分水岭。社会公德是现代社会的道德基础，也是工业文明高扬的伦理精神。从个体公德状况可以窥见其道德修养水平和文明程度，整个社会的公德水平则是该社会文明的表征。③ 王晓莉在《从国民公德教育到社会公德教育——论我国公民道德教育转向》一文中指出，社会转型过程中，公共生活领域的出现使传统公德观念失效的同时，也孕育着新的公德体系的出现。现代公民需要以新的思维方式来理解公德——社会公德：它协调公共生活领域中个体之间关系而非个人与国家的关系，它不把"舍己为公"等道德高标作为基本的道德义务，而主张社会中个体互不侵犯彼此的平等权利。在处理个人与社会关系时，一般也

① 齐亚红：《优化社会公德环境：社会公德建设的出路》，《天府新论》2008 年第 2 期。
② 吴灿新：《简论社会公德的基本规定性和类型》，《道德与文明》1991 年第 5 期。
③ 陈余芳：《论社会公德》，《黑河学刊》2009 年第 9 期。

不要求牺牲其成员自身的利益。同社会公德平等地适用于每一个公共生活的参与者，是具一般主义特征的底线道德要求。① 江明颖在《浅析当代大学生社会公德意识的现状与优化》一文中指出，衡量一个社会道德风尚好坏的重要标准之一就是社会公德。它是社会共同利益的反映，是社会文明程度的表征，是社会主义道德体系的重要组成部分。②

第三，从社会公德建设应遵循的原则入手，研究社会公德。肖群忠在《关于社会公德的几个基本理论问题》一文中提出，孟子主张性善，又以仁、义为人类道德的两大支柱。仁出于自然的感情，义为具有客观性的道理，两者都是道德意识与行动的重要基础。今天，我们要非常重视义作为一种客观伦理精神和社会伦理精神源头的重要意义，在现代道德建设中，不仅要重视内省的心性论道路，而且要非常重视规范论的外治路线。而社会公德，按上面论述，它是社会普遍的秩序要求，即有所守，因此，它的价值基础与动力根源应主要是敬与义而非爱与仁。认识到这一点，对于中国当代社会公德建设也是非常重要的。③ 万时乐在《社会公德与和谐社会的构建——以日常生活为视角》一文中甚至说到社会公德能够提升人性的质量、创设愉悦的社会氛围、促进经济的发展、打造民族和国家的品牌。可以说，无论将社会公德的重要性提高到什么程度都不为过。道德只能是作为人的存在条件而产生的，也就是说，人及其存在才是道德的目的。道德的存在或者道德的生活本身就是文明人类的生存方式和生活方式。社会是人类生活的前提，也是人类道德生活的前提，尤其是社会公德，它根源于人类实际生活经验，甚至是作为人类基本生活内容之一部分的现实的行为规范。④ 齐闯的《系统构建社会道德体系》一文中提出，待人以"诚"和"信"，是以孔子为代表的儒家所重视的人生哲学信条，也是我们祖先遗留下来的优秀道德传统。经过千百年来中华民族的检验，已证明它确实是经久不衰的优秀民族品格。现代市场经济是建立在错综复杂的信用关系基础上的信用经济，市场经济越发达就越要求诚信。因此，诚

---

① 王晓莉：《从国民公德教育到社会公德教育——论我国公民道德教育转向》，《上海教育科研》2008 年第 6 期。

② 江明颖：《浅析当代大学生社会公德意识的现状与优化》，《上海教育科研网络财富》2010 年第 2 期。

③ 肖群忠：《关于社会公德的几个基本理论问题》，《河北学刊》2007 年第 6 期。

④ 万时乐：《社会公德与和谐社会的构建——以日常生活为视角》，《理论与改革》2009 年第 9 期。

信是现代化市场经济必备的道德观念，是市场经济健康发展的道德基础，也是现代文明的重要基础和标志。[①] 沈畅在《责任——社会道德体系的重建》一文中提出，社会道德体系的重建并不是要重建一个新的道德体系，而是要重新树立加强一种信念——责任。为什么是责任，如果说商品是商品交换的关键，那么责任就是人与社会交换的核心。无论是对自己、对家庭、对集体，还是对整个社会，权利与义务并存，而无论是权利还是义务，都是个人的责任。你可以逃避，但终将面对。基于信任而产生的责任感是崇高的，虽然并非每个人的责任意识都是自发的，但如果可以通过教育、感知、借鉴、明辨而产生的话，我们这个社会的道德体系也能够更加完美。[②] 张德艳在《论新时期加强社会公德体系建设》一文中提出，社会公德建设必须遵守的原则包括社会公德建设要坚持"理论教育"与"实践锻炼"的统一、社会公德建设要坚持"显性教育"与"隐性渗透"的统一和社会公德建设要坚持"内部环境"与"外部环境"建设的统一。[③] 王义、李青在《论和谐社会道德体系最根本的道德原则》一文中指出，在王海明看来，处于基础与核心地位的普遍道德原则可以归为四类：一是最根本的道德原则，亦即道德的终极标准；二是最核心的道德原则，亦即一切伦理行为应该如何的道德总原则，说到底就是所谓的"善"；三是最重要的道德原则，亦即善待他人的道德原则；四是善待自我的道德原则。在这四类道德原则中，前三类是道德体系中最根本、最核心和最重要的普遍道德原则，处于基础和核心地位。于是，判断一种道德体系是否优良，说到底，"全在于该体系的道德终极标准和道德总原则以及善待他人或社会治理道德原则是否优良"。[④]

第四，从道德自律与他律的关系入手，研究社会公德。宋希仁在《道德的基础是人类精神的自律释义》一文中提出，道德的自律和他律是不可分离的。道德的自律和他律之所以不可分离，一方面是因为，个体道德必须是自律的，社会道德要求只能通过个人的自律得到实现；另一方面是因为，个体的自律又必须以社会的、外部的他律为基础和根据。当我们

---

① 齐闻:《系统构建社会道德体系》,《中国社会科学报》2011 年 9 月 22 日。
② 沈畅:《责任——社会道德体系的重建》,《中国经济导报》2012 年 2 月 14 日。
③ 张德艳:《论新时期加强社会公德体系建设》,《党政干部学刊》2012 年第 9 期。
④ 王义、李青:《论和谐社会道德体系最根本的道德原则》,《淮阴师范学院学报》(哲学社会科学版) 2011 年第 3 期。

强调道德自律的时候，不应忘记和否定这种自律是以承认他律为前提的；当我们说到他律的时候，也不应忽视和否定道德必须通过自律去体现，必须转化为自律，才能成为现实的道德。只有自律而无他律的道德，实际上是忽视了它借以律己的道德准则的客观根据，或者就是自以为是；只有他律而无自律的道德，只是虚拟不实的规定，或者就是强行的宗教教规。①

围绕党中央提出"三严三实"，围绕"严以修身、严以用权、严于律己，做事要实、创业要实、做人要实"；加强自律。艾丰提出，"党员干部严以修身，就要以修己以安民的高度责任感、历史使命感，既严格修炼自身，又用自身的人格力量、榜样力量，感染人、凝聚人"。"党员干部严以修身，理当修德。要常修为政之德，常思贪欲之害，常怀律己之心，坚守立党为公、执政为民理念，秉公用权、无私奉献，清清白白做人、干干净净做事、堂堂正正做官。要常修社会公德、家庭美德，诚信友善、宽厚待人，维护公平正义，遵守公序良俗。同时，以共产党人的人格力量，感染人、教化人，做出好榜样，传递正能量，引领良好社会风尚，营造清醇社会风气。"②

上述有关《思想道德修养与法律基础》中第五章基于公共生活、社会公德等理论要点的研究、分析、整理中看到，所有的理论观点都是基于整个社会大的背景下做出的研究和论述，或是从基本理论出发进行理论性阐释和开创。而对于大学生尤其是对刚刚升入大学一年级的学生的公共生活的教育和《思想道德修养与法律基础》课程中与大学生的公共生活教育的交融的研究还非常少，即使有也是把第五章作为前面理想信念和后面法律的衔接来做叙述，仅仅叙述了公共生活和公共秩序的重要性。

（二）基础课中第五章理论与实践的突破

十八大把立德树人作为教育的根本任务，党的十八届三中全会提出了"深化教育领域综合改革"总体目标，明确要求"全面贯彻党的教育方针，坚持立德树人，加强社会主义核心价值体系教育，完善中华优秀传统文化教育，形成爱学习、爱劳动、爱祖国活动的有效形式和长效机制，增强学生社会责任感、创新精神、实践能力"。我们所面对的大环境，一方面是我国走出去战略的实施，国际化、全球化进程不断加快，国际交往也

---

① 宋希仁：《道德的基础是人类精神的自律释义》，《道德与文明》2000年第3期。
② 参见《中国组织人事报》2015年7月31日第6版。

越来越频繁，对我国公民的整体素质也有了更高的要求，所以，亟须提升
我国的国际形象。另一方面，我国经济迅速发展，城乡一体化建设的步伐
也在加快，公共生活的领域也在加大，公共秩序的维持和人居环境的改善
都需要加强公民的公共生活的意识和公共秩序的培养，使得公共生活领域
更加有序。把公共生活意识的培养与基础课教学和大学生学习相结合，为
大学生学习期间以及步入社会后更快地适应社会生活打下良好基础。

（1）使第五章内容更丰富，理论更充实。在 2013 版教材中第七章叙
述公共生活及社会公德的定义及特点和主要内容，在第四节又安排了公共
生活中的法律规范的内容，而且还把网络生活的道德和行为规范单独编
排，内容涉及较全面。但是，从整本书的编排上和学生所需要的内容的教
学上，内容就显得偏少，而且也仅仅是局限于概念和特点的掌握上，并没
有深入到具体的公共生活和在公共生活中所要遵守和维护的秩序以及应该
遵守的相关法律规范，且内容较枯燥。因此，根据时代需要加强社会公德
方面的培养，增加"遵守社会公德，维护公共秩序"这一章的内容，使
其内容缀满翔实，贴近生活，而不是仅仅停留在概念和基本内容和知识的
掌握上。

（2）使内容更实用，实践性更强。以培养更高尚、更文明的学生为目
标，使学生能够学有所用，能够完善在公共生活中的行为。教材中内容理
论性较强，可实践性和可操作性较少。使学生只学不做或只以应付考试的
方式对待，对真正培养学生的社会公德的意识、精神和人格缺少可操作性
建议。因此，为了增加可操作性的教学和实践，教材应该更加突出实践性，
使学生在实践中学习和完善，使道德和法律相结合，把法律规范和社会公
德变成自身的行为准则，并且去感染他人。这是这一章的最终意义。

综上所述，《思想道德修养与法律基础》作为大学生道德与法制教育
的课程，对于大学生的成长和人格的完善具有重要的意义。大学生将是社
会建设的主力军，也是社会风貌的引领者，《思想道德修养与法律基础》
作为大学生政治、法律、道德教育的担当者，要在新的历史背景下将理论
与实践整合，历史与现实整合，将道德和法律相融合，使学习不仅仅是必
修这门课程的这一学期，而是贯穿大学的始终。这样，才能避免单纯的知
识的单向输出和应付式学习，而是以培养合格的、高素质的大学生为
目的。

二 职业道德及其教育研究综述

"明确职业生活和恋爱婚姻家庭生活中的道德和法律基本要求，是大学生顺利完成立业成家的人生重大课题的基础"是本章的核心理论观点。这一核心理论观点的相关理论研究较多地集中于大学生职业道德教育研究，而且职业道德作为社会主义道德体系的重要组成部分，它的重要性随着时代的发展也日益凸显，为此选取大学生职业道德教育研究作为本章核心理论观点的综述选题。

职业道德是从事一定职业的人们在职业活动中所应遵循的道德规范以及该职业所要求的道德准则、道德情操与道德品质的总和。党的十八大报告指出："要加强社会公德、职业道德、家庭美德、个人品德教育，弘扬中华传统美德，弘扬时代新风。"这再次强调了职业道德的重要性，也确证了大学生职业道德教育的重要性，加强和改进大学生职业道德教育已然成为一个重要的理论和现实课题。围绕这一课题，研究者们主要从以下几个方面展开研究：

（一）关于大学生职业道德教育的必要性研究

从宏观的角度论证大学生职业教育的必要性。如武晓华认为："立德树人是高等教育的根本任务，当前我国高等教育发展的重点是提高质量，而高等教育质量的提高不仅仅取决于大学生专业素质的提高和文化素质的提高，而且还取决于大学生的政治思想素质和道德素质的提高。在道德素质中，除社会基本道德素质之外，职业道德素质也是其中不可或缺的一个基本内容。职业道德是社会基本道德在不同职业中的具体体现，是正确处理职业内部、职业之间、职业与社会之间等各种关系的行为规范。大学生职业道德素质的状况不仅关系着他们今后的择业、就业以及未来的职业前景，而且关系着用人单位的形象、声誉和利益，关系着整个社会的文明程度，因此这是一个不可忽视的问题。"[①]

从高等教育的职业教育使命论证大学生职业教育的必要性。如黄朗认为："高等教育的人才培养，是与社会职业分工紧密联系在一起的，承担着为社会各种职业培养高级专门人才的任务。高等教育的这种内在的职业教育倾向性决定了包括高校教育在内的高等教育不但要对受教育者进行思想道德教育、科学文化知识教育，而且还要进行相应的职业素质教育。这

[①] 武晓华：《当前加强大学生职业道德教育的思考》，《高校理论战线》2009 年第 9 期。

种职业素质教育，既包括职业知识、职业技能的培养，还应该包括职业道德教育。""高校要以素质教育促进学生全面素质的提高，就不能不高度重视学生的职业素质的培养，尤其是要重视其职业道德素质的教育培养，否则，素质教育就难以名副其实，就难以取得预期的成效。"①

从当前大学生职业道德状况出发论证职业道德教育的必要性。如张英杰认为："严峻的大学生职业道德素质现状已经为高校教育工作敲响警钟。大学生普遍存在自私、偏执、爱与理解的单向化等现象，缺乏同情心和责任感等。"② 卢艳兰认为："一些刚毕业参加工作一两年的大学生往往把目前所在的工作单位看成'跳板'，待遇好则继续干下去，待遇不好则等待机会另谋高就，缺乏一种基本的敬业精神。"③ 许曙青认为："相当一部分毕业生找不到工作或就业后被'炒鱿鱼'，很重要的一个原因就是忽视了成长和企业对人才道德素质的要求。在大学生中加强以就业为导向的职业道德教育，对提高大学生就业率和就业质量具有重大意义。"④ 孟宪琴和张福磊认为："学生自身的职业道德、职业价值观和职业素质的匮乏，使他们很难顺利度过'试用期'，造成了'就了业，就失业'的现象。"⑤ 李建军认为："随着社会对人才个性与人格的日益注重，缺乏必要职业道德素养的人才与未来的社会需求将会更加脱节。要从根本上扭转这种趋势，高等学校就必须首先从认识上将职业道德教育与专业知识、专业技能教育纳入同一层面，充分认识对学生进行职业道德教育的重要性和紧迫性。"⑥

研究者们从不同视角对大学生职业道德教育必要性的论述一方面表明大学生职业道德教育的备受关注，另一方面表明大学生的职业道德素养是走向社会、立足于社会的必备素养，大学生职业道德素养的养成是大学生首先是大学生自身的内在需求，同时，这种素养的养成要求高校教育承担起应有的责任，发挥积极有效的作用，确立加强职业道德教育的理念并付诸实践。

---

① 黄朗：《大学生职业道德教育论略》，《探索》2003 年第 2 期。

② 张英杰：《浅析对大学生进行职业道德教育的必要性》，《教育与职业》2007 年第 11 期。

③ 卢艳兰：《论加强当代大学生职业道德教育的必要性》，《理论界》2004 年第 2 期。

④ 许曙青：《加强以就业为指导的大学生职业道德教育》，《江苏高教》2007 年第 2 期。

⑤ 孟宪琴、张福磊：《对加强大学生职业道德教育必要性的思考》，《职业时空》（研究版）2006 年第 4 期。

⑥ 李建军：《试论大学生职业道德的培养途径》，《学校党建与思想教育》2009 年第 6 期。

（二）关于大学生职业道德教育的原则研究

大学生职业道德教育的原则问题具有一定的抽象性，它们对大学生职业道德教育的开展具有一定的指导性但并非是根本性、决定性因素，因而研究者们就相关原则的探讨以经验性总结居多。

彭海燕认为："要提高大学生职业道德教育的有效性、探索行之有效的教育途径，必须要明确教育原则。一方面，职业道德教育是高校德育的重要内容，有着与其他德育内容共同的特点；另一方面，大学生职业道德教育与社会职业道德教育或行业性职业道德教育相比，又存在明显的不同。高校作为承担大学生职业道德教育的机构，在教育过程中既要遵循德育的基本原则，也要体现其独特性。"具体而言，"要提高大学生职业道德教育的有效性，必须遵循主体性、实践性、层次性、协作性、连贯性等原则"。[1]

也有研究者提出，大学生职业道德教育要坚持系统性原则。陈文坤认为："大学生职业道德教育要坚持系统性原则，要坚持联系的观点，避免大学生职业道德教育孤立、片面地进行。"[2] 黄朗对系统性原则进行了具体分析。"其一，大学生职业道德教育是高校德育的有机组成部分，必须在高校德育总的机制下运行，二者不可割裂。其二，要与教师职业道德建设结合起来。其三，在教育的内容上，应根据大学生的实际情况分层次、分重点地进行。其四，要全方位、多渠道地开展教育，避免局限于以少数几种方式进行而陷入形式主义的泥淖。"[3] 还有研究者提出先进性原则。如张林明认为："坚持先进性要求，就是在全社会提倡社会主义、共产主义道德，大力弘扬爱国主义、集体主义精神，旨在把职业道德教育的水平由低层次引向高层次，达到不断提高全民族思想道德水平的目标。"[4] 提出开放性原则，如钱先军认为："大学生职业道德教育要坚持开放性原则，把大学生职业道德融入社会主义职业道德建设的主流中去，把老师请进来，把学生带出去。"[5] 提出针对性原则，陈文坤提出："在对大学生进

---

① 彭海燕：《大学生职业道德教育的原则与路径》，《重庆电子工程职业学院学报》2010年第5期。

② 陈文坤：《论大学生职业道德教育的原则》，《职业时空》2009年第1期。

③ 黄朗：《大学生职业道德教育论略》，《探索》2003年第2期。

④ 张林明：《试谈职业道德教育应遵循的原则》，《读与写》（教育教学刊）2007年第5期。

⑤ 钱先军：《高校大学生职业道德教育的思考》，博士学位论文，南京师范大学，2008年。

行社会主义职业道德教育中，应结合学生的专业进行职业道德教育。"①钱先军认为："高校的专业具有多样性，普遍的职业道德规范都是其学习的基础性理论与规范，但是不同行业有其特殊的职业道德要求，应根据大学生的专业和将来很可能从事的职业有针对性地施教。"②

（三）关于大学生职业道德教育内容体系的研究

教育内容的构建，是一个解决拿什么来进行大学生职业道德教育的问题。在实践上，内容体系的零散乃至欠缺是一直困扰着大学生职业道德教育开展和加强的重要问题。对这一问题，黄朗认为："对不同专业的学生，在职业道德教育内容上应该是有所不同的。这样，高校专业的多样性就必然导致大学生职业道德教育内容的多样性，也决定了我们必须根据一定学科专业的需要，按专业分别构建相应的职业道德教育内容，如医学专业学生重在加强医德教育，师范生重在加强师德教育，等等。这是一项复杂、庞大又具有重大意义的新课题，需要高等教育主管部门统一组织领导，整合力量，搞好科学论证，加强交流与协作，同时紧密结合社会职业道德建设的理论与实践，加强科学研究，才可能真正完成这一重要的任务。另一方面，我们还必须注重理论研究，构建起一整套大学生职业道德教育的理论体系。"③

较之于黄朗从宏观层面对职业道德教育内容体系的描述，也有研究者提出了具体的教育内容，主要包括职业道德规范教育、职业道德意识教育和职业道德行为教育三个方面。具体来看，在职业道德规范教育方面，李仁山认为："职业道德规范的主要内容是爱岗敬业、忠于职守，遵纪守法、诚实守信，和睦互助、团结合作，服务群众、奉献社会，勇于竞争、不断创新等。这是职业道德教育的核心内容，应贯穿职业道德教育的始终。"④ 在职业道德意识教育方面，钱先军认为："高校职业道德教育应从职业道德意识教育抓起。在职业道德意识中，职业道德认识是前提和基础。"⑤ 在职业道德行为教育方面，曲丹提出："在校学习期间，不仅要学

①　陈文坤：《论大学生职业道德教育的原则》，《职业时空》2009年第1期。
②　钱先军：《高校大学生职业道德教育的思考》，博士学位论文，南京师范大学，2008年。
③　黄朗：《大学生职业道德教育论略》，《探索》2003年第2期。
④　李仁山：《大学生职业道德教育与就业指导》，首都经济贸易大学出版社2006年版。
⑤　钱先军：《高校大学生职业道德教育的思考》，博士学位论文，南京师范大学，2008年。

好文化知识和专业知识，更必须加强职业行为习惯的养成训练。"①

　　在大学生职业道德教育的内容方面，不少研究者已经关注这一问题，并展开了思考，但更多地侧重于研究如何建构职业道德教育的内容体系，而对具体的内容是什么挖掘不够。就大学生职业道德教育的具体内容，武晓华认为，思想政治理论课和专业课是职业道德教育内容的载体，其中："高校开设的'思想道德修养与法律基础'课要加强课程建设的研究，要承担起对大学生进行职业道德教育的责任，要从择业观念、职业理想、职业信念、职业精神、职业态度、职业纪律、职业作风等方面对大学生进行教育和引导，使大学生对自己未来在社会中应承担的社会角色、应肩负的社会责任、应尽的社会义务等问题有一个清晰的认识，帮助他们树立为人民服务的思想、集体主义的思想、诚实守信的观念，帮助他们正确掌握处理职业内部、职业之间、职业与社会之间各种关系的行为准则，让学生们懂得只有在实践中才能增长自己的才干，只有在奉献中才能实现自己的价值。"同时，"每个专业都结合自己的特点开展职业道德教育，这种做法更贴近学生的专业实际，更贴近社会实际和生活实际，一定会受到大学生的欢迎，从而取得很好的教学效果"。②

　　还有一些研究者从课程建设的角度来分析大学生职业道德教育的内容建构问题。如提出显性职业道德教育课程与隐性职业道德教育课程相结合的方案，张华认为："从学生受教育的角度来看，隐性职业道德教育课程具有明显的无意识性、非预期性和非计划性；从学校和教师施教的角度来看，隐性职业道德教育则是有意识和无意识的统一、可预期性和非可预期性的统一、可计划性和非可计划性的统一。"③ 冯兴利提出："显性职业道德教育课程主要解决的是学生的认识问题，并不能很好地解决'情、意、行'等问题，因而，发掘和利用学校里的隐性课程，发挥其积极作用，对学生进行潜移默化的职业道德教育就显得非常重要。"④

　　另外，有研究者从职业要求的角度对大学生职业道德教育的内容进行聚焦。如李毅红提出："职业品质是一个人在职业行为中表现出来的思

①　曲丹：《与时俱进　在实践中培养职业道德行为》，《甘肃农业》2005 年第 8 期。
②　武晓华：《当前加强大学生职业道德教育的思考》，《高校理论战线》2009 年第 9 期。
③　张华：《课程教学论》，上海教育出版社 2000 年版。
④　冯兴利：《大学生职业道德教育的现状问题及对策探讨》，博士学位论文，华中师范大学，2008 年。

想、认识、品性等相对稳定的倾向和特征。优良职业品质是指在个体的职业活动中产生积极影响的职业品质组合，即勤奋认真、热情忠诚、坚定自信等品质特性的组合。引导和启发大学生自觉培养优良职业品质，是培育大学生职业精神、提高职业道德素质、形成自觉遵守职业道德意识的基础工程。大学生的职业道德教育，应着力培养大学生优良的职业品质。"①

（四）关于大学生职业道德教育的方法与途径研究

如何有效地开展大学生职业道德教育？研究者们普遍认为，这是一项系统工程，有一定的艰巨性和复杂性。如武晓华认为，"大学生职业道德素质与他们的政治理论修养、理想信念、道德观念、价值取向、专业特点等方面都有着密切的联系，因此加强大学生的职业道德教育是一个系统的工程，它需要多方面的引导和配合。"②

就开展大学生职业道德教育的具体方法和途径，具有代表性的观点如下：

李建军提出，开展大学生职业道德教育要："（1）通过课程建设，强化基本职业道德素质的培养；（2）开展校园文化建设，营造良好的职业道德教育环境；（3）通过组织学生到所学专业依托的行业调研和社会实践，在现实中培养职业荣誉感和职业道德；（4）高校职业道德教育应在时空上有所延伸，在学生毕业后一定时期内继续给予关心和职业道德指引。"③ 韩丽萍认为："培养大学生职业道德观的途径与方法是：修正大学生职业道德观教育的基本思路；强化大学生自修与实践；构建具有积极进取、励志奋斗精神的校园文化；加强师德建设。"④ 武晓华提出，要"发挥高校思想政治理论课的优势，提高大学生的政治理论素养和道德水平；发挥高校思想政治理论课教师和专业课教师各自的优势，加强大学生的职业道德教育；开展社会实践活动，让大学生接触和了解社会，在实践中进一步深化对大学生的职业道德教育；强化职业道德的社会舆论宣传，为加强大学生的职业道德教育提供良好的社会环境"。⑤

有的研究者从具体的操作途径着手，对大学生职业道德教育的开展进

---

① 李毅红：《优良职业品质与大学生职业道德教育》，《高校理论战线》2008年第2期。
② 武晓华：《当前加强大学生职业道德教育的思考》，《高校理论战线》2009年第9期。
③ 李建军：《试论大学生职业道德的培养途径》，《学校党建与思想教育》2009年第6期。
④ 韩丽萍：《浅议大学生职业道德观的培养》，《教育探索》2012年第12期。
⑤ 武晓华：《当前加强大学生职业道德教育的思考》，《高校理论战线》2009年第9期。

行了拓展。如朱正奎认为："可通过学生社团举办各种活动，采取创建'学习型宿舍'、'文明班集体'、'青年志愿者'活动等形式，让他们积极参加社会公益活动，有利于学生培养服务意识、责任意识。"① 胡克培提出："可以邀请'社会各行业，特别是学生将来从事的相关行业中的先进模范人物、优秀毕业生'到学校给大学生作生动的报告或讲座，讲述他们是如何加强职业道德修养，做出不凡业绩的。"② 王顺茗认为："志愿服务符合大学生道德发展的内在需要，是大学生职业道德养成的有效载体。在志愿服务过程中，大学生提高了职业道德认知，培育了职业道德情感，锤炼了职业道德意志，锻炼了职业道德行为，提升了职业道德品质。应积极壮大志愿服务这一载体，为大学生成长成才创造良好的环境和条件。"③

综上所述，目前学界对大学生职业道德教育的研究积累了一定成果，形成了不少富有积极创见的理论观点。但大学生职业道德的现状和当前社会的剧烈变迁对高校的职业道德教育提出了更高的要求，建构成熟、高效的大学生职业道德教育体系还任重而道远。而就"思想道德修养与法律基础"课教学而言，如何在教学中渗透职业道德教育的内容，提升职业道德教育的成效，仍需要在已有相关研究成果的基础上精心地设计和深度地挖掘。

第六章　中国特色社会主义法律体系研究综述*

"我国是中国共产党领导的人民民主专政的社会主义国家，人民是国家的主人。为人民谋福利是社会主义法律的价值指向。只有全面推进依法治国，建设中国特色社会主义法治体系才能维护全体人民的共同利益"是本章的核心理论观点。建设中国特色社会主义法治体系是核心理论观点中的关键词，而中国特色社会主义法律体系又是中国特色社会主义法治体

① 朱正奎：《当代大学生职业道德教育方法与途径探索》，《学校党建与思想教育》（上半月）2008 年第 8 期。
② 胡克培：《思想品德修养与职业道德》，北京大学出版社 2005 年版。
③ 王顺茗：《志愿服务与大学生职业道德培养》，《中国青年研究》2010 年第 10 期。
*作者：伊景冰，西安交通大学人文学院副教授。

系的基础概念，所以对中国特色社会主义法律体系和中国特色社会主义法治体系的研究现状进行梳理，有助于对本章核心观念的把握。

2011 年，全国人大常委会委员长吴邦国在十一届全国人大四次会议上郑重宣告中国特色社会主义法律体系已经形成，这又一次引发了学界对法律体系的广泛研究。这些研究主要是围绕中国特色社会主义法律体系的意义、概念、发展历程、形成的标准、建设过程中的经验与不足、今后努力的方向等几个方面展开。

一　关于中国特色社会主义法律体系形成意义的研究

李亮认为，法律体系的形成是全面推进法治国家建设的硬件和前提条件。[①] 陈宝成和徐显明认为，中国特色社会主义法律体系的形成是在中国法治建设史上具有里程碑意义的大事。中国特色社会主义法律体系形成后，中国的法治建设也将处在一个新的历史起点上。[②] 张建升和薄振峰认为，中国特色社会主义法律体系的形成，为法治中国的实现奠定了坚实的制度基础，其影响既深且巨。我们用 30 年时间走完了西方几百年的立法历程，使中国实现了从"无法无天"到"有法可依"的历史性转换，其功之伟，如何评价都不过分。[③] 李玉基认为，中国特色社会主义法律体系是中国特色社会主义伟大事业的一个重要组成部分，是全面推进依法治国基本方略、建设社会主义法治国家的基础。[④]

总而言之，学者们都充分肯定了中国特色社会主义法律体系的形成是中国法治建设史上的大事，是全面推进依法治国基本方略的基础和前提。

二　关于中国特色社会主义法律体系概念的研究

陈金钊曾指出，80 年代初期学界开始了围绕社会主义法律体系概念的讨论。[⑤] 但是，直至 2011 年国家宣布中国特色社会主义法律体系已经形成，关于中国特色社会主义法律体系概念仍然有不同的看法。

---

① 李亮：《法律体系到法治体系：从"建构理性主义"到"进化理性主义"——以中共十五大到十八届四中全会政治报告为分析基点》，《甘肃政法学院学报》2014 年第 6 期。

② 陈宝成、徐显明：《形成法治体系才是法治国家建成时》，《南方都市报》2011 年 3 月 11 日。

③ 张建升、薄振峰：《从法律体系到法治体系——中国特色社会主义法律体系形成之后的思考》，《东岳论丛》2013 年第 2 期。

④ 李玉基：《中国特色社会主义法律体系和法治体系的内涵》，《西部法学评论》2014 年第 6 期。

⑤ 陈金钊：《尊重法律体系、引领法治发展——对宣布法律体系形成的得与失的考察》，《河南财经政法大学学报》2012 年第 3 期。

学界普遍将中国特色社会主义法律体系的概念界定为：适应我国社会主义初级阶段的基本国情，与社会主义的根本任务相一致，以宪法为统帅和根本依据，由部门齐全、结构严谨、内部协调、体例科学的法律及其配套法规所构成，是保证我们的国家沿着建设有中国特色社会主义道路前进的各项法律制度的有机的统一整体。① 《思想道德修养与法律基础》的教材也采用类似的观点，将中国特色社会主义法律体系定义为：以宪法为统帅，以法律为主干，以行政法规、地方性法规为重要组成部分，由宪法相关法、民法商法、行政法、经济法、社会法、刑法、诉讼与非诉讼程序法等多个法律部门组成的有机统一体。②

但是，也有学者对上述中国特色社会主义法律体系的概念提出了质疑。陈金钊指出：现在我们对法律体系概念的认识存在问题，以为法律体系仅仅是立法角度的法律文本。很多人还没有意识到，法律体系是一个开放的概念，法律体系与法治的关系不完全是由立法者确立的。③ 季涛认为，法律体系概念以一国宪法为基础并归属于不同法律部门和公法、社会法、私法结构的不同效力水平的所有法律渊源所构成的法律规范整体及其运行机制。④

总而言之，学者们都认为中国特色社会主义法律体系都包括各项法律制度的有机统一。只不过有的认为中国特色社会主义法律体系仅仅是各种法律制度的有机统一整体，有的认为还包括法律制度的具体运行。

三 关于中国特色社会主义法律体系发展历程的研究

中国特色社会主义法律体系是在中国特色社会主义制度确立、巩固和发展的过程中，立足于中国国情和实际，不断适应改革开放和社会主义现代化建设需要的基础上形成的。关于中国特色社会主义法律体系发展历程主要有以下几种观点。

---

① 参见王维澄《关于有中国特色社会主义法律体系的几个问题》，《求是》1999 年第 4 期；李婧：《中国特色社会主义法律体系的概念演进与制度定位》，《社会科学战线》2012 年第 10 期；张建升、薄振峰：《从法律体系到法治体系中国特色社会主义法律体系形成之后的思考》，《东岳论坛》2013 年第 2 期；张淑芳：《法律体系与法治体系之比较》，《探索与争鸣》2011 年第 9 期。

② 《思想道德修养与法律基础》，高等教育出版社 2013 年版。

③ 陈金钊：《尊重法律体系 引领法治发展——对宣布法律体系形成的得与失的考察》，《河南财经政法大学学报》2012 年第 3 期。

④ 季涛：《论法律体系的概念结构——以价值法学为分析视角》，《浙江社会科学》2011 年第 12 期。

有学者认为，中国特色社会主义法律的发展经历了 1997—2010 年的三个阶段。如李林认为，中国特色社会主义法律体系，大致可分为三个阶段：九届全国人大期间"初步形成中国特色社会主义法律体系"；十届全国人大期间"基本形成中国特色社会主义法律体系"；十一届全国人大到 2010 年"形成中国特色社会主义法律体系"。[①]

有的学者认为，中国特色社会主义法律的发展经历改革开放前与改革开放后两大阶段。改革开放前经历新中国成立前的工农民主政权时期、抗日民主政权时期、解放战争时期；1949 年新中国成立后到十一届三中全会之前；改革开放后经历十一届三中全会至 2011 年年初三个阶段。具体来说，从十一届三中全会到邓小平南方谈话为第一个阶段，是中国特色社会主义中国特色的初具规模阶段；十四大到十六大为第二个阶段，为进一步完善有中国特色社会主义法律体系提供了良好的法律依托阶段；从十六大召开到 2011 年年初为第三个阶段，在该阶段社会主义法律体系得到了进一步的完善和发展，我国已经形成了具有中国特色的社会主义法律体系。[②]

还有的学者认为，中国特色社会主义法律的发展经历 1949 年新中国成立至今。但是，具体的阶段分化却有所不同。安群认为，中国特色法律体系的形成大致经历第一阶段为探索阶段（1949—1957 年）；第二阶段是停滞阶段（1957—1978 年）；第三阶段是恢复重建阶段（1978—1997年）；第四阶段是快速发展阶段（1997 年至今）。[③] 陈斯喜则认为，经历两个大的阶段：第一阶段（1949—1954 年），是法律体系建设的全面展开阶段。第二阶段（1978 年至今）是我国集中精力致力于建设中国特色社会主义法律体系的阶段，这一阶段又分为 1979—1992 年为建构框架阶段；1992—2002 年为深化发展阶段；2003 年以后为充实形成阶段。[④]

综上所述，学者们都将中国特色社会主义法律体系的发展阶段与我国社会主义发展的历程、重要的政治决策的出台等联系到一起。学者们都把

① 李林：《为什么说中国特色法律体系"形成"》，《人民论坛》2011 年第 9 期。

② 董佰壹：《中国特色社会主义法律体系建设的历程及经验》，《河北大学学报》（哲学社会科学版）2012 年第 5 期。

③ 安群：《党的领导在中国特色社会主义法律体系建构中的作用》，《新视野》2012 年第 2 期。

④ 陈斯喜：《中国特色社会主义法律体系的形成、特征与完善》，《中国党政干部论坛》2011 年第 5 期。

1997 年十五大明确提出到 2011 年建成具有中国特色的社会主义法律体系的目标至今作为中国特色社会主义法律体系的发展阶段。但是，1949 年以前、1949—1997 年是不是也应该列入中国特色社会主义法律体系的发展阶段存在不同意见。

四　关于中国特色社会主义法律体系形成标准的研究

标准是考量中国特色社会主义法律体系怎样才能形成，是否形成的重要依据。关于中国特色社会主义法律体系形成的标准主要有如下的观点：

有的学者持单一标准说。如陈大文认为，中国特色社会主义法律体系形成的标准是：法律体系涵盖社会关系各个方面的法律部门应当齐全；各个法律部门中基本的、主要的法律应当制定出来；以法律为主干，相应的行政法规、地方性法规、自治条例和单行条例，应当制定出来与之配套；法律体系内部应当做到科学和谐统一。[①] 这个观点从立法的角度，即是否制定出完善的统一的法律制度为衡量中国特色社会主义法律体系形成的标准。

有的学者持双重标准说。如董佰壹认为，内在标准是看社会主义法律体系建设中以人为本的科学发展观得到了进一步的贯彻和执行、立法质量得到了前所未有的保障、立法的科学化和民主化已经得到了社会各方面的普遍认同；外在标准首先要看法律文本的制定情况，看这些法律文件是否涵盖了社会生活的全方面领域。[②] 周叶中、伊士国认为，有形式标志和实质标志两种标准。从形式上看，中国特色社会主义法律体系必须符合：可以涵盖社会关系的各个方面；各法律部门中基本的、主要的法律已经制定；与法律相配套的行政法规、地方性法规比较完备；法律体系内部总体科学和谐统一四个方面的要求。从实质上看，要满足：符合我国的国情和实际，不盲目照搬照抄；来源于实践并服务于实践；体现和反映人民群众的意志和利益三个条件。[③]

还有的学者持多重标准说。如马晓认为，法律体系的标准是在中国特色社会主义理论体系的指导下坚持一个根基、一个前提、三个支撑。即以

---

① 陈大文：《中国特色社会主义法律体系教育路径解析》，《思想理论教育导刊》2012 年第 4 期。

② 董佰壹：《中国特色社会主义法律体系建设的历程及经验》，《河北大学学报》（哲学社会科学版）2012 年第 5 期。

③ 周叶中、伊士国：《关于中国特色社会主义法律体系的几个问题》，《思想理论教育导刊》2011 年第 6 期。

确保中国特色社会主义制度的实现为根基，即人民代表大会制度这个根本政治制度、中国共产党领导的多党合作和政治协商制度、民族区域自治制度、基层群众自治制度等基本政治制度，公有制为主体多种所有制经济共同发展的基本经济制度以及各项具体制度；以彰显中国特色为前提；以满足国家和社会生活的基本需求为支撑、以构成涵盖基本数量法律规范的和谐统一体为支撑、以法律实施机制的有效实践为支撑。[1]

综上所述，学者们都从立法的角度谈到法律部门是否全面、是否成为有机的统一体作为衡量中国特色社会主义法律体系是否形成的重要标志之一。但有的学者强调了能够与社会主义本质一致、法律是否能够得到真正的认同和法律的实施也是衡量中国特色社会主义法律体系是否形成的重要标准。

五　关于中国特色社会主义法律体系建设过程中的经验与不足的研究

（一）总结中国特色社会主义法律体系建设的经验，可以为全国贯彻落实依法治国的治国方略提供重要的参考

周叶中、伊士国认为，坚持党的领导、人民当家做主和依法治国的有机统一；坚持服务大局、统筹兼顾和适当安排的有机统一；坚持实事求是和从实际出发与注重理论指导的有机统一；坚持稳定性、连续性与适时变动性的有机统一。坚持法制统一和原则性与灵活性的有机统一是中国特色社会主义法律体系形成的宝贵经验。[2]

王利明认为，坚持党的领导是社会主义市场经济法律体系形成的根本保证。[3]

董佰壹认为，体现时代精神、以理念建设为前导和实践是中国特色社会主义法律体系形成的宝贵经验。[4]

可见，坚持党的领导是中国特色社会主义法律体系建设过程中的重要经验。同时体现时代精神、坚持正确的理论也是宝贵的经验之一。

① 马晓：《论中国特色社会主义法律体系的形成标准》，《求实》2012年第5期。
② 周叶中、伊士国：《关于中国特色社会主义法律体系的几个问题》，《思想理论教育导刊》2011年第6期。
③ 王利明：《我国市场经济法律体系的形成与发展》，《社会科学家》2013年第1期。
④ 董佰壹：《中国特色社会主义法律体系建设的历程及经验》，《河北大学学报》（哲学社会科学版）2012年第5期。

　　（二）发现不足，是进一步完善中国特色社会主义法律体系，实现依法治国的重要前提

　　有的学者认为，中国特色社会主义法律体系采用的实证主义立法方法存在着种种弊端。如薄振峰、张建升认为，实证主义倾向使得立法过程中只关注制度层面，而忽视了理念层面和文化层面，放弃对法律本质、历史的先验与经验追问。① 钱大军认为，实践主义倾向不但拒斥了法律体系理论对于法律体系构建的参与，而且造成了法律体系内部冲突法律规范与社会其他规范抵触、立法懈怠和立法权弃置等问题。②

　　有的学者认为，法律制度不完善、立法质量不高是中国特色社会主义法律体系过程中的严重缺陷。如陈斯喜认为，相当多的方面还没有相应的法律法规作规定，有些方面虽然有相关规定，但立法层级比较低，有些规定还比较原则或者相互不够协调。③ 陈惊天认为，尽管法律体系已经基本形成，但是还存在一些立法空白，需要我们及时修改完善不适应社会实际的法律，制定新的法律，进一步完善法律体系。④ 张建升、薄振峰认为，我们的立法一直缺乏科学化的程序保障，立法速度很快、效率很高，立法质量不可避免地会受到一定的影响。我们制定的大量的法律还仅仅是书本上的法而没有变成行动中的法。⑤ 贾焕银认为，法律规范供给不足、立法和司法技术粗疏、法律因缺乏一种良性的吸纳和拒斥社会挑战机制而无法保持自洽的规范结构、中国社会多重二元性所产生的文化认同的空心化导致法律的多重二元割裂。⑥ 张文显认为，法律体系形成并不意味着法律规范已经完备。事实上，我国法律规范体系中还存在许多缺陷，该有的法律规范还没有全部制定出来，在国家政治生活、经济生活、社会生活、生态

---

　　① 薄振峰、张建升：《中国实证主义立法价值的检讨——中国特色社会主义法律体系建成之后的思考》，《北京行政学院学报》2012 年第 3 期。
　　② 钱大军：《法律体系理论与当代中国法律体系的建构——以法律体系理论的有用与无用为分析起点》，《南京师大学报》（社会科学版）2012 年第 4 期。
　　③ 陈斯喜：《中国特色社会主义法律体系的形成、特征与完善》，《中国党政干部论坛》2011 年第 5 期。
　　④ 陈惊天：《从法律体系到法治社会的距离——首届中国法律实施高端论坛观点述要》，《人民检察》2012 年第 4 期。
　　⑤ 张建升、薄振峰：《从法律体系到法治体系中国特色社会主义法律体系形成之后的思考》，《东岳论坛》2013 年第 2 期。
　　⑥ 贾焕银：《中国特色法律体系的法律权威与公正司法》，《重庆大学学报》（社会科学版）2013 年第 1 期。

生活中仍然存在无法可依的空间，特别是在改革的重点领域法律缺陷更多。另外，有些法律法规未能全面反映客观规律和人民意愿，有些法律法规针对性、可操作性不强，有些法律法规作为部门利益或地方利益博弈的结果，带有严重的部门化、地方化倾向，致使实践中争权诿责现象较为突出，有些法律规范互相冲突，使执法者和司法者无所适从。①

有的学者认为，我国法学研究在法律体系问题上一直存在一个大的缺陷是只注意为完善立法做贡献，而没有对法律体系的方法论意义进行挖掘。②

综上所述，学者们都认识到中国特色社会主义法律体系的建设过程中存在很多问题，还需要不断完善。既要加强立法工作，也要做好加强理论的研究。

六　关于中国特色社会主义法律体系建设过程今后努力方向的研究

中国特色社会主义体系虽然已经形成，但是，还有很多工作需要不断完善。

有学者认为，应该加强理论的研究和运用。如钱大军指出我国法律体系构建的实践不能仅仅遵从法律体系理论，而且要考虑法律体系之外的理论；不能仅仅考虑中国的法律体系理论，还要考虑国外法治国家经过实践考验的法律体系理论与法律体系构建经验。③

有的学者提出，要加强立法质量和司法质量。如周叶中、伊士国认为，要从对一些现行法律进行修改完善、抓紧制定法律的配套法规、制定一些新法律等方面加强立法；通过努力维护宪法和法律的权威和尊严、坚持依法行政和公正司法等方面加强法律体系的实施。④ 刘武俊认为，应该从数量主导型立法转变为质量主导型立法，进一步提高立法质量。立法工作必须坚持以人为本，把实现好、维护好、发展好最广大人民的根本利益作为立法工作的出发点和落脚点，做到立法为了人民、立法依靠人民、立

---

① 张文显：《建设中国特色社会主义法治体系》，《法学研究》2014 年第 6 期。

② 陈金钊：《尊重法律体系　引领法治发展——对宣布法律体系形成的得与失的考察》，《河南财经政法大学学报》2012 年第 3 期。

③ 钱大军：《法律体系理论与当代中国法律体系的建构——以法律体系理论的有用与无用为分析起点》，《南京师大学报》（社会科学版）2012 年第 4 期。

④ 周叶中、伊士国：《关于中国特色社会主义法律体系的几个问题》，《思想理论教育导刊》2011 年第 6 期。

法保障人民。①

有学者认为，应该加强法律方法的研究和运用。如孙光宁、焦宝乾认为，推动实用的法解释学发展是大势所趋，彰显出法律方法论在中国研究的重要时代意义与价值，其影响甚为深远。② 王利明认为，应当从注重立法转向注重解释和适用。③

综上所述，加强理论研究和实践工作，加强立法完善和司法建设，是今后需要努力的方向。

总之，近几年对于中国特色社会主义法律体系的研究，在意义、概念、发展历程、形成的标准、建设过程中的经验与不足、今后努力的方向研究等方面达成一定程度的共识。但是，今后研究中有待加强的方面：一是要加强基础理论的研究，像中国特色社会主义法律体系的概念、发展历程及划分依据、形成的标准等这些最基本的理论问题还存在着一些分歧，应该在更大程度上达成共识，在同样的语境下进行研究才能更加深入地研究。二是分清中国特色社会主义法律体系实践中的问题和学术研究中的问题，也就是分清研究中的问题和实践中遇到问题的区别，这样才能更有针对性地开展研究，用以指导实践。三是加强对中国特色社会主义法律体系的时代性和中国特色的研究，现有的一些研究实质是对法律体系、社会主义法律体系的研究，而对于中国特色社会主义法律体系的时代性、民族性、先进性等的研究有待加强。

第七章 树立法治观念 尊重法律权威研究综述*

"大学生要通过学习法律知识，增强法律意识，树立法治观念，培养法治思维，维护法律权威"，是本章的核心理论观点。贯穿本章的要点词有三个：法治观念、法治思维、法律权威。现将这三个要点词研究现状进行综述。

---

① 刘武俊：《完善法律体系重在提高立法质量》，《中国党政干部论坛》2012 年第 6 期。
② 孙光宁、焦宝乾：《法律体系形成后的研究转向——2011 年中国法律方法论研究学术报告》，《山东大学学报》（哲学社会科学版）2012 年第 1 期。
③ 王利明：《我国市场经济法律体系的形成与发展》，《社会科学家》2013 年第 1 期。
* 作者：何志敏：西安交通大学马克思主义学院副教授。

一　社会主义法治观念研究综述

对社会主义法治观念的研究主要集中在法治观念的内涵、法治观念的历史发展、中西法治观念的比较和公民尤其是大学生法治观念的培养几个方面。

（一）法治观念的内涵

（1）法治观念的定义。法治观念，顾名思义，就是法治所体现的观念，是观念上的法治。法治观念是指主体所持有的与法治社会相适应的法律意识形态，涉及法治的一切内容，是形成法治社会法律信仰的基础。[①]法治观念是客观的法治在人们头脑中的反映，是人们关于法律思想、观点、知识和心理的总称；它是人们重视、遵守和严格执行法律制度的一种思想意识，是人们对法律实践的一种能动反应和内在自觉；它表达了人们对法治的理解、把握和评价要求，标志着法治的精髓已深入到人们心理结构的底层，沉淀为人们的心理素质并以稳定的思维方式表现出来，影响着人们的社会行为。[②]我们认为，所谓法治观念是指人们对法律的性质、地位、作用等问题的认识和看法也就是依靠法律管理国家、管理经济和治理社会的观念。法治观念的实质是指法律至上、依法治国的理念、意识与精神。

（2）法治观念的要素。一种观点认为，现代法治观念包含五个要素：其一，明确的法律规范的内容对于遵守法律规范的主体而言，是可以做到的，亦即是可行的；其二，法律规范指向的行为对象是规范制定之后的；其三，握有权力的管理机构或人员用这些规范约束管理社会一般权利义务主体的行为，同时，约束管理行为本身亦受这些规范的约束和管理；其四，出现了纠纷，则纠纷的解决是由共同认可的权威机构来做出的，解决过程本身也是依照已经制定出来的法律规范来进行的；其五，由于纠纷可能产生于享有一般权利的主体和掌握特别权利的主体之间，也由于某些权力机构可能出现权力运作的失控，解决纠纷的机构便须具有独立性。[③]

另一种观点认为，法治观念包括宪法至上、依法行政、法律面前人人平等的观念。[④]而现有教科书认为，法治观念包括坚持走中国特色社会主

---

①　郑磊：《法治观念初探》，《浙江省政法管理学院学报》2001 年第 5 期。

②　熊淑媛：《法治观念与依法治国》，《求索》2002 年第 1 期。

③　刘星：《中国"法"概念与现代法治观念的关系》，《清华法治论衡》2000 年第 11 期。

④　李向国：《法治观念的三个基点》，《中共中央党校学报》2008 年第 2 期。

义法治道路，坚持党的领导、人民当家做主与依法治国相统一，坚持依法治国与以德治国相结合四个方面。①

（二）法治观念的历史发展

孙皓晖认为，法治文明是中国统一文明的最坚实根基；战国法学为中国法治文明奠定了理论基础；秦代法治的历史作用：保护变革成果、推动社会发展。② 渝中认为，现代新儒家的法治观念，处于哲学与法学两大学科的交叉点上，既体现了新儒家"外王之学"的一个维度，同时也丰富了现代中国法治观念的世界。按照贺麟等新儒家代表人物对于法治的认知，法治应当是仁者之治，法治应当是智者之治，法治应当是众人之治，法治应当是心性与德行之外化。在渊源上，新儒家的法治观念是传统中国的思孟学派所开启的心性儒学的产物，同时也借鉴了古希腊柏拉图的人治思想以及西方近现代的民主思想，因而可以视为中西与古今交汇的产物。在思想品性方面，新儒家的法治观念体现了守先待后的文化保守主义的思维模式。在思想贡献方面，现代新儒家阐述的法治观念，既反映了这个思想群体对于未来中国文明秩序的想象与期待，也体现了这个群体在一个贞下起元的时代，为重建、安顿未来的中华文明秩序所做出的智慧和贡献。当然，既要认真对待新儒家法治观念的积极意义，也要认真反思其局限性。③ 周永坤认为，我国现行法律解释与法治观念存在着冲突，我国现行法律解释对于正确实施法律和弥补立法粗疏等方面起到了积极作用，但是，由于复杂的历史和现实原因，现行法律解释在制度和观念等方面均与法治存在冲突。这些冲突主要表现在：法律解释的法律依据的规范性程度差；在法律解释主体方面存在立法解释和检察解释、行政解释权过大等。④ 周世忠、刘建辉对我国传统法治观念进行了反思，认为传统社会主义法治观是一种以国家优先于法律为核心理念的工具主义法治观。由它衍生出的国家本位良法观、国赋权力观、天赋权力观和国家至上观，共同构成了阻碍社会主义国家法治进步的观念障碍。重构社会主义法治观念的基本思路，以法律优先于国家取代国家优先于法律作为社会主义法治观的核心理念，把以人为本作为法治的最高目的价值，消解传统法治价值观的工

① 本书编写组：《思想道德修养与法律基础》，高等教育出版社 2015 年版。
② 孙皓晖：《中国法治的历史根基》，《陕西日报》2015 年 7 月 3 日。
③ 渝中：《新儒家的法治观念：贺麟对法治的想象与期待》，《学术月刊》2010 年第 8 期。
④ 周永坤：《我国现行法律解释与法治观念的冲突》，《现代法学》2006 年第 4 期。

具主义色彩。①

(三) 中西法治观念之比较

邓晓芒认为，中西法制观念区别的根源在于在东方特别在中国数千年的历史，贯穿着父权制和跨氏族的国家，但是不存在着血缘关系被炸毁的状况。我们中国的国家的概念和西方的国家的概念是不一样的。我们从来没有经过西方古希腊、古罗马和日耳曼人的氏族血缘公社体制被炸毁的阶段。所以，我们的国家用中文写出来是"国"、"家"。国是一个大家。希腊人的"国家"其实不是我们理解的国家，它应当翻译成"城邦"。柏拉图的《理想国》，其实应该翻译成《城邦篇》。这种翻译就体现了一种文化差异。中国对"国"的理解还是一种血缘的理解、一种家庭的理解。所以，中国不存在以个体私有制家庭相互制定契约作为存在基础的城邦的情况。中国的情况是，血缘家庭和氏族的原则在中国古代从母权制跨入到父权制的时候，进行了一种顺利的交接。血缘关系本来是一个母权制的原则，但是，在建立父权制的国家以后，中国人把这种血缘关系移交给了父权社会，并且把这种血缘的原则放大成了国家的原则。在我们进行中西法治思想比较的时候，我们要首先关注这些差别。这样，就使我们能够找到中国今天法治建设中的种种问题的根源。② 侯继虎认为，西方法治观念在中国面临着一系列困惑，他指出，法治是全人类共同追求的理想，但其实现道路漫长而艰难，法治观念是推动法治进程的前提和基础。西方法治观念始于梭伦变法，兴盛于近代，以英国的法治理论和德国的法治国理论为代表。法治观念在中国出现于清末，20 世纪 80 年代始，中国全面启动法治建设。但同时，中国在法治观念方面存在着法治观念形成趋势、法治全面西化、法治与德治和法治本土化与变法等困惑，对我国所面临的急需解决的困惑，试图理出解决思路是当务之急。③ 许哲认为，东西方法治观念的差异在于法律面前的求助者、法律游戏的参与者、面对法律困境的反抗者三个方面。当下的国人对待移植而来的法律，存在着一定程度上的水土

---

① 周世忠、刘建辉：《传统社会主义法治观念的反思与重构》，《科学社会主义》2007 年第6 期。

② 邓晓芒：《中西法治观念之比较》，《中国大学教学》2002 年第 9 期。

③ 侯继虎：《西方法治观念及其在现代中国的困惑》，《牡丹江大学学报》2012 年第 11 期。

不服。①

（四）公民和大学生法治观念培养

贺莉认为，培育公民法治观念必须牢牢抓住开展法治宣传教育活动，提高全社会的法治认知水平；完善法治运行机制，满足全社会对法律、规则的内在需求；营造依法办事的法治氛围，让全社会拥有良好的法治情感和法治精神；将社会主义核心价值观融入法治观念的培育等环节。② 陈福胜认为，法治观念之于中国法治社会的生成具有极为重要的价值意义。它既是中国法治进程的本土根基，也是一种黏合剂，同时还将起到一种催化的作用。重视传统文化背景下中国法治观念的培育，既是基础性的，同时也是一个长期的复杂的与现实不断互动的过程。③ 谭民俊认为，培育我国公民现代法治观念的路径是：进一步完善市场经济，建设和巩固市场经济法律文化体系；立足本国实际，大胆借鉴和学习西方的法律文化；架构起连接现代法和传统法的桥梁，促进现代社会法治观念的培育；通过加强公正司法和严格执法，培育社会主体的法律信仰；通过普法教育，养成公民自觉守法的习惯和行为；以现代社会法治理论消融国家优位理念，树立起国民优位理念。④ 江必新认为，中国特色社会主义法治观念有六个方面：法治的政治观、法治的目的观、法治的主体观、法治的正义观、法治的系统观和法治的辩证观。⑤ 张辉认为，强化我国公民法治观念的路径有：第一，明确现代法治观念，努力剔除封建人治思想观念的影响；第二，强化公民的权利与义务观念；第三，树立契约平等的观念，强调法律至上的观念。⑥ 邹再金、陈立言认为，大学生法治观念的培育应该通过思想政治教育的整合资源，构建思想政治理论课"教育"机制；科学统筹，架构思想政治教育"管理"机制；搭建平台，打造思想政治教育"载体"机制

---

① 许哲：《法社会学比较视野下的中西方法制观念的差异研究》，《河南社会科学》2009 年第 3 期。

② 贺莉：《牢牢抓住培育全民法治观念的几个重要环节》，《西安日报》2014 年 11 月 10 日第 3 版。

③ 陈福胜：《当代中国法治观念的价值及培育》，《学术交流》2004 年第 7 期。

④ 谭民俊：《培育我国公民现代社会法治观念的路径分析》，《中国审计报》2010 年 12 月 8 日第 5 版。

⑤ 江必新：《中国特色社会主义法治之"六观"》，《学习时报》2015 年 6 月 15 日第 11 版。

⑥ 张辉：《浅析我国公民的法治观念》，《东方企业文化》2013 年第 6 期。

等培育大学生的法治观念。① 王春雨认为，大学法治观念的培育方法包括：加强大学生的社会责任感及法治观念；通过教师对国家现状分析，让学生通过依法治国逐步深入了解法治社会的真正内涵；通过丰富的法律实践活动一方面促进了大学生对学习法律的积极性，另一方面加强了大学生对法治观念的深入理解。②

二　社会主义法治思维研究综述

（一）法治思维的内涵

陈金钊认为，法治思维是指受法律规范和程序约束、指引的思维方式。在现阶段，法治思维的核心在于限制、约束权力任意行使。从整体的角度看，法治思维不仅是指依法办事，而且包含对公平、正义、权利、自由的价值追求。从方法论角度看，法治思维讲究逻辑推理、修辞论辩和理解解释的技术手段。③ 殷啸虎认为，法治思维的内涵包括四个维度：第一，法治思维是一种底线思维，是以合宪性与合法性为起点、以公平正义为中心的一个逻辑推理过程；第二，法治思维是一种规则思维，是基于法律规则的一种思维方式，具体体现为一种规则意识；第三，法治思维是一种权利思维，其基本要求就是在行使权利的过程中，应当明确其终极目标是维护公民的合法权利而不是损害甚至是侵犯公民的合法权利；第四，法治思维是一种契约思维，法治思维本身就是对契约精神的尊重与体现。④谢晖认为，法治思维包括九个向度：第一个向度：法律规范权力—法律优位；第二个向度：司法矫正行政—司法优位；第三个向度：一般调整特殊——般优位；第四个向度：形式规范实质—形式优位；第五个向度：程序塑造实体—程序优位；第六个向度：技术决定价值（道德）—技术优位；第七个向度：理性决定情感—理性优位；第八个向度：逻辑结构修辞—逻辑优位；第九个向度：反思引导直觉—反思优位。⑤ 姜明安认为，法治思维内涵是指执政者在法治理念的基础上，运用法律规范、法律原则、法律精神和法律逻辑对所遇到的问题或所要处理的问题进行分析、综合、判

① 邹再金、陈立言：《思想政治教育培育大学生法治观念的"三维"机制》，《佳木斯大学学报》2015 年第 2 期。

② 王春雨：《新时期大学生的法治观念和培育》，《高教论坛》2015 年第 10 期。

③ 陈金钊：《"法治思维和法治方式"的意蕴》，《法学论坛》2013 年第 5 期。

④ 殷啸虎：《法治思维内涵的四个维度》，《毛泽东邓小平理论研究》2014 年第 1 期。

⑤ 谢晖：《论法治思维的九个向度》，《中国工商报》2015 年 6 月 27 日第 3 版。

断、推理和形成结论、决定的思想认识活动与过程。① 江必新认为，法治思维是遵从宪法法律至上、倡导良法的思维，是尊重人权和自由、维护秩序和安全的思维，是依循职权法定、主张正当行权的思维，是要求公平对待、允许合理等差的思维，是坚持程序正当、注重实体正义的思维，是严格公正执法、自觉接受监督的思维。② 袁曙宏认为，所谓法治思维，在本质上区别于人治思维和权力思维，其实质是各级领导干部想问题、作决策、办事情，必须时刻牢记人民授权和职权法定，必须严格遵循法律规则和法律程序，必须切实保护人民和尊重保护人权，必须始终坚持法律面前人人平等，必须自觉接受法律的监督和承担法律责任。③ 于浩认为，法治思维是以规则为中心，合法性判断为优先，限制权力保障权利，坚持正当程序的思维方式。④ 刘颖认为，法治思维就是把法律置于人之上并使权力非人格化的思维。法治思维是法治原则、法律概念、法学原理、法律方法以及一些法律技术性规定等在思维中的有约束力的表现。法治思维既具有人类文明法治思维的一般性，也具有中国法治思维的特殊性。中国法治思维是人类文明法治思维在中国法治实践的具体应用和创新，是中国法治理论与实践的抽象性概括和总结。不能以法治思维的特殊性否定法治思维的一般性，也不能通过法治思维的一般性而否定法治思维的特殊性，要处理好法治思维一般性和特殊性的关系。⑤

（二）社会主义法治思维的创新性

黄洪旺认为，如果说从"法制"到"法治"，使得内涵更加丰富；那么从知识、"观念"发展到"思维"，则是一个质的提升，是从思想层面和执政能力层面提出的新要求，更具有针对性，更具有引领和指导意义。⑥ 陈金钊认为，全面深化改革和推进法治中国建设构成了当今中国两个最鲜明的主题。然而，由于法治与改革具有不同的思维走向，二者在很多方面存在着冲突，要想同时搞好这两项伟大的事业，首先需要处理好的

① 姜明安：《法治、法治思维与法律手段——辩证关系及运用规则》，《人民论坛》2012 年第 5 期。

② 江必新：《法治思维：社会转型时期治国理政的应然态度》，《法学评论》2013 年第 10 期。

③ 袁曙宏：《全面推进依法治国》，人民出版社 2012 年版，第 221 页。

④ 于浩：《当代中国语境下的法治思维》，《北方法学》2014 年第 3 期。

⑤ 刘颖：《论法治思维》，《辽宁师范大学学报》（社会科学版）2014 年第 6 期。

⑥ 黄洪旺：《法治：从意识到思维》，《领导文萃》2013 年第 6 期。

二者之间的关系。只有树立正确的法治改革观，进而才能发挥改革、法治对社会进步的促进功能。目前的中国，不进行改革社会矛盾难以化解，社会转型难以完成；而不推进现代法治建设，改革则可能会失去方向，社会转型会失去目标。法治中国建设事关国家治理体制的完善和治理能力的提升，以及国家的稳定和可持续发展，因而我们不能仅仅把法治当成工具，还需要把现代法治作为目标，用法治精神塑造改革的决策和行为过程，引领改革的伟大事业。法治优先、改革附随是法治改革观的主要内容，也是十八大以来法治思维方式的重大变化。[1] 蒋传光认为，创新社会管理，提高社会管理科学化水平，是当前理论界和各级政府关注的热点问题之一。如何创新社会管理，从不同的视角可以有不同的认识和相应的措施。针对当前社会管理中的突出问题，创新社会管理的体制、机制、方法、手段，其落脚点是实现国家各项工作的法治化。因而，除建立健全各种社会管理机构和社会组织之外，创新社会管理，在各种方法和手段的运用中，法律手段是最基本的手段；创新社会管理的理念思路，法治思维是应当确立的基本思维模式。法治思维是一种国家治理的理念、视角和思路，重视运用法律规则和手段化解社会矛盾，使法治成为一种普遍的行为模式。法治缺失是导致社会矛盾凸显和激化的重要因素，法治思维是社会管理创新的必然要求，法律手段是创新社会管理的最基本手段，具体法治是创新社会管理的基本路径。[2] 江必新认为，社会转型不仅仅表征为经济形态的转轨，更是一个价值更替、秩序重构、文明再生的过程，其经历了由人治思维到法律思维，进而再到法治思维的历史嬗变。社会转型过程中所面临的各种困局唯法治可破，唯运用法治思维兴民权、抑公权、保民生，构建规范、民主、科学的社会治理机制，从而最终实现法治中国建设的宏伟蓝图。唯此，回归社会转型期治国理政的应然向度才成其为可能。[3] 刘颖认为，法治思维在我国具有创新性，这种创新性表现在：一是社会主义核心价值观的思维；二是建设治理中国的思维；三是建设中国廉洁政治的思维；四是

[1] 陈金钊：《"法治改革观及其意义"：十八大以来法治思维的重大变化》，《法学评论》2014年第6期。

[2] 蒋传光：《法治思维：创新社会管理的基本思维方式》，《上海师范大学学报》（哲学社会科学版）2012年第6期。

[3] 江必新：《法治思维：社会转型时期治国理政的应然向度》，《法学评论》2013年第10期。

实现中国梦的思维；五是抛弃人治的思维。①

（三）中国法治思维的建设途径

刘华景等认为，中国法治思维的建设路径为公民个体加强法律知识学习和日常生活实践是形塑法治思维的主要途径；领导干部保持法律的敬畏感、树立法律信仰是法治思维形成的必要补充；而国家科学合理、公平公正落实依法治国方略，则是培育公民法治思维信心的重要保障。② 刘颖认为，本土化法治思维提升的路径是确立司法独立原则；提高司法权威；依法行政；用宪法原则去"反人治"、"反特权"、"反腐败"；充分吸收法治文明成果。③ 陈金钊认为，法治思维的建设途径应该从权力修辞向法律话语转变，在人们日常思维和言语表达中，权力修辞占据主导地位。权力场成了影响决策的最主要因素，这既不符合法治的原则要求，也难以成就管理国家与社会的法治方式。从思维方式决定行为方式的角度看，权力修辞向法律话语的转变是展开法治建设的思想条件。权力修辞与政法思维相匹配，重点维护的是管理秩序；法律话语与法治思维相适应，要限制权力，捍卫权利，是与法治建设相适应的法治意识形态，维护的是法律秩序。法律话语与权力修辞的冲突是我国法治建设中的重要问题，从西方法治的经验和中国法治建设的需求看，法律话语能否平衡权力修辞关系到中国法治建设的成败。④ 宋保振认为，作为法治中国建设的重要方面，法治思维首先强调"法治是规则之治"，并主张法学研究和法治建设必须坚守规范法学的立场，即一种"规范主义"的思维路向；同时，经验理性指导下的潜意识思维模式同样在法治建设中具有重要的意义和价值，这是法治的形式与实质"两分法"和法律思维的规范与价值"二元论"的体现。法治思维既要符合"先验哲学"要求的规范理性又要符合"经验哲学"要求的司法实践，并在规范与事实之间做到主次有别、张弛有度。在此基础上，当代中国语境下的法治建设还应该探索把"司法经验"上升为"理论建构"的第三条思维路向，以缩短理论和实践之间的距离，增强裁

---

① 刘颖：《论法治思维》，《辽宁师范大学学报》（社会科学版）2014 年第 6 期。

② 刘华景、张帆：《论法治思维的价值诠释与应然路径》，《山西高等学校社会科学学报》2015 年第 5 期。

③ 刘颖：《论法治思维》，《辽宁师范大学学报》（社会科学版）2014 年第 6 期。

④ 陈金钊：《权力修辞向法律话语的转变：展开法治思维与实施法治方式的前提》，《法律科学》2013 年第 5 期。

判过程的中国元素。① 刘艳萍认为，运用法治思维建设法治中国的路径有：加强法治宣传活动，提高全社会法律意识；筑牢权力的牢笼；充分利用现代媒体的传播力量。②

（四）大学生法治思维的培养

陈大文等认为，培养大学生社会主义法治思维是当前和今后一个时期法制教育的重要任务。当务之急是要在准确把握社会主义法治思维的基本内涵、深刻理解培养大学生法治思维的重要意义的基础上，积极探索培养大学生法治思维的主要途径。培养大学生社会主义法治思维是一个复杂的系统工程，仅就学校教育而言，也不仅仅是一个课堂教学问题，需要在环境营造、观念转变和程序保障等方面形成合力。③ 蔡晓卫认为，形成法治思维，是大学生综合素质提高的重要表现。大学生法治思维应是一种合法性思维，体现公平正义的思维，它要求以权利义务为中心，强调要有程序意识。为培养高校大学生法治思维，针对高校在法治教育中存在的认识上的主要问题，应重视与加强大学生法律知识的普及和教育，不断增强大学生的社会主义法治理念；加强校园法治环境建设，营造高校法治学习氛围；还需要政府、社会和家庭等更多方面的共同努力。④ 叶琴等认为，医事法学专业大学生法治思维的培养途径应重点考虑权利义务思维、公平性思维、综合性思维、规则性思维等法治思维，并结合实际，对校内外理论教学、实践教学等培养法治思维的途径进行了思考和探讨。⑤ 亢振威等认为，当代大学生法治思维可从政治、市场和社会三重维度，通过深化依法行政、强化司法公正、发挥企业法治正能量、利用企业文化正能量、转变社会管理方式、创新法治教育模式等途径给予培育。⑥ 张颖认为，思想政治理论课对大学生法治思维培养的途径有：强化思政课课堂教学环节；运

①　宋保振：《论法治思维路向选择："规范主义"抑或"经验主义"》，《法律方法》2014年第16卷。

②　刘艳萍：《运用法治思维建设法治中国》，《法制与社会》2014年第125期。

③　陈大文、孔鹏皓：《论大学生社会主义法治思维的培养》，《思想理论教育导刊》2015年第1期。

④　蔡晓卫：《论高校大学生法治思维的养成》，《中国高教研究》2014年第3期。

⑤　叶琴、赵凌生、罗刚：《论医事法学专业学生法治思维的培养》，《医学与法学》2015年第1期。

⑥　亢振威、韩芳：《社会建设视域下当代大学生法治思维培育的三重维度》，《包头职业技术学院学报》2014年第3期。

用多种教学方法，使教学内容得以全面展现。① 陈芳姝认为，培养大学生的法治思维方式，必须在培养大学生的合法性思维、重视程序思维和公正思维上下功夫，通过高校普法教育和校园法治文化的熏陶，发挥道德与法治的相互促进作用，多方发力，共同推动。② 孙由体等认为，大学生法治思维的培育要树立法律至上的法治理念，培植法治认同感；营造良好的法治环境，让追求正义成为最大共识；开展多元化实践性教学，加强大学生法治思维的训练。③

（三）法律权威研究综述

从新中国成立以来，在社会主义发展的过程中，法律也得到了充分的发展。随着法律和法规的不断更新和完善，法的权威性问题也随之出现。在一个拥有 14 亿人口的国家中。法权威性的来源以及法权威性的体现显得十分重要。我国有五千多年的灿烂文明，也伴随着五千多年的封建专制。法律在大多数人的眼中只是统治者的工具。法的权威自然就来自国家的强制力。当今 21 世纪我国的法律已经得到了长足的发展。为何法权威性的问题在我国还是得不到正确的理解？这是研究我国法权威性问题的关键。在国内，对法律的权威性的研究较多，大多数都是针对某一部法律进行的。研究者们也开始对法律的权威性从不同的角度进行研究。针对这个问题学者们有着很多不同的观点。经过查找以及阅读了许多的文献后，我发现法律权威在我国还存在着许多问题。这些问题主要是我国法治建设与人民和司法发展所碰撞的产物。在法律高速发展的今天，我国司法制度建设显得较为缓慢。人民的法律意识较为淡薄。这样就形成了影响我国法律权威的首要问题。下面谈谈这些文章的观点内容。

法国大法学家卢梭的著作《社会契约论》主要介绍了国家以及法律的权力来源。国家是由于人民的一种权力的出让而得来的，是人民通过一种契约的方式把自身的一些权力转移到了国家，使得国家拥有了权力。卢梭提出："一个完美的社会是为人民的'公共意志'（公意）所控制的。

---

① 张颖：《基于思政课教学中大学生法治思维方式培育途径的研究》，《新课程学习》2014年第 12 期。

② 陈芳姝：《论大学生法治思维方式的培养》，《长春工业大学学报》（高教研究版）2015年第 1 期。

③ 孙由体、胡方红：《略论大学生法治思维的培育》，《教育理论与实践》2015 年第 1 期。

人是生而自由的，但却无不在枷锁之中"。① 法律是一种人民公共意志的
体现。就是说法律的制定应该是以人民的公共意志为基础的。有了这样的
基础就可以说明，法律是保护人民最根本利益的，是人民的公共意志的体
现，也是法律权威的来源。这样的法律权威是人民给予的权威。所以在这
样的理论下，法律的权威就很容易得到实现。

美国法学家伯尔曼提出，"法律必须被信仰，否则它将形同虚设"。②
宗教的教条是法律发展中的基础。这主要表现在宗教的教条也是与人民的
道德相符的。宗教的出现是以一种神秘的超然的姿态出现的。这样的神秘
与超然，说明了宗教在发展中给人民一个心灵的安抚，是信奉者的一个思
想以及心灵的避风港。信奉宗教已经成为一个普遍的现象。这样法律发展
是适当地加入了一定的宗教教条，也就给法律带来了一定的神秘与超然。
法律成为人民信仰的武器，也是人民保护自身权益最好的武器。只有人民
相信法律，法律在人民心中才会有权威。

耶林认为，法律是国家通过外部强制手段来维持社会关系的总和。这
样的理论说明了法律权威的另外一个来源——国家的强制力。这样的强制
力来源于国家的权力。③ 在权力的理解中，不同的时期有着不同的理解。
如果是战争年代，国家的权力是最有权威的，也是人民必须无条件服从
的。所以，法律在这个时期也是一种强制权威的表现。我国法学家王利明
认为，我国司法面临的问题：一是司法腐败，司法腐败是影响我国法律权
威的一大重要的因素。司法的腐败可能造成我国人情大于法律的现象。在
情、理、法三者中，法应该是我国的最后一道保护人民权利的屏障。④ 如
果不治理好司法腐败，人民权利得不到保障。法律的权威就无从谈起。二
是司法独立问题。司法独立一直影响着我国法律权威的发展。司法独立主
要是指司法机关作为一个独立的主体，有自己独立行使的权力。这样的权
力是不受其他权力的干扰的。是司法机关独立公正判案的基础。当然，在
我国司法相对不能独立的情况下，也不能说我国的司法机关就不能独立判
案。但是，正是因为我国司法相对的不独立往往会出现一些权力大于法律
的现象。这也是我国法律权威的一大障碍。三是司法行政人员的素质问

① ［法］卢梭：《社会契约论》，商务印书馆2003年版，第78—89页。
② ［美］伯尔曼：《法律与宗教》，商务印书馆2012年版，第45页。
③ 耶林：《法的目的》，中国法制出版社2009年版，第145—146页。
④ 王利明：《司法改革研究》，法律出版社2001年版，第71—87页。

题。司法行政人员是直接运用法律判案的人员。这些人的素质直接影响判决。高素质可以高效率地完成案件判决工作，而低素质就只能低效率地完成案件判决。我国是世界人口第一大国，案件数量是十分巨大的。如果不能高效地完成案件的判决，就会出现案件积压现象。这样司法效率就会下降，使得人民不敢或者不愿意使用法律来保护自己的权益，我国法律权威就很难体现。四是司法判决书的不规范性。司法判决书是法律直接影响人民权利的文书。判决书主要是说明法律支持当事人双方哪一方的观点。让双方当事人知道法律以及服从法律的判决。就必须在判决书中写明确法律的运用以及解释。如果判决书解释不规范，不能正确地运用法律，就直接影响了我国人民对法律的信赖，也就直接影响了我国法律的权威。张德森认为，法律权威是个人与社会结合的产物。也就是说，法律的权威来自个人的认识与社会的使用。个人的认识主要是表现在人民法律意识方面，而社会的使用是体现在司法方面。只有这两方面的结合才能解决我国法律权威性。① 何正玲、田巍认为，立法的权威就是法律在制定中带有公共意志的体现。立法不单单地指制定法律，还包括法律制定过程中人民的认知度，司法的理解程度以及法律至上的方面。② 高其才认为，法律意识是一个关于人民知法程度的标准③，是人民对法律观点以及思想的总称。这样的法律意识可以说明我国人民对法律的认知度。法律制定出来以后必须被人民所认知。要不制定法律就没有任何的意义。一个不被人民认知的法律是一个空壳。如何让人民心中形成法律意识，就必须加强我国法律教育。因为我国地广，人口分布以及文化水平不一。这样就使得我们的法律教育也要根据不同的情况做出不同的改变。只有加强了我国人民的法律意识，才能让我国法律权威得到体现。卓泽渊④、黎盛荣⑤、从秀芬⑥等都从不同的角度对我国法律权威进行了分析。观点基本都是从两个方面对我国法律权威做出说明。第一，我国的历史原因导致我国法律权威问题。我国有五千多年的灿烂文化。但是，封建社会对我国的影响时间最长。在封建

---

① 张德森、周佑勇：《论当前我国实现司法正义的条件和途径》，《法学评论》1999 年第 1 期。
② 何正玲、田巍：《法律的权威性及其现实途径》，《长白学刊》2000 年第 1 期。
③ 高其才：《法理学》，清华大学出版社 2007 年版，第 17 页。
④ 卓泽渊：《法的价值论》，法律出版社 2006 年版。
⑤ 黎盛荣：《新版中国法的权威性与局限性》，法律出版社 2008 年版。
⑥ 从秀芬：《论社会主义法律的权威性》，《黑龙江教育学院学报》2005 年第 4 期。

社会时期,我国法律一度被认为是"天子"用来统治人民的工具,是封建主的武器。人民的灾难。法在那个时期主要以刑为主,刑与法相结合。人民就当然地认为法等于刑。这样的观点影响了我国漫长的法律发展期。与欧美国家相比这是我国法律发展中的一个特点,是法律权威在我国难以实现的又一关键问题。第二,从当今社会我国法律发展以及司法制度建设上进行分析。刘星提出了西方法律权威的起源以及法律权威体现。① 在西方历史发展过程中得出法律权威与他们的宗教以及法律思想是分不开的。在法律思想发展过程中,人民不断地对法律进行公共意志的修改,以及法律发展给人民带来的实质利益是保障法律权威的根本要件。

席书旗认为,法律权威以法律认同为逻辑推演的起点,而法律认同又以法律具有权威为必要条件。法律权威与法律认同的良性互动以法在社会生活中能够产生预期的法律实效为前提。法律在社会纠纷解决机制中缺乏实践权威导致公众对法律缺乏认同感,法律规范难以转化为民众公认的生活方式;公众对法律缺乏认同感、法治观念淡漠进而又削弱了法律权威。中国法治建设的当务之急乃是强化法律实践权威,提升公众法律认同感,使两者良性共契,及时摆脱目前互相弱化的恶性循环态势。② 贾焕银认为,中国特色法律体系形成是 30 年法制建设的重大成就,但法律权威并未充分彰显。现行法律体系更大程度上是文本意义上的,更多依赖国家强制力撑持而获得形式上的普遍服从。法律权威应当是法律的内在说服力和外在强制力的统一。在规范和制度化特征方面,现行法律体系还有尚未形成内在一致的法律体系意义脉络、良性的吸纳和拒斥社会挑战的机制以及由中国社会多重二元性所导致的多重二元割裂等不足。法律权威树立依赖于法律制度化实施,但不能简单地将法律权威与公正司法等量齐观。若要仰赖法律权威推进司法公正,必须在澄清公正司法一系列问题的基础之上,遵循若干法治标准和进行有效制度建构才能实现。③

雷磊认为,法律论证既需要运用权威理由,也需要运用实质理由来证立法律命题。法律渊源是最重要的权威理由,它通过说明法律命题之来源

---

① 刘星:《一种历史实践》,北京大学出版社 2007 年版。

② 席书旗:《法律权威与公众法律认同问题研究》,《山东师范大学学报》(人文社会科学版) 2010 年第 2 期。

③ 贾焕银:《中国特色法律体系的法律权威与公正司法》,《重庆大学学报》(社会科学版) 2013 年第 1 期。

的方式来证明后者的初步有效性。制定法与先例构成了法律论证之权威性框架的主要部分，制定法属于规范权威，而先例属于事实权威，它们在司法裁判中一般只需被指明。同时，法律论证的正确性宣称决定了法律论证也必须运用有效的实质理由，即对法律命题内容的正确性进行证立。这种论证既可以是法律体系内的论证，也可以是超越体系的论证。法律论证旨在于平衡权威与正确性，其中权威论证具有初步的优先性但并非不可推翻，权威性的强度与相关正确性论证的负担成正比。以此来分析，我国的指导性案例介于规范权威与事实权威之间，它的效力是一种"准制度拘束力"。①

总之，维护我国法律权威问题的思路应当从不同的角度以及不同的方法来治理我国法律权威问题。应当先明确法律权威的感念，以及法律权威的产生。通过分析对比找出我国法律权威的体现，发现我国在法律权威反面的不足。最后解决我国法律权威的不足。通过对法律权威的认识、体现、不足到解决四个方面来对我国法律权威问题进行解释。在我国法律高速发展的今天，法律权威问题已经越来越多地体现出来。解决好这些问题，对我国法治建设的发展有着非常重要的意义。

第八章 行使法律权利 履行法律义务研究综述*

一 教材中本章涉及的概念与理论观点

"什么是权利和义务，什么是法律权利和法律义务，我国公民享有哪些法律权利和承担哪些法律义务，如何正确行使法律权利和承担法律义务，如何尊重别人的权利，当自己的法律权利受到侵害后如何依照法律途径寻求保护和救济，以及滥用法律权利和违反法律义务后要承担什么法律责任等，是我们日常生活中经常遇到的问题。"由此可见，本章涉及的核心概念包括"法律权利"、"法律义务"和"权利义务观"。现对这三个概念的研究进行综述。

---

① 雷磊：《法律论证中的权威与正确性：兼论我国指导性案例的效力》，《法律科学》2014年第2期。

＊ 作者：何志敏，西安交通大学马克思主义学院副教授。

（一）法律权利研究综述

（1）法律权利的内涵。北岳（1995）认为，法律权利是主体为追求或维护利益而进行行为选择，并因社会承认为正当而受法律和国家承认并保护的行为自由。[①] 葛天博（2005）认为，法律权利有三层含义：法律权利是社会成员享受特定权利的法律依据；法律权利是限制范围内的自由的为与不为；法律权利通过法律手段救济的必要性。[②] 于柏华（2011）认为，拥有法律权利就意味着法律承认个人的利益构成了课以他人义务的充分理由。法律权利这个概念是个关系性概念，依照法律的自我理解，它一头连着个体的利益，另一头连着他人的义务，因而同时具有分配性与阻断性。[③] 雷磊认为，从逻辑分析的角度而言，广义的法律权利包括请求权与法律自由两部分，其中请求权属于狭义的法律权利，它又包括三种消极行为请求权与两种积极行为请求权；而法律自由则可以分为弱自由与强自由两种类型，其中强自由在逻辑上可以被还原为弱自由与特定消极请求权，或积极请求权的结合；所以，广义的法律权利是请求权与弱自由这两部分的结合；权利的这两个部分拥有各自不同的内部结构，却在外部结构上形成了对应关系；这一切都说明请求权与弱自由在权利的整个地位体系中处于规范性联结关系之中，因此，权利在结构上构成了一个逻辑整体。[④] 而现行教科书认为，在法学理论上，可以将法律权利概括为权利主体依法要求义务主体做出某种行为或者不作出某种行为的资格。[⑤]

（2）法律权利与其他权利的关系。马岭（2008）认为，宪法权利的主体是整体性的个人，法律权利的主体是个体化的个人或部分个人的集合体（法人）；某一公民可以放弃自己的法律权利，但人民不可能放弃全体公民的宪法权利；宪法权利作为母权利可以派生出一群大小不等的法律权利（子权利）；宪法权利不仅是重要的权利，还应是抽象的权利。[⑥] 蒋德海（2009）认为，基本权利与法律权利的关系是：基本权利是根本性权利，法律权利是辅助性权利；法律权利保障基本权利，并不得与基本权利

①　北岳：《法律权利的定义》，《法学研究》1995 年第 3 期。
②　葛天博：《关于法律权利的若干思考》，《河北农业大学学报》（农林教育版）2005 年第 2 期。
③　于柏华：《法律权利的规范论》，博士学位论文，中国政法大学，2011 年。
④　雷磊：《法律权利的逻辑分析：结构与类型》，《法制与社会》2014 年第 3 期。
⑤　本书编写组：《思想道德修养与法律基础》，高等教育出版社 2015 年版。
⑥　马岭：《宪法权利与法律权利：区别何在?》，《环球法律评论》2008 年第 1 期。

相抵触。① 余广俊认为，道德权利与法律权利的关系是：道德权利与法律权利具有异质性；道德权利对法律权利具有超越性；道德权利与法律权利具有互斥和互倚性。② 现行教科书认为，人权与法律权利关系密切，人权是法律权利的内容和来源，法律权利是对人权的确认和保障。③

二　法律义务研究综述

胡平仁（2004）认为，法律义务是为保障权利和权力的有效运行或实现，而由法律设定或当事人约定并通过预设一定的法律责任来保障的、相关主体在一定条件下必须做或不能做的某种行为。④ 钱大军（2005）认为，法律义务是指主体应当采取的行为模式，并且是引起偏离行为模式的行为者承担法律责任的理由。⑤ 李京波（2008）认为，法律义务是指基于法律规定或当事人约定并通过可能施加法律责任来保障的相关主体应当做出的行为。⑥ 李牧（2011）认为，界定法律义务，既要考虑法定义务，也要考虑意定义务，即约定义务和承诺义务；既要考虑作为义务，也要考虑容忍义务和不作为义务，唯有如此，才能揭示法律义务的科学合理的内涵和外延。至于如何表述，则是智者见智，仁者见仁的技术性问题。⑦ 现行教科书认为，义务与权利相对应，是指政治上、法律上、道义上应当承担的责任。

三　法律权利与法律义务研究综述

张江河（2002）认为，第一，法律权利、法律义务与国家政权的关系：法律权利、法律义务都与国家政权发生关系，但是，二者与国家政权的关系，既有同一性，又有差异性。并且，同一性与差异性是一对孪生体，是相互关联的。第二，在法律本身的范畴中，权利与义务的关系。法律权利和法律义务都是以法律规范为主体而设定的，而主体依据法律权利和法律义务进行一定活动，彼此结成的社会关系则称为法律关系。第三，法律权利、法律义务与主体之间的关系。法律规范所确认和设立的权利和

---

①　蒋德海：《基本权利与法律权利关系之探讨：以基本权利的性质为切入点》，《政法论坛》2009 年第 2 期。

②　余广俊：《论道德权利与法律权利》，《山东社会科学》2009 年第 10 期。

③　本书编写组：《思想道德修养与法律基础》，高等教育出版社 2015 年版。

④　胡平仁：《法律义务新论》，《法制与社会发展》2004 年第 6 期。

⑤　钱大军：《法律义务研究》，博士学位论文，吉林大学，2005 年。

⑥　李京波：《论法律义务》，硕士学位论文，山东大学，2008 年。

⑦　李牧：《我国法律义务定义观之检讨》，《南京社会科学》2011 年第 7 期。

义务，在形式逻辑的意义上，权利就是权利，义务就是义务，二者在概念上不能互相混淆，在实际运行中也不能相互取代。但是，在现实生活中，由于主体因各自所处地位在一定条件下的变化，因此，主体的法律权利与法律义务的关系在一定条件下也发生不同的变化。①

郭道晖（2006）认为，界定法律义务不能孤立地就义务谈义务，而要从权利与义务的整个关系链条、从法的整体上去把握。法律义务是一种法定约束；权利一经法定，就是对权利的范围与自由度做出规范，即隐含着不得超越界限的义务。权利与义务是构成法的统一体，这与说"权利义务是统一的"命题有所区别。后者只是说明二者自身相互依存，对立统一；前一命题则突出权利与义务是法和法律的整体构成上的两个必须元素，舍一不可。就法的本体而言，不能单纯以权利或义务为本位，权利义务都属于法的本质范畴，它们之间是本质内容与本质形式的关系。②

葛天博认为，即便是法律权利，也要受到相关法律的调整，而不是随意受个人理性的自由支配。而这种支配与服从就是法律规定的义务。享受权利就要付出义务。法律权利和法律义务的根本在于承认人在法律上的主体平等地位和实质上的合法利益受同等保护的制度文明。因此，法律义务的收益就是获得法律权利，而后者的存在是前者存在的逻辑结果。③ 现行教科书认为，法律权利与法律义务具有辩证统一、密不可分、一律平等、互利共赢的关系。④

---

① 张江河：《对权利与义务问题的新思考》，《法律科学》2002 年第 6 期。

② 郭道晖：《论义务及其与权利的本质关系》，《河南省政法管理学院学报》2006 年第 5 期。

③ 同上。

④ 本书编写组：《思想道德修养与法律基础》，高等教育出版社 2015 年版。

下篇　研究论文

试论高校思想政治理论课教材体系向教学体系的转化

中宣部、教育部在教社科〔2008〕5号文件中明确指出："思想政治理论课教师要以教材为教学基本遵循，在教材体系向教学体系转化上下功夫，真正做到融会贯通、熟练驾驭、精辟讲解。"教育部在认真抓教材建设的同时，积极征集思想政治理论课的优秀多媒体课件、优秀教学案例、优秀教案，组织力量建设教学资源库。不少教师也就教材体系向教学体系的转化问题发表了很有见地的观点。

2000年，教育部召开"两课"优秀教材表彰会，笔者在小组会发言中谈到应当高度关注思想政治理论课教材体系向教学体系的转化问题，之后很长一段时间在教学实践中，笔者一直在认真思考这一问题。

一　两种不同体系之比较

在教学实践中，我们常常可以看到这样的现象：同样一门课，使用相同的教材，但是，不同的教师讲出不同的风格、不同的水平，产生不同的效果。之所以如此，是因为两种体系虽有密切的联系，但是又有所不同。在讨论教材体系向教学体系转化的问题之前，需要首先厘清两种体系之间的区别。

（一）两者的含义不同

人们常常对"教材"有两种理解：一种是单指教科书，我们常说的组织编写教材、某些内容进教材，一般是从这一意义上理解的教材；另一种是指"有关讲授内容的材料，如书籍、讲义、图片、讲授提纲等"。①

---

① 《现代汉语词典》第5版，商务印书馆2006年版，第690页。

而"体系"，则是指"若干有关事物或某些意识互相联系而构成的一个整体。"① 因此，对于教材体系也就出现了两种理解：一种是指某一学科或专业的教科书内部的章节目结构框架以及相互联系的内容所形成的一个整体。这是狭义的教材体系。另一种是指由教科书、教学参考书、多媒体课件、教学资源库、教学案例、教学实践方案、教学影片、教学道具以及讲义、讲授提纲等教学资料所形成的一个整体。笔者这里说涉及的教材体系，是指狭义的教材体系。"教学"是指"教师把知识、技能传授给学生的过程"。② 因而，教学体系是指围绕着为了达到教学目的，以教材为基本遵循，在教学活动中所采用的各种教学要素所形成的一个整体。

（二）两者的功能不同

教材体系的功能在于，根据教学的目的和教学大纲，按照一定的范式，给教学提供比较全面、准确、严谨的逻辑和知识体系，成为教学所应遵循的基本蓝本。教材体系不仅是教师教学活动的依据，也是学生准确掌握理论知识的依据。而教学体系的功能在于，如何通过教师讲授与学生学习的共同活动，不仅使学生获得知识理论和操作技能，也发展他们的认知能力、思考能力、判断能力、自学能力和创造能力，同时培养他们良好的思想品德。对于思想政治理论课而言，教材体系的功能应该全面而严谨地阐述科学的政治理论观点，教学体系的功能则保证学生能够正确地理解其中的重要理论知识，运用所掌握的理论知识解决现实问题。

（三）两者的特点不同

为了达到各自的功能，两种体系体现了不同的特点。教材体系的特点在于：结构的逻辑严谨性、章节均衡性、层次清晰性、前后呼应性；内容的全面覆盖性、学术权威性、理论科学性、表述准确性。尽管现在的部分教材在表现形式上有所变化，也有案例式的教材，但是，绝大部分教材体系还是体现了上述结构特点和内容特点。教学体系的特点在于：在内容的选择上具有问题针对性、重点突出性、难点深入性；在教学实施中具有方法灵活性、手段多样性。

（四）两者的要求不同

教材体系以完整表述知识理论体系为目的，所以它在教材结构的合理

① 《现代汉语词典》第 5 版，商务印书馆 2006 年版，第 1342 页。
② 同上书，第 691 页。

性、内容的客观科学性、概念定义的简明准确性、观点结论推演的逻辑严密性都有着严格的要求和标准。甚至对于每一章节的知识点的安排、字数的限制都有一定的要求。教学体系则以如何让学生理解和掌握所学知识理论并解决相应的问题为目的，所以，一切教学活动都要围绕这样的目的进行。教学活动需要以教材为基本遵循，但是不能完全按照教材的体系进行，必须遵循教学规律，遵循学生的学习接受规律进行。

（五）两者的思路不同

在设计教材体系、编写教材时，使用的主要是从具体到抽象的思路。通过对大量的社会现象和数据资料的研究和概括，形成教材中的概念、范畴、理论观点、结论等；而在设计教学体系、形成教学方案时，其思路恰恰相反，使用的主要是从抽象到具体的思路。运用教材提供的概念、范畴、理论观点、结论，结合具体的、生动的、典型的社会现象和数据资料，进行理论的实际运用，解决思想上面对具体的、现实的问题。"在第一条道路上，完整的表象蒸发为抽象的规定；在第二条道路上，抽象的规定在思维行程中导致具体的再现。"①

二 教材体系向教学体系转化应遵循的基本原则

中共中央 16 号文件指出，思想政治理论课"要联系改革开放和社会主义现代化建设的实际，联系大学生的思想实际，把传授知识与思想教育结合起来，把系统教学与专题教育结合起来，把理论武装与实践育人结合起来，切实改革教学内容，改进教学方法，改善教学手段"。这就为思想政治理论课的教材体系向教学体系转化指明了方向。转化工作应当在教学实效性的总原则下，遵循如下具体原则。

（一）针对问题与传授理论相结合原则

思想政治理论课的理论要联系改革开放和社会主义现代化建设的实际，联系大学生的思想实际。所以，作为教学者的教师，要有明确的问题意识，针对问题实施教学。美国 20 世纪初在德育教学中出现过一批教师把道德伦理课变成了对道德伦理概念、名词、观点的诠释课，结果把这门

---

① 《马克思恩格斯选集》第 2 卷，人民出版社 1995 年版，第 18 页。

课带向了衰落。这样的教训是值得借鉴的。结合实际问题，释疑解惑，是思想政治理论课的立课之本，也是该课的生命力之所在。人们常说，理论是灰色的，而生活之树是常青的。但是，这绝不能理解为理论不重要，不需要讲理论，理论一旦与现实相结合，它也是常青的。我们党历来重视理论的重要性，倡导要"以科学的理论武装人"。只有掌握了科学理论并且学会运用理论解决实际问题，才能真正提高学生的思想政治素质。高的理论素养是解决问题的基础，以联系实际为由放弃理论的"转化"是错误的。

（二）灵活发挥与遵循教材相结合原则

教学过程是一项需要充分发挥教师教的自主性和学生学的自主性的实践性活动。教学体系的设计，必须充分考虑到如何发挥两个积极性、两个创造性的问题。比如，有的学校采取专题教育的方式、"过来人"现身谈人生领悟等，就是灵活发挥的尝试。但是，作为课程，它是需要按照一套教学的规范要求进行的。比如，本节课的教学目的和要求、知识点的覆盖面、教学的进度等。这就需要在灵活发挥的同时，要以教材为教学基本遵循，把系统教学与专题教育结合起来。假如教学体系完全脱离教材，由教师任意发挥，或者学生不着边际地讨论，都会背离教学的初衷。

（三）突出重点与兼顾一般相结合原则

教材的每个章节都有主题性的内容设计，以主题为核心进行展开和阐述，形成了不同层次的观点和理论。教学体系在内容的选取上要把握主题，突出重点，把重点搞深、搞透。要克服面面俱到的教学方法。因为只有突出了重点，才能给学生深刻的影响，也能合理地使用教学的时间。至于其他内容，教材上基本讲清楚了，可以布置给学生阅读，或者介绍课外阅读材料补充，也可以提示性地讲。

（四）课堂学习与教学实践相结合原则

教学实践与一般的社会实践的相同点在于目的都是实践育人。通过实践活动，接触工农大众，了解国情民情。由于实践活动的直观性、鲜活性，容易形成强烈的感官冲击进而产生比较深刻的影响，具有感染力，所以，近年来越来越被教学所采用。但是，教学实践与一般的社会实践又有一定的区别。教学实践是围绕教学展开的实践活动，它是有计划、有目的、有组织、有进度的教学活动。它的重要任务之一，就是通过实践活动，使学生加深理解、吸收、消化和巩固所学的思想政治理论，更加自如地运用理论的视角来观察世界，分析问题，解决思想上的困惑。教学实践的设计应该考虑以下几个要素：社会实践活动是否能有条件让上课的全体同学参加？教学实践是否针对和强化了教学的特定内容？教学实践活动是否与课堂学习的内容相衔接？教学实践的方案是否科学？学生参加教学实践的考核是否能够区分层次并且量化？如果缺乏对上述要素的考虑，那就不是真正意义上的教学实践，而只能算得上是一般的社会实践。

（五）课堂讲授与辅助活动相结合原则

由于教学实践受到经费、时间、交通、安全、社会接待能力等因素的制约，组织实施教学实践存在很大的困难。例如，西安某高校曾把部分学生带到延安窑洞去讲《矛盾论》、《实践论》，与在教室讲授相比较，其教学效果自然不可同日而语。可是，如果该校要求上该门课的学生都如此这般、其操作上的可行性就令人质疑了。为了弥补教学实践缺乏所造成的不足，可以尝试通过教学辅助活动作为替代。教学辅助活动是指利用课外时间，组织学生开展与教学内容有关的真实的或模拟的各种方式的活动，来理解、吸收、消化和巩固所学的思想政治理论的活动。教学辅助活动从理论上讲，同样具有教学实践的特点和功能，达到相似的教学效果，其经济性和可行性又有明显的优势，是值得研究和开发的领域。

三 教材体系向教学体系转化的路径

（一）吃透教材

吃透教材是教学方案设计的基础。只有吃透了教材，才能在教学中运用得当、游刃有余，避免要么照本宣科，要么离题万里的尴尬。吃透教材的要义在于理解教材基本精神，从宏观上厘清教材整体的编写思路和章节之间的联系与分工，在微观上把握每一章节的主题、重点，了解主要理论观点的逻辑推理的关键点。

（二）确定问题

列出教学内容可能涉及的现实问题和理论难点，认真分析教学中如何运用教材中的理论来联系和解答这些问题和难点。有些理论其自身可能是完善的，但是，遇到一些敏感问题或深层次的问题，解决起来似乎就不那么得心应手了。这就需要教师超越教材，认真学习马克思主义理论学科的最新理论成果，学习借鉴其他学科的相关理论，挖掘教材中理论的深度和广度，要把教材中理论限于篇幅没有深入表述，但是，蕴含其中的应有之义发掘出来，进行充分的运用。

（三）设计教案

教案是教学的主要依据，也是转化的关键环节。要根据教师的学科特长和理论基础，设计个性化的教学方案。教案设计要关注结构设计和讲课艺术设计等。在结构设计中，要设计好的开场白、有意识地安排讲课高潮、构思精彩的结尾语。在讲课艺术中，语言的驾驭、情感的表露、体态的表达、资料的选择、教学手段的运用，都是需要在教案中精心设计安排的。

（四）精选教学案例

教学案例是阐述理论时的有力佐证。运用得好就会锦上添花。一定要事先精选那些有典型性、真实性、生动性的案例。最好是选择在中外历史上产生过重大影响的、著名的人物和事件，在学生中比较有知名度和影响力的人物和事件以及学生身边的事例等。避免出现教学案例使用过于随意、与教学内容相关度不高的现象。

（五）合理使用多媒体

多媒体的使用，使教学的形式更加多样化。但是，多媒体课件在使用中也出现了一些新问题。其一，多媒体课件使用中单一化问题。有的多媒体课件完全是文字的堆积，是由黑板变成了白板，没有充分发挥多媒体通过视觉听觉等多种感官传递信息的作用。其二，信息速度与学生思维不同步问题。多媒体课件内容显示太快或太慢，都会影响学生的思维，进而影响到教学效果。其三，教师被边缘化的问题。多媒体课件的内容丰富多彩，变化多端，吸引了学生的注意力，教师的讲课不被学生所注意。所以，在多媒体课件的设计制作中，要尽量避免上述问题。

（六）师生互动

课堂上师生互动的过程，是师生交流思想体会和感情的过程。但是，对于什么是互动，应该有一个正确的理解。互动可以是形式的互动，也可以是心灵的互动。形式互动可能会有利于心灵互动，但是两者并不等同。提问、学生讲课等形式上的互动，并不必然会使师生产生思想共鸣。而心灵互动并不一定要借助形式上的互动。教师根据学生的反应和情绪及时调整教学内容和方法，以及学生在教师讲课时的微微点头或会意的微笑，不也是心灵互动吗？师生互动要讲求教学效果而不是为了追求形式。现在有的学校在教学检查中要求必须有多少次师生形式上的互动环节，这样的导向可能会助长形式主义。

（七）教学辅助环节

适度的教学辅助环节，有利于学生领会教学内容。但是，教学辅助环节的设计一定要与教学内容相联系。例如，在"思想道德修养与法律基础"课教学辅助环节——模拟法庭中，如果单纯地设计一场庭审，与教学的相关度就比较低。但是，在庭审进行过程中，如果加入对庭审中的法律理论运用的讲解或者知识竞赛，就符合教学辅助环节的要求了。

（作者：卢黎歌，原载《教学与研究》2009年第11期）

马克思主义理论关于思想政治教育本质的基本观念

科学研究中的"本质",是相对于"现象"而言的范畴,它代表一类事物一般共有的根本属性,因而是能够使此类事物和其他事物区别开的规定。人们对事物的认识,分析其构成要素及其关系、理解其活动机制和外部表现、说明其功用和效能,总是与对事物本质的把握密切相关,现代科学对各自研究对象的深入分析和系统阐释,将认识研究对象的本质作为核心问题,于是人们以是否真正揭示了对象的本质作为一种知识能否被称作"科学"的标准。由此而言,当我们将有关思想政治工作的思想观念和理论知识纳入学科体系、建构系统的思想政治教育学时,深入探究被称为"思想政治教育"的社会现象的本质,就是一个既有理论意义又有实际应用价值的课题。近年来,有学者将理解和说明思想政治教育的本质作为一个"问题"提出并在一定范围内引发了人们进一步讨论的兴趣,其中缘由大概在于一直以来有关的教科书和专门著作对思想政治教育学的这个基本问题或存而不论,或语焉不详。本文根据唯物史观的理论和方法,尝试分析马克思主义理论关于思想政治教育的根本观念,希望有助于认识这个十分重要,却在当前的思想政治教育研究中似乎并没有得到应有重视的问题。

一　马克思主义理论的方法

"思想政治教育"原本是人们对中国共产党开展的思想政治工作的一种表述。将此表述认作专门研究思想政治教育现象的科学的名称及这门科学的基本概念,因为它既能比较准确地表征思想政治教育学的研究对象,又较为全面地概括了思想政治教育作为一种社会现象的一般特征。

所谓"思想政治教育",如其字面意思,所指的就是人们有目的、有组织开展的、带有意识形态性特征的教育活动。"思想政治教育"是马克思主义理论指称一种特殊社会现象的专门术语,不过,开展思想政治教育活动却并不为马克思主义政党和社会主义国家所独有。实际上,"思想政治教育"所指称的那种现象,以一定的形式和内容普遍存在于人类社会进入文明时代后的各个历史阶段。并且,在思想史上,不同时期的理论家、政治家还曾对这种现象做过许多方面的探讨和解释,比如,中国古人把施政、刑罚与施教、德治看作实现政治的两种基本途径,以为"政教相似而殊方"(《管子·侈靡》)并倡导德治仁政。在中国古代,思想家、政治家们所谈论的"教"、"德教",就是指一种特定的政治教育;古代希腊哲学和德国古典哲学分别从个体的德行培养、人类的精神发展角度研究"教化",哲学家们讨论的"教化"当然不限于政治教育一个方面,然而,阶级社会的"教化"总不免要打上某种意识形态的烙印。因此,关于"教化"的理论和学说直接或间接地也就包含了对思想政治教育的理解和说明。近代以来的哲学社会科学提出并讨论的"道德教育"、"政治社会化"、"政治教育"、"意识形态国家机器"、"精神生产"等问题,则可以看作以分门别类的学科视角、运用了不同的理论和方法来探究实际的思想政治教育。

在马克思主义理论产生之前,像对其他社会现象的描述和解释一样,中外思想史上涉及思想政治教育的各种理论和学说,其中包含着许多真知灼见和富有启发意义的思想和观念,但从总体上看,这些理论和学说却没能真正揭示思想政治教育作为一种特殊社会现象的本质。而且,由于所处社会历史条件的限制,思想家们尤其是被马克思称作"意识形态家"的那种思想家们还为实际的思想政治教育罩上了一层神圣、神秘的面纱,有意无意地遮蔽了思想政治教育的本来面目。比如,中国汉代的董仲舒,以"天人合一"、"人副天数"的世界观为基础,认为:其一,天道"任德不任刑",君王"南面而治天下,莫不以教化为大务"(《春秋繁露·为人者天》);其二,"天生民,性有善质,而未能善",必待"王教之化也"。(《春秋繁露·深察名号》)。据此,把国家用"三纲五常"教化百姓解释为圣人既替天行道,又符合人性之本来的工作。再比如,以鲍威尔、施蒂纳等为代表的新黑格尔派哲学家,以唯心主义历史观理解和说明人的社会生活,认为思想、观念、想法支配和决定着现实的人,现实世界是观念世界的产物，于是将他们自己在精神生活领域中进行的"批判"活动本身认定为能够改变社会、解放人类的力量。

马克思和恩格斯在批判"德意志意识形态"时曾说，德国哲学从天国降到人间；和它完全相反，这里我们是从人间升到天国。这就是说，我们不是从人们所说的、所设想的、所想象的东西出发，也不是从口头说的、思考出来的、设想出来的、想象出来的人出发，去理解有血有肉的人。我们的出发点是从事实际活动的人，而且从他们的现实生活过程中还可以描绘出这一生活过程在意识形态上的反射和反响的发展。……不是意识决定生活，而是生活决定意识。前一种考察方法从意识出发，把意识看作有生命的个人。后一种符合现实生活的考察方法则从现实的、有生命的个人本身出发，把意识仅仅看作他们的意识。"不是意识决定生活，而是生活决定意识"，这是马克思所发现的唯物主义历史观，以现实的从事活动的人为出发点考察各种社会现象，这是唯物史观认识社会历史的方法，马克思主义理论正是因此实现了对人类认识史的彻底变革，从而使人们对自身社会生活的知识建立在了科学的基础之上。

关于实际的思想政治教育，各种唯心主义理论和学说的共同特点是抛开这种特殊的社会现象的现实前提，将其描绘为某种外在于人的生活的神圣的、神秘的力量。与此相反，马克思主义理论坚持"从现实的前提出发"，把思想政治教育看作现实的人的生活的一个方面进行历史的、具体的分析。首先，它要求运用"历史科学"的方法，深入研究思想政治教育现象如何从人们生活的历史过程中产生和怎样伴随着人们活动的改变而发生变更。"人们是自己的观念、思想等的生产者"，"而生产本身又是以个人彼此之间的交往为前提的"。人们的思想、观念无论具有怎样的形式和内容，无非是他们的生产和交往、一定的社会组织的有意识的表现，而不是现实的生活世界之外、之上的某个特殊主体的恩赐，人们通过这样或那样的思想教育所实现的精神交往，无非是人的精神生活的生产和消费的一种特殊形式，而不是超越了人的精神世界的某种特殊精神的运动。因此，对思想政治教育的认识，应把这种现象置于其所产生、存在和变化的实际背景和具体条件下，揭示其在历史发展中的因果联系。

同时，马克思主义理论要求运用"实证科学"的方法，把思想政治教育作为人的社会生活的一个方面，具体分析它的活动过程和机制。全部人类历史的第一个前提无疑是有生命的个人的存在，而发展着自己的物质生产和物质交往的人们，在改变自己的这个现实的同时也改变着自己的思维和思维的产物。① 人既然是一种有意识的存在，一定形式的思想教育必然对人的社会生活产生影响，然而，这种影响并非是无条件的，更不是如唯心主义理论所描绘的那样，思想观念的教育本身能决定社会历史的变化和发展。因此，对思想政治教育的认识，就需要分析这种现象和现实的从事生产活动的人们、他们的交往、他们的社会组织形式等因素的具体关系，由此理解和说明思想政治教育在人的社会生活中存在的基础和根据、它的基本属性和功用效能、它的活动过程和发展形态。

二 思想政治教育的根本属性

所谓思想政治教育的本质，就是历史上各式各样的思想政治教育共有的、相对稳定的属性，它构成思想政治教育存在的根据，并且决定着思想政治教育的表现形式。运用唯物史观的理论和方法考察发生在人们实际社会生活中的思想政治教育，马克思主义理论认为：

第一，思想政治教育所指称的那种社会现象，是人的精神生产和消费的一种特殊表现形式，这种现象的产生以人类社会在一定历史阶段上的发展条件为基础，它既非人类社会与生俱来，也不会永恒存在下去。"思想、观念、意识的生产最初是直接与人们的物质活动，与人们的物质交往，与现实生活的语言交织在一起的。"在此，经验知识、习惯风俗、规范律令、自然宗教，等等，以一种自然的横向交流和纵向传承的形式在人们的实际生活中形成和发展，社会成员共同享有家庭或部落的思想和观念，除了年龄和性别的差异外，没有专职的教育者，也不存在特定的受教育者，思想的教育具有自然的、普通的、社会的特征。思想教育从人们的物质生产和交往中分离出来，成为一些人专有的、承担特殊社会功能的活动，以人们的社会生产和生活的相对发展作为基础。因为社会生产力水平提高和剩余产品出现、物质劳动和精神劳动分工及政治国家的产生，那种把社会成员划分为教育者和受教育者，根据不同对象在内容和方法上"教有所别"，有组织、有计划开展的并实际构成政治一部分的"思想政

① 《马克思恩格斯文集》第 1 卷，人民出版社 2009 年版。

治教育",才出现在人们现实的社会生活中。

第二,人们现实的物质生产方式以及同这种生产方式相联系的交往形式构成整个人类历史的基础,因而经验的观察在任何情况下都应当根据经验来揭示社会结构和政治结构同生产的联系,而不应当带有任何神秘和思辨的色彩。① 思想政治教育作为人们的精神生活中的政治,或者说政治的社会联系中的思想教育,受到现实的人们,他们的物质生活的生产方式,他们的物质交往和这种交往在社会结构和政治结构中的进一步发展所制约。② 和低下的生产力水平及简单的部落所有制相适应的,只能是粗陋的"绵羊意识或部落意识"及其以自然形成的分工为基础、仅限于家庭和部落的思想教育。以生产力水平的提高为基础,人们的社会分工才能使精神活动和物质活动、享受和劳动、生产和消费由不同的个人来分担成为现实,专门的、有特定指向的意识形态教育才能存在和发展;思想政治教育以其特有的形式反映了一个社会的生产关系和生产力之间的矛盾,同时,正是现存的社会关系同现存的生产力发生了矛盾,人们的普通的、社会性的意识才蜕变为和现存实践的意识不同的某种东西;它不用想象某种现实的东西就能现实地想象某种东西③,也才产生了对特定人群进行特定内容的思想政治教育的必要。

第三,在社会分裂为不同阶级、阶层和利益集团的条件下,思想政治教育传达的号称既神圣又符合人性的观念或被宣布为天经地义和永恒的规律,其实是占统治地位的那个阶级或企图成为统治阶级的人们的观念和意志,意识形态家们"替天行道",以"社会"的名义教化百姓,其实进行的是"阶级的教育"。由于分工的发展和私有制的建立,产生了单个人的利益或单个家庭的利益与所有互相交往的个人的共同利益之间的矛盾④,社会为不同的阶级所分裂,其中一个阶级统治着其他一切阶级,统治阶级作为思维着的人,作为思想的生产者进行统治,他们调节着自己时代的思想的生产和分配;而这就意味着他们的思想是一个时代的占统治地位的思想。⑤ 再者,每一个企图取代旧统治阶级的新阶级,为了达到自己的目的

---

① 《马克思恩格斯文集》第 1 卷,人民出版社 2009 年版,第 524 页。
② 同上。
③ 同上书,第 534 页。
④ 同上书,第 536 页。
⑤ 同上书,第 551 页。

不得不把自己的利益说成是社会全体成员的共同利益，也就是说，这在观念上的表达就是：赋予自己的思想以普遍性的形式，把它们描绘成唯一合乎理性的、有普遍意义的思想。①

在有文字记载以来的人类历史上，各个世纪不同社会条件下的思想政治教育，尽管名称各异、表现形形色色，却总是依照这些共有的形式客观存在着，对人们的社会生活产生实际的影响。马克思主义理论关于思想政治教育的基本观念，在《共产党宣言》中以纲领式句法表述为：思想政治教育作为人的精神生产的一个方面，随着人们现实的物质生产的改造而改造，它所包含的内容和采取的形式，随着人们的生活条件、人们的社会关系、人们的社会存在的改变而改变；在人们的社会生活中有了分工、产生阶级和国家以来，思想政治教育以其特有的方式表现着一定历史条件下人们的社会联系，通过"阶级的教育"使统治阶级的思想成为一个时代占统治地位的思想。从近代生产方式和社会关系的变革中产生的资本主义社会，在资产阶级已经取得了统治的地方把一切封建的、宗法的和田园诗般的关系都破坏了，"一切固定的僵化的关系以及与之相适应的素被尊崇的观念和见解都被消除了，一切新形成的关系等不到固定下来就陈旧了。一切等级的和固定的东西都烟消云散了，一切神圣的东西都被亵渎了"，于是，千百年来在社会分工和阶级差别条件下实际承担了政治国家的重要功能的"教化"终于揭开了神秘的面纱，"替天行道"的教士、圣贤也被抹去了向来受人尊崇和令人敬畏的职业的神圣光环。不过，现代资产阶级社会并没有消灭阶级对立。它只是用新的阶级、新的压迫条件、新的斗争形式代替了旧的②，用公开的、无耻的、直接的、露骨的剥削代替了由宗教幻想和政治幻想掩盖着的剥削。③ 思想政治教育并没有因为资本主义生产方式和社会关系的建立，而改变自己的一直以来具有的基本性质。资产阶级关于自由、教育、法等的观念本身是资产阶级的生产关系和所有制关系的产物④，被奉为天经地义、符合人类本性的社会生活，不过是经由资产阶级意识形态家们的创造，把自己的生产关系和所有制关系从历史的、

① 《马克思恩格斯文集》第1卷，人民出版社2009年版，第552页。
② 《马克思恩格斯文集》第2卷，人民出版社2009年版，第32页。
③ 同上书，第34页。
④ 同上书，第28页。

在生产过程中是暂时的关系变成永恒的自然规律和理性规律①，和以往一切已经灭亡了的统治阶级一样，以国家名义开展的"教育"，是由资产阶级进行教育时所处的那种社会关系决定的，也是由社会通过学校等进行的直接的或间接的干涉决定的。② 质言之，相对于以往的时代，资产阶级时代的特点在于它使阶级对立简单化了，思想政治教育以更为明了的方式发挥着"阶级的教育"的作用。

三　马克思主义的思想政治教育

一方面，人类社会在"分工"的条件下，从普通教育中分化出的政治教育，代表了支配物质生产资料的阶级对精神生产资料的支配，其主要的功能和效用在于通过"阶级的教育"，使统治阶级的思想上升为一个时代占统治地位的思想。这是马克思主义理论针对唯心主义的思想政治教育观表达的基本观念。另一方面，《共产党宣言》提出，在领导工人群众的革命运动中，共产党一分钟也不忽略教育工人尽可能明确地意识到资产阶级和无产阶级的敌对的对立③，列宁系统地阐释"灌输"原理并指出，没有革命的理论就没有革命的政党、没有革命的理论就没有革命的运动。毛泽东将思想政治工作当作"生命线"，说明开展思想政治教育是经济工作和其他一切工作的中心环节。在社会主义运动史上，马克思主义政党一向高度重视思想政治教育的实际作用。那么，应如何理解和说明马克思主义的思想政治教育观呢？相对于以往的思想政治教育，马克思主义政党开展的思想政治教育有怎样的特点呢？对这样一个既具理论意义又有实践价值的问题，马克思主义经典作家的主要思想是：

第一，马克思主义的思想政治教育是一种自觉开展的工作。相对于早期社会人类只能形成"动物式的"自然宗教，精神劳动和物质劳动的分工并因此生产出神学、哲学、道德等意识形态，无疑是人类社会的巨大进步。分工把教育作为精神生产的形式从"自在"提升到了"自为"的水平，甚至还通过统治阶级的内部分工，表现人们对开展有组织有计划的

---

① 《马克思恩格斯文集》第 2 卷，人民出版社 2009 年版，第 48 页。
② 同上书，第 49 页。
③ 同上书，第 66 页。

"教育"的某种自觉，比如，积极的、有概括能力的意识形态家教育本阶级成员形成统一意志、教育全社会接受统治阶级的思想。但是，任何形式的教育都是人的精神的社会联系，是不同个人的共同活动；在"分工"的条件下，因为共同活动本身不是自愿地而是自然形成的，所以这种社会力量在这些个人看来就不是他们自身的联合力量，而是某种异己的、在他们之外的强制力量。关于这种力量的起源和发展趋向，他们一点也不了解；因而他们不再能驾驭这种力量。① 也就是说，从来的"政治教育"、"阶级的教育"，其实恰恰表明人们对身在其中的这种活动的不自觉。反之，建立在充分认识教育这种人类精神生活共同活动的本来变化形态和未来发展的基础上，旨在改变精神活动和物质活动、享受和劳动、生产和消费由不同个人来分担的马克思主义的思想政治教育，才在历史上第一次使教育成为自觉的活动。

第二，马克思主义的思想政治教育不需要隐讳自己的阶级属性。为了成为统治阶级，或已经成为统治阶级后为了维持自己的统治，人们有意无意地遮蔽思想政治教育的阶级属性，以便使自己阶级的思想成为社会占统治地位的思想、把自己阶级的意志强加于社会。与此传统不同，共产党人从来也不否认对工人群众进行思想政治教育的阶级性，公开声明这种"教育"就是要启发工人群众的阶级意识，通过社会主义革命使无产阶级上升为统治阶级。马克思主义的思想政治教育，就其作为社会主义运动的重要方面，当然属于"政治"的范畴，然而，原来意义上的政治权力，是一个阶级用以压迫另一个阶级的有组织的暴力，社会主义的政治作为一种有自己特殊规定的政治，以消灭阶级和阶级对立为目标，"它在消灭这种生产关系的同时，也就消灭了阶级对立的存在条件，消灭了阶级本身的存在条件"。就其作为一种"阶级的教育"，马克思主义的思想政治教育从根本上反对的恰恰是占统治地位的剥削阶级对社会精神产品的生产和支配，它的特殊性在于，改变教育从来的性质即要求克服教育的阶级性，使教育摆脱统治阶级的影响即要求最终消灭"阶级的教育"。

第三，共产党人不是凌驾于社会之上的教育者。物质劳动和精神劳动在人的社会生产中的分离，带来的结果是精神生活领域享受和劳动、生产和消费由不同的个人来分担，人的有意识的生命活动分裂为活动和思维，

---

① 《马克思恩格斯文集》第 1 卷，人民出版社 2009 年版，第 538 页。

即没有思想的活动和没有活动的思想①，于是，人的社会被划分为教育者和受教育者两个部分。而从来的专事于思想活动的人们，总是身为社会的教育者高高超乎社会之上，其中除了空想社会主义理论家们，他们因社会历史条件的限制只是以幻想的方式表达了某种良好愿望，社会的教育者其实只是分工也以精神劳动和物质劳动的分工的形式在统治阶级中间表现出来，一部分人是作为该阶级的思想家出现的。② 他们作为代表统治阶级的意识形态家，调节自己时代的思想的生产和分配，教育整个社会，这是因为，特殊利益和共同利益发生了矛盾，使得通过国家这种由虚幻的"普遍"利益来进行实际的干涉和约束成为必要。共产党一分钟也不忽略教育工人，无论是在进行社会主义革命的过程中，还是在无产阶级推翻资产阶级的统治建立自己的国家之后，这是因为，共产党人"在理论方面，他们胜过其余无产阶级群众的地方在于他们了解无产阶级运动的条件、进程和一般结果"。但是，共产党人并不把自己当作受苦最深的阶级的救世主，更不是凌驾于社会之上的教育者，他们本身已经是代表未来的那个阶级的成员，他们没有任何同整个无产阶级的利益不同的利益。他们不提出任何特殊的原则，用以塑造无产阶级的运动。③ 共产党人并不以"存在着一切社会状态所共有的永恒真理"来教育工人，共产党人的理论原理不过是现存的阶级斗争、我们眼前的历史运动的真实关系的一般表述。④

（作者：武东生，原载《教学与研究》2014 年第 2 期）

---

① 《马克思恩格斯文集》第 1 卷，人民出版社 2009 年版，第 535 页。
② 同上书，第 551 页。
③ 《马克思恩格斯文集》第 4 卷，人民出版社 2009 年版，第 3 页。
④ 《马克思恩格斯文集》第 2 卷，人民出版社 2009 年版，第 51、44、45 页。

谈思想政治理论课以理论内化
为主的教改取向

一　思想政治理论课教改的目的

在讨论教学中的内容改革与形式改革相互关系之前，先要明确一下思想政治理论课（以下简称思政课）的定位或者说思政课教学改革的目的。只有明确了定位或目的，才有讨论的共同基础。

"高等学校思想政治理论课是大学生思想政治教育的主渠道。""思想政治理论课是大学生的必修课，是帮助大学生树立正确的世界观、人生观、价值观的重要途径，体现了社会主义大学的本质要求。"这既是对思政课的定位，也是思政课教改所要达到的目的要求。

为了达到"帮助大学生树立正确的世界观、人生观、价值观"的目的，中宣部教育部进一步明确提出了"不断改进教育教学的内容、形式和方法……实现教学方式方法多样化、实践教学规范化和教学手段现代化"。

六年来，全国高校思想政治理论课教师按照中央文件精神，进行了积极的教学改革探索，取得了明显成效。李长春同志在全国加强和改进大学生思想政治教育工作座谈会上，对六年来的工作给予了充分肯定。他说："大学生思想政治教育工作呈现良好发展态势，大学生思想政治面貌发生可喜变化，主流积极健康向上。"他对今后的改革提出了进一步的目标和要求："不断改进思想政治理论课教育教学，更好发挥大学生思想政治教育的主渠道作用；进一步创新方式方法和途径，不断增强大学生思想政治教育的针对性实效性和亲和力感染力。"

二　思想政治理论课的教学中存在的主要问题

　　总结几年来思政课的教改实践，我们发现，有的侧重于教学内容的改革，有的侧重于教学方法手段的改革。无论是教育教学内容的改革，还是教学形式和方法的改革，都应当围绕着如何达到教学目的和要求而进行。问题在于，由于在如何认识两者之间关系的问题上存在着一定的偏颇，必然会在处理两者关系时出现问题，以至于思政课的教学"与党和国家事业发展要求相比，与大学生健康成长的需要相比，与广大人民群众的期望相比"，还存在较大差距。

　　有的忽视教学方法和手段的改进，片面强调内容的哲理性、逻辑性和学术性，脱离了学生的实际接受能力和文科基础，又基本采取教师满堂灌的方法，使学生感到课程过于深奥晦涩难懂，学生上课提不起精神，不感兴趣，把课程视为异己之物，而非贴己之实；有的忽视教学内容的理论性、感召力和说服力，片面强调教学方法手段的新颖性和丰富性，表面上轰轰烈烈，把课堂变成了纯粹的教学手段的展示，实际上，学生受益不多。为了提高教育教学效果，实现教改目的，首先需要对教学中存在的问题及其原因有一个较为客观的认识。

　　分析教学中存在的问题，可以从教学效果的评价入手。有文献①曾提出评价思政课效果应该分为课堂效果②、教学效果③和教育效果④三种类型，这对于我们精细化地分析思政课效果是必要的。

　　在思想政治理论课的教学实践中，三种效果都存在着一定的问题。就课堂效果而言，为数不少的课堂中，由于学生缺乏学习兴趣，教师讲述不

　　① 卢黎歌：《思想品德课教学中若干教育观念之思考》，《思想教育理论导刊》2002 年第 4 期，下述的课堂效果、教学效果和教育效果的论述，均来自该文。
　　② 课堂效果是指学生积极参与，教师讲授生动，课堂气氛活跃，学生满意率高。
　　③ 教学效果是指教育主体将马克思主义原理和我们社会倡导的思想意识、政治观点、道德规范加以了解和消化，并设计为教学内容。主体将主体化后的思想意识通过课堂的形式传递给客体。
　　④ 教育效果，只能用客体的思想品德状况来衡量。就整个教育过程而言，除教学过程两个阶段外，还有客体的内化阶段和外化阶段。

够生动，导致课堂气氛比较沉闷，学生思维不活跃，学习积极性没有被调动起来，没有达到应有的教学效果。就教学效果而言，一种极端是，有的教师片面追求课堂效果而忽视教学的基本要求，视学生的情绪为唯一标准，离开对教材的把握和遵循，变理论联系实际为只有问题罗列，缺乏理论分析，有的甚至把教学变成了"故事会"。另一种极端是，有的教师没有很好地研究如何从教材体系向教学体系转化，更没有思考如何从知识体系向信仰体系转化，教学过程中完全按照教科书的顺序和内容复述一遍。这两种情况，都不符合教学的基本要求。就教育效果而言，还没有很好地解决"真学""真懂""真信""真用"的问题，知行不能很好地统一，教育效果不尽如人意。

存在上述问题的原因是多方面的。对学生而言，有社会现实与教育内容的不衔接，使学生在价值判断方面出现的混乱；有教学中违背教育规律以及理论脱离实际的现象，使学生有厌倦情绪；有对思想政治理论教育不客观不科学的贬损甚至妖魔化的舆论影响，使学生产生逆反心理；有功利主义的影响，使学生只愿意接受工具主义的教育内容，而不愿意接受价值判断的培养，等等。对教师而言，有教师自身的理论素养不高，对所讲授的内容并没有真正理解掌握；有教师自己的信仰问题没有解决，所以，也就不能正确引导学生；有教学管理中没有遵循思想政治教育特殊规律，而按照一般教学中（尤其是纯知识型、技术型课程的教学）的规律进行管理，造成了教学过于追求纲目；有政策方面的问题，数量很多的教师疲于整天教学，既没有时间和经费去了解国情民意，也没有精力调查研究，信息储量有限，难以很好地解答学生提出的现实问题和思想困惑；有评价方面的问题，对教师的评价、对学生的评价、对教育教学效果的评价还有很多不科学、不公正的方面，使教学的具体改革的思路有时候会出现模糊不清。当然，有关教育内容和教育深度的安排，那更是属于顶层设计方面的问题。在此不再赘述。尽管现在教育部正在出台文件，在政策规范和经费投入方面采取措施，但是，目前上述问题依然还是影响思政课效果的制约性因素。

三　教学内容和教学形式在教育、教学中的相互关系分析

　　基于对以上问题及其原因的认识，笔者认为，正确认识和处理教学内容和教学形式在教育教学中的相互关系是很关键的。

　　教学内容和教学形式在教育教学效果中都起着重要的作用。教学内容是教育教学的灵魂，体现着教育教学的本质和目的。"思想政治教育的全部工作，其直接的目的和专门的任务，都是为了把本阶级、本社会对人们的思想政治品德要求变成人们实际的思想品德，使人们实现从'现有'向'应有'的转变"。"思想政治教育是指一定的阶级、政党、社会群体遵循人们思想品德形成发展规律，用一定的思想观念、政治观点、道德规范，对其成员施加有目的、有计划、有组织的影响，使他们形成符合一定社会、一定阶级所需要的思想品德的社会实践活动。"其中，"思想政治品德要求"、"一定的思想观念、政治观点、道德规范"，都属于教学的内容。真正能够帮助学生解决思想上的困惑，树立正确的世界观和方法论、正确的人生观和价值观，是教育内容的内化，是科学理论的武装。缺乏内容的教学，没有对正确观点的深入解读，缺乏对科学理论的深度分析，就难以令人信服，就难以达到帮助学生提高理论水平、认识能力、分析能力和觉悟能力的目的。人们在接收某种信息时，首先会对内容很关注：对信息内容的主题进行价值的选择，判断这些信息主题对接收主体的意义，即值不值得去接触了解这些信息；对信息含量的丰富程度和层次相关度进行判断，信息内容的层次和深度是不是符合自己的需要和兴趣，太深了不一定能够懂，太浅了又很乏味，信息内容贫乏也会失去吸引力。受教育者对于内容的关注和选择，就类似于人们收看电视节目时，首先要选择电台、电视栏目和电视剧或节目一样。

　　但是，教育内容是具有思想性、观念性、知识性等属性的信息，它需要一定的形式、方法、手段为载体才能够传播。在确定是不是需要了解接触某种信息之后，形式就上升为主要的考虑因素了。就像人们选择了某个频道的节目后，他会不会继续看下去，就要看节目的吸引力、感染力了。人们接收某些信息，会受到知情意信等心理因素的影响。这四大因素，无

一不与教育的方式方法有关。每种方式方法都可能在某种特定的情景中发挥比较好的教育作用，但是，没有一种方式是永恒奏效的。这既与受教育者的年龄、喜恶、心理、特点等相关，因此要注意方式方法的针对性，也与人们求新求异的感官需求相关，心理学的实验告诉我们，新奇的信息比较容易引起人们的注意、加深人们的印象和记忆。如果说教育的针对性实效性主要与理论的魅力有关，而教育的亲和力感染力则主要与教育的方法手段有关。教学的高超艺术技巧、教师崇高的人格魅力，都会直接产生情感、兴趣的促进剂的作用，吸引学生的注意力，激发学生的学习热情和兴趣。相反，呆板、枯燥的教学方法和手段，即使教育的内容很适合，但是，也难以引起学生的学习热情。不能入座、入耳，哪来入脑、入境?[1]这也是为什么现在大家都非常重视和关心教学形式改革的主要原因。

教育教学内容和教学形式就是这样相互影响、相互促进着教育教学质量。没有好的教学形式，就不可能取得好的课堂效果，更谈不上好的教学效果和教育效果；没有好的教学内容和相关信息，即使教学形式新颖活泼，受到学生的喜爱，有生动的课堂效果，但是，没有灵魂的教学是不会有好的教学效果和教育效果的。

四　坚持以教学内容为主、教学形式为辅的教学改革取向

通过以上分析可以很清楚地理解，片面地强调教育内容的改革，或者教学形式的改革，都是难以取得令人满意的效果的。应该用统筹协调的理念，设计和实施思政课的教学改革。

那么，在教改中两者何为主要矛盾呢？现在舆论和教师中主流的观点认为重点要进行的是教学方式方法的改变。笔者对此不敢完全苟同。因为，在教育教学中，教育教学的内容是主要的，教学形式的选择和改变，应当为教学内容服务，使学生接受、认同、理解、消化、巩固教学内容中的理论和立场、观点、方法服务。不能单纯追求新颖性、先进性而改革教

---

① 卢黎歌：《抓好"四入"环节　提高"思想道德修养"课教学效果》，《思想理论教育导刊》2005 年第 6 期。

学方法。人们之所以重视、呼吁教学方法的变革，其原因不完全是因为期待变书本、黑板、粉笔和老师为网络、"白板"（即 PPT 课件）和"无师状况"，不是单纯地改变沿袭多年的教学模式，而是基于对讲求教育实效性和针对性、提高学生的思想政治素质的期盼。笔者同样竭力主张教学方式方法的改变，以适应时代变化的需要、适应学生对新的教学方法的要求。笔者所主张避免的是以改革教学方法为名的新的形式主义，即只有形式变革没有内容改革的"教改"。比如，有的"讨论"，目的不明确，方法不科学，效果不明显，老师不点评，学生没有明显收益；有的"社会实践"没有计划，没有教学目标和教学进度，没有学习要求，没有考核指标，采取放任式的方式，等等。这些现象显然与教育教学的目的、教学方式方法改革的初衷不相符合。所以，教学方式方法要改变，但是，必须明确改革的目的和目标，不应该只重形式不管内容，明确教学方法的改革是为教学内容服务的，为教学教育效果服务的，为学生成长成才服务的。

也有人说，现在思政课的教材纳入马克思主义理论研究与建设工程，国家举全国之力进行了几年的建设，形成了质量过硬，受到中央肯定和师生认可的"国编版"统一的教材。所以，教学的内容已经确定了，现在应该进入教学方式方法和手段的变革了。好的教材为教学提供了良好的基本依据和遵从，但是，教材体系不等于教学体系，知识体系不等于信仰体系。如何实现从前者向后者的转变，还需要教师进行再理解、再创造，尤其要结合社会的理论热点难点、结合学生的思想困惑，深化对教材内容理论的挖掘，强化理论对学生实际思想的指导。纯理性的思辨、纯逻辑的推演，在学术研究中当然有一定的意义，但是在面对广大学生，尤其是非马克思主义理论专业的学生来说，这样的"理论"教学对他们并没有什么意义。他们需要的是对理论的拓展和深化，需要的是如何运用这些理论解决他们的思想困惑。比如，如果在讲解中国特色社会主义理论体系中某些理论观点时，如果能够把理论产生的时代背景和针对的时代难题加以介绍，把当时的社会思潮、不同理论观点的争鸣以及中央在确定这些理论时的决策思路加以介绍，把用这些理论指导所产生的社会成果加以介绍，并用现代的教学手段展现历史的场面和史实，那么就会使学生进入到再现的历史情境中去，就会使他们深入理解理论产生过程中的高超智慧和胆略，在社会发展的过程中科学的理论是如何通过指导实际发挥重大作用的，就会深入理解中国共产党和中国人民在怎样错综复杂的形势下，进行的艰辛探索和开拓创新。这样就会让理论不再远离还不够成熟的大学生，不再是令人敬畏的深奥语录警句，而是活生生的指导思想和贴己之实，就会使学生由衷地喜爱，自觉地学习和运用。

（作者：程馨莹、卢黎歌，原载《中国高等教育》2011 年第 6 期）

搞好教学设计　增强思想政治理论课的针对性

　　思想政治理论课是高等院校学生思想政治教育的主渠道，对于增强大学生对中国特色社会主义理论体系的认同感，牢固树立崇高而科学的理想信念和价值观具有十分重要的现实意义。扎实推进思想政治理论课程建设，增强其吸引力和感染力，就要做好政治理论课的教学设计，针对不同专业和学段，采取切实有效的教育教学方式，改进教学方法，创新教学艺术，使思想政治理论课更具时代性，富于创造性。

一　对教学进行顶层设计

　　顶层设计，就是在指导思想上，注重全面性、协调性、可持续性。每一门课都有其顶层要求，思想政治理论课也不例外。全面性要求是思想政治理论课四门课程共同肩负着对大学生进行世界观、人生观和价值观的教育，有其共同的历史使命；具体到每一门课程，各章节内容都要讲，不可偏废。协调性要求是思想政治理论课四门课程各有侧重，应当相互协调。可持续性要求是紧密围绕大学生思想成长规律由低到高、由浅入深合理安排思想政治理论课四门课程，在课外实践上，其活动内容也应该遵守这一原则。在基本内容上，强调统筹兼顾、突出重点，驾驭全局，把各环节协调好，解决牵动全局、事关长远的重大理论问题和实践问题；在实现路径上，结合学生的思想形成机制和心理机制及特点，更加科学地安排和实施教学。

　　第一，统筹兼顾，突出重点。思想政治理论课统筹兼顾的要求是帮助学生树立正确的世界观、人生观、价值观、道德观和法制观，"五观"不可偏废，对于促进大学生德智体美全面发展具有重要意义。但由于课时有限，年龄阶段不同，成长环境不同而应该有所侧重。结合"90后"大学生的思想特点和成长环境，对四门课程的重点加以划分，如《思想道德修养与法律基础》的重点放在"适应大学生活"、"人生观"、"道德观"和"法治观"上；《中国近现代史纲要》的重点放在"爱国主义"上；《马克思主义原理》的重点放在"世界观"和"价值观"上，《毛泽东思想和中国特色社会主义理论体系》的重点应该放在"理想、信念"上。

第二，驾驭全局，协调环节。思想政治理论课全局性要求是帮助学生牢固树立社会主义核心价值观，四门课程各具功能，各有侧重，相互联系，所以，各个环节必须相互协调。

第三，解决牵动全局事关长远的重大问题、关系学生健康成长的紧迫问题。当前思想政治理论课牵动全局、事关长远的问题是人们对马克思主义的科学世界观、对中国特色社会主义的共同理想、对中国共产党的信心相对淡化；道德滑坡，法治观念淡薄。这些问题都关系着中国特色社会主义的前途命运，关系着中国共产党的执政理论基础，关系着我们所培养的接班人能否将社会主义的旗帜千秋万代地扛下去的重大和紧迫问题。

第四，解决学生成长过程中的思想障碍和深层次矛盾。"90后"大学生在成长过程中的思想障碍主要是追求公平正义与彰显个人价值并存；思想敏锐与辨别是非能力有限并存；感性务实与理性务实并存；创新思维与定式思维并存；体认表面现象与辨析事物本质能力并存；主观能动性与客观制约性并存；思想上不断成熟与追求上进的波动性并存。其深层次矛盾主要是学习思想政治理论课都是高分，但是，思想深处存在信与不信的矛盾；入党学习、谈话都是高分，但入党后的言行与普通大学生相差无几等问题。

二　对教学内容进行设计

教学内容设计的基本原则是：以教材为依据，结合实际来创造。根据这一原则进行内容设计时，应理好"纲"与"目"、灵活发挥与遵循教材的关系。教材的主旨是"纲"，课程的具体内容是"目"，围绕教材主旨对教材内容进行归纳和取舍。灵活发挥必须要以教材为基本遵循，对于教材的某些内容，教师可以根据自己的切身体会进行灵活发挥，但是，作为课程，需要按照一定的教学规范做出要求，要以教材为教学内容设计的基础，把教学的系统设计与灵活发挥相结合，切不可完全脱离教材，由教师任意发挥，或者让学生不着边际地讨论，这些都会背离教学内容设计的初衷。思想政治理论课的教材具有一定的时效性，一些内容到讲课时已经明显落后于现实。另外，教材中的有些理论其自身可能是完善的，但遇到一些敏感问题或深层次问题，解决起来似乎就不那么得心应手了，这就需要教师根据实际情况进行再创造。

针对教材内容太多、课时量少的实际进行选择性设计。教材的编写有其体系的要求，作为问题的设计者应该考虑到所有的方面和环节的可能性，尽可能做到内容的全面覆盖。但是，在进行教学设计时必须将教材内容与学生的实际需要相结合，与有限的课时相结合，这就需要对教材内容做出取舍，注重把握主题，突出重点，着力调动教师和学生的积极性和创造性。还应根据教材对所涉及的理论知识点、知识点之间的相互关系、重点、难点、疑点和热点的方法进行选择。在进行教材内容选择时要求教师对每一课的结构、内容与单元主题之间的关系，特别是知识点在学科知识体系中的位置或地位，每个知识点之间的相互关系等辨别清楚，对课程设计的理论知识点进行梳理，区分出重大理论知识点和一般理论知识点；重要理论知识点和非重要理论知识点；核心理论知识点和非核心理论知识点；难点理论知识点和非难点理论知识点；疑点理论知识点和普通理论知识点；热点理论知识点和非热点理论知识点。明确哪些知识点是贯穿全书的重大知识点，哪些是本章的重要知识点，哪些是本节的核心知识点，全书重大知识点与章节知识点之间的关系都要进行认真的梳理。

提炼重点难点疑点和热点。教学的重点是学生应该掌握的学科基础知识，在每课中均处于核心的地位，具有统领性、代表性、典型性等特点。教学难点的确定，应是知识学习与学习方法、技能的训练和培养相结合的最佳契合点。疑点是结合学生的认知水平和成长规律，在现有信息量下，对教材某些内容可能产生怀疑的知识点。难点和疑点绝对不能以知识点的形式表现出来，应结合学生的认知特点和水平，尤其是学生在理解中可能遇到的障碍、困难等，确定本课教学的难点和疑点问题。热点是当下社会正在发生的和大学生实际紧密结合的，引起全社会广泛关注和牵涉大学生切身利益或长远利益的问题。对于重点难点疑点和热点问题的系统梳理是教学内容设计的重要环节。

三 对教学方法进行设计

教学方法的设计在于增强对学生的吸引力和感染力。教师应该从教学内容的科学性、教学方法的多样性、教学目标的明确性、教学结构的合理性几方面出发做好教学方法的系统设计。

第一，教学内容的科学性。这就要求教师要不断提高自己的科学知识水平和专业技能，扎实打好知识基础，掌握教学大纲和教材的要求，向学生传授好科学知识，力求课堂上少出差错。

第二，教学方法的多样性。"05"方案强调大力推进研究性教学、实践性教学、案例式教学等教学方式方法的改革，努力提高思想政治理论课的实效性。方法的选择和设计，要符合大学生接受知识的认识特点和心理机制，近年来设计出的课堂辩论式教学法、演讲式教学法、学生上讲台教学法、擂台式教学法等在教学实践中深受广大学生喜爱。

第三，教学目标的明确性。教学目标对整个教学过程有导向、激励、评价的功能，教学成败很大程度取决于教学目标是否准确、具体、全面，要求是否适度。因此，要为每课时、每章节制定明确的教学目标。明确的教学目标对教学还具有反馈、评价的功能。通过目标教学，进行有效的反馈、矫正，查漏补缺，一课一评价，不放过一个知识点，不让一个学生掉队。实践证明，目标教学能面向全体，有效地提高学生的学习质量。在目标教学中，有三次反馈矫正，有基本讲授后的、课堂教学中的、综合实践后的，同时，还伴随着及时的教学评价。通过这样的反馈、矫正、评价，提高了学生的吸收知识的效率，使所有学生为达到目标而努力，避免教与学的盲目性，有利于学生思想素质的全面提高。

第四，教学结构的合理性。课堂教学结构是指一节课的组成部分及其相互关系。其设计合理与否，直接影响课堂教学质量的高低。实践证明，结构完美、布局合理的课堂教学，可以增强课堂教学的艺术魅力，提高教学质量。我们可以将课堂教学结构设计为三层：

第一层为导课设计。好的导课讲求的是"第一锤就敲在学生的心上"，像磁石一样把学生牢牢地吸引住。可采用"设疑启思"的方式，引导学生的思维与想象。使学生的思维活动和情绪与教师的讲课相互交融，使所讲知识融于学生的思维之中。

第二层为高潮设计。课堂教学高潮如同"波谷浪尖",在教学中起着不可忽视的作用。如果缺少课堂教学高潮,教学的重点、难点、疑点将难以突破,课堂气氛也将难以调动。课堂教学高潮是指给学生留下最深刻鲜明的印象并得到学生最富于情感反应的时刻,这时师生双方的积极性达到最佳配合状态。教师的教学风格不同,创设课堂教学高潮的方法也不同。在教学高潮中,学生表现出强烈的创造激情和旺盛的求知欲望。教师在设计教学高潮时应找准时机,或设在重点难点处,或设在疑问丛生处。

第三层为结课设计。好的结课可以给学生以无穷的美感与艺术上的享受。为此,结课应力求做到首尾呼应、蕴藉隽永。唯有如此,教学才能收到余音绕梁的效果。因此,我们应竭力实现课堂教学结构的最优化组合,使导课、高潮、结课三个环节熔铸成浑然的统一体,从而提高课堂教学质量。

(作者:何志敏,原载《中国高等教育》2013 年第 11 期)

国外名校公开课对"思想道德修养与法律基础"课教学的启示

近年来，国外名校公开课在国内掀起网上听课热潮，从麻省理工、哈佛、耶鲁，到牛津、剑桥，等等。通过网络，国内网民足不出户就能观看诸多世界名校的免费课程，感受名校的授课氛围。一时间"淘课族"成为庞大的网络族群，"今天你淘课了吗?"成为当今时尚问候语。国外名校公开课的火爆，既引起了人们的追捧，也引起了人们的反思，在诸多反思声音中，来自高等教育界的集中关注点在于"国外名校公开课为什么受欢迎? 我们的高等教育该如何应对?"。这样的反思同样适用于高校"思想道德修养与法律基础"课（以下简称"基础课"）教学，从国外名校公开课的成功经验中提炼启示，能对"基础课"教学的优化有所裨益。

一 情境教学之"巧"：巧妙创设 情境，引发学生思考

情境是指行为主体在某个特定时刻所处的环境，它能激发主体的主观感受。在课堂教学中巧妙地创设情境能够激发学生的情感、引发学生的思考。"基础课"作为一门与学生实际结合非常紧密的课程，它密切关注大学生的成长现实，与大学生共同探讨成长话题，因此课程的体验性非常突出，这也是"基础课"有别于其他几门思想政治理论课的重要特征。而"基础课"要真正凸显其体验性，通过体验达到激发情感、深化思考并提升教学实效的目的，则需要注重教学情境的创设。一般认为，创设情境有生活展示情境、图画再现情境、实物演示情境、音乐渲染情境、表演体会情境和语言描述情境六种基本途径。结合"基础课"的教学实际，如何让情境创设有效? 针对这个问题，国外名校哈佛大学的麦克尔·桑德尔教

授在公开课上给我们做了精彩的示范。

在第一堂课《杀人道德的侧面》开场时，桑德尔教授向学生举出这样一个例子："假设你是一位电车司机，你的电车正以每小时 60 英里的速度行驶。这个时候，你发现，在车轨的尽头，有 5 名工人正在干活，你试图刹车，但让你惊恐的是，你的手刹不灵了！你很清楚，如果电车撞向这 5 位工人，他们必死无疑。你不知道如何是好，直到你突然发现，在电轨的尽头，刚好有条岔路，而在那条岔路上，只有 1 个工人在干活。电车的方向盘还没有失灵，所以，你可以选择把车拐向那条分岔路，撞向那 1 位工人，从而救另外 5 位工人。此时，你觉得怎样的选择是正确的？"接下来，桑德尔教授邀请几名观点不同的学生自由表达自己的想法，并根据学生的回答带领学生讨论为什么"牺牲 1 人救 5 人"的原则在某些情况下可行，在某些情况下却不可行，继而引出"后果主义道德推理"和"绝对主义道德推理"这两种迥异的道德推理模式。最后，桑德尔教授引入 19 世纪漂流船食人自救的道德困境，在师生之间的辩论交锋中，自然引出"功利主义的幸福观"、"程序公正的必要性"等议题。

透析桑德尔教授的情境创设我们不难看到，其情境创设有如下特点：其一，描述情境的语言精练，炉火纯青；其二，注重挖掘情境的矛盾冲突，用困境激发思考；其三，利用情境引发讨论，深入进行师生互动。

二　议题设置之"精"：精心设置议题，吸引学生关注

议题设置通常是指大众传播对某些议题的着重强调和这些议题在公众中受重视的程度构成强烈的正比关系。在大众传播中越突出某一事件，多次、大量地报道某一事件，就会使社会中的公众突出地议论这一话题。议题设置理论认为，大众传播只要对某些问题予以重视，为公众安排议事日程，那么就能影响公众舆论。议题设置延伸到课堂教学中也有着很大的适用空间，教师如何设置议题直接影响学生的关注程度，甚至直接决定学生参与课堂学习的效果。在"基础课"教学中，与学生密切相关的议题非常多，如处理个人与国家关系的议题、个人适用大学生活的议题、个人与他人关系的议题、恋爱婚姻的议题，等等，这些议题的重要性毋庸置疑，

学生也深知其重要性，这些议题的出场方式会给学生带来截然不同的影响。流行的国外名校公开课往往在议题设置方面很能吸引人，给受众留下深刻印象。

"死亡？这么避讳的话题，他会怎么在课堂上讲？"一名大学生网友用"好奇"来揭开她看公开课《死亡》的理由。此外，"《幸福》《人性》《西方世界的爱情哲学》……这些有意思的题目几乎从来没有出现在国内高校的课程名单里"，有学生如此评价。其实，国内的大学课程对于人的死亡、幸福、爱情、价值等根本问题的关注并不少，就"基础课"而言就对这些问题予以了重点关注，如教材目录中的"树立正确的人生观"，"创造有价值的人生"，"树立正确的恋爱婚姻观"等，但为什么类似的内容国外名校公开课在题目上就更能吸引人，激发人的兴趣呢？其差距其实在议题的精心设置上。如耶鲁大学雪莱·卡根教授的《死亡》课，"已知死亡的必然性又该如何生活"；"自杀（一）：自杀的合理性"；"自杀（三）：自杀的道德性以及课程总结"等，这些题目本身就足够吸引人的眼球，让人饶有兴趣，这反映了他设置这些议题的独具匠心，进而这门课程能广受欢迎便在情理之中了。这启示我们在"基础课"教学中，尤其在教材体系向教学体系转化过程中，应注意结合教学实际、学生实际将教材的议题转化为教学的议题，注重教学设计当中的议题设置，使教学内容吸引人、感染人，以期达到"先声夺人"的效果。

三　问题提炼之"深"：问题引领求索，展示"思辨的性感"

如果要找寻国外名校公开课教学最大的共性，那可能就是启发式教学。一般认为启发式教学是指教师在教学过程中根据教学任务和学习的客观规律，从学生的实际出发，采用多种方式，以启发学生的思维为核心，调动学生的学习主动性和积极性，促使他们生动活泼地学习的一种教学指导思想。这在流行的国外名校视频公开课中体现得非常充分，正如网友感叹的，"这样的课，最大的作用即是促进我的反思，促进我的思考"；"不是没有真理，而是没有正确的答案。每个学生都可以有不同的观点，没有固定的对与错。在桑德尔教授的课堂上，你只有不断地思考、思考、再思考，思考是你唯一的选择。"

从网友的评价来看，诸多国外名校公开课的启发式教学无疑是非常成功的，它所展示的"思辨的性感"足以征服很多受众。但我们在思考这种启发式教学对"基础课"教学有何启示时可能更需要追问的是它为什么能够如此激发人的思考？对此，我们通过分析不难发现，这些课程注重提炼问题，发问深刻，用问题来引导受众思考，激发受众思维是其重要的环节。雪莱·卡根教授在《死亡》课的开篇便问："如果人死后什么都没有了，那么人们为什么还要恐惧，死亡以及死亡过程究竟有什么不同？"……这样深刻的发问，很容易抓住人的思维，激发人的思想。

四　教师风采之"美"：解放教师个性，凸显人格魅力

古语云，"亲其师，信其道"，这充分说明了教师对学生的重要性。而教师如何能吸引学生？人格魅力无疑是吸引的一种重要方式。就广受欢迎的国外名校公开课来看，课程的受欢迎首先源自授课教师的受欢迎，尤其是对授课教师个性的推崇。

"我看起来上镜吗？不然我们可没办法开始。"麻省理工学院哲学系教授欧文·辛格如此幽默地开始他的《爱情哲学》课。麻省理工学院72岁的物理学教授瓦尔特·勒温同样因为网络开放课程成为千万学子顶礼膜拜的对象。这位身高1.8米、满头白发的教授，为了介绍钟摆的周期与吊挂物体的质量无关，曾躺在从天花板垂下的吊索上，让自己像钟摆一样摆荡。

当然，教师的个性并不仅仅体现在他们幽默的语言、个性的举止上，还体现在他们个性而犀利的思想上，体现在他们个性的课堂内容设计当中。但我们可以从中明确的是，释放教师个性，彰显教师的人格魅力，对于课堂教学的优化有着重要影响。"基础课"教学要提升其吸引力、亲和力和感染力，也必须注重教师个性的释放，展现教师的人格魅力和感召力。

参考文献

[1] 陈薇：《淘课热：一个人的大师课》，《中国新闻周刊》2010 年第
    12 期。
[2] 吕超、吴永鹏：《走进欧美名校公开课》，《世界文化》2011 年第
    1 期。
[3] 戴长征：《传受冲动的耦合？——网络公开课的传播反思》，《现代视
    听》2010 年第 6 期。
[4] 《关注大学生"网络淘课族"》，《南开大学报》2011 年 1 月 11 日。

（作者：谢玉进，原载《学校党建与思想教育》2012 年第 8 期）

"中国梦"与共同理想及其关系辩证

党的十八大以来,"中国梦"成为一个在中国语境中使用率极高的热门词,成为鼓舞亿万人民精神、反映亿万人民对美好未来憧憬的代名词,也得到了海内外中华儿女的广泛认同。为进一步认识实现"中国梦"的历史意义,在认同的基础上增进更广泛的社会共识,需要增强对"中国梦"的理论理解和阐释,厘清中国梦和共同理想之间的关系。

一 "中国梦"的理论内涵

"中国梦"有着丰富的理论内涵,至少可以从如下维度来理解。

(一)"实现中华民族伟大复兴"的目标,是"中国梦"的本质内涵

一代又一代的中华儿女、志士仁人,怀揣着实现中华民族伟大复兴之梦,前赴后继,艰苦奋斗,甚至牺牲自己的宝贵生命也在所不惜。中国近现代波澜壮阔的历史,就是一部中华儿女英勇不屈,奋斗不止,追逐实现中华民族伟大复兴"中国梦"目标的历史。把"中国梦"的目标定位实现中华民族伟大复兴,不仅是基于历史的思考,更是立足现代、面向未来的战略举措。

(二)"国家富强、民族振兴、人民幸福"是"中国梦"的基本内涵

"中国梦是民族的梦,也是每个中国人的梦。"① 在我国,国家前途、民族命运与个人利益高度一致,全体中国人是"命运共同体"和"利益共同体"。人民的幸福,虽然与人的幸福观、价值观有着密切的联系。但是,从根本上说,在物质上依赖国家和民族的富裕;在精神上依赖国家和

---

① 习近平:《在第十二届全国人民代表大会第一次会议上的讲话》,http//www. wenming. cn/xj_ pd/ssrd/201303/t20130318_ 1121695_ 1. shtml。

民族的强盛。只有国家富强、民族振兴，人民才有条件获得幸福美好的生活。"我国青年不懈追求的美好梦想，始终与振兴中华的历史进程紧密相连。"① 追求个人成功是"小梦"，而追求民族复兴，是"大梦"。"小梦"与"大梦"命运相连，休戚与共。

（三）依靠人民、为了人民，是"中国梦"的价值取向

中国共产党自成立之日起，就把人民的翻身解放和富裕幸福作为自己的历史使命和奋斗目标。坚信人民群众是历史的创造者和推动历史前进的动力，紧紧依靠人民，密切联系群众，一切为了群众。历史的经验证明，只要我们依靠人民，为了人民，我们的事业就能顺利推进。"中国梦归根结底是人民的梦，必须紧紧依靠人民来实现，必须不断为人民造福。""为每个青少年播种梦想、点燃梦想，让更多青少年敢于有梦、勇于追梦、勤于圆梦，让每个青少年都为实现中国梦增添强大青春能量。"现在，改革开放进入"深水区"，难度在于社会利益结构大幅度的合理调整，价值取向会决定调整的基本思路和走向。把人民作为实现"中国梦"和分享"中国梦"成果的主体，不仅说明了"中国梦"的价值取向，体现了党"为人民服务"的根本宗旨，还将对全面深化改革起到导向作用。

（四）中国道路、中国精神、中国力量，是实现"中国梦"的根本保障

走中国道路，即中国特色社会主义道路，"既不走封闭僵化的老路，也不走改旗易帜的邪路"，是实现"中国梦"的方向保证。这条道路，是中国人民对170多年道路选择的总结，是新中国成立60多年和改革开放30多年的道路探索的总结。人民选择中国道路，人民自信中国道路，中国道路将引导民族复兴。弘扬中国精神，即弘扬以爱国主义为核心的民族精神和以改革创新为核心的时代精神，是实现"中国梦"的精神保证。有了中国精神的凝聚，各族人民紧密团结，万众一心，同心共筑"中国梦"，我们的奋斗目标就一定能实现。中国力量，是实现"中国梦"的社会基础。有了中国道路的方向，有了中国精神的动力，有了13亿华夏儿女的同心同德，中国力量必将会像火山一样，迸发出巨大的能量。

---

① 习近平：《在同各界优秀青年代表座谈时的讲话》，http://www.gov.cn/ldhd/2013-05/05/content_2395892.html。

（五）"实干兴邦"是圆"中国梦"的根本途径和实践要求

"空谈误国，实干兴邦"。"中国梦"不是靠想能实现的，也不是靠空谈能实现的，而是干出来的。经过几代中国人的艰辛奋斗和埋头苦干，虽然"中国梦"的铿锵足音渐行渐近，但是，"中国梦"依然在路上。前进的路上还有许多困难，我们还在"深水区"艰难地探寻。不仅要有直面挑战和曲折的勇气，更要有解决前进中新矛盾、新问题的智慧。只有脚踏实地，紧紧与广大人民一起，在实践中探索，在实践中总结，才能"排雷解阵"，到达理想的彼岸。

（六）坚持和平发展，是实现"中国梦"的国际环境保证

"始终不渝走和平发展道路，始终不渝奉行互利共赢的开放战略"。"中国梦"是民族复兴之梦，也是和谐与和平之梦。虽然国际霸权主义对中国和平崛起进行遏制，不断在中国周边制造事端，但是，和平和发展是时代主题，中国抓住了和平的环境和发展的机遇，利用了经济全球化提供的有利条件，赢得了中国的快速发展。"中国梦"顺应了世界发展的大趋势，必将赢得世界大多数国家和人民的认同与尊重。以"和平、发展、合作、共赢"为理念，是我们处理国际关系的准则；与世界同分享，是"中国梦"的重要内涵。

（七）党的领导是实现"中国梦"的政治保证

"中国共产党是领导和团结全国各族人民建设中国特色社会主义伟大事业的核心力量"。实现"中国梦"，需要坚强有力的领导力量。90 多年来，我们党紧紧依靠人民完成了新民主主义革命，实现了民族独立、人民解放；紧紧依靠人民完成了社会主义革命，确立了社会主义基本制度；紧紧依靠人民进行了改革开放新的伟大革命，开创、坚持、发展了中国特色社会主义。这三件大事，从根本上改变了中国人民和中华民族的前途命运。[①] 现在，党紧紧依靠中国人民正在为"两个一百年"的目标，为实现"中国梦"而奋斗。为了坚强有力地带领人民实现民族复兴。我们党要以创新精神全面推进党自身的建设，全面提高党的建设科学化水平，加强党的执政能力，保持党的先进性和纯洁性，确保党经受住执政考验、改革开放考验、市场经济考验、外部环境考验"四大考验"，化解精神懈怠危

---

① 习近平：《在第十二届全国人民代表大会第一次会议上的讲话》，http//www.wenming.cn/xj_ pd/ssrd/201303/t20130318_ 1121695_ 1. shtml。

险、能力不足危险、脱离群众危险、消极腐败危险，确保党始终成为带领人民实现"中国梦"的坚强领导核心。

二 对"中国梦"和共同理想两者关系的理解

从本质上讲，"中国梦"与中国特色社会主义共同理想是一致的。它是中国特色社会主义共同理想的新的表述。"中国梦"使用的是大众话语体系，亦俗亦雅，更具感情色彩。用贴近大众的语言来表述我国的奋斗目标，更容易为老百姓认可，能更好地发挥凝聚人心的作用。

（一）"中国梦"和中国特色社会主义共同理想同属于我们的社会理想

理想是人们在实践中形成的、有可能实现的、对未来社会和自身发展的向往和追求，是人们的世界观、人生观和价值观在奋斗目标上的集中体现。"中国梦"不同于人们日常所说的"梦想"。因为梦想是人类对于美好事物的一种憧憬和渴望。它是否符合客观的条件，有无实现的可能性，就出不同性质的梦想。当它符合客观条件和规律时，就与理想同义；而当它不符合时，就有幻想甚至空想、妄想的含义。"中国梦"是与理想同含义的新表述。

（二）"中国梦"和中国特色社会主义共同理想都具有清晰明确的奋斗目标

建设有中国特色的社会主义，把我国建设成为富强、民主、文明、和谐的社会主义现代化国家，是现阶段我国各族人民的共同理想。而"实现中华民族伟大复兴"是"中国梦"的奋斗目标。两者方向一致，现阶段的共同理想包含在实现中华民族伟大复兴的历史进程中。

（三）"中国梦"和中国特色社会主义共同理想都有广泛的群众基础，得到人民的广泛认同

在经济成分、组织形式、就业方式、利益关系和分配方式日益多样化的今天，我国的不同民族、地域、职业、阶层、文化背景的群体对未来社会的理想追求有很大的不同。但是，广大人民群众根本利益的一致性，成为我们社会能够求同存异，形成共同的社会理想和追求的基本社会前提。而"中国梦"可以在全球炎黄子孙的范围内形成更大规模的共识。凝聚

数亿人心，汇成浩瀚的大海，形成巨大正能量。

（四）"中国梦"和中国特色社会主义共同理想都有客观的现实基础条件，因而具有实现的可能性

这些基础包括历史、文化、价值观和利益所决定的群众基础；经济社会发展所奠定的经济科技军事实力所代表的物质基础；以社会主义核心价值体系的基本内容的精神基础；中国特色的社会主义制度体系所形成的制度基础；中国特色社会主义法律体系所形成的法治基础；以和平发展合作共赢为外交理念所赢得的国际环境基础。

（作者：卢黎歌，原载《学校党建与思想教育》2014 年第 2 期）

用崇高理想信念引领高校
马克思主义大众化

胡锦涛同志曾指出，理想信念是思想和行动的"总开关"、"总闸门"，理想的滑坡是最致命的滑坡，信念的动摇是最危险的动摇。理想信念作为高校学生思想行为的灵魂，在推进高校马克思主义大众化过程中具有重要的现实意义，面对高校学生马克思主义理想信念出现的矛盾性表征，必须用崇高的社会政治理想、道德理想、生活理想、职业理想引领马克思主义的大众化，保障高校马克思主义大众化的实施效果。

一 依托理想信念 推进高校马克思主义 大众化的必要性

"理想信念是理想中的最高层次和信念中的最高形式的有机统一，它既重视对未来的追求又注重对现实生活秉持信念的执着，即理想信念指中国特色社会主义的共同理想和马克思主义的信仰。"[①] 理想信念的产生，是人类不满足现状、锐意进取、不断创新的精神需求，是在奋斗目标和价值取向以及行动计划上的反映，是人类社会不断进步的精神支柱和动力源泉，理想信念一经形成，就会形成思维定式，再改变就会有较大的难度和阻力。中央16号文件把理想信念教育作为思想政治教育四大任务的核心，是完全符合青年学生成长规律和客观现实的。推进马克思主义大众化，是马克思主义在中国发展的本质要求，也是马克思主义发展的持久动力，只有使马克思主义理论由抽象走向具体、由深奥走向通俗、由被少数人理解

---

① 陈锡敏、张云莲：《加强"90后"大学生理想信念教育的指导和研究——"90后"大学生理想信念教育专题研讨会综述》，《思想理论教育导刊》2011年第3期。

掌握到被大多数人认同实践，以通俗、生动、大众化的语言表达出来，才能用马克思主义理论来"化"大众，为大众服务，从而实现马克思主义的大众化。高校学生是祖国的未来、民族的希望、社会主义现代化建设的中坚力量，高校马克思主义的大众化，必须使马克思主义的理论贴近学生生活、深入学生实际、解决学生的现实困惑，指导学生的思想和行动，用崇高的理想信念武装学生的头脑，引领高校马克思主义大众化，才能使学生学习、理解、践行马克思主义理论。后现代境遇下，全球文化的剧烈碰撞，多元文化轮番登场，马克思主义理想信念的主体地位面临挑战和质疑，所以，加强大学生的理想信念教育就显得极为紧迫，对于推进高校马克思主义大众化具有重要的现实意义。

（一）崇高的理想信念是推进高校马克思主义大众化的精神动力

理想信念是对客观实践的主观反映，作为一种精神追求和社会意识，具有其丰富的理论基础。大学生的理想信念正确还是错误，高尚还是平庸，直接关系高校马克思主义大众化的实践效果，必须以崇高的理想信念作为思想和行动的指南，为高校马克思主义大众化提供精神动力。马克思主义以唯物史观为依据，以"资本主义必然灭亡，共产主义必然胜利"为理论支撑，提出崇高的理想信念是以社会主义和共产主义为追求目标，在实践中促进人的自由全面发展。中国历代领导集体非常重视培养青年树立马克思主义崇高的理想信念。毛泽东同志指出，要加强青年马克思主义理论的学习。"不论是知识分子，还是青年学生，都应该努力学习。除了学习专业之外，在思想上要有所进步，政治上也要有所进步，这就需要学习马克思主义，学习时事政治。没有正确的政治观点，就等于没有灵魂。"[①] 邓小平同志在肯定战争年代坚持马克思主义理想信念重要性的同时，指出："现在我们搞经济改革，仍然要坚持社会主义道路，坚持共产主义的远大理想，年轻一代尤其要懂得这一点。"[②] 江泽民同志在继承毛泽东、邓小平同志理想信念理论的基础上，提出坚持不懈地进行中国近代史、现代史及国情教育；进行爱国主义、社会主义、集体主义教育。胡锦涛同志审时度势，提出"八荣八耻"的社会主义荣辱观，阐述了对青年学生理想信念的具体要求。这些崇高理想信念理论的提出，为推进高校马

---

① 《毛泽东著作选读》下册，人民出版社1986年版，第780页。
② 《邓小平文选》第三卷，人民出版社1993年版，第116页。

克思主义大众化提供了持久的精神动力。

（二）树立崇高的理想信念是推进高校马克思主义大众化的现实需要

大学阶段是人生中物质需求和精神需求的高峰时期，有没有向往和追求，用什么样的思想和原则指导自己的向往和追求，向往和追求什么，以及是不是把这种追求体现在日常行为之中，这将深深影响他们的人生轨迹和后来的成就，大学生树立崇高的理想信念是推进高校马克思主义大众化的现实需要。中国共产党自成立以来，领导中国革命和社会主义现代化建设取得了举世瞩目的成就，历史和事实证明："我们过去几十年艰苦奋斗，就是靠用坚定的信念把人民团结起来，为人民自己的利益而奋斗。没有这样的信念，就没有凝聚力。没有这样的信念，就没有一切。"[①] 而革命与建设的过程本身就是马克思主义中国化、时代化、大众化的历史过程，"三化"的总体协调发展离不开马克思主义理想信念的高层引导。当今经济全球化视域下，我国的改革进入了攻坚阶段，全球文化的交流、交融、交锋，网络的普及，在一定程度上有助于大学生更加理性地选择马克思主义、坚定马克思主义的理想信念，理想信念的主流是高位、健康的；但世俗化的价值观念也粉墨登场、乘虚而入，迷惑部分大学生的思想防线，挑战马克思主义的主体地位，这虽然是支流现象，但却严重影响了高校马克思主义大众化的进程，其蔓延之势不可小觑。所以，要推进高校马克思主义大众化，就必须以马克思主义崇高的理想信念为引领。

（三）树立崇高的理想信念是推进高校马克思主义大众化、应对当前高校学生马克思主义信仰危机的需要

胡锦涛同志指出："一个有远见的民族，总是把目光的关键投向青年；一个有远见的政党，总是把青年看作是推动历史发展和社会进步的重要力量。"[②] 青年学生正处在人生观、世界观、价值观形成的关键时期，渴望知识的积累与技能的获得，理想信念崇高与否，直接关系到个人的成长和社会发展。经济全球化视域下，西方发达资本主义国家所宣扬的普世价值、民主社会主义、历史虚无主义、拜金主义、利己主义思潮与中国的社会主义核心价值体系主流意识形态并存，而高校作为传播知识与增长技能的殿堂，担负着培养有理想、有道德、有文化、有纪律的优秀青年的责

---

① 《邓小平文选》第三卷，人民出版社1993年版，第190页。
② 中共中央国务院：《关于加强和改进大学生思想政治教育的意见》，2004年10月14日。

任与义务，推进高校马克思主义大众化，就要使青年学生透彻掌握"什么是社会主义、怎么建设社会主义"，"建设什么样的党、怎样建设党"，"实现什么样的发展、怎么发展"等一系列重大理论问题，辩证地看待西方社会思潮，透过现象，看到西方发达资本主义国家企图分化、西化我国的险恶用心。用社会主义核心价值体系引领校园文化，武装青年学生的头脑，用马克思主义理论抢占高校舆论高地，坚定马克思主义的理想信念，为青年学生成长成才提供精神动力和智力支持，应对当前大学生马克思主义信仰危机，为推进高校马克思主义大众化提供理论依据。

二 高校马克思主义理想信念面临的现实挑战

我国正处于急剧的社会转型期，传统的社会规范、价值体系受到极大的冲击，导向和约束作用被削弱，而新的价值体系又尚未完全形成，这使马克思主义的理想信念受到前所未有的挑战和质疑，致使高校部分学生价值信仰模糊，理想信念出现矛盾性表征，影响高校马克思主义大众化的实际效果，其突出表现如下：

（一）社会政治理想高位平衡，但参与动机功利

"社会政治理想是对未来社会制度和政治结构的设想、追求和向往。"[①] 当前，高校学生以"90后"为主，他们成长于我国全面建成小康社会时期，社会的物质文明、政治文明、精神文明成果卓著，参与国际事务和抵御风险能力显著增强，综合国力大幅度提升。中国共产党已稳健地走过90多个年头，始终坚持为人民谋福祉，为人民排忧解难。中国发生的巨大变化，使高校学生对社会制度和政治结构有着较高的满意度，有利于巩固马克思主义的理想信念，政治理想呈现出高位平衡的特点。但是，在经济全球化背景下，西方发达国家在输出物质商品的同时，文化的输出也愈演愈烈，功利主义、拜金主义、享乐主义的腐朽思想也迷惑了部分大学生的价值判断，参与动机趋向功利。

---

① 范高社、郑冬芳：《思想道德修养与法律基础教案》，西安交通大学出版社2010年版，第39页。

（二）道德理想崇尚正直，但评判标准多元

"道德理想是指人们所向往和追求的理想人格，做人标准。"[①] 高校大学生崇尚真善美，追求社会的公平正义。他们遵守社会公德、传承家庭美德；认同并学习道德楷模、感动人物、最美某某的奉献精神；积极参与社会公益活动，实现自身的社会价值；见义勇为、爱憎分明；对于贪污腐败、扰乱社会秩序、破坏公平正义、危害群众利益的丑恶现象嗤之以鼻。同时，青年学生由于知识有限和生活阅历缺乏，分辨能力较弱，容易听信谣言，被事物的表象所蒙蔽，为社会极端分子所利用，做出不理智行为。而社会上行贿受贿、钱权交易、钱学交易、以钱代刑等不良现象的存在和蔓延，法律监督的缺位，少数失德甚至违法行为得不到严惩的"破窗效应"，更使群众该出手时不敢出手，这些现象的出现，导致大学生是非界限的模糊和评判标准的多元。面对相同性质的失德事件，对待"熟人"和"陌生人"持双重标准。对于熟人，评价标准以感性的"人情"代替"法治"；而对于陌生人，则以理性的公平正义为评判标准，这与马克思主义人的全面自由发展相矛盾。

（三）职业理想彰显个人价值，但选择具有盲目性

"职业理想是人们对未来职业的选择和达到何种成就的向往和追求。"[②] 当代大学生受就业压力和国家对大学生自主创业扶持力度的影响，他们不再以社会的热门职业作为自己唯一的追求目标，而是趋向于自身的爱好和兴趣，更看重个人能力的发挥和个人价值的彰显，这种职业理想无疑是饱含激情的，能够积极推动主体职业理想的实现。青年学生处在崇高的人生观、世界观、价值观形成和发展的关键时期，知识体系的不完善和社会阅历相对不足，缺乏全面、系统的分析思考问题的能力，这种出于自身的兴趣爱好而确立的职业理想受主体特定时期自身认知的限制，缺乏前瞻性，选择具有盲目性。同时，"90后"大学生基本都是独生子女，成长于改革成果的凸显期，物质生活相对富足，众星捧月的家庭氛围使他们缺乏吃苦耐劳的优秀品质，在困难风险面前，不知所措、意志消沉，职业理想极易出现曲折和反复。

---

① 范高社、郑冬芳：《思想道德修养与法律基础教案》，西安交通大学出版社2010年版，第39页。

② 同上。

（四）生活理想积极理性，但"物本"倾向鲜明

"生活理想是指人们对一定的生活方式、生活标准，以及对物质生活、精神生活、家庭生活的向往和追求。"① 当代大学生行走在信息的高速路上，既能够方便共享全球的先进文化和物质盛宴，又可以浏览到不良行为所带来的惨重后果，这促使他们形成理性的生活理想，关注身心健康、珍惜资源、爱护环境，生活理想更加积极理性，更加注重人与自然的和谐和人生价值的实现。人类的生活总是要与物质发生关系，但是，"物本"取代"人本"，是人类精神的泯灭，是人的全面异化。部分大学生深受拜金主义、享乐主义影响，视"金钱至上"、"权力万能"为金科玉律，过度沉迷物质享受，热衷符号消费、高档消费，误解了幸福的真正含义。同时，部分大学生向往理想浪漫的恋爱过程，但又极易片面或功利地对待恋爱，"宁可在宝马车里哭，也不愿在自行车上笑"，择偶标准由"人"转向了"物"。

三　用理想信念引领高校马克思主义大众化的实践路径

党的十七大报告明确提出"推动当代中国马克思主义大众化"，这是推动社会主义文化大发展大繁荣的重大决策。推进高校马克思主义的大众化是从认知到实践无限循环的过程，而这一过程的实现需要高校学生坚持马克思主义崇高的理想信念，并最终使大学生的理性信仰外化为实践行动。

（一）加强"三观"教育

大学阶段是大学生形成系统的世界观、人生观、价值观的重要时期，没有正确的理论指导，就很难树立崇高、坚定的理想信念，马克思主义大众化也就难以实现。在新形势下，我们要更加重视大学生"三观"教育，坚决抵制拜金主义、享乐主义、利己主义等西方腐朽思想的侵蚀，树立正确的义利观。采用理论传授与校园文化、校园建筑设计、网络媒体、教师

---

① 范高社、郑冬芳：《思想道德修养与法律基础教案》，西安交通大学出版社 2010 年版，第 39 页。

素质、参观访问、讲座报告、文艺作品、党团活动等显性与隐性相结合的教学方法，以隐性教育方法推动显性教育目的的实现，从而促使非理性的理想信念向崇高的理想信念转化，使大学生真正树立集体主义、爱国主义思想，真正树立全心全意为人民服务、为社会服务的意识，真正成为"一个高尚的人，一个纯粹的人，一个有道德的人，一个脱离了低级趣味的人，一个有益于人民的人"。① 从而克服社会政治理想参与动机功利的倾向，用马克思主义的社会政治理想引领高校马克思主义的大众化。

（二）突出情感教育，健全道德回报机制

用崇高的理想信念引领高校马克思主义大众化，需要和谐的社会环境，需要情感的维系和制度的保障。关心学生的身心状况，关注学生的思想困惑，从学生的实际需要出发，深入浅出地把理论与学生生活结合起来，为学生解疑释惑，突出情感教育，注重人文关怀，晓之以理，动之以情，把社会的道德规范内化为学生的内心信念和自觉行动，使学生在潜移默化中接受教育，提高道德认知水平，坚定正确的理想信念。其次，健全道德回报机制。"道德回报就是赏善罚恶。就其一般含义而言，赏善是指给那些实施善举的行为主体以奖励、褒扬；罚恶是指对那些施行恶行的主体进行处罚、贬损"②，这一体制把惩恶扬善作为根本旨归。社会转型期间，经济结构、文化形态、价值观念等都在发生重大变化，冲突、困惑也会接踵而来，建立健全道德回报机制势在必行。对于英雄模范、感动人物、道德楷模等正义事件应大力褒奖，并予以一定的物质奖励；而对于贪污腐败、强拆滥占、扰乱社会治安等恶性事件坚决打击、绝不手软，道德谴责与法律制裁并举，用外在的奖惩机制强化学生内心，激发大学生伸张正义、弘扬正气的信心和决心，以理智的道德理想促进高校马克思主义大众化的实现。

（三）积极参与社会实践和公益事业

学校是大学生学习和生活的主要场所，学校资源的有限性使学生的理论知识成熟，实践能力相对薄弱，国家应提供政策和资金上的扶持，鼓励学校和社会资源的联合，共同提供更多的实践场所，鼓励大学生积极参与社会实践，在实践中体会理论的科学性和指导性，有效地提高大学生的动

---

① 《毛泽东选集》第二卷，人民出版社 1991 年版，第 660 页。
② 黄雁玲：《论道德回报及其制度化建设》，《社会科学家》2011 年第 8 期。

手能力，促进学生的知行统一。同时，通过盛典和重大事件的举办号召学生积极参与公益事业，培养大学生服务人民、奉献社会的责任意识，引导大学生在实践中养成助人为乐、包容、奉献的高尚品质，增强其吃苦耐劳、与人为善、团结合作的能力。此外，积极参与社会实践和公益事业有助于克服大学生职业选择的盲目性。社会实践能够使学生更好地了解自己的优势和不足，明确努力的方向，为正式就业打下坚实的基础，减少职业选择的盲目性，使职业理想建立在达人利己的基础之上，促进大学生的全面自由发展。

（四）培养理性的消费观、婚恋观和高尚的情操

马克思主义理论为大学生提供了分析和处理问题的世界观和方法论，崇高的生活理想能够培养大学生解决生活难题和困惑的能力，推进高校马克思主义大众化的进程。首先，培养高尚的生活情操。大学生要认真研读马克思主义的经典著作，增强对中华民族优秀文化的自觉和自信，在吸收多元文化的同时警惕腐朽观念的侵蚀。其次，培养健康的生活方式。大学生要养成低碳、环保的生活方式，倡导满足自身合理需要的适度消费、绿色浪费，克服跟风、攀比的消费心理，防止消费异化；尽量选择公共交通工具出行，珍惜公共资源，保护生态环境。最后，树立理性的婚姻观。高校学生要真诚地对待恋爱，端正恋爱动机，克服不切实际的恋爱观，使恋爱基于男女双方共同的生活理想，并渴望对方成为自己的终身伴侣，文明相爱，切忌盲目、功利、片面地对待恋爱，理性对待婚前性行为。并且，妥善处理恋爱中出现的矛盾、冲突，勇敢面对失恋，做到"失恋不失德"、"失恋不失态"、"失恋不失学"、"失恋不失命"。

（五）理性审视社会问题，化解社会矛盾

我国正处在社会转型期，经济体制的变革、社会结构的变动、利益格局的调整促进了社会的进步和经济的发展，但也伴随国富与民享不同步，贫富两极分化突出等不可忽视的社会问题，这些关系百姓切身利益的矛盾如果得不到及时解决，必将引起大学生的思想波动，理想信念出现反复。理性审视社会问题，化解社会矛盾成为提升大学生理想信念的重要途径，也使推进高校马克思主义大众化的关键。辩证唯物主义认为，世界是一个矛盾体，矛盾是事物发展的动力和源泉，社会矛盾是社会发展的必经阶段，并会随社会发展而逐步缓解，并最终促进社会发展。这需要我们辩证地看待矛盾、解决矛盾。我国仍处于社会主义初级阶段，社会政治结构、

分配制度、法律制度还有待完善，转型期间的矛盾和负面因素在一定时期内还将继续存在。但我们必须看到这些矛盾和负面因素是暂时的、有条件的、相对的、可变的。同样，教育中的公平正义的理想社会与复杂矛盾的现实社会的差距也是暂时的、相对的，它必将会随着历史的发展、社会各项制度的完善而逐渐弥合。所以，用客观、全面、辩证的观点看待矛盾，并及时化解矛盾、解决矛盾，促使矛盾向对立面发展，才能减少因社会矛盾所产生的社会心理问题，营造和谐氛围，为大学生形成崇高的理想信念创造良好的社会环境，以此推进马克思主义的大众化。

（六）净化网络资源，加强网络立法和监管

网络以其大容量、多视角、方便、快捷等特点和优势，成为大学生学习、交友、娱乐、交往的重要平台，但网络也是一把"双刃剑"，要学会用其利而避其弊。首先，熟悉网络的话语体系，了解网络的文化特点，懂得网络的舆情动态，掌握网络的载体特征。在此基础上，打造健康的网络教育平台，使网站内容贴近大学生生活，贴近实际，为学生学习生活答疑解惑，使大学生在生活中透彻地掌握马克思主义理论，为大多数学生所信仰。其次，用法律规范网络运行。网络信息鱼龙混杂，良莠不齐，部分大学生的分辨能力还不强，其思想和行为容易被网络信息所左右，甚至导致过激的言辞和不理智的行为，这需要大学生自觉地践行网络道德的同时，又有法律的保障，规范崇高理想信念的形成。最后，加强网络监管。网络是开放的平台，每个人都是主角，也就不乏散布虚假信息、负面信息、窃取他人隐私、盗取商业秘密等不良行为，这需要培养专业的网络监管人员，通过专业技术手段，有效地遏制不良信息的发布，从源头把好信息过滤关，为大学生形成崇高的理想信念、坚定马克思主义信仰创造良好的虚拟环境。

［作者：卢黎歌、周辉、程馨莹，原载《西北大学学报》（哲学社会科学版）2012年第6期］

强化核心价值体系　教育引导
培养文化自觉　推动传承创新

——"基础课"落实十七届六中全会精神的思考

党的十七届六中全会，做出了《中共中央关于深化文化体制改革推动社会主义文化大发展大繁荣若干重大问题的决定》（以下简称《决定》），这一《决定》以及胡锦涛同志在全会第二次全体会议上的讲话《坚定不移走中国特色社会主义文化发展道路　努力建设社会主义文化强国》，阐述了党的理论的许多重要问题，对于中国特色社会主义理论研究与教育，提出了新要求。"思想道德修养与法律基础"课（以下简称"基础课"），作为帮助大学生在思想、道德、法律方面提高素养的课程，需要认真学习新精神，在教育教学中予以贯彻落实。

一　关于社会主义核心价值体系的认识

（一）科学定位

《决定》对社会主义核心价值体系的定位，真正放到了"核心"的地位，指出："社会主义核心价值体系是兴国之魂，是社会主义先进文化的精髓，决定着中国特色社会主义发展方向"①，对于这样一个确保社会主义方向的核心价值的教育，意义非同寻常，我们党坚持推进社会主义核心价值体系建设，要求融入国民教育、精神文明建设、党的建设的全过程，具体包括：用马克思主义中国化最新成果武装全党、教育人民；用中国特色社会主义共同理想凝聚力量；用以爱国主义为核心的民族精神和以改革

---

① 《中共中央关于深化文化体制改革　推动社会主义文化大发展大繁荣若干重大问题的决定》，《人民日报》2011 年 10 月 27 日。

创新为核心的时代精神鼓舞斗志；用社会主义荣辱观引领风尚，巩固了全党全国各族人民团结奋斗的共同思想道德基础。"基础课"在"绪论"第三节涉及这一内容，需要阐释其科学内涵，明确其理论定位，认同这一"精髓"、"旗帜"、"灵魂"。《决定》指出，物质贫乏不是社会主义，精神空虚也不是社会主义；社会主义先进文化是马克思主义政党思想精神上的旗帜，而先进文化的精髓，正是社会主义核心价值体系这一兴国之魂。这里要强调，一个社会的核心价值体系，表征了这个社会的追求与宗旨，是形成社会向心力最为重要的因素。在共享道德价值观的社会中，可以形成普遍的文化力量，使得群体高度团结。在经济全球化、文化多样化、信息网络化的今天，进行社会主义核心价值体系的教育，不能孤立地、封闭地进行，教育过程中，要进行比较、鉴别、选取，认识马克思主义和中国特色社会主义的科学先进的理论意义、民族精神的根基意义、时代精神的开拓意义、社会主义荣辱观对于社会优良风气的意义。真正把握社会主义核心价值体系对于我们建设的重要意义，对于"基础课"的灵魂、精髓、旗帜作用，认识到是贯穿全课程的红线。

（二）理论研究

哲学社会科学，具有认识世界、传承文明、创新理论、咨政育人、服务社会的重要功能。高校需要加强对社会主义核心价值体系的研究，推进党的理论创新。比如，深入研究与阐释社会主义核心价值体系的科学内涵、结构要素、内存关系，"继续深入研究提炼社会主义核心价值观"①、研究社会主义核心价值体系与社会主义核心价值观的关系、社会主义核心价值体系与社会主义道德体系、社会主义法律体系之间的关系，研究与凝练不同群体的价值观，探讨社会主义核心价值体系教育与大学生理想信念教育，以及与本一级学科建设相关的一些重大理论问题，如：深入研究阐述中国特色社会主义理论体系形成的思想渊源及其理论品质、实践基础、丰富内涵、指导地位和历史意义；研究阐释在当代中国，坚持中国特色社会主义理论体系，就是真正坚持马克思主义，深入研究中国特色社会主义理论体系的基本结构，深入研究总结马克思主义中国化时代化大众化取得的重大成果和推进马克思主义中国化时代化大众化的途径、需要解决的重

---

① 《国家"一二五"时期文化改革发展规划纲要》，《人民日报》2012 年 2 月 16 日第 11 版。

大问题等，都是重要的理论研究任务。《决定》要求巩固发展马克思主义理论学科，推进学科体系、学术观点、科研方法创新，着力推出代表国家水准、具有世界影响、经得起实践和历史检验的优秀成果，要求围绕深层次思想理论问题和社会热点难点问题，推出更多更好的通俗理论作品，加强学科和教材建设，不断提高理论研究整体水平。这都是对哲学社会科学工作者，包括从事马克思主义理论教学研究的教师、"基础课"教师的要求。

（三）引领思潮

在社会主义市场经济日益发展和对外开放不断扩大的形势下，我国社会思想更加多样、社会价值更加多样、社会思潮更加多变，坚持以马克思主义为指导、以社会主义先进文化为引领的重要性和紧迫性更加凸显，我们要在教学和科学研究中，坚持马克思主义在意识形态领域的指导地位，有效引领社会思潮，抵制各种错误和腐朽思想影响，巩固社会主义主流思想文化。思想政治教育有很强的意识形态性，不是描述性的，而是价值性的、规范性的，带着特有的立场和观点。理论课，之所以称为"理论"，要求体现马克思主义理论的逻辑魅力。马克思主义是在与同时代的其他思潮的比较、论辩、斗争中脱颖而出的。因而教师要将马克思主义的特质清晰地展示出来，展示出马克思主义理论学科本身的逻辑结构、引领大学生对重要问题做深入探究，让他们领悟以马克思主义的立场观点方法分析社会现象、分析各种思想学说，这样学生就会在比较中鉴别，在批判中借鉴。

（四）教育普及

《决定》要求推动中国特色社会主义理论体系进教材、进课堂、进头脑，增强科学理论教育引导群众作用，以理想信念教育为重点，加强社会热点难点问题引导，从群众关注点入手，科学解疑释惑，有效凝聚共识。在教育教学中，应注意贴近现实，贴近学生生活，贴近学生思想实际。为把教材优势转化为教学优势，提倡课堂上的呈现形式、体裁、题材、手段的因材施教，丰富多样。在多方的推动下，教师目前已经在提高课程生动性、吸引力方面，在教材体系向教学体系转化、改进讲授、考核方法、活跃气氛、提高实效方面，做了大量工作。在提高生动性、丰富的实践性的同时，教师还需要加强学理性、逻辑性。在教学实践中，教师应着眼于本学科涉及的重要学术问题，将国内外前沿进展作一探讨，对学科本身的逻辑结构、重要问题做深入探究。对于一些重要的学术与理论问题，教师要有深厚的学理做支撑。笔者在评比视频课程时发现，有些教师在理解和掌握上，还有所偏差，需要加强培训，尤其是下工夫读好经典原著，练就基本功。

二　关于社会主义核心价值体系具体内容的教育

《决定》对于社会主义核心价值体系的构成进行了系统的论述，这些内容在"基础课"中均有重要的体现：

（一）关于树立科学的理想信念

《决定》要求"深入开展理想信念教育"。"基础课"的理想信念主要在第一章集中论述。这里可以结合实践社会主义核心价值体系，帮助大学生树立共产主义远大理想和中国特色社会主义共同理想，做坚定的信仰者，引导大学生深刻认识中国共产党领导和中国特色社会主义制度的历史必然性和优越性，深刻认识中国特色社会主义道路既是实现社会主义现代化和中华民族伟大复兴的必由之路，也是创造人民美好生活的必由之路，自觉把个人理想融入中国特色社会主义共同理想之中。这要求教师紧密结合中国特色社会主义实践，联系思想实际，针对社会热点难点问题，从理论和实践结合上做出有说服力的回答，在重大思想理论问题上划清是非界限、澄清模糊认识，有力抵制各种错误和腐朽思想影响。

1. 马克思主义科学信仰的教育

马克思主义深刻揭示了人类社会发展规律，坚定维护和发展最广大人民根本利益，是指引人民推动社会进步、创造美好生活的科学理论。马克思主义理论教育，是对马克思主义理论基本知识的掌握与运用，因而帮助学生形成判断和评价能力，就不只是接受"马克思主义是什么的知识"，而是培养判断意识、理论判断力、理论敏感性。高校学生群体，相较于同龄的社会群体，相较于长辈来说，有着鲜明的特点。他们善于思考、勤于比较、有着宽阔的视野、信息技术能力强……所有这些都为我们推进马克思主义大众化提供了有利的条件。这都要求在高校推进马克思主义大众化，不同于在农村厂矿，必须要有其特殊的方式方法，不要只是着眼于热闹和案例，不能只是以点带面。马克思主义吸收了人类文明的成果，有着开放的胸襟，无私无褊狭的大众情怀，追求真理的勇气。因而，教师授课要将马克思主义的特质清晰地展示出来。读麦克莱伦的《马克思传》我们可以看得很清楚，马克思总是在不断地汲取社会的、学术界的营养，在《资本论》出版之前，书稿一直是处在不断的修改之中，对最新的资料尽可能地占有和运用，体现出其严谨性、科学性。

在讲授时，要让青年学生掌握，马克思主义是真正为每个人的自由且全面发展而奋斗的科学学说，不仅是最为全面、深刻的人的自由发展的理论，而且通过对人类社会发展规律的探索，找到了实现人的自由全面发展的科学之路——科学社会主义。这就在无论是学说的深刻性上，还是实现学说的道路的科学性上，均远远超过了其他的学说。马克思主义理论的魅力、逻辑的力量、实现的路径，没有其他学说可以与之相媲美。对于当代大学生自身发展而言，这是一个很好的指导。在学习的过程中，教师要让学生理解马克思主义对于其自身成长成才的重要指导意义。

2. 中国特色社会主义共同理想的教育

中国特色社会主义理论体系，为开辟和拓展中国特色社会主义道路、确立和完善中国特色社会主义制度提供了科学理论指导，中国特色社会主义是当代中国发展进步的根本方向，集中体现了最广大人民根本利益和共同愿望。《决定》提出要深入开展理想信念教育，深刻认识中国共产党领导和中国特色社会主义制度的历史必然性和优越性，深刻认识中国特色社会主义道路既是实现社会主义现代化和中华民族伟大复兴的必由之路，也是创造人民美好生活的必由之路，自觉地把个人理想融入中国特色社会主义共同理想之中。马克思主义是科学的真理，但在中国如何实现？这就要求把马克思主义一般原理与中国实践结合起来。我国的革命、建设、改革和发展之所以成功，就在于我们既没丢老祖宗又发展老祖宗；既坚持马克思主义基本原理又根据中国实践和时代发展不断推进马克思主义中国化，与中国传统文化、社会心理、审美趣味相结合，具有民族性。教师要向大学生讲清楚我们为什么要坚持社会主义，就是因为社会主义要体现出作为迄今为止最高层次社会形态的本质特征，应当成为人类努力为之奋斗的价值选择，也就是要为"人的自由而全面的发展"提供政治、经济、社会和文化的保障。科学发展观把发展视为人的发展，视为促进人的自由，这一理解，与马克思的人的全面发展理论是完全一致的。因而"基础课"第一章第二节有着非常丰富的内容，并在第三节落实到大学生理想的实现中。

（二）关于文化传承与创新

社会主义核心价值体系的重要内容之三，是弘扬以爱国主义为核心的民族精神、以改革创新为核心的时代精神。这正对应着文化的传承创新。"基础课"在第二章第二节集中论述这一问题。

第一，在讲授民族精神时，要体现"爱国主义是中华民族最深厚的思想传统，最能感召中华儿女团结奋斗"的思想，激励大学生把爱国热情化作振兴中华的实际行动。而"以热爱祖国和贡献自己全部力量建设祖国为最大光荣、以损害祖国利益和尊严为最大耻辱"，则是社会主义荣辱观在对待国家和民族态度上的体现。

关于文化传承，《决定》提出，"文化是民族的血脉，是人民的精神家园"，中华文化源远流长、博大精深，积淀着中华民族的深厚精神追求和历久弥新的精神财富，是中华民族生生不息、团结奋进的不竭动力，是发展社会主义先进文化的深厚基础，是建设中华民族共有精神家园的重要支撑。综合《决定》在不同地方的论述，可以看出，我们的"文化传统"由这样几块构成：一是五千多年来源远流长、博大精深的"民族优秀文化传统"，二是"五四运动以来形成的革命文化传统"，三是中国共产党成立以来，在革命、建设、改革各个历史时期的优良传统，特别是"改革开放以来文化领域形成的一系列新思想新观念新风尚"。[①] 这就把民族精神、文化传统与时代精神对接了。

当然，在讲授祖国传统文化时，要注意"全面认识"，教育学生取其精华、去其糟粕，古为今用、推陈出新，加强对优秀传统文化思想价值的挖掘和阐发，维护民族文化基本元素，使优秀传统文化成为新时代鼓舞人民前进的精神力量。这也是《决定》所强调的。

第二，关于以改革创新为核心的时代精神。《决定》提出："改革创新是当代中国最鲜明的时代特征，最能激励中华儿女锐意进取。"[②] 时代精神，促使人们与时俱进、开拓创新、永不自满、永不僵化、永不停滞。

以改革创新为核心的时代精神，需要面向实践，与火热的生活结合，

---

① 胡锦涛：《坚定不移走中国特色社会主义文化发展道路　努力建设社会主义文化强国》，《求是》2012 年第 1 期。

② 《中共中央关于深化文化体制改革　推动社会主义文化大发展大繁荣若干重大问题的决定》，《人民日报》2011 年 10 月 27 日。

尊重人民主体地位和首创精神，深入实际、深入生活、深入群众，把党和人民的智慧提升为时代的精神。

以改革创新为核心的时代精神，需要吸收人类文明的成果。胡锦涛同志指出："社会主义核心价值体系是根源于民族优秀文化和社会主义先进文化并吸收人类文明成果发展起来的"①，这就讲明了社会主义核心价值体系的三个重要来源。前文已经分析了前两个来源，这里探讨第三个。

《决定》要求"学习借鉴国外文化创新有益成果"，以我为主、为我所用，"兼收并蓄、博采众长，增强文化产品时代感和吸引力"。《决定》认为，改革开放特别是党的十六大以来，我们坚持发展多层次、宽领域对外文化交流格局，借鉴吸收人类优秀文明成果。开放的心智，使我们开展了多渠道多形式多层次对外文化交流，广泛参与世界文明对话，促进了文化相互借鉴，增强中华文化在世界上的感召力和影响力，维护了文化多样性，增强了国际话语权。改革开放要求我们妥善回应外部关切，增进国际社会对我国基本国情、价值观念、发展道路、内外政策的了解和认识，展现我国文明、民主、开放、进步的形象。胡锦涛同志在十七届六中全会第二次全体会议上的讲话中提出："必须以更加开阔的视野、更加博大的胸怀对待外来文化，积极参与国际文化交流合作，学习借鉴一切有利于我国文化改革发展的有益经验和优秀成果。"② 我们对社会主义核心价值体系的重大基础性命题进行研究时，需要在全球视野中审视中国语境的价值建设问题，世界上市场经济发达国家都在注重核心价值的建设与教育。通过对当代国际（特别是美国、英国、德国）的核心价值观、国家价值观研究和我国传统文化的研究，探索社会主义核心价值观教育的实践方式与构建路径研究。

在美国，常用的概念是"立国价值"（政体价值），这是指一个国家的建立、运行所需要的基本价值观。公民对于国家基本价值观要保持忠诚；而对于国家的管理者而言，忠诚于国家的基本价值，是遵守了最初与人民的约定这一最原始的契约，这一价值观是不容讨价还价的。而英国的

---

① 《国家"一二五"时期文化改革发展规划纲要》，《人民日报》2012 年 2 月 16 日第 11 版。
② 胡锦涛：《坚定不移走中国特色社会主义文化发展道路　努力建设社会主义文化强国》，《求是》2012 年第 1 期。

国家政策之一就是 11—16 岁的学生必须接受法定的英国核心价值教育课程。① 据英国《卫报》2006 年 5 月 15 日一篇《少年将接受"传统价值观"的教育》的报道说，英国就在强调对中小学生进行"英国核心价值观"教育，并精心设计，纳入课程教学，以建立更具亲和力的社会。但伦敦的骚乱暴露的学生行为的我行我素、为所欲为、滥用个人"自由"、对基本是非缺乏判断力等，都说明了英国青少年价值观教育中存在着严重问题。德国前总理施密特在他的书中也说到，由于德国人面临着价值和道德沦丧的危险，因而就需要一种公共道德。要想长期维护国民的尊严、自由和其他基本权利，那么所有的国民需要拥有一种共同的秩序。这种秩序不能单靠宪法和法律来确立，它也需要每个人负责任地行事。忽略了义务，我们的权利将无法长期得到保证；没有美德，任何一种自由公民的社会都无法长期维持下去；而如果缺乏教育的现象长期持续下去，就不会再有美德。② 德国就用了很长时间，从小学到大学的教育过程中，灌输一种全社会都认可的道德观。

拥有全球视野，可以使我们看到，意识形态建设、核心价值建设是现代国家都在努力推进的事业，这是一个趋势。负责任的公民意识，能够促进人们的幸福感、安全感、社会认同感，使公民之间、公民与社会之间、社会与国家之间具有亲和力。社会的无信仰、无凝聚力，普遍的浮躁心理，对社会是一个威胁。当然，拥有国际视野是为了解决中国语境中的问题，开放之时，我们也要注意贯彻《决定》提出的"维护国家文化安全"的要求，这在第二章第三节讲授国家利益与国家安全时予以落实。

三　关于文化自觉与文化自信

《决定》要求"培养高度的文化自觉和文化自信。"③ 文化是民族凝聚力和创造力的源泉，是一个国家经济和社会发展的重要支撑力量。国力

---

① Terench McLaughlin, Citizenship Education in England. *Journal of Philosophy of Education*, 2000 (4).

② 施密特：《全球化与道德重建》，社会科学文献出版社 2001 年版，第 234 页。

③ 《中共中央关于深化文化体制改革　推动社会主义文化大发展大繁荣若干重大问题的决定》，《人民日报》2011 年 10 月 27 日。

的竞争，既是经济、军事硬实力的竞争，又是文化、思想软实力的竞争，意识形态话语权在争取青少年一代方面，十分激烈。《决定》指出："世界多极化、经济全球化深入发展，科学技术日新月异，各种思想文化交流交融交锋更加频繁，文化在综合国力竞争中的地位和作用更加凸显，维护国家文化安全任务更加艰巨，增强国家文化软实力、中华文化国际影响力要求更加紧迫。"① "基础课" "绪论" 第二节中，有迎接当代社会挑战的内容，要向学生讲清楚，世界上主要大国均把提高本国的文化软实力作为增强核心竞争力的重要战略，谁占据了文化制高点，拥有强大文化软实力，谁就能够赢得主动、启发学生认识，文化之所以重要，是因为"那些先进的现代制度要获得成功，取得预期的效果，必须依赖运用它们的人的现代人格、现代品质"。② 这就需要公民对于自己的观念、原则、追求有充分的自觉。对于价值的文化自觉，是一个共同体向心力、凝聚力的重要纽带。社会纽带理论提出，联结社会共同体的链条包括四个因素：依恋、承担、参与、信念。自觉自省非常重要。当社会成员对于自己的角色、责任、使命有了清晰的认识之后，才能更加自觉地融入社会共同体的活动中。通过对制度的遵循与观念支撑，社会成员也在变化着，锤炼文化自觉的品格，锻铸出新的自我，这正是我国古代儒家的"苟日新，又日新，日日新"，也是《大学》中所说的"大学之道，在明明德，在亲（新）民，在止于至善"。恩格斯强调了新的社会实践必然会影响人形成新的思维和新的观念：在再生产的行为本身中，不但客观条件改变着，例如，乡村变为城市、荒野变为开垦地，等等，而且生产者也改变着，他炼出新的品质，通过生产而发展和改造着自身，造成新的力量和新的观念，造成新的交往方式，新的需要和新的语言。③ 从这个角度看，教师帮助学生品质的提升、德行的培养、思想观念与境界的提高、自省、自觉，"基础课"在这方面要发挥一定的作用。

---

① 《中共中央关于深化文化体制改革 推动社会主义文化大发展大繁荣若干重大问题的决定》，《人民日报》2011年10月27日。
② 英格尔斯：《人的现代化》，四川人民出版社1985年版。
③ 《马克思恩格斯文集》第八卷，人民出版社2009年版，第145页。

四　关于道德教育与法制教育

作为聚焦文化建设的《决定》，道德建设成为重要的组成部分，内容非常丰富，"基础课"要认真贯彻落实。

第一，《决定》重申要"培育有理想、有道德、有文化、有纪律的社会主义公民"①，这不仅是国家的要求，也是公民个人成长、全面发展的要求，因而《决定》在这里同时提出"以人为本，促进人的全面发展"。教育是培养学生的学术、德行、信仰，是德智体美的全面发展，"四有新人"正是对人才素质的要求，是成长为全面发展的人的内在需要。

第二，树立和践行社会主义荣辱观。"社会主义荣辱观体现了社会主义道德的根本要求"，构成了基本行为规范。社会主义道德是一个综合的体系，《决定》提出了"构建传承中华传统美德、符合社会主义精神文明要求、适应社会主义市场经济的道德和行为规范"②的任务，并提出"增强道德判断力和道德荣誉感"的要求，形成自觉履行法定义务、社会责任，形成知荣辱、讲正气的良好风尚。推进公民道德建设，加强社会公德、职业道德、家庭美德、个人品德教育，拓展各类道德实践活动，倡导爱国、敬业、诚信、友善等道德规范，形成男女平等、尊老爱幼、扶贫济困、扶弱助残、礼让宽容的人际关系。提倡修身律己、尊老爱幼、勤勉做事、平实做人，推动形成"我为人人、人人为我"的社会氛围等，这些内容与以前的提法有所不同，反映了我国道德建设的新情况、新任务、新要求，应在第四章予以体现，教育大学生加强自身修养，做道德品行和人格操守的示范者。

第三，《决定》还提出要全面加强学校德育体系建设。这既需要"基础课"教师了解大学生在基础教育阶段的德育情况，整体了解大中小学德育体系内容，了解所教的学生实际，防止内容的简单重复；又要求与其他几门思想政治理论课有所分工，各有侧重，如教师讲授树立马克思主义科学信仰部分，注意与"马克思主义基本原理概论"课"绪论"中讲解

---

① 《中共中央关于深化文化体制改革　推动社会主义文化大发展大繁荣若干重大问题的决定》，《人民日报》2011 年 10 月 27 日。

② 同上。

的什么是马克思主义有所区别，在讲授中国特色社会主义共同理想时，注意与"毛泽东思想和中国特色社会主义理论体系概论"有所分工；还要求学校的德育与家庭、社会形成紧密协作的教育网络，运用社会资源进行思想道德教育。为了落实把社会主义核心价值体系融入国民教育全过程，高校需要组织实施"整体规划大中小学德育课程"方案，构建目标明确、内容科学、结构合理、学段衔接、循序渐进的大中小学德育课程教材体系。《国家中长期教育改革和发展规划纲要（2010—2020 年）》提出："要构建大中小学有效衔接的德育体系"，关心每个学生，促进每个学生主动地、生动活泼地发展，尊重教育规律和学生身心发展规律，为每个学生提供适合的教育。教育部"国家教育体制改革试点"提出了"适应时代要求和学生身心发展特点，系统规划大中小学德育课程的要求"，根据不同阶段学生认知特点、成长规律，探索各阶段德育目标和内容、德育实践的途径与方法，形成分层递进、有机衔接的教育序列。目前教育部和上海市正在认真开展这一研究和试点工作。

第四，关于法制教育。《决定》提出："加强法制宣传教育，弘扬社会主义法治精神，树立社会主义法治理念，提高全民法律素质，推动人人学法遵法守法用法，维护法律权威和社会公平正义。"① 在第七章社会主义法治理念中，需要讲透加强法律修养、形成社会主义法律思维方式、树立和维护法律权威，做到遵法、守法、用法；第八章指导学生对我国社会主义宪法、实体法、程序法的学习，掌握宪法统领下的实体和程序法律制度，培养良好的法律素质，增强社会主义法治观念，扩大公民有序的政治参与，维护合法权益，促进自身发展。同时，通过道德和法律的教育，通过人文关怀和心理疏导，培育整个社会"自尊自信、理性平和、积极向上的社会心态"。

第五，在新媒体环境下，信息传播模式发生了重大变化，使以前偏向"单向传播"的模式逐步让位于"互动传播"的模式，导致了传播层级、传播关系、传播主体泛化，信息传播呈现碎片化。越是信息发达，越是传播手段便捷，人们就越需要整合、分析和引导，掌握信息传播的特性、规律，更深入地采集、更精准地分析、更生动地表达、更独到地评价，最终

---

① 《中共中央关于深化文化体制改革　推动社会主义文化大发展大繁荣若干重大问题的决定》，《人民日报》2011 年 10 月 27 日。

实现对信息的整合。学生在虚拟世界沟通交往时，在传播与评价信息时，如何承担自己行为的责任，承担新媒体环境下的"虚拟与真实"的网络道德与法律责任就非常重要。《决定》提出"规范网上信息传播秩序，培育文明理性的网络环境"①，非常有针对性。这一部分内容应当在第五章公共生活与公共秩序规范中予以体现，教师可组织学生结合自身实际进行具体深入的讨论，引导学生思考，当纷繁复杂的信息泛滥，如何辨识？在微博时代，人人都是信息发布者，如何提高其在海量信息中的信息辨别能力。同时，信息时代要求教师"既要避免将思想政治教育和思想政治理论课教学智育化，又要防止思想政治教育和思想政治理论课教学，因不注意吸纳新的科学文化知识和思想理论成果而流为空洞的说教"②，使知识传授能够紧跟时代，又能把握方向，引领思潮，引领价值取向，使"基础课"真正起到人生"基础"的作用。

（作者：高国希，原载《思想理论教育导刊》2012 年第 8 期）

---

① 《中共中央关于深化文化体制改革　推动社会主义文化大发展大繁荣若干重大问题的决定》，《人民日报》2011 年 10 月 27 日。

② 沈壮海：《试论高校哲学社会科学育人功能的发挥》，《思想政治教育研究》2011 年第 2 期。

关于培育和践行社会主义
核心价值观的思考

　　培育和践行社会主义核心价值观是中国特色社会主义思想道德建设的基础，是实现"中国梦"的精神动力和行动指南，是中国社会发展应对全球化带来的文化多元、价值多元冲突的时代需要。如何开展社会主义核心价值观教育，是培育和践行社会主义核心价值观的重中之重。所以，澄清认识、纠正偏差，树立正确的教育理念、研究符合时代发展需要的教育方法是培育和践行社会主义核心价值观的基础。

一　立足社会主义核心价值观
立德树人的目标理念

　　社会主义核心价值观是我国最重要、最核心的价值观念，为了增强社会主义意识形态的凝聚力，我们必须把社会主义核心价值观融入思想政治教育的全过程。因此，立足社会主义核心价值观立德树人的目标理念，实现教育目标从重结果的工具性向重过程的育人性转化是我们的必然选择。

（一）立德树人是社会主义核心价值观教育的本质要求和指归

　　马克思主义认为，认识和把握世界的正确方法是，把客观事物置于其发展的具体过程中加以认识，把客观事物同它存在和发展的过程统一起来加以认识。恩格斯在《路德维希·费尔巴哈与德国古典哲学的终结》中指出："世界不是既成事物的集合体，而是过程的集合体，其中各个似乎稳定的事物同它们在我们头脑中的思想映象即概念一样都处在生成和灭亡的不断变化中，在这种变化中，尽管有种种表面的偶然性，尽管有种种暂时的倒退，前进的发展终究会实现"。① 恩格斯认为，这是一个"伟大的基本思想"。在这种思想面前，不存在任何最终的东西、绝对的东西、神圣的东西；它指出所有一切事物的暂时性；在它面前，除了生成和灭亡的不断过程、无止境地由低级上升到高级的不断过程，什么都不存在。"过程"是事物变化的记录，也是思想发展的轨迹。

所以，依据马克思主义社会过程研究方法，思想政治教育不仅是培养阶级、社会需要的具有社会主义思想道德品质的人才，更要将人的全面发展和健全人格培养作为思想政治教育的根本目标和伟大使命。社会主义核心价值观是贯穿思想政治理论课的主线，是思想政治教育的核心。马克思主义国家意识形态理论认为，占统治地位的思想意识和观念，实际上就是"制度化的思想体系"，目的在于使社会成员认同现存的社会制度和生活，这种"制度化的思想体系"以核心价值体系的方式，影响、指引、决定人们行为选择的方向、性质和基本的对与错。社会主义核心价值体系就是与中国特色社会主义发展要求相契合、与中华优秀传统文化和人类文明优秀成果相承接的"制度化的思想体系"。它是我们党凝聚全党、全社会价值共识做出的重要论断，是立足社会发展需要和立足人的全面发展需要的精神力量。故此，社会主义核心价值观是社会主义核心价值体系的高度凝练和抽象概括，其教育必然要立足立德树人的目标理念，这是社会主义核心价值观的本质要求和价值追求。

（二）和谐人格是社会主义核心价值观教育目标的具体体现

社会主义核心价值观是全党全社会在社会发展过程中自觉建构的，具有普遍共识的行为规范、具有与时俱进的品格，并以和谐人格的特质予以体现。社会主义价值体系不是凝固不变的，因为价值体系是根植于社会发展过程中的社会现实的反映。社会现实是发展变化、客观多样的，所以，在一定程度上说，社会主义核心价值观具有发展性。其发展变化的依据是社会发展规律以及人的发展需要，具有深刻的内在规律性和科学性。社会主义核心价值观提炼出来的 24 个字的内容，是以社会发展和人的发展为根本尺度的核心价值体系在现时代的具体表征。

从发展学理论来看，发展不只是一种可以用国民生产总值所能衡量的经济发展。从根本上说，发展更应该是人的发展，是个体对自己内在的潜

---

① 《马克思恩格斯选集》第 4 卷，人民出版社 1995 年版，第 244 页。

能的不断挖掘。社会进步的根本目的，归根结底是为了人的全面、自由、和谐发展和彻底解放，即要充分实现和提高人的价值。人格是人在自然宇宙中生存的本质生活样式，是人的价值的现实存在。人的价值的实现问题是思想政治教育研究的核心内容，全面发展的健全人格塑造是人的发展的最高目标。自由全面发展的人在不同社会发展阶段具有不同的人格特质。和谐人格是符合现时代社会发展要求的人格特质。当代思想政治教育存在的问题之一就是教育理念上有一定的偏颇，即注重人才教育而不是人的教育。尽管素质教育的理念已经提出很久，但真正将其深入头脑并致力践行，还没有真正落到实处。

构建和谐社会这一务实的政治理念，要求我们塑造和谐的人格。这不仅是思想政治教育理论的关注点之一，也是社会主义核心价值观的科学性所在，必须彻底实现教育理念的转变，将个体放在社会发展与个人成长的过程中加以培养、教育，塑造健全人格，实现寓社会主义核心价值观教育于人的发展过程，实现社会主义核心价值观教育与和谐人格培养同行并轨。

二 培育和践行社会主义核心价值观的方法探析

培育和践行社会主义核心价值观的前提是教育、培养。所以，如何将社会主义核心价值观教育真正融入国民教育中，并切实有效是关键。

（一）社会主义核心价值观教育内容从重结论式的生硬要求转变为重过程式的自觉认同

教育内容主要体现在教材上。高校思想政治理论课教材建设这几年取得了不小成绩，体现了教材与时俱进的基本精神，但教材的可读性仍然存在一定问题，主要体现在两个方面：一是教材呈现的方式基本是结论式的汇编；二是教材内容的选择重功利性结果，轻人性化过程。只要是意识形态需要的，都尽可能地进教材、进课堂，这本是思想政治教育的责任与宗旨，但必须将内容很好地融合，并与学生的成长成才密切结合，要把教材适合学生口味和发展需要结合起来。在互联网飞速发展的今天，现实与虚拟两大舆论环境普遍存在公信力下降的问题。网络信息对大学生的影响与冲击挑战着高校思想政治理论课的阵地。因此，社会主义核心价值观内容进教材一定要改变以上状况，实现从重结论式的生硬要求转变为重过程式的自觉认同。

从心理学角度看，个体对某一事物是否认同最主要有两个因素：一是个体具有的认知结构；二是通过学习、了解逐步取得的认同，认同不仅包括对事物本身的认同，还包括对信息传递者的人格认同。对事物本身的认同首先是在认识过程中，通过"实践—认识—实践"的循环往复最终实现的。教材内容大多是以结论式的方式呈现，缺乏产生结论的过程。产生过程只能是依教师的喜好、专业背景仁者见仁、智者见智了。结论式的语言呈现难免有抽象不具体之嫌，不具体必然执行力不够、评价标准不明确，这又导致践行的欠缺。例如，《思想道德修养与法律基础》教材涉及学科内容广泛，知识体系庞杂，浓缩成一本教材，并且学时有限，最终呈现出来的就是若干结论的集合，学科体系的骨干有了，血和肉少了。所以，思想政治教育的内涵、本质一定是思想政治教育形成发展的过程中抽象出来的，思想政治教育的生命力体现在思想政治教育的发展过程中。这一点恰恰体现了马克思主义的世界不是既成事物的集合体，而是过程的集合体的过程论思想方法。当前，社会主义核心价值观与思想政治理论课教材之间的融合还很不够，部分教师只是按照要求空泛地强调其主线和主导作用，缺乏具体的内容阐述与论述。注重教育内容从重结论式的生硬直白要求转变为注重过程式的自觉认同，是教育实效性的前提基础。

（二）思想政治理论课教学方法从重结论式的独白转变为过程—结论式的摹写

高校社会主义核心价值观教育的主渠道之一是高校的思想政治理论课。思想政治理论课教学改革的关注与实践一直是追求教学效果好的重要环节。笔者认为，目前的教学方法的改革存在一定误区：一是重形式的丰富多彩，轻内容的丰厚内涵与以理服人；二是对灌输理论的误解。

第一，教学方法的改革要立足形式的多样性与内容的深刻性的辩证统一。单纯形式上的花样翻新，只能博得学生的一时关注与开心，学生未必真正认同与接受。形式上的新奇终究是为内容服务的，是手段，而非目的。例如多媒体课件的使用，有些教师认为，改革就是非多媒体课件不可，在课件的呈现形式上下足工夫，而忽视了课件表现的内容和服务的宗旨与主题。多媒体课件有信息量大、逻辑线索清晰、吸引眼球等优点，但也会造成教师与学生对课件的过分依赖，弱化讲授、听讲的黄金环节，使教学效果大打折扣。教改似乎就是改方法的认识导致为形式而形式，剥去形式的外壳，内容的逻辑严密性、内涵丰厚性、内在说理性、科学可信性等特性尚显不足。这也是造成思想政治理论课理论魅力不足、实效性不高的重要原因。

第二，"灌输"仍然是核心价值观教育的重要手段，但是要从重结论式的独白转变为重过程—结论式的摹写。一直以来，对灌输有些误解，认为灌输是一种忽视受众的单方面给予，其实不然。灌输是一种方法，是一种形式，是否被受众接受，灌输的内容是关键，形式仅仅是为内容服务的，所以，灌输的效果在于内容本身的学理性、实践性。众所周知，百家讲坛栏目就是一种独白式的灌输，其较高的收视率说明独白式的灌输不是思想政治理论课实效性不强的主要原因，而是思想政治理论课重结论式的独白，轻过程—结论式的摹写。所谓摹写，是对事物的各种感受，透过作者的主观加以形容描述。摹写不是简单的再现，摹写者的主观想法就是对文本材料的对话，是一种对话交流的结果。对话交流有显性与隐性之分，显性对话可以看到交流的形式表现，隐性交流没有外在交流的表现形式，但具有对文本材料的认识、理解、把握，以及主观性的客观摹写，是对事物发展过程的摹写。这是人们认识事物，把握事物的过程，是取得人们认同的必要过程与形式。过程—结论式的独白，是激发受众认同的积极主动态势下的对话交流式独白，是对话交流模式下的灌输形式。结论式独白，是自说自话式的文本再现，旨在表达自己的认识、理解，常忽视了对象的心理感受和认知结构，缺乏思想变化的轨迹，难以产生思想上的共鸣，受众认同度低，生硬被动。过程—结论式独白是在思想变化轨迹中、事物发展过程中认识、把握的，旨在打通"传输—接收—反馈"的认识发展过程，在过程中把握本质，在思想变化中产生共鸣，生动活泼，内在思想上的交锋、交流，就是对灌输者的认知过程、认可程度。

（三）社会主义核心价值观教育的实践性方法从教材体系转变为教学体系

第一，范式转化。范式转化主要是运用主体性的哲学思想，注重教育过程中学生主体性的发挥。一是从现实问题入手，根据价值澄清理论、道德认知理论等设计课堂教学，真正实现教师与学生的双主体间交流互动的教学模式。这种教学模式是植入式他律灌输范式向内生式自律接受范式的转化，是灌输理论在教学技巧上的创新与发展。二是语言范式的转化。心理学研究表明，长期一以贯之的刺激会导致接受对象的麻木，会产生本能拒收。所以注重语言的时代性、生活性，要从政治、学术语言范式向教学、生活式语言范式转化。

第二，载体转化。教材体系主要体现的是传统的理论教育载体，是一种书面语言载体模式，教学体系不仅要实现学生对核心价值观理论的认同，还要形成对核心价值观的情感认同，情感认同的最佳载体是文化的传播与浸染。现代传媒的快速发展，要求核心价值观教育的载体转化实现从相对单一、传统到多元、现代的立体化系统式载体，并且应注重文化载体的化人、育人功能，实现核心价值观教育的渗透性效果。

第三，评估转化。评估是对教育效果的科学反馈，科学的评估机制利于教育的持续有效发展，是教育生态系统中的很重要组成部分。现有的核心价值观评估主要是考试与认知态度的考核，缺乏实践考核。所以，只有实现评估机制的实践性转化，才能真正推动教育的实效性。这一方面需要研究一套实践性评估体系，另一方面要建立核心价值观道德社会评价机制，例如信用社会评价机制、爱国社会实践评价机制等。

[作者：杨华、卢黎歌，原载《北京教育》（德育）2014 年第 6 期]

社会主义核心价值体系教育的几个关系

"社会主义核心价值体系是兴国之魂，是社会主义先进文化的精髓，决定着中国特色社会主义发展方向"①，对于这样一个确保社会主义方向的核心价值的教育，意义非同寻常。在进行社会主义核心价值体系教育时，有一些基础性的问题需要认真思考，予以厘清。既要体现社会主义核心价值的理论性、逻辑性，又要体现传播接受的规律、政治教育和价值教育的规律、教育规律。

一　核心价值体系与核心价值观的关系

社会主义核心价值体系融汇形成了马克思主义、中国特色社会主义、民族精神与时代精神、社会主义荣辱观，为全社会提供共同的理想信念和道德规范，是社会主义意识形态的本质体现，构成一个严谨一贯的整体。注重逻辑性、科学性、规律性，是社会主义价值追求的论辩证成，有着逻辑体系所要求的自身的圆融性、自洽性。核心价值体系来自唯物史观这一坚实的理论根基，决定了其与人类社会发展的规律相一致，是科学社会主义的价值追求，具有人类发展的先进性，顺应了人类社会发展的规律，代表着人类前进的价值方向，是我们凝聚共识、形成共同思想基础的理论根基。列宁指出：为什么马克思的学说能够掌握最革命阶级的千百万人的心灵，那你们只能得到一个回答：这是因为马克思依靠了人类在资本主义制度下所获得的全部知识的坚固基础；马克思研究人类社会发展的规律，认识到资本主义的发展必然导致共产主义，而主要的是他完全依据对资本主

_____

① 《中共中央关于深化文化体制改革　推动社会主义文化大发展大繁荣若干重大问题的决定》，《人民日报》2011 年 10 月 27 日。

义社会所做的最确切、最缜密和最深刻的研究，借助于充分掌握以往科学所提供的全部知识而证实了这个结论。①

核心价值体系之所以作为"体系"，要体现这一理论的完整结构，博大精深，系统圆融。而"核心价值观"则需要人们简明地把握，朗朗上口，化识为智，转识成德，在价值选择和实践行动中体现，因而是核心价值体系最简洁、最直白的体现，它使社会主义核心价值体系更简洁、更鲜明，更富有凝聚力、感召力，更易于传播、深入人心。

价值观是关于价值的基本观点，起着评价标准、评价原则、评价尺度的作用，核心价值观统领着具体价值观，如经济价值观、政治价值观、道德价值观、职业价值观、生活价值观等。价值观既是对价值问题总的观点，具有一般的指针意义，又有其时代特征，与特定的社会阶段、历史时期、文化背景等具体情形相联系，有着它自身的丰富内涵。经济关系、社会形态、社会理想等都对它产生影响。这种时代特性赋予的价值观具有与现实脉搏息息相通的品格，一定的价值观念总是可以折射出当时社会历史文化的状况。具体到当今时代，正确的价值观，不仅能为社会主义市场经济社会提供思想保证、价值基础、精神动力，同时还是社会主义建设的目标，是我们努力的一个方向，是社会主义的一个本质特征。价值观反映出了从事物质活动的终极意义与追求，它是生活的目标与意义所在。这方面要做的工作还很多，如：深入研究与阐释社会主义核心价值体系的科学内涵、结构要素、内在关系；"继续深入研究提炼社会主义核心价值观"②；研究社会主义核心价值体系与社会主义核心价值观的关系；社会主义核心价值体系与社会主义道德体系、社会主义法律体系之间的关系；研究与凝练不同群体的价值观；探讨社会主义核心价值体系教育与大学生理想信念教育；等等。

二 国家意识形态与个体发展需求的关系

马克思说过，理论在一个国家实现的程度，取决于理论满足这个国家

---

① 《列宁选集》第四卷，人民出版社1995年版，第284页。
② 《国家"十二五"时期文化改革发展规划纲要》，《人民日报》2012年2月16日第1版。

的需要程度。要发挥当代中国马克思主义的指导作用，就要充分发挥这一科学理论对现实的解释力、说服力，体现马克思主义的强大生命力。社会主义核心价值体系，是社会主义社会本质特征的要求与体现，是坚定社会主义信念、坚持社会主义制度的重要精神力量。作为党和国家的意识形态，需要传播、普及、推广、践履。但国家意志如何与个体发展需求相一致？如何把国家意志与个人发展的需求有机结合？

价值教育不能总是"我要求你如何如何"，而是要体现"你自身发展要求如何如何"。在价值问题上，行动者、主体的自身需求、自身向善的动力，是根本的内因，非常重要。其实，二者可以有一个良好的结合。马克思主义、社会主义核心价值推崇的就是每个人的自由全面发展，它与人的需要高度一致，个人与共同体一致。在马克思看来，真正获得自由和独立性的个人会形成一种新型的社会关系，一方面，"每个人的自由发展是一切人的自由发展的条件"[1]；另一方面，"各个人在自己的联合中并通过这种联合获得自己的自由"。[2] 马克思主义最重视的，是现实的人的全面自由的发展。

马克思认为，未来的新社会是"以每个人的全面而自由的发展为基本原则的社会形式"[3]，人的需要应该得到全面的发展，使人不再成为"非人的、过分精致的、非自然的和臆想出来的欲望的机敏的和总是精打细算的奴隶"，从而使人的需要的丰富性"真正成为"人的本质力量的新的证明和人的本质的新的充实。[4] 在这里，劳动者将成为把不同社会职能当作互相交替的活动方式的全面发展的个人。[5] 劳动的普遍化、劳动生产率的极大提高，使社会和个人都将有更多的非劳动生产和余暇，这就为全体社会成员充分发挥自己的聪明才智创造了条件。在马克思看来，人作为私人，是"非政治的人"，是自然人，具有感性的、个体的、直接存在的人，是本真的人。人在摆脱了物的支配关系，亦即摆脱了生存压力之后，就可以自由地支配自己的时间，可以按个人的兴趣、爱好、个性、天赋、自由而多样化地发展自己，人就不会成为强加于个人的社会分工的奴隶。

① 《马克思恩格斯选集》第1卷，人民出版社1995年版，第294页。
② 同上书，第119页。
③ 《马克思恩格斯选集》第2卷，人民出版社1995年版，第239页。
④ 《马克思恩格斯全集》第42卷，人民出版社1979年版，第132页。
⑤ 《马克思恩格斯全集》第44卷，人民出版社2001年版，第561页。

共同体是个体自由全面发展其才能的必要条件，即个体获得人格自由的条件。

在资产阶级市民社会中，国家要求与个人需求常常是相悖的，内在地难以达成一致。黑格尔提出，在市民社会中，每个人都以自身为目的，其他一切在他看来都是虚无。但是，如果他不同别人发生关系，他就不能达到他的全部目的。因此，其他人便成为特殊的人达到目的的手段。但是，特殊目的通过同他人的关系就取得了普遍性的形式，并且在满足他人福利的同时，满足自己。利己的目的就在它的受普遍性制约的实现中建立起在一切方面相互依赖的制度。在马克思看来，在政治国家中，人作为公民或公人，是政治的人，是抽象的、人为的人，寓意的人、法人。"应当避免重新把'社会'当作抽象的东西同个体对立起来。"个体既不是抽象的人性，它有着具体的社会属性；同时，又不只是简单抽绎出的政治与阶级属性，在进行阶级分析的同时，也强调人的丰富的感性实践。马克思曾经非常形象而深刻地指出，从主体方面来看，只有音乐才能激起人的音乐感；对于没有音乐感的耳朵来说，最美的音乐毫无意义，不是对象，因为我的对象只能是我的一种本质力量的确证。

马克思主义理论的魅力、逻辑的力量、人性的关怀、实现的路径，没有其他学说可以与之相媲美。与其他思潮相比，马克思主义不仅找到了把人的自由全面发展作为目标，对于人的全面发展的认识最为深刻，更在于找到了实现这一目标的科学道路，这就是科学社会主义，消除物的奴役、消除人的奴役，实现人的解放和自由。对于当代大学生自身发展而言，是一个很好的指导。在教育过程中要让学生理解社会主义核心价值体系对于自身成长成才的重要指导意义。落实到个人发展，教育要以学生的成长成才为中心，帮助学生提高分析问题、判断问题、提高敏锐性的能力。能够有一个稳健的理性，有一个人民的、大众的立场。

三　理论解释证成与价值诉求吸引的关系

现代社会是多元选择、多元文化并存。理论解释无论多么缜密有力，"是"与"应当"无论分析得多么条理有序，被教育者可以承认你的阐释在逻辑上是对的、成立的；承认你的学说在揭示规律上是正确的——但与我无关：你对，但我不做，奈之我何！

理论的吸引力是一方面，但知行未必统一。对于马克思主义，我们最耳熟能详的一句名言大概要算是"哲学家们只是以不同的方式解释世界，问题在于改变世界。"这是马克思在《关于费尔巴哈的提纲》中的第十一条，这里体现了马克思对他之前所有哲学观念最深刻的批判，即：对传统哲学纯粹理论态度和形而上学思辨方式的批判，马克思认为传统的哲学只是提供了对世界的一种或多种解释，却忽略了哲学的根本任务，这个任务就是：研究人的感性活动，并且是在历史运动中的人的感性实践活动。只有对传统的抽象理论态度和形而上学方式的扬弃，才能真正地理解并开展一种现实的感性实践之路。这充分体现了实践性是马克思主义的根本特性。

理论如何能吸引人？成为人的主动渴求？不仅要有逻辑魅力，还要有人格魅力，需要把知识的力量转化为激情、价值追求。德国学者沃尔夫冈·豪格在 2005 年出版的《十三个尝试——对马克思主义思想的再阐释》一书中，引用了马克思同时代的"行动哲学"家摩西·赫斯（Moses Hess）在 1841 年写给作家的一封著名的信，信中这样描述了马克思的思想魅力："你要做好思想准备，去认识那个最伟大的、也许是现在唯一还活着的真正的哲学家，不久，他将在公开出现的地方（无论著作还是讲台）吸引整个德国的注意力。从他的发展以及他的哲学思想形成来看，他不仅会超越施特劳斯，而且还会超越费尔巴哈，后者具有重大的意义！——现在如果波恩在就好了，倘若他讲逻辑学，我将是他最热忱的听众。他将给中世纪的宗教和政治以致命的打击，他把哲学上最深沉的严肃与最尖刻的笑话融合在了一起；想一想卢梭、伏尔泰、霍尔巴赫、莱辛、海涅和黑格尔吧，他们现在已融合在了一个人的身上（我说融合不是指把他们简单地堆在一起），这个人就是马克思博士。"①

正如《马克思为什么是对的》一书所说，马克思对人抱着热情的信念，对抽象教条怀有深深的疑虑。他没有时间去设想一个完美的社会，对平等的说法保持高度的警惕，也从来没有梦想过一个所有人都穿连体工作服、背后写着国家保险号码的未来。他希望看到多样化而不是整齐划一。

---

① 沃尔夫冈·豪格：《十三个尝试——对马克思主义思想的再阐释》，东方出版社 2008 年版，第 131—132 页。

他从未宣传人是历史无助的玩物。他比右翼保守主义者更敌视国家机器，并把社会主义视为民主的深入，而不是民主的敌人。他心目中美好生活的模型基于艺术自由表达的理念之上。他没有盲目崇拜物质生产。相反，他想要尽可能地废除物质生产。他的理想在于休闲而不是劳动。如果他不屈不挠地关注经济问题，那不过是为了削弱经济对人类的控制力。他的唯物主义思想与人类秉持的道德和精神理念完全相符。他慷慨地赞美中产阶级，并将社会主义视为自由、人权和物质繁荣伟大遗产的继承者。① 这里，我们感觉到一个关注人的、充满生活激情的马克思的形象。把科学的理论与人性的关怀完美地结合，与人的幸福生活、追求人的发展、完善等价值追求水乳交融。这启示我们，社会主义核心价值体系的教育，也要把理论解释和证成方面的逻辑，与这种理论的宗旨目标、价值诉求结合起来，成为真正吸引人们、凝聚人心的物质力量，促进社会发展的客观要求、社会秩序的规范要求与个体行动准则的一致性，把个人价值追求与社会价值取向结合起来。

四　外在灌输与心理接受塑造信念信仰的关系

就核心价值体系的教育来说，在方法上，我们是只注重灌输、讲授，还是也以多种形式进行教化、训练、实践、体验？我们可以根据核心价值体系教育不同的内容特征，突出不同的方面。比如，在民族精神方面，可以从传统文化的视角，诠释中国的价值传统，对于民族精神的体认就有着很强的逻辑力量和厚重的历史感，学生在观念上置身历史长河中感同身受。使价值观教育、道德教育与情感体验、文化熏陶融为一体。对于其内容体系，在加强研究的同时，融贯到教材、课堂、活动的各个层面。如在理想信念教育中，可以展开马克思主义指导思想、确立马克思主义信仰的论述，展开中国特色社会主义共同理想与近现代中国人民的理想追求的论述；在道德教育板块中突出道德教育的内容，把荣辱观教育的具体内容，概括到道德教育、公民意识教育的框架中。以前我们有荣辱观教育的内

---

① ［英］特里·伊格尔顿：《马克思为什么是对的》，李杨、任文科、郑义译，新星出版社2011年版。

容，但它实际上是道德教育、公民意识教育的一块，可以提出这一名称，以更加明晰其在思想政治教育中的定位。

核心价值体系的理论系统性、科学性，只是让人信服的一个条件，更重要的是它要解决思想问题、思想困惑，这就要求核心价值体系的教育要贴近人们的思想实际，与其心灵脉搏合拍。核心价值体系教育要能够以权威的专业素养回答人们的关切，使其成为人们愿意接受、心悦诚服的主流思想，能够潜移默化地认同社会主义核心价值体系，真切领略马克思主义立场、观点和方法。核心价值教育要体现和反映全球化、信息化、多元化、多样化、特色化的时代特征，在平实的语言和叙述中，体现出理论的深刻穿透力和逻辑的魅力。恩格斯说过，一个民族要想站在科学的最高峰，就一刻也不能没有理论思维。理论研判，是一番比较、分析、鉴别、遴选、借鉴的功夫，这需建立在对人类文明优秀成果的基础上，不能以狭隘的思想方式来信奉。邓小平提出"教育要面向世界"，我们也一直提倡要有世界视野，但是如果在核心价值体系教育中却丝毫不予涉及，则世界视野就是空话，人类文明的优秀成果也就无从感受，更谈不上借鉴汲取。

社会主义核心价值体系教育属于意识形态教育，需要让人们真切领略马克思主义立场、观点和方法，并将这些内容融入各个层面。需要贯穿于国民教育、精神文明建设、党的建设全过程。但这种意识形态必须建立在科学论证的基础上，不能照本宣科。教育、灌输、宣传、理论教育、实效性，价值、素养、境界，传播学方法的引进，使我们在原有的"灌输"模式上再注入更加积极的"参与"模式。通过实践、体验，化识为智，转智成德。

列宁在《怎么办?》一文中，针对当时工人阶级文化水平较低情况，提出工人不能自发地产生科学社会主义理论。社会主义自从成为科学以来，就要求人们把它当作科学看待，也就是说，要求人们去研究它。工人阶级本来也不可能有社会民主主义意识，这种意识只能从外面灌输进去。社会主义学说则是从有产阶级的有教养的人即知识分子创造的哲学理论、历史理论和经济理论中发展起来的。① 科学社会主义理论不是自发产生的，而是从外面充实（灌输）到无产阶级中的。列宁指出，自发的工人运动容易受到资产阶级思想体系的控制，原因很简单：资产阶级思想体系

---

① 《列宁选集》第一卷，人民出版社 1992 年版，第 317 页。

的渊源比社会主义思想体系久远得多，它经过了更加全面的加工，它拥有的传播工具也多得不能相比。[①]

列宁提出：对于觉悟的工人来说，社会主义是一个庄严的信念。[②] 这种信念如何通过理论教育形成？马克思主义是认识世界、改造世界的强大武器，有着很强的科学解释力，成为进行个别专业领域研究分析判断的方法论基础。在进行中西哲学史教学、新闻学、政治学、社会学、文艺学等学科教学研究的过程中，马克思主义的立场观点方法是非常重要的，马克思主义的产生，使得人类认识世界、认识特质和精神现象的立场视角发生了革命性的转变，使萦绕在思想史上的许多迷雾变得烟消云散，以前颠倒了的观念被重新颠倒回来，拨乱反正。在人文社会科学领域，自觉树立马克思主义观，教书育人，形成整体合力，各个相关的学科都能充分体现，马克思主义在高校的教育宣传普及才能发挥最大的功效。育人是教学本来就有的意涵；马克思主义立场观点方法是社会科学的精髓与灵魂，绝不是外在掺和进去的，教育者有责任认识到这一点，努力贯彻这一点，教给学生这一理解和分析的方法论立场，实现一种有机的提炼、合乎逻辑的、自然而然的抽象上升。

但这种上升、提炼、点化的过程，应由教师予以引领体现，教师要以马克思主义的立场潜移默化，不应当完全交给学生去自己选择体悟。在信息化时代，读图快餐文化流行，学习方式上也容易浮躁、急功近利。教师有责任以合乎教育规律、合乎理论逻辑的方式进行"灌输"。马克思主义理论是人类文明的高端成果，不是自发产生的，需要学习。在知识分子少的时代，工人文化水平低，需要从工人阶级以外的人那里"灌输进来"。灌输是一种方法，但现在作为有着较高文化水平和理论修养的大学生来说，仅靠灌输是不够的，还需要有其他方式来掌握，如教化、熏陶、启迪、实践、互动等。

五 融入国民教育全过程与遵循教育规律的关系

把社会主义核心价值体系融入国民教育全过程，需要遵循教育规律，

---

① 《列宁选集》第一卷，人民出版社1992年版，第328页。
② 《列宁全集》第21卷，人民出版社1965年版，第183页。

遵循学生身心成长规律，结合其智力发展、情感体验、意志品质、理想信念形成的特点，分段分层，因材施教，使不同阶段的学生，能够真正地融入，而不是机械地生搬硬套。根据受教育者的认知特点、成长规律，探索各阶段教育目标和内容、实践途径与方法，形成分层递进、有机衔接的教育序列。小学注重行为养成，中学注重情感体验，大学则要以理论服人。通过科学设计，以与学生身心成长特点相适应的方法和途径，有机融入。

对于小学生来说，家庭和学校是他们生活的大部分内容。他们与社会接触少，小学生是从自己的切身感受来感知世界、判断是非的，常常以外在的服从与纪律为定向。这时应培养良好的行为习惯和责任、尊重、公平、关怀、诚信、勤俭、互助、感恩、宽容、正义、勇敢、自律、合作等道德品质，了解和初步树立社会主义荣辱观。中学生的视线更加转向注意自身，更加关注自尊自信、独立性，自我统一性形成，这时就要注重自尊自爱教育、人际交往教育，进行青春期的生理、心理、伦理和审美教育，培养一定的鉴赏能力和问题分析能力，培养良好的道德修养和情操，进行初步的公民意识教育，增强社会责任感，把志趣、能力与社会需要结合起来。在高中阶段，重点是世界观、人生观与价值观教育和理想信念教育，使他们成为合格的公民。

大学教育是国民教育的最高层，对于善于独立思考的大学生来说，进行社会主义核心价值体系教育，需要在揭示人类社会发展规律、体现人类文明方向的角度进行理论解释，核心价值教育应更多地注重理论分析，展示出马克思主义当代中国特色社会主义理论体系的学理魅力、逻辑力量，把这一理论所内含的正确反映社会发展规律、正确总结当代中国社会主义建设实践规律的品格揭示出来，使大学生坚定地树立社会主义核心价值体系的自觉性。政治上的坚定，来自于理论上的坚定。这需要我们认真加强理论建设，充分发挥社会主义核心价值体系教育主渠道作用，做好进教材、进课堂、进头脑"三进"工作，使理论教育贴近现实，贴近生活，贴近学生思想，能够回答人类社会发展规律问题，回答中国发展的问题，回答党的执政问题，能够引领学生思想，解疑释惑。学科的成熟有赖于自身的建设。现在，思想政治教育更多地停留在教材体系向教学体系转化、改进讲授和考核方法、活跃气氛提高实效方面，理论教育需要生动，但在大学课堂，不能像在居委里弄的宣讲一样，"理论"的发掘，科学的阐释，仍是一个有待加强的方面。如果学理性、逻辑性不强，同样没有说服力，仅靠多样的生动性、丰富的实践性，是不能真正引领当代大学生群体的。需要教师着眼于学科涉及的重要学术问题，体现国内外学术前沿进展，对学科本身的逻辑结构、重要问题做深入探究，为社会主义核心价值体系研究和教育，提供实质性的、深入的论证。

当代青年中思想认识、价值追求有着强烈的差异，多样、多变、多元特点，需要我们结合这些特点，在教育的理念、目标、方式、方法上进行系统的设定；针对其差异性特点，与个性、与个人体悟有着密切的关系，要求我们的教育不能千篇一律、空泛说教。赫尔巴特指出，"教育的出发点，就是把学生当作个别的人来对待，以学生的个性为前提"①；针对其多变性特点，要求我们的教育要有坚实的根基，成为其信念，发挥持久的魅力；针对多元性特点，要求我们的教育要有凝聚力、吸引力。为此核心价值的教育过程，既有学问、知识的内容，又有情感、信仰的维度，寓价值教育于知识教育，在价值教育中展现其知识性和科学性的逻辑魅力。

六　理想应然与现实体现的关系

胡锦涛同志指出："社会主义核心价值体系是根源于民族优秀文化和社会主义先进文化并吸收人类文明成果发展起来的"②，这就讲明了社会主义核心价值体系的三个重要根源。对于前两个根源，人们有了足够的认识，这里着重谈一下第三个。

为了更好地进行理论研究和有效传播，我们需要对社会主义核心价值体系的重大基础性命题进行研究，在全球视野中审视中国语境的价值建设问题，通过对当代国际（特别是美国、英国、德国）的核心价值观、国家价值观和我国传统文化的研究，探索社会主义核心价值观教育的实践方式与构建路径研究。在全球化时代，一个国家不可能孤立地发展，中国的发展离不开世界，世界的发展也离不开中国。我们要汲取人类社会的优秀成果，不能孤立于世界文明，就要顺应世界的文明趋向。我们的理论研究要处理好中国特色与人类文明的关系问题，使中国的价值追求与国际社会

---

① 《赫尔巴特文集》，浙江教育出版社2001年版。

② 胡锦涛：《坚定不移走中国特色社会主义文化发展道路　努力建设社会主义文化强国》，《求是》2012年第1期。

的价值共识尽可能有更多的共同话语，这也是中国能够取得国际社会更多
的话语权、获得广泛拥护的价值基础所在。其中就包括要研究西方的核心
价值观教育，借鉴他们的经验与教训，具有世界视野。可以看出，意识形
态建设、核心价值建设是现代国家都在努力推进的事业，负责任的公民意
识能够促进人们的幸福感、安全感、社会认同感，使公民之间、公民与社
会之间、社会与国家之间具有亲和力。社会的无信仰、无凝聚力，普遍的
浮躁心理，对社会是一种威胁。如果一个社会难以形成主流价值观念，就
会导致公民对社会的认同感降低，社会抗震能力减弱，如遇突发事件，难
以凝聚人心。如阿根廷在发生金融危机后，由于缺乏主流价值，社会无法
形成合力，无法同舟共济渡过难关，国家在没有外部敌人的压力下顷刻坍
塌，一个人均 GDP 达到 8000 美元的发展中国家，在很短的时间内就垮掉
了。① 如果没有对公民意识的清晰认识，一个社会就难以非常健康地运
转。在西方国家，常用的概念是"立国价值"，这是指一个国家的建立、
运行所需要的基本价值观。公民对于国家基本价值观保持忠诚，而对于国
家的管理者而言，忠诚于国家的基本价值，是遵守了最初与人民的约定这
一最原始的契约，这一价值观是不容讨价还价的。② 宪法作为立国的政治
宣言，反映了主权在民的原则。价值观的基础是公民身份所包含的公共
性，它以平等、民主、自由、法治为基础。社会的凝聚力使得社会秩序得
以可能，这种凝聚力、向心力，是建立在共同的价值与信念基础之上的。
"信念是整个政治努力的关键，因为它为我们承担、褒扬、献身于它提供
了理由"。③ 公民特别是公共官员基本的道德责任就是成为立国价值的积
极支持者、保护者和保证人。

　　社会主义核心价值体系有其方向性，是人类社会美好的价值追求，是
建立在科学理论基础之上的理想，是吸引人们进行社会主义革命、社会主
义建设的宗旨、目标、旗帜。这种理想性激励着工人阶级向着美好的社
会、美好的境界前进。如马克思恩格斯早就指出："雇佣劳动，也像奴隶
劳动和农奴劳动一样，只是一种暂时的和低级的形式，它注定要让位于带
着兴奋愉快心情自愿进行的联合劳动。"当时，还处在残酷的雇佣劳动制

　　① 敖带芽：《功利化的社会秩序与社会整合》，《凤凰周刊》2005 年第 13 期。
　　② David K. Hart, The Virtuous Citizen, the Honorable Bureaucrat, and "Public" Administration *Public Administration Review*, 1984（44），p. 114.
　　③ Ibid. , p. 116.

度下，马克思主义经典作家就已经看到了美好的曙光和未来的方向，并乐观地指导革命的运动，为此奉献了毕生的精力。

　　追求幸福生活是人的天性，在当代社会，这也是公民的权利。个人的幸福不是在真空之中，而是在社会中才能实现的。正如亚里士多德所说，只有在城邦中，幸福的生活才能实现，只有在城邦内并通过城邦生活，德行才能得到运行。核心价值是一种价值引领，在长时间内代表着一种追求。但理想、理论与现实也存在张力、不一致、间隙，理论的理想性如何在现实中逐步转化为实现，还需要一系列的制度设定，以保证先进的价值体系、价值观念的运行、实践和现实的生命力。价值体系论证得如何、价值观提炼得怎样，最终是要在现实中体现出来，才会有真正的说服力、生命力，并投入现实的。一是价值体系的解释要回应、引领现实；二是现实要以价值体系为指导，深入贯彻、践履、进行制度设计和政策选择，在实践中发挥出社会主义核心价值体系的优越性。

　　（作者：高国希，原载《思想政治教育研究》2012 年第 5 期）

爱国是一个公民应尽的义务与责任

爱国是一个历久弥新的话题。从情感观的角度，爱国被理解为人们对国家民族的归属感、认同感、尊严感与荣誉感；从政治观的角度，爱国被理解为国民个体对国家民族的忠诚；从道德观和法律观的角度，爱国被理解为国民个体自觉遵守国家的法律规范和道德准则，以确保国家有序运转和发展。

一 爱国的价值目标与评价标准

每个人来到这个世界，赖以生存的一切都首先得之于祖国。因此，一个有良心的、懂得感恩的人，就不可能不爱自己的祖国。爱国既是对中国优秀传统文化的传承与弘扬，也是一个公民应尽的义务与责任。正如杰出文学家巴金所说："我们的祖国并不是人间乐园，但是，每一个中国人都有责任把她建设成人间乐园。"

作为价值目标，爱国本质上要求国民维护国家民族的长远、核心利益，维护和发展作为国民共同生活条件和体现文明进步价值的各种公共事业与公共秩序。顾炎武说："天下兴亡，匹夫有责。"莎士比亚说："我怀着比对我自己的生命更大的尊敬、神圣和严肃，去爱国家的利益。"周恩来说："为中华之崛起而读书。"这些充满爱国情怀的话语，都是对国家利益和公共利益价值目标的维护。

作为价值评价标准，爱国主要有四个维度。

一是认同度。认同祖国的疆域和河山，认同所在民族及其历史文化。民主革命家吴玉章有诗云："不辞艰险出夔门，救国图强一片心；莫谓东方皆落后，亚洲崛起有黄人"。曾担任过"国民政府代总统"的李宗仁于1965年从海外归来时，有记者问："李先生是不是马列主义者？"李宗仁答:"我不是马列主义者,而是个爱国主义者。"而他之所以能够放下政治歧见回到祖国,并"深深地感到能成为中国人民的一分子是无比的光荣",就是出于对祖国的认同。

二是忠诚度。西汉,苏武奉命出使匈奴,被匈奴人扣留后誓死不降,手持汉朝符节,在北海边牧羊十九年,给我们留下对祖国忠诚的千古佳话。

三是责任感。我国古代优秀传统文化中,有着丰富的对国家、社会、百姓担当责任的内容,如大禹治水"三过家门而不入",诸葛孔明"鞠躬尽瘁,死而后已",范仲淹"先天下之忧而忧,后天下之乐而乐",文天祥"人生自古谁无死,留取丹心照汗青",林则徐"苟利国家生死以,岂因祸福避趋之",等等。

四是奉献度。美国前总统肯尼迪曾说:"不要问你的祖国能为你做什么,要问你能为你的祖国做什么。"新中国成立后,钱学森毅然冲破层层阻挠回国参加建设,为祖国的航空航天事业奉献了自己全部的才智和精力。

二　全球化时代如何体现爱国精神

在不同的时代,爱国的内容和重点会有所不同。比如,当祖国遭受外族侵略时,爱国表现为保家卫国、戍边杀敌;当国家面临分裂时,爱国表现为维护祖国的团结和统一;在和平发展时期,爱国就表现为勤奋工作、为祖国建设做贡献。那么,在经济全球化的今天,爱国的价值目标和价值标准是否需要与时俱进呢?

在全球化背景下,资本、商品、人员、技术都出现了全球性的流动,使得国家、爱国等概念的定义与内涵都悄然发生着一定的变化。有一种观点认为,在全球化背景下,国家主权已经部分让渡给了跨国经济王国,国家"利益共同体"的性质正在弱化。其实,虽然国际经济组织、跨国公司对传统意义上的国家主权有了一定的分享,但国家仍然是民族存在的最高组织形式和国际活动中的独立主体,因此,爱国精神依然是维护国家和民族利益的根本保障。

事实上,经济全球化并不意味着大同世界的到来。西方发达国家一直在利用其经济、科技和军事等方面的优势，竭力输出其政治观、价值观、文化观及生活方式，力图主导全球化进程。而美国的"棱镜"事件也告诉我们，在当今这个全球化和信息化叠加的时代，信息安全也关乎着国家的安全。在海量的信息中，不乏经济、政治、科技、国防等机密信息，如果没有足够的国家安全意识，有意无意泄露了机密，就可能造成现实或隐性的重大损失。再者，大数据、微时代颠覆了人们获取和传递信息的传统方式，信息来源的途径变得更为多样也更加便捷，很容易造成价值观的混淆不清。因此，建立适应时代特点的爱国价值标准和价值尺度，就变得十分重要。最近发生在一些国家的政治乱象和民生困境说明，国家主权依然是国民个体利益得以实现和保障的坚强后盾。我们在参与全球化的过程中，既要善于运用国际规则、市场、资本和先进科技来为我服务，分享经济全球化的红利；又要坚定地维护国家、民族的核心利益，捍卫国家主权。

不过，伴随着全球化的脚步，各国人民彼此间的交往与合作日益频繁，跨国跨境学习或就业已成常态，新的生活形态对人们以往的爱国观念也形成了不小的挑战。比如，供职在国外或外资公司，如何体现爱国？职业精神和爱国精神能否和谐统一？北京奥运前夕，这类现象曾引发过激烈的争论，其中最为引人注目的是聂卫平对郎平执教海外的质疑。此外，"裸官"现象的存在，也引发了人们关于个人权益和爱国底线的深思。到目前为止，争论虽还没有定论，但已经有了一些基本共识：（1）爱国的标准要与时俱进，要服从服务于民族复兴大业；（2）爱国的标准应符合国际准则的基本框架；（3）爱国标准应体现基本价值目标，即维护国家民族的根本利益；（4）应体现国家利益与公民权益的辩证统一。

从国家民族认同的角度讲，全球化并不是全球一体化，而是在民族国家认同基础上更高层次的互补性认同。也就是要力求在多元的世界里，在各具文化特色的国家间实现公平的竞争和"双赢"的结局；并共同致力于全球事务的解决，实现全人类的福祉。在这种形势下，爱国精神还应包含全球意识，从而为构建和谐世界做贡献。

（作者：卢黎歌、杨华，原载《陕西日报》2014年10月14日第三版）

当前社会变革中的人生观争论与教育

对"人生是什么"、"人的本质是什么"、"人生为了什么"、"怎样的人生才有意义"等问题的回答，一般取决于人们有什么样的人生观。人生观是指人们对人生的根本看法和总的观点，它主要包括人生目的、人生态度和人生价值等基本内容。这三个方面相辅相成，有什么样的人生目的就会有什么样的人生态度和价值观念，人生态度使人知道应该如何对待自己的人生，人生价值体现出人生的意义。人生观作为一种意识形态，是一定社会历史条件和社会关系的产物，极易受社会发展条件的制约和社会环境变迁的影响。目前我国正处于社会变革的浪潮下，党的十八届三中全会通过《中共中央关于全面深化改革若干重大问题的决定》，标志着我国社会将进入新一轮的变革时代进程中。社会变革往往引发人们对人生话题的关注与争论，进而影响人们的人生观念。面对争论，有的人在变化中找到了人生的航标，有的人却在迷茫中失去了方向。因此，我们不得不重新思考如何引导人们面对不同的人生争论，跟上时代的步伐，进而在社会变革的浪潮中书写有意义的人生。这既是思想政治教育中进一步加强人生观教育的重要问题，也是实现变革社会中个人自由全面发展的需要。

一　社会变革中人生观争论的主要表现

社会变革往往引起人生观的争论。纵观古今中外的历史变革时期，我们可以看到这种历史现象的重复。中国古代的孔子在社会动荡、争霸战争起伏的背景下，面对不同的人生哲学争论，提出"仁"的人生观。西方古代的苏格拉底在希腊由盛而衰的历史转折时期，提出理性主义的人生观。中国近代，这一现象表现得更为明显。在由旧民主主义革命向新民主主义革命转变时期，以张君劢、梁启超为代表的"玄学派"同以丁文江、胡适为代表的"科学派"展开了人生观的争论。在结束"十年动乱"、开始实行改革开放的时代,由潘晓的来信《人生的路啊,怎么越走越窄》所引起的"主观为自己,客观为别人"的人生观争论。当前,我国正迈入全面变革的新时期,这既是历史发展的需要,也是社会进步的必然要求,但却引发人们再次思考人生、追求什么样的人生目的、持有什么样的人生态度以及怎样实现人生价值、走好人生道路等有关人生观的争论。

(一) 人的主体性与物的束缚性之争

在社会变革的历史进程中,人们逐渐认识到自身主体性的不断增强,但同时也开始困惑:为什么人越来越不满足既得的利益,越发产生对物的需求,甚至感到被物所束缚。

当前社会已经进入全面变革的新时期,这不仅带来了物质生产力的发展以及科学技术手段的完善,从而给人提供了较大的发展空间,而且使人逐渐摆脱了传统文化体制的制约。解放、平等、民主、自由的观念深入人心,大多数人能够独立选择生存方式,自主规划人生方向,从而满足其独立自主的个性发展诉求。而全面开放的市场经济下"效率优先,兼顾公平"的原则、优胜劣汰的机制使人生处处充满竞争,这种危机感使人们勇于竞争、敢于挑战,极富积极能动性,人们不得不改变以往个性中的因循守旧、不断开发自身内在潜能,以此培养其创新性,提高自身的竞争力,力争在新的变革社会中取得竞争优势。处于这一变革时期的个人不断寻求自身全面而自由的发展,最大限度地体现着自身的主体意识,人的独立自主性、能动性与创新性越来越突出,从而能够自觉、主动地认识社会变革时代的特征,把握其发展的规律,并在认识客观规律的基础上,根据自身发展的需要,捕捉社会变革所带来的一切有利时机和机遇,自由、自主、能动地创造自己的人生。

但人的主体性在日益增强的同时,有的人却将对物的追求作为人生的最高目标。具体表现为追求享乐、贪婪营私的人生理念。他们沉溺于物欲的享受中,对物质的占有欲在急剧膨胀。于是开始对自然界无限掠夺,向社会不断索取,对精神理想的追求逐渐淡化,从而造成严重的生态问题、社会问题和心理问题,人逐渐感受不到自身的主体性。同时高科技的发展,互联网、智能手机、平板电脑等电子产品的应用使一些人开始迷恋上网聊天、玩游戏、刷微博、聊微信,似乎周围的世界并不存在,由此诞生了一个新的单词"PHUBBING",意为低头摆弄手机或电脑的"低头族"。

"低头族"这一当前社会的普遍现象的危害是显而易见的。一组英国科学家对1000年后依赖高科技产品的人类的走样进行了预测，由于智能手机、平板电脑等高科技电子产品的广泛应用，人类的身高、四肢、牙齿、大脑、眼睛、手臂、皮肤、毛发等都将发生变化，人看起来就像个"怪人"！可见，人体器官将退化变形，交往能力变弱，日益被工具理性的科技产品所禁锢、束缚。克服为物所束缚、发挥人的主体性，进而实现人的自由全面发展成为当前社会变革中人生观争论的重要内容。

（二）提倡奉献与追求功利之争

当前变革社会中，经济体制等方面的改革涉及人们的直接利益。如何认识并调整自身利益，是提倡奉献还是追求功利，是人们一直争论的问题。

当前社会变革时期，一些志愿者和义工的涌现，就是在人生追求中提倡奉献精神的代表人物。从理论上分析，奉献精神既是一种高尚思想境界，具有先进性，也是一种社会发展和人的生息繁衍的必然要求，具有普遍性。因为社会要想获得可持续发展，除了满足当代人的生存与发展外，还需要不断积累，使社会的物质财富和精神财富总量不断增加。积累为社会带来剩余的资本，这些资本成为社会发展的动力，也为社会下一步的发展打下基础。而积累的过程就是一个奉献的过程，当今社会发展的现有条件都是由前人奉献而来。"每一时代的生产和消费都是以前一代人类改造自然的成果为基础，而且每一时代人类改造自然的发展成果又必然要为下一时代的人所继承。"① 这既是代际发展的规律，也是人类可持续发展的要求。我们个人作为社会大家庭中的一员，不仅没有权力"吃祖宗饭，当败家子"，消耗掉前辈留下的已有基础，而且要通过不断积累财富"造福子孙"。同理，个人的可持续发展也需要提倡奉献。人从出生时，作为一个纯索取者，是从前人（包括自己的父母）那里获得生存和成长的基础，成人就职创业后，就要使自己的奉献大于索取，以此才能补给之前所消耗，并为老年时期的索取创造财富，同时为家人、后人提供可持续发展的基础。

但现实中，"索取应该与贡献等量"的观点在社会上比较流行。还有

---

① 卢黎歌、李小京：《论代际伦理、代际公平与生态文明建设的关系》，《西安交通大学学报》（社会科学版）2012年第4期。

一种观点认为，现在是市场经济，讲求的是利益与效率，所以人生更需索取与回报，功利观念便在人的头脑中悄然而生，从而导致人们行为中呈现出不同程度的功利化倾向。更有甚者，市场竞争中出现一些假冒伪劣、坑蒙拐骗的损人利己行为，与人交往中一些背信弃义、自私自利的唯利是图行为，职场活动中尔虞我诈、追名逐利的见利忘义行为。如若任其发展，必将陷入拜金主义、享乐主义和个人主义的错误人生观中不能自拔。其危害是显而易见的，比如社会将变成物欲横流的社会，个人将变成只强调自我，只追求感官的需求与快乐，精神颓废，找不到人生方向的个人。当人们将这一切作为人生信条的时候，又何谈奉献精神呢？提倡奉献精神，抵制极端的功利主义，是认识和树立正确人生观的需要。

（三）虚无逃避与乐观进取之争

社会诸多领域的变革使人们产生不同的人生态度或情绪体验。由此，应该怎样对待自己的人生这一问题，就出现是以虚无逃避的态度还是乐观进取的态度的争论。

随着社会变革的深入，我国社会更加呈现出多元化、市场化与流动化，各种问题和深层矛盾日益暴露，从而导致社会风险的增加。当有的人对风险估计不足，不能正确应对时，就会在人生选择中产生不断的矛盾和冲突，挫败感也随之增加。这进而造成了这些人对人生抱以虚无逃避的人生态度，并深陷其痛苦与迷茫之中。其特点就是对人生悲观失望，认为人生毫无意义，充满荒谬，无所追求，感觉整个人生都是虚无的。在个人身上的表现，就是工作、学习上不思进取，得过且过，"哥只是个传说"；生活上松懈拖沓，放任自流，"事不关己，高高挂起"；人际关系上"天马行空"，"神马都是浮云"，独往独来，既不关心自己也不关心他人与集体。甚至其中有的人否定人生，无视个人发展、否定人生中善恶、美丑、是非的界限。形成这些消极人生态度的原因比较复杂，其中某些人对人生观认识上存在的偏激和不成熟是其形成的主观原因。这些消极人生态度正如心理学家马丁·E. P. 塞利格曼（Martin E. P. Seligman）的研究中所讲的"习得性无助"的心态。当社会发生了变革，人们失败或无助时，就经常会选择放弃，甚至感到绝望，进而逃避现实，不敢直面人生问题。于是，一些人出现精神世界空虚迷茫、人生目标迷失、道德理想失落、信仰发生危机，部分人迷恋于网络虚拟世界，对现实世界则悲观厌世、对人生自暴自弃。

与这种虚无逃避的消极人生态度相反，一些人认为人生应持有一种积极的乐观进取的态度。这样才能乐观豁达，热爱生活，对人生充满自信，体现出愉快、乐观、满足等积极的情绪体验。当社会变革带来各种矛盾和问题，人生不尽如人意时，他们就能具有较强的自我调节能力，能够较好地以积极的姿态去迎接各种挑战，从而更好地投入到学习、工作、生活中去，并且主动适应社会变革的历史潮流，在人生实践中不断发扬勇往直前、敢为人先、锐意进取的精神，从而不断丰富人生的意义。众所周知，当前社会变革时期电子商务的大赢家马云和他的团队缔造了一个网络帝国，创造了中国的互联网众多的第一。而在其看似辉煌实则艰辛的发展过程中，马云乐观进取的人生态度给他创业之初打下了基础，那种在危急时刻用乐观进取的心态去面对一切的性格，让马云走向人生成功的顶峰。正如马云所说，企业家是在现在的环境，改善这个环境，光投诉、光抱怨有什么用呢？可见，只有乐观进取的态度，才能培养人顽强的意志和勇气，抓住社会变革的机遇，创作灿烂的人生。所以，在社会变革的浪潮中，确立乐观进取的人生态度是正确人生观的重要部分。

（四）个人价值与社会价值之争

当前变革社会中日益凸显个人和社会这对范畴之间的对立统一关系。由此带来人们在对价值的追求中，是应该注重个人价值还是社会价值以及如何认识二者关系的人生价值的争论。

个人价值是指他人、社会的属性对个人需要的满足关系。在这里，个人是价值的主体，他人和社会作为价值客体去满足个人的需要，从而促进个人发展、实现个人价值。当社会为个人创造了充足的物质条件、营造了良好的文化氛围时，就能满足个人一定程度的物质和精神需求，体现出个人价值。所以个人价值是个体从自身生存、发展需要角度对价值的追求和选择。在这个追求个性发展，个人主体意识不断增强的变革时代，大多人有着强烈的个体选择倾向，倾向于将个人价值摆在首位。处于不同人生发展阶段的个人都在追求各自不同的生理、安全、社交、尊重以及自我实现的需要，体现不同的个人价值。这是变革时代社会发展的一种进步，具有必然性与合理性。可是，个人为了自己需要的满足而向他人、社会提出的诉求，如何能够得到他人和社会的"合法性"认可？个体价值能否最终实现？这一问题又将人们引向了对社会价值层面的思考。

社会价值是指个人属性对他人、社会需要的满足关系。此处，他人和社会是价值的主体，个人作为价值客体去满足他人和社会的需求，从而促进他人和社会的进步，实现社会价值。当个人通过努力奋斗，为他人、社会做出贡献时，就能满足他人、社会的需要，促进他人、社会的进步，使社会价值得到体现。所以社会价值是从他人和社会的整体需要和全面发展的角度对价值的判断和追求，这体现了它与个人价值之间的差异，现实中二者往往因此而发生冲突。但人的社会性，决定了人无法脱离社会而存在和发展，个人的需求必须要和社会相契合，这样才能实现其个人价值，因此社会价值是个人价值的基础。一个人要想获得生存和发展的条件，必须首先要满足社会的发展需要，使社会价值得到实现，反过来社会价值的实现又有助于个人价值的最终实现。可见，个人价值和社会价值总是交织在一起，呈现对立与统一的关系。正因为如此，人生中充满个人价值与社会价值辩证关系的争论。

二　社会变革引发人生观争论的原因分析

在历史的发展过程中，社会变革时代总会引发人们关于人生观的争论，带来人生观的转变。正如有的学者所指出的，人生观作为一种意识形态，人的新人生观的产生，新旧人生观的对立，都与社会变革、社会生活方式的演化有着密切的关系。① 那么，社会变革为什么总会引发人们对人生观的争论，其内在逻辑性又是什么呢？

什么是社会变革？社会变革是社会系统的整体转型，它主要体现在传统社会向现代社会转变时，本质上是一次旧有的社会脱胎换骨式的新生，是一个连贯的整体，是在政治、经济、文化、技术等所有层面的学习、借鉴、建构、创新和改造的全面变革。② 这种全面的变革，其关键就是一个"变"字，这说明在社会变革的历史背景下社会方方面面出现其多样性与特殊性。那么，是什么原因带来了社会的变革？恩格斯指出：一切社会变迁和政治变革的终极原因，不应当到人们的头脑中，到人们对永恒的真理和正义的日益增进的认识中去寻找，而应当到生产方式和交换方式的变更

---

① 岳川夫：《人性与人生——社会转型时期大学生人生观教育的理性思考》，《华东政法学院学报》2001 年第 1 期。

② 曾小华：《文化·制度与社会变革》，中国经济出版社 2004 年版，第 377 页。

中去寻找；不应当到有关时代的哲学中去寻找，而应当到有关时代的经济中去寻找。① 可见，经济因素是影响社会变革最根本的因素。反过来，社会变革又反作用于经济发展，调整社会的利益分配方式。我国自改革开放以来，社会变革的深度和广度是史无前例的。目前党的十八届三中全会、四中全会都提出要推进我国全面的深化改革。社会经济基础及人们的社会生活实践等方面所发生的变革，必然对人生观念产生强有力的冲击。深刻分析其原因，主要有以下几方面。

（一）社会变革导致利益的重组

社会改革带来政治利益、经济利益的重新调整，从而引致社会整个利益格局发生激烈的嬗变。原有的利益格局被打破，国家、集体、个人三层利益主体转变为多种多样多层的利益主体。新的利益群体的涌现，使新的利益格局在重建、重组之中。② 我国社会的发展在经历 30 多年的改革开放后，已经进入了全面深化经济、政治、文化、社会、生态文明等体制变革的关键时期。在这场社会变革中，人们的生产方式、生活习惯、交往活动等方面都发生了改变，社会阶层日益分化、利益主体复杂多样、利益结构深刻变化，利益差别不断被拉大，社会弱势群体的利益受到损害，比如"井下人"事件、"反贪反腐"问题日益得到媒体和广大人民的关注，由此引起社会群体的利益诉求和权益维护的呼声越来越高涨。为了正确处理不同利益群体之间的关系，协调社会各方利益和矛盾纠纷，就需要打破原有的利益格局。但由此也会冲击到不同利益群体的既得利益。正如习近平在征求对社会全方位深化改革的意见和建议时指出必须要突破利益固化的藩篱。所以，新一轮的社会变革必将触动一部分既得利益，进而使新的利益格局处于不断重组之中。

（二）利益的重组造成人生观的多元化

马克思指出，人们为之奋斗的一切，都同他们的利益有关。③ 社会变革所导致的利益的重组对人生的影响是巨大的。利益的重组一方面可能带来利益的差别和贫富的分化，这使人们渴望社会能够实现公平正义，给人的未来提供一条现成的、满足个人利益需求的人生之路。但现实中往往

---

① 《马克思恩格斯选集》第 3 卷，人民出版社 2012 年版，第 654 页。

② 吴少荣：《我国社会变革对中学思想政治教育的影响与期待》，《华南师范大学学报》（社会科学版）2000 年第 1 期。

③ 《马克思恩格斯全集》第 1 卷，人民出版社 1995 年版，第 187 页。

更多时候，社会变革提供给人的却是更多的选择机会。因为处于变革中的社会不是一条固定的模式，而是不断呈现多样化与复杂化，这就大大增加了人们选择的自由度。这时个人就会根据自身需求，对多元的人生选择进行思考与争论，力求从中找到答案，选择适合自己的人生之路。同时，利益的重组另一方面也带来新的人生机遇与挑战。处于这一时期思维开放活跃，具有新的人生理念，善于把握机遇，应对挑战的人，就可以实现人生的理想抱负，重建自己的人生。而一些相对思维定式古板、敏感性不强，无法应对挑战的人，就会错失人生良机，甚至产生一种厌世悲观的人生态度。所以，利益重组会造成多元的人生观，有积极的、有消极的、有功利的、有无私的、有虚伪的、有真实的，等等。

（三）人生观的多元化带来人生观的争论

争论表示的是对同一对象的不同理解。这里面隐藏着这样一个预设，即对同一对象理解的多元性。正是因为在当前社会变革时代，占主导地位的马克思主义人生观受到了冲击，人生观出现了多元化的倾向，人们对人生观产生了不同的理解，每个人都固守自己的人生理念，坚持自己的人生信条，当这些良莠不齐的人生观念出现摩擦、碰撞时，争论才逐渐产生。并且人们将其作为人与人之间的一种沟通交流方式，并通过这种交流方式向他人提出自己对人生的不同观念和看法，甚至有时试图去否定对方的人生观念。例如儒家重义轻利的思想一直对后人都有很深远的影响。但改革开放后，尤其是十八届三中全会提出的对经济制度进行全方位的深化改革，就会带来社会利益格局的深刻变革，出现了利益的多元化由此衍生了人的思想观念的功利化、实用化、世俗化、工具化等倾向。在这种"金钱化"的道路上，拜金主义盛行、追名逐利之势蔓延，这必将带来做人的急功近利、虚伪欺骗以及社会的道德失范、贪污腐败等问题，最终败坏风气、危害社会、危害人类自身。这时人们就会去重新审视这种功利主义的人生观，很大一部分人又重新回归到儒家重义轻利思想上，希望道义、伦理、法律规范等能发挥在现实社会中的作用。

可见，社会的变革导致利益的重组，利益的重组带来多元的人生观，多元的人生观进而带来人生观争论，这构成了社会变革时代下人的人生观运动变化的一条因果链，社会变革时代总会引发人生观的争论。

三　社会变革中人生观教育的着力点

对社会变革时代产生人生观争论这一发展规律的认识是人们理解和把握人生目的和意义的基础。那么，如何在当前的社会变革中对人们进行人生观教育呢？其着力点主要有以下方面的内容。

（一）以马克思主义人的本质与发展阶段论为指导

世界观决定人生观，有什么样的世界观，就有什么样的人生观。① 马克思主义作为我国的指导思想，其世界观具有科学性与实践性，其中关于人的本质与发展阶段的理论为人生观教育提供了直接的理论指导。

人的本质论为人生观教育提供了理论前提。树立正确的人生观，首先要对人的本质有一个科学的认识。马克思指出：人的本质不是单个人所固有的抽象物，在其现实性上，它是一切社会关系的总和。② 这就告诉我们，人不是孤立的、固化的、抽象的人，而是具体的、历史的、变化的，是处于一定社会关系中从事社会劳动的人。人固然首先是一个自然存在物，这与动物没有差别，但人的特殊性、人的本质就在于人的社会存在，正是在各种各样的社会关系中，人才成为真正意义的人，才得以实现自身。尤其是在现代变革社会中，在多元文化背景下，人更不能脱离群体、社会、国家，甚至世界而存在，正是在这些错综复杂的关系中，人们寻找自身存在的意义与人生的价值。

人的发展阶段论为人生观教育提供了科学指南。人生观是个历史范畴，不同时期人们对人生的认识和看法有不同观点。马克思把人的发展划分为三个阶段，即人的依赖关系（起初完全是自然发生的），是最初的社会形式，在这种形式下，人的生产能力只是在狭小的范围内和孤立的地点上发展着。以物的依赖性为基础的人的独立性，是第二大形式，在这种形式下，才形成普遍的社会物质变换、全面的关系、多方面的需要以及全面的能力的体系。建立在个人全面发展和他们共同的、社会的生产能力成为从属于他们的社会财富这一基础上的自由个性，是第三个阶段。③ 从这一

---

① 本书编写组：《思想道德修养与法律基础》，高等教育出版社 2013 年版，第 65 页。
② 《马克思恩格斯选集》第 1 卷，人民出版社 2012 年版，第 135 页。
③ 《马克思恩格斯文集》第 8 卷，人民出版社 2009 年版，第 52 页。

理论来看，当今时代人们已逾越了人的依赖关系阶段，从某种意义上说，是处于以物的依赖性为基础的人的独立性阶段。这正好解释了为什么当前变革社会中人的主体性增强的同时却被物所束缚，物化现象纵横社会的现象。这是人的发展过程中不可避免的阶段，也是人面临的一个发展困境。但是人的发展困境并未否定人自身对美好人生的追求与渴望。这就要以人的发展阶段论为指导教育人们勇于面对困境，提高自身的认识和改造能力，进而走出困境，向第三个阶段人的自由全面发展阶段迈进，最终实现马克思所预言的人以一种全面的方式，就是说，作为一个完整的人，占有自己的全面的本质①的社会发展阶段。

（二）以为人民服务为核心

"为什么人的问题，是一个根本的问题，原则的问题。"② 人生观教育，要着力直面和解决这一根本性问题。从马克思恩格斯的"为绝大多数人谋利益"到列宁的"为千千万万劳动人民服务"，再到毛泽东的"为人民服务"③，告诉我们人生观教育要以为人民服务为核心。

为人民服务是市场经济下社会分工的基本要求。社会变革时代，科学技术的进步、市场经济的深化及市场规模的扩大，带来社会化大分工的发展。分工将社会总劳动划分为各个独立而又相互联系的劳动部门，人们被分配到这些不同的部门，通过共同协作来完成社会总劳动。社会分工不仅提高了劳动生产率和社会的整体利益，而且也促进了人们之间的沟通与协作。这是因为社会分工下人们有着共同的任务，彼此利益相关，从而就会在社会物质资料的生产、交换、分配以及消费的整个领域去满足他人和社会的需要，以此获得自身的满足。所以，社会分工将推动市场经济下服务链的形成。这就是说，人们在社会分工下的活动是一种相互帮助、互相满足的服务活动，这也是人们在市场经济中的一种最基本的活动。良好的服务，赢得良好的信誉，获得更大的市场空间，进而获得更多的利润。每个人都是在为他人服务中，获得别人对自己的服务，从而实现彼此的互利共赢。在市场经济条件下，人生观教育要讲透社会主义市场经济与为人民服务的相通性，把为人民服务作为核心，使个人在为人民服务的实践中创造人生价值。

---

① 《马克思恩格斯文集》第 1 卷，人民出版社 2009 年版，第 189 页。
② 《毛泽东选集》第三卷，人民出版社 1991 年版，第 857 页。
③ 本书编写组：《思想道德修养与法律基础》，高等教育出版社 2013 年版，第 71 页。

同时，为人民服务是党的宗旨的基本要求。为人民服务具有不同的层次内容。市场经济条件下基于个人自我利益满足而产生的互利共赢的为人民服务是最基本、最普遍的活动。而党的宗旨——全心全意为人民服务，则是党的最高行为价值取向。这是一种无私精神和高尚情操的体现，也是我们在现代化建设过程中不断追求的高尚理念。正是这一理念的确立，才会使人们在奉献与功利、人民利益与自我利益发生矛盾时，将人民利益放在首位，以人民利益为重，自觉抵制错误人生观的影响，从而做到毫不利己、专门利人、无私奉献。而要实现这一宗旨，就要教育人们确立以为人民服务为核心的人生观，并上升到全心全意为人民服务的最高层次。

（三）以共产主义理想信念为导向

邓小平曾指出："为什么我们过去能在非常困难的情况下奋斗出来，战胜千难万险使革命胜利呢？就是因为我们有理想，有马克思主义信念，有共产主义信念。"[1] 在当前社会变革的时代背景下，面对人们在人生实践中的种种人生矛盾和困惑，只有以共产主义理想信念为导向，才能教育人们以正确的人生态度应对人生问题，正确把握人生。

理想信念作为一种观念形态，它是人们对未来的向往和追求，对美好人生的一种寄托和希望，并在人们的社会实践中形成一种坚定不移的观念。共产主义理想信念则是人类历史上最崇高的理想境界。崇高的理想信念给人一种巨大的精神力量，对个人的实践活动具有重大的导向作用。过去，正是靠着这种崇高的理想信念，我们战胜敌人，克服困难，端正态度，重塑斗志，成立了新中国，推进社会主义现代化建设。今天，随着社会改革的深化，各种经济成分、分配关系和利益主体都发生了深刻的变化，面对许多前所未有的人生问题和矛盾，一些人以虚无逃避的态度对待变革中的人生。其原因就是他们忘记了共产主义的远大理想，对马克思主义信仰出现了危机，对人生前途失去了信心。正如习近平指出，广大青年一定要坚定理想信念。因为理想指引人生的方向，信念决定事业的成败。没有理想信念，就会导致精神上"缺钙"。[2] 而一些人精神上一旦"缺钙"，就会在遭遇挫折时轻易地改变人生目标，放弃人生理想，怨天尤人，意志消沉。因此，人生观教育就要把握社会变革的时代要求，加强共

① 《邓小平文选》第三卷，人民出版社1993年版，第110页。
② 习近平：《在同各界优秀青年代表座谈时的讲话》，《人民日报》2013年5月5日。

产主义理想信念教育。

同时，理想信念是实现中国梦的精神支柱。中国梦是全国各族人民的共同理想。党的十八大以来，习近平鲜明地提出了"中国梦"重大战略思想。这为我们进一步指明了以共产主义理想信念为导向的实践途径，就是要把共产主义理想信念融入中国梦的伟大实践中，为实现中华民族伟大复兴的中国梦而努力奋斗。这样人们才能在社会变革中树立正确的人生目标，"咬定青山不放松"，树立积极乐观的心态，把挫折当动力，在逆境中前进。并将这种崇高的理想信念与自己的行动相结合，将个人梦与中国梦相关联，才能产生强烈的认同感和追梦的动力为实现中国梦不懈努力。从而既对人生前途充满信心，又对社会变革所带来的艰难险阻做出有充分准备的心理预期，提前制订计划，排除艰难、应对挑战，抓住时代的机遇，树立认真务实、乐观进取的人生态度。所以，进行人生观教育，就要有对共产主义有必胜信念，对马克思主义有真诚信仰，这样才能确立正确的人生态度，坦然面对人生种种境遇，在此过程中书写人生的灿烂篇章。

（四）以社会主义核心价值体系为引领

社会主义核心价值体系集社会主义价值理念之大成，在所有社会主义价值目标中处于统摄和支配地位，是中国特色社会主义社会的主导价值，体现了和谐社会建设所需要的文化认同和价值追求，是人们观察世界、判断事物的基本标准。① 当前社会大变革时代，新旧价值观念并立，多元价值目标和价值标准呈现。进行人生观教育要抓住主要矛盾，坚守人生原则和信念，用社会主义核心价值体系引领人们多元的人生价值观念，进而树立正确的人生观。

"马克思主义的指导思想、中国特色社会主义共同理想、以爱国主义为核心的民族精神和以改革创新为核心的时代精神、社会主义荣辱观"是社会主义核心价值体系的基本内容。因此，以社会主义核心价值体系为引领进行人生观教育，首先，要以马克思主义的世界观与方法论为指导。马克思主义的世界观与方法论是通过历史发展所证明的科学的世界观与方法论。以其为指导，可以使人们正确认识人类的发展规律，在多元的人生价值观念中分清主次、看清本质，明确人生方向。其次，要以中国特色社会主义共同理想为统帅。中国特色社会主义共同理想能够将个

---

① 本书编写组：《思想道德修养与法律基础》，高等教育出版社 2013 年版，第 77 页。

人、社会与国家凝聚在一起，用它来统率人们的人生理想和目标就能使其与社会和国家的理想、目标相一致，进而使人们的人生理想、目标得以实现，反过来又推动国家和社会的发展。同时还要以爱国主义为核心的民族精神和以改革创新为核心的时代精神为支撑。只有在其支撑下才能体现人的生命力与创造力，推动人类的进步与发展。最后，要以社会主义荣辱观为行为选择的准则，在其规范下，人们才能识别变革社会中的是非、善恶、美丑，找到人生价值的判断标准，解决人生观问题上的迷茫和混乱。社会主义核心价值体系的四个方面是统一的整体，要以社会主义核心价值体系为引领进行人生观教育，让人生观教育更富有针对性、时代性，更加接地气。

而作为社会主义核心价值体系核心内容和精神实质高度凝练的社会主义核心价值观，蕴含人们对世界、人生、社会等一系列重大问题的价值共识，既部分来源于人生观，与人生观在价值上有共通性和一致性，又高于人生观，指导人生观；既是人生观的价值准则，又对实现人生价值起着不可替代、不能逾越的积极作用。[1] 因此，"倡导富强、民主、文明、和谐，倡导自由、平等、公正、法治，倡导爱国、敬业、诚信、友善"的核心价值观对人生价值的实现具有重要意义。因此，在当前的社会变革时期，以社会主义核心价值体系为引领进行人生观教育还要深入开展社会主义核心价值观的宣传教育。具体就要通过理论教学、新闻媒体、网络传播、大数据信息技术等一些显性方式进行社会主义核心价值观的教育。同时还要通过文化产品、教育基地、公益广告等隐性方式，将社会主义核心价值观教育融入人们的日常生活中，让人们在"润物细无声"中接受理论熏陶。最后还要注重把社会主义核心价值观相关要求上升为具体法律规定，充分发挥法律的规范与保障作用。从而在践行社会主义核心价值观的同时，进行人生观教育，实现人生价值和意义。

总之，当前社会在政治、经济、文化、教育、科技等方面都发生巨大的变革，伴随这些变革产生了种种人生的矛盾与问题，引发人们对人生观的争论。只有争论才能提出问题、澄清思想、明辨是非、得出真理。所以，当前社会变革时代的人生观争论，是人们关于不同人生思想观念的互

---

① 张首映：《践行核心价值观实现人生价值》（培育和践行社会主义核心价值观），《人民日报》2014 年 3 月 24 日。

动与交流，在这种交流的过程中，不同的人生观念相互摩擦与碰撞，从而有利于人们理性的思考人生，反思人生，并自觉用正确的人生观理论指导人生朝正确的方向发展。

（作者：卢黎歌、兰美荣、吴欢，原载《理论学刊》2015 年第 4 期）

建设生态文明是破解生态问题的必然选择

党的十八大报告的亮点之一，是把生态文明建设放在突出地位，将生态文明建设融入中国特色社会主义建设的"五位一体"总体布局中。深刻理解十八大关于生态文明建设的精神，用我党关于生态文明的理论指导我国今后的生态文明建设，对于实现全面建成小康社会的伟大目标，实现美丽中国的美好愿景，具有积极意义。为了深入理解生态文明建设的深远意义，有必要对生态问题产生的背景及人们对其认识的历史沿革进行梳理。

一　生态问题显现的历史背景

生态问题是人类社会在发展过程中出现的重要问题之一。人类在漫长的发展过程中，始终存在着与自然的关系问题。人类需要通过向自然索取而生存发展。人类根据自身的需要利用和改造自然。这种改造具有两面性：一方面创造了财富，养育了人类；另一方面对自然造成了破坏。然而，千百年来，生态问题并不凸显，人与自然处在一种基本和谐的状态下。为什么呢？其主要原因在于人类的生产能力低下，人口稀少，所以对自然的破坏力也很小，自然完全可以依靠自身的修复能力抵消人类对它的破坏。

随着工业化的进行，人类的物质生产力在短时间内就有了超越千年的发展，人口的生产也在急剧加速。当人类在享受着工业革命、科技进步带来的巨大物质红利的时候，不能忽视工业革命对我们赖以生存的自然环境的破坏和对资源的掠夺所带来的种种严重问题：水源、土壤受到严重污染、质量越来越差，土地退化、荒漠化日益严重，重金属、化学品、持久性有机污染物污染加重，大城市大气污染问题日益突出，垃圾围城已不是个别地区的现象，大量动植物濒危甚至灭绝，森林、湿地迅速减少，可利用能源、矿藏资源日益短缺，全球性非常态的恶劣气候越来越常态化……随着生态领域的诸多问题逐步浮出水面，人与自然关系的紧张化引起人们的严重关注。这种关注表现为：一是学界的先行。1866 年，德国动物学家恩斯特·海克尔（Haeckel）就给生态学下了定义，认为生态学是研究生物体同周围环境之间相互关系的科学。从而生态学担当起了组织学者研究这一领域问题的重任。二是学者呼吁。美国的未来学家阿尔温·托夫勒揭示："不惜一切代价，不顾生态与社会危险，追求国民生产总值，成为第二次浪潮各国政府盲目追求的目标。"① 笔者曾赴美国克莱蒙参加"马克思主义与生态文明国际学术论坛"，中美学者对于生态问题严重性的忧虑和对解决生态问题紧迫性的认识，给与会者留下了深刻的印象。三是国际志愿者的践行。以"保护地球、环境及其各种生物的安全及持续性发展，并以行动做出积极的改变"为使命的绿色和平组织的成立，应该算是在国际范围内志愿者应对生态环境问题的标志性事件。30 多年来，绿色和平组织逐渐发展成为全球最有影响力的环保组织之一。他们积极开展减少陆地、空气与淡水海洋污染与过度开发，减少有毒物质的污染，保护物种多样性，应对核子威胁，减少基因工程的危害，保护原始森林，妥善处理废弃物等活动，在生态问题改善方面做了许多推进性工作。

对生态问题的追问，引发了人们对 GDP 的反思。人类社会发展离不开对 GDP 增长的需求，但是，生态问题也随之相伴而生。这就形成了发展与生态的悖论现象。人们逐步认识到，单纯追求 GDP 增长有很大弊端：第一，这种发展会受到资源有限性的制约；第二，掠夺性开采和浪费资源使生态系统遭到破坏，造成环境污染以及其他社会问题，最终影响人类的生存；第三，这种发展虽然可以带来较高的物质消费水平，但不能保证人们获得真正的幸福。人们不禁要问，我们努力奋斗追求着 GDP 的增长，但是我们却要为它带来的生态恶化付出惨重的代价，福兮祸兮？在此背景下，绿色 GDP、可持续发展等新的概念应运而生。伴随着发达的物质生活而来的生态问题，迫使人类不得不直面人与自然的关系，思考发展的新路径。

---

① 阿尔温·托夫勒：《第三次浪潮》，朱志焱等译，生活·读书·新知三联书店 1984 年版，第 8—9 页。

二　生态文明理论产生、发展的历史进程

我们只有一个地球。生态问题是人类所面临的共同问题。社会存在决定社会意识。各国发展有先后之别，所以对生态问题的认识也是如此。但是共同的利益聚焦了人类对生态问题的思考。

马克思是关注生态问题的先驱者。虽然生态环境危机并不是马克思那个时代的主要问题，但是在他的著作中散见许多关于人与自然关系、资本主义社会环境问题的论述。尤其是在《1844 年经济学哲学手稿》和《资本论》等文献中，蕴含着丰富的生态思想。

生态马克思主义是研究世界生态问题的一个重要理论流派，他们试图从马克思主义的原理、观点和方法出发，分析当今世界经济社会发展的生态问题，围绕解决生态问题形成了各种理论观点。

西方生态文明理论与生态马克思主义相伴发展，它们都以资本主义社会工业化发展中的生态问题为研究对象。自 20 世纪 20 年代开始，一些注重生态、环境、资源对人类生活影响的理论工作者，开始了对生态问题的探讨和破解生态难题途径的艰难探索。苏联科学家维尔纳茨基在 20 世纪 40 年代系统论证了生物圈在人类生活中的地位。他说："人是地球的公民，他可以，也应该，从新的角度出发去思考和行动，不仅仅从单个人、家庭、种族、国家或国家联盟出发，而且从地球的角度出发，从他与之牢不可破的联系在一起并不可能脱离的那一部分地壳出发。"① 环境保护主义者，美国学者奥尔多·利奥波德主张把伦理学的研究范围从人类社会扩展到人与大地（即自然界）。他认为，人类和大地是一个命运共同体。他推崇生态中心思想，1949 年出版的《妙乡年鉴》被西方誉为"绿色圣经"。美国学者威廉·福哥特的著作《性存之路》，论证了人口与资源平衡的重要性，指出人类必须控制人口，控制资源，使二者协调发展。

我国对生态问题的认识是跨越式前进的。西方国家自从步入工业化后，生态问题有一个由量变到质变的渐进过程，他们对此问题的认识也是

---

① 转引自阿·恩·丘马科夫《全球性问题哲学》，姚红芳、毋思源译，中国人民大学出版社 1996 年版，第 116 页。

渐进的。新中国成立 60 多年来，尤其是改革开放 30 多年来，经济迅猛发展，用几十年的时间走过了西方几百年的历程。生态恶化的问题主要发生在这一时期。我国对生态问题的警醒和研究也是伴随着生态问题的凸显而迅速兴起的。通过中国学术期刊网络出版总库所提供的数据，我们可以清楚地了解到我国生态文明研究的基本轨迹。查阅关键词"生态"，1979—1993 年，15 年间我国这方面的论文数量从 13 篇到不足百篇，而"生态文明"、"生态文明建设"则几乎无人涉足。1994—2007 年，是我国对这一领域研究的成长时期，"生态"从 1994 年"破百"，到 2007 年达到 996 篇；"生态文明"和"生态文明建设"由个位数字分别达到 374 篇和 145 篇。2008 年是值得注意的关键年，三项指标都一跃突破千篇大关，部分博士论文的选题也在此领域。近五年来，是我国生态文明研究的高潮期。近几年关于生态文明的译著、专著也在陆续出版发行。数据也揭示了这样一种现象：我国生态文明研究的进程，与以下因素密切相关：一是我国生态问题日益严重；二是我国破解生态问题的实践急需理论指导；三是我国党和政府的应对举措和政策不断出台；四是国外生态理论成果的传播和借鉴。

三 深刻理解我党生态文明理论创新的主要精神

习近平总书记在十八届中共中央政治局第一次集体学习时的讲话中说："随着我国经济社会发展不断深入，生态文明建设地位和作用日益凸显。党的十八大把生态文明建设纳入中国特色社会主义事业总体布局，使生态文明建设的战略地位更加明确，有利于把生态文明建设融入经济建设、政治建设、文化建设、社会建设各方面和全过程。这是我们党对社会主义建设规律在实践和认识上不断深化的重要成果。"① 这一讲话对我们理解生态文明建设的重要意义具有提纲挈领的作用。

如何理解生态文明"是我们党对社会主义建设规律在实践和认识上不断深化的重要成果"？有必要回顾一下十五大以来党的文献关于生态文明建设的论述。

---

① 十八大报告文件起草组编：《十八大报告辅导读本》，人民出版社 2012 年版，第 6 页。

1997 年，党的十五大报告①指出："加强对环境污染的治理，植树种草，搞好水土保持，防治荒漠化，改善生态环境。"同时明确提出实施可持续发展战略。这是在党的全国代表大会上首次出现涉及生态的表述——生态环境。

党的十六大报告提及生态概念明显增多。在阐述存在的问题时，指出："生态环境、自然资源和经济社会发展的矛盾日益突出"，在提出建设小康社会的目标时指出："可持续发展能力不断增强，生态环境得到改善，资源利用效率显著提高，促进人与自然的和谐，推动整个社会走上生产发展、生活富裕、生态良好的文明发展道路。"在走新型工业化道路部分指出："树立全民环保意识，搞好生态保护和建设。"在积极推进西部大开发部分指出："重点抓好基础设施和生态环境建设。"这次报告对生态的关注点明显增多，涉及了生态环境、自然资源、人与自然、环保意识、生态保护和建设、生态良好的文明发展道路等范畴。国家"十一五"规划进一步提出了"建设资源节约型、环境友好型社会"、"发展循环经济，保护修复自然生态，加大环境保护力度，强化资源管理，合理利用海洋和气候资源"、"主体功能区"等概念和目标。

党的十七大报告提出把建设生态文明作为实现全面建设小康社会奋斗目标的新要求，报告还对建设生态文明的基本内涵进行了阐释，提出了建设生态文明的新要求：建设生态文明，基本形成节约能源资源和保护生态环境的产业结构、增长方式、消费方式。并将生态环境良好宜人作为2020 年国家全面建成小康社会的重要目标之一。这是党的重要文献首次把对生态、生态环境等问题的认识上升到生态文明建设的范畴，这是在生态文明建设领域的一次重要的理论突破。党的十七届五中全会明确要求"树立绿色、低碳发展理念"。推广绿色建筑、绿色施工，发展绿色经济，发展绿色矿业，推广绿色消费模式，推行政府绿色采购。"绿色发展"被明确写入"十二五"规划并独立成篇，表明了我国走绿色发展道路的决心和信心。

十八大报告中单独将生态文明建设列为一个部分，在内容表述上将生态文明建设与经济建设、政治建设、文化建设、社会建设列为"五位一

---

① 本部分中此处及后文中所引用的历届党代会报告的内容，均以《人民日报》为准，不再注明。

体"，显示出将生态文明放到了极为重要的地位。

由此可以看出，我们经历了这样一条认识生态文明的路线：从治理环境污染—防止对资源的掠夺式开采—改善与保护生态系统—探索可持续发展之路—提出生态文明概念—建设生态文明社会。生态文明理论的诞生，完全是时代发展的必然产物。建设生态文明是我们破解日益严重的生态问题的必然选择。通过上述分析我们也就能够进一步深入理解，为什么在我国全面建成小康社会的关键时期，党中央把生态文明建设提到了总体布局的位置。

党的十八大报告关于生态文明建设的理论，是我们党的理论创新最新成果的重要组成部分。第一，对生态文明的定位更加重视和明确。从意义和作用上，把建设生态文明作为关系人民福祉、关乎民族未来的长远大计；从地位上，把它纳入"五位一体"，并摆在"突出地位"，"融入经济建设、政治建设、文化建设、社会建设各方面和全过程"。第二，对生态文明理念进行了完整表述，为正确处理人与自然的关系提出了准则。提出了"必须树立尊重自然、顺应自然、保护自然"、"建设美丽中国"的新理念。第三，提出了生态领域建设的基本国策和方针。从国土空间开发、节约资源、保护自然生态系统和环境等方面，提出了从源头上扭转生态环境恶化趋势，加强生态文明建设的具体思路。尤其是海洋强国战略的提出，大大扩展了生态文明建设的领域。第四，提出了生态文明制度建设的任务，使生态文明建设和生态环境保护有法可依，有配套的制度"保驾护航"。

四　把生态文明建设纳入"五位一体"总体布局的重大意义

（一）建设生态文明是我们党遵循自然发展规律，正确处理人与自然关系的必然选择

自然界是人类赖以生存和发展的基本条件。生态学告诉人们，健康的自然生态系统通过生产者、消费者、分解者的有机组合，形成了物种和自然物质的更新、演替、再生的良性循环。以人为主体的社会与以自然为客体的生态系统的长期相处，建立了人与自然的基本关系。我们只有遵从自

然发展规律、经济发展规律和人类发展规律，处理好人与自然的关系，自然才会以丰富的乳汁哺育人类和其他物种。

不能正确处理人与自然的关系，是各种环境问题产生的症结所在。恩格斯早就告诫人类要处理好与自然的关系，他在《自然辩证法》中说："我们不要过分陶醉于我们人类对自然界的胜利。对于每一次这样的胜利，自然界都对我们进行报复。每一次胜利，起初确实取得了我们预期的结果，但是往后和再往后却发生完全不同的、出乎预料的影响，常常把最初的结果又消除了。"[①] 人类中心论者过分强调人在生态系统中的主导、支配作用，把人与自然的关系对立起来，以人类利益为唯一的价值尺度。由于利益驱动和这种理论误导，造成了对资源的掠夺性开采滥用，对环境造成了严重的破坏、污染。人类也因此尝到了自然界报复的恶果。我们也曾经历过取得"人定胜天"、"改天斗地"、"改造自然"的"胜利"和由此受到的"报复"。

保护自然，就是保护人类自己，遵循自然规律，就是尊重人类自己，建设自然就是造福人类自己。恩格斯指出：我们一天天地学会更加正确地理解自然规律，学会认识我们对自然界的惯常行程的干涉所引起的比较近或比较远的影响。……人们愈会重新地不仅感觉到，而且也认识到自身和自然界的一致，而那种把精神和物质、人类和自然、灵魂和肉体对立起来的荒谬的、反自然的观点，也就愈不可能存在了。[②] 坚持以科学发展观为指导，在处理人与自然的关系时，就是要坚持以人为本，充分考虑人口承载力、资源支撑力、生态环境承受力，统筹考虑当前发展与长远发展的关系、当代人的利益和子孙后代的利益的关系，坚持可持续发展。

（二）建设生态文明是我们党兑现对人民的庄严承诺，实现奋斗目标的必然选择

"人民群众对美好生活的向往，就是我们的奋斗目标。"这是以习近平为总书记的新的中央领导集体向全中国人民的庄严承诺。我们党追求民族复兴、国家富强的理想，说到底就是为了让人民过上美好幸福的生活。美好生活既体现在对物质需要和精神需要的满足上，还体现在对清洁用水、清新空气、环保食品、优美环境的需求上。这是逐步富裕起来的人们

---

① 《马克思恩格斯选集》第 4 卷，人民出版社 1995 年版，第 383 页。
② 《马克思恩格斯全集》第 20 卷，人民出版社 1971 年版，第 519—520 页。

日益增长的新型物质需求。

改革开放 30 多年来，我国经济稳步发展，物质逐步丰富，人民开始富裕，国力不断增强，文化复兴已见端倪。但是，在生态文明建设方面，还有很多紧迫的工作要做，离人民的需求和期待还有很大的差距。如果说我们的经济发展借助了后发优势，走了一条超常规的发展之路，那么我们的生态文明建设也应该在更高的起跑线上，超常规发展。而把生态文明建设纳入"五位一体"，置于国家建设的战略高地，无疑会使生态文明建设驶入快车道。

（三）建设生态文明是推进经济、政治、文化、社会全面发展，破解发展"瓶颈"的必然选择

"五位一体"总体布局，体现了我党对我国发展进入关键性阶段呈现的一系列阶段性特征的科学判断和对人类社会发展规律的深刻把握。目前，资源短缺是社会经济持续发展的"瓶颈"，环境恶化的日益严重是社会和谐发展的制约"瓶颈"。一方面，我国人均资源不足，人均耕地、淡水、森林仅占世界平均水平的 32%、27.4% 和 12.8%，石油、天然气、铁矿石等资源的人均拥有储量也明显低于世界平均水平；石油对外依存度超过 55%，铁矿石等的依存度也在 55% 以上，2/3 城市缺水，生物多样性锐减、80% 的草原退化、水土流失占国土面积的 37%、环境污染、生态系统抵御自然灾害的能力减弱。[①] 另一方面，由于长期实行主要依赖增加投资和物质投入的粗放型经济增长方式，能源和其他资源的消耗增长过快，生态环境恶化问题日益突出。

生态文明建设有利于促进经济建设。大力实施产业生态化、消费绿色化、生态经济化等战略，才能从源头上减少环境恶化问题和资源匮乏问题的出现，实现经济可持续发展。李克强同志最近指出："我们要对历史负责、对人民负责，要在我们手中使我们的经济增长和能源、资源、环境相匹配。"[②]

生态文明建设有利于促进政治建设。政治建设着力于处理人与人之间的关系，而生态文明建设则着力于处理当代人与当代人、当代人与后代人、人类与自然之间的错综复杂的关系。

生态文明建设有利于促进文化建设。生态文明是一种新型的文明形

---

① 周生贤：《积极建设生态文明》，《人民日报》2007 年 11 月 24 日。
② 李克强：《若 GDP 无法让民众增收　增速再高也是自拉自唱》，人民网，2012 年 12 月 21 日。

态，它的诞生与发展，必将给文化建设提供更为广阔的舞台。田园文化、山水文化、旅游文化、生态伦理、大地伦理、代际伦理等文化现象和文化理论，无不与生态相关。随着生态文明建设的不断推进，实践一定会催生出生态文化。

生态文明建设有利于促进社会建设。环境问题不仅制约经济发展，而且影响社会稳定。近年来，重大环境污染事件频发，并已成为群体性事件的重要诱发因素，对社会稳定构成直接威胁。社会建设的核心问题是保障民生，良好的社会环境是生产力持续发展和人们生存质量不断提高的重要基础，生态文明建设的宗旨是让人民在更好地环境中生活。生态文明建设水平高，公众参与包括生态建设与环境保护事务在内的社会管理的程度高，生态文明建设的水平就高。加强生态文明建设，是破解当前社会发展难题的必然选择。

（四）建设生态文明是我国树立负责任大国形象、承担国际责任的必然选择

把生态文明建设纳入"五位一体"总体布局，是更好地参与国际竞争与合作，树立良好国际形象、承担国际责任的客观需要。当前，国际竞争已从传统的经济、技术、军事等领域延伸到环境领域，环境问题成为国际社会关注的热点和博弈的焦点。发达国家己经走过了工业化对环境污染和资源掠夺的时代，进入了所谓的"后工业时化"、"后现代化时代"。一方面，他们开始治理国内的生态环境，把高能耗、高污染的工业转移到发展中国家，甚至连工业垃圾也运往他国。另一方面，他们提出所谓的"零发展理论"，为了生态而限制甚至剥夺发展中国家的发展权，指责发展中国家恶化了地球的生态，要求发展中国家应当对此承担责任。我们一方面要在理论上反驳他们的无理指责，另一方面也要自我约束，为世界生态系统的恢复和平衡发展贡献我们的力量。应当看到，就目前形势而言，我国二氧化碳排放量已居世界第一，人均排放量超过世界平均水平，发达国家要求我们减排的压力不断增大。大力推进生态文明建设，有利于增强我国在国际环境与发展领域的话语权，有利于树立我国在国际社会中的大国形象，真正承担起实现可持续发展的全球生态系统的国际责任。

（作者：卢黎歌、杨华，原载《马克思主义研究》2013年第2期）

网络环境下大学生的积极
心理健康教育探析

以独生子女居多的"90后"大学生经历着与以往任何一代都不同的生活环境。经济全球化趋势明显，社会经济蓬勃发展，科技突飞猛进，尤其是以互联网为代表的知识经济达到了空前的繁荣。因此，当代大学生成长的环境筑就了他们鲜明的个性特征。为了适应大学生的这些特征，近些年兴起了积极心理健康教育。积极心理健康教育以一系列激发人自身内在的积极品质为基本体系，一切从"积极"出发，即用积极的视角来发现和解读各种现象，通过积极的内容和有效的途径培养积极健康的心态，用积极的过程体验诱发积极的情感，用积极的反馈强化积极的效果，用积极的态度塑造积极的人生。① 积极心理健康教育在面对当代大学生特点及问题的教育中显示出了一定的优势性和可行性。因此，依据党的十八大精神，本着提升大学生正能量的理念，针对网络环境下大学生的心理特点和行为方式，依据积极心理健康教育理论探索出一套适合当代大学生的积极心理健康教育模式，对于引导大学生顺利融入大学生活、塑造积极人格、提升心理健康水平具有积极意义。

一 网络环境下大学生的突出特点

（一）阅读广泛性较高、深入性较低

网络提供的信息以它的丰富性、广泛性、趣味性、即时性和便捷性等特点获得了大学生的青睐。如今的学生已经习惯了依偎在网络博大的胸怀中尽情地徜徉，网络也为学生提供了非常丰富的感知内容。因此网络为学

---

① 孟万金：《积极心理健康教育：奠基幸福有成人生》，《中国特殊教育》2010 年第 11 期。

生们开阔视野、了解时政形势，学习、借鉴一切优秀文化提供了新的媒介基础，这使学生了解信息的广度、索取信息的主动性和认知能力较之以前有了大幅度的提高，他们把网络在学习与生活中的结合与应用发挥到了极致。

但是，现阶段网络阅读的大肆流行、快餐文化的提倡，使大学生在阅读深入性上大幅降低，无深入的阅读已使部分学生的认知结构出现了碎片化、实用化、感官化、娱乐化等特点。网络盛行的快速阅读，增强了首因效应，没有批判性的思维，甚至没有疑问，更谈不上思考，只是浮光掠影被动式地接收信息，因此它干扰了阅读的深入性。这种对信息的接收批判性较低，接受性较高，致使大学生表面上貌似沉浸在知识当中，实际上是对知识系统的一知半解，导致认知偏差，可能会引发浮躁心理。

（二）"搜商"较高、自主创造性降低

在信息时代，面对海量信息包围的困境，决定人生成败与否的关键因素是什么？人们发现，除智商、情商之外，就是搜商，"搜商"，即一种通过工具获取新知识的能力——搜索能力。搜商强调的是你所获得的知识与所花费时间的比值，解决的是智商和情商悬而未决的遗留问题——效率。现阶段学生们对于问题解决、决策和判断第一时间想到的是网络搜索。利用网络可以迅速地在海量的信息中寻找自己想要的答案，并且把这些答案分析、综合、抽象、概括。强大的网络平台使信息搜索效率大为提高，更解决了传统查阅无从下手的困境。

网络搜索的高效性和便捷性，尤其是它强大信息筛选功能的应用，也培养和改变着学生们的思维模式、行为模式和心理状态，使学生在生活上尤其在学习中对网络产生了高度的依赖心理。而这种依赖会使学生产生一定的心理定式，会抑制学生思维的创造性和求异性，把学生禁锢在思维定式中，缺乏实践精神，自主创造性降低，探索解决问题的独立性降低，发现问题和解决问题完整性、逻辑性和严谨性下降。

（三）网络时间占用较高、有效利用较低

互联网的普及、3G 触屏手机的大量应用和频繁的更新换代，网络和终端设备的完美结合越来越智能化也越来越人性化，这类以触摸屏电脑和手机为代表的智能装置问世时间不长，却已成为许多大学生爱不释手的玩伴，甚至造就了"触摸屏一代"大学生。因为当今大学生被物质多样化和富足的生活所包围，他们成长过程中周围事物对他们的刺激使他们对新

生事物的依从、认同、内化的过程更短。他们徜徉在网络造就的世界里，每天耗费在网络上的时间很高。他们习惯了与电脑为伴，习惯了与手机同行。如在等餐时，在课间休息时、出行时、躺在床上还没睡时，浏览网络信息是他们的一项必备内容，也是消磨时光的方式。

长时间的网络占用，主要是以不随意注意、无目的浏览为主，这样的浏览使学生对网络信息的选择没有针对性且呈泛化的趋势。长时间的网络占用使不随意注意升高，注意的指向性和集中性降低，使学习和工作效率下降。首先，网络的高效利用是在网络信息流的基础上以一定的目的，减少干扰进行快速的视觉搜索。网络高效浏览主要以随意注意为主，随意注意是一种主动服从于一定的活动目的的注意，它受人的意识的调节和支配。其次，减少干扰、有效利用是以一定的意志、注意力的集中为前提的。意志是个体自觉地组织自己的行为，克服困难，实现预定目的的心理过程，且意志和行为紧密联系。注意集中而不会被其他刺激导致注意分散是实现高效利用的条件。最后，高效的信息搜索以内源性注意为主，它主要动力受当前任务的影响，即目的明确。

因此，耗时较长的网络浏览是以不随意注意为主的浏览。它没有明确的目的，也不需要个人意志力的参与，不需要集中注意，网络上的新鲜、刺激等因素的干扰使注意分散较高，致使在网络使用中产生了时间与效率相矛盾的问题，使学生的主业受到影响。

（四）网络表达能力较高、人际沟通能力较低

一系列交流媒介如 QQ、博客、微博、人人网、微信等为当今大学生提供了庞大的网络分享与倾吐平台。网络也为学生打破了一些交流障碍，使他们的交流更加平等和随意，他们在网络世界的倾诉因为不会受到外力打断的影响所以也更加完整。他们可以在网络虚拟的空间里"长篇大论"表达个人情感，网络聊天和发布状态可以缓解压抑的状态和宣泄内心情感。

当今的网络联系多种多样，虽然网络表达流利、交流顺畅，但是，交流空间的虚拟使人与人之间仅仅是单纯的问与答和心情状态的发布与分享，而对于现实交流中所具备的对话快速反应能力、面对面长时间连续的对话能力，以及交流过程中副语言的使用，非言语沟通的要素应用和表达等都被埋没在屏幕之后。网络交流只是单方面而非全方位地对过去某一时间段状态的表达和了解，不能形成完整的人际沟通的整个过程。因此网络

只能作为人际沟通的辅助手段，这也是虚拟沟通片面感的真实体现。只有较好的人际沟通才能保证思想的相互交流和情感的有效分享，才能改善和促进人际关系的良性发展。网络交流的风靡使学生们花费大量的时间用于网络的沟通与交流，在网络里倾吐、发泄。现实生活中的交流变得很少，这样会导致人与人之间面对面的沟通能力下降，造成人际关系不和谐，甚至产生交往过程中自闭、恐惧和急躁心理。当代大学生在成长过程中形成了很强的自我意识，他们自尊心很强，因此有些人在人际沟通中不善于接纳、包容、理解和尊重。基于以上特征，他们不能忍受别人的打断和质疑，不能忍受不同的其他观点，不能对不同意见进行讨论。面对出现的这些问题，有些学生又回到了网络世界中享受自己，有些学生甚至沉迷于此无法自拔，忽视了与现实生活中人与人之间的沟通和交往，这对于未来的生活和工作都有非常不利的影响。

二 网络环境下大学生的积极心理健康教育探索

针对网络环境下大学生新的特点，应以积极预防和促进发展为取向，有目的有计划地培养大学生积极向上的心态，开展积极心理健康教育，促进其健康成长成才。

（一）应把握的原则：尊重、理解、欣赏、肯定

尊重需要的满足会使学生增强自信，使学生体验到自我价值，从而有利于学生态度的转变和积极性的调动，也是保证师生之间和生生之间顺利沟通的基础。当代大学生由于自我意识强烈，传统的物质的刺激，老师一味居高临下的姿态和强硬的说教方式已经不能调动学生的积极性和态度转变，甚至还会产生逆反心理。当代大学生求知欲旺盛，具有远大理想和较高的追求，渴望受到尊重，注重自我价值的实现。因此，根据大学生的这些思想实际，当今大学生的心理健康教育应该以尊重、理解、欣赏、肯定为原则，以平等的姿态面对学生，把握学生心理状态，以此来建造平等、和谐的师生关系，以促进学生态度积极转变和情绪稳定。

尊重和肯定终极是培养学生的自信，体验自我价值。作为老师首先要对学生的人格给予充分的尊重，对于代际差异所产生的当代大学生身上的一些与上一个时代不同的思维方式和行为方式给予充分的理解，对于学生

所固有的、潜在的力量和美德给予积极的欣赏，对于学生所具有的优势和长处给予积极的肯定，以上述观点和态度来面对学生会让学生放下顾虑和束缚向别人开放自己。只有肯定才有对学生的欣赏，只有欣赏才会加强老师对学生的理解，只有理解才有对学生的尊重，只有尊重才能有助于学生产生自信，只有自信才能让学生的自我变得较开放，只有学生自我变得开放才能进一步分享快乐、传播幸福，才能塑造积极、健康、向上的校园文化氛围，才能有利于学生的心灵健康成长。

（二）应采取的手段：网络媒体的良好运用

与学生保持良好的关系需要沟通，而沟通是需要一定的通道的。除了面对面的沟通外，随着科技的发展，网络沟通的即时性和便捷性，使网络等媒介的沟通也占据了很大的比例。网络这一交流通道是现阶段老师与学生交流和沟通的重要桥梁。

网络是当代大学生学习和生活中重要的工具和组成部分。网络是他们的思想、观念、心态、观点最好的"发布会"，更是他们在生活中联络家人、学生的重要工具，也是化解思念和乡愁的重要场所。作为老师面对网络的巨大功能和大学生对网络强烈的依赖性，不是强硬地要求杜绝与网络的来往，而是审时度势、转变观念，秉承参与性和互动性原则以网络为桥梁与学生实现沟通和交流充分赢得学生的尊重和信任，同时赢得话语权，实现在这一媒介中与学生的互动和积极理念的传播。同时利用网络传播信息的速度快、范围广、平等性好等优势，充分占领网络这一战略高地，使积极的、正面的、阳光的品质在网络里得以弘扬。

（三）应掌握的方法

第一，要坚持读书、学会思考，提升科学世界观方法论层次的修养。对大学生来说，多读书，读好书，不但能拓宽视野，提高理论修养，更重要的是会与书中的高贵思想的人交朋友，即使在悲哀痛苦之际，也不会孤独。好书可以给大学生提供建议，提供知识和信息，陶冶大学生的情操、激发大学生的灵感。读书可以使学生更好地提升自己，发展自我，人格魅力的提升和个人修养的完善都与读书正相关，而这些正是成功就业和达到成功的充分必要条件。人生走得越远越需要思考，社会环境越复杂越需要思考，世界变化越大越需要思考。思考不同于知道和了解，深入思考所伴随的深入性研究和严谨的思维有长远的价值和效益。思考是可以培养的，只有把思考融进灵魂才能激发出阅读热情。

第二，打破思维定式、以问题带动思考，增强自主创造性。面对鲜活的、有思想、有个性的学生，教师要把握学生特征和心理，改革教学方式，使学生参与进来，以此调动学生创造的积极性。要转变观念，打破思维定式，采用新鲜新颖的教学方式，从单向灌输的观念中走出来。变换角度增加互动，把学生变成课堂的主角，使课后大量的阅读与资料查询和教学知识观点结合起来，实现融会贯通，激发大学生学习的独立性和自主创造性意识。在进行积极引导的同时也要向学生输出正能量，引导学生通过创新过程的体验和沉浸，学会享受过程，正确看待失败，品味独立自主完成的艰难和苦楚，最后享受成功、分享喜悦，促进创新的产生。

第三，要提高意志力、学会选择，增强网络的有效利用。对网络上众多信息的选择和筛选需要以一定的目的进行选择性的注意，减少其他因素的干扰，而这些都需要个人意志力的参与。要提高学生在上网过程中的意志力和选择的能力，引导帮助其能够更合理地利用、控制和安排时间增强使用网络的有效性。

第四，要增加情绪体验、亲近自然，增强人际沟通能力。要积极引导学生业余时间不做宅族，改变生活状态。引导学生离开封闭狭小的空间，多到大自然中汲取能量，积极地享受大自然的馈赠，把注意力集中在欣赏身边的美景和身边的人，学会接纳、包容、理解、尊重，克服交往中的不良情绪和认知，积极地与身边的人沟通和交流。

（作者：宋宝萍、邰永丹，原载《思想理论教育导刊》2014 年第 10 期）

道德风气与品德建设

一 社会风气与个人品德

最近一段时间，道德问题成了人们思考的焦点，不少主流媒体也对此展开了道德反思。一系列突破人们道德心理底线的"极端事件"，引起了社会的激烈抨击。面对切肤之痛，人们渐渐达成了共识：生命至上，尊重生命应当胜于一切；以人为本，政府、企业、公益组织、公民个人……均应各负其责。特别是通过网络这一平台，人们对于人的生命、尊严的优先认同，体现了社会的进步、人们观念的进步，体现出我们社会的道德意识水平，对于生命至上、以人为本的体认，对于政府职责、企业、非政府组织社会责任的思考。这种认识水准和道德共识的提高，有着惨痛的代价，得来殊为不易。以新修订的《刑事诉讼法》为标志，通过社会的呼吁、观点的激荡，影响到这一提交表决的法律文本征求意见稿有了极大的进步，对于公民基本权利的保护，对于人权的尊重与保护，达到了一个新的、统一到法律保障的水平。诸如此类的变化，是人们在社会、经济、文化、政治的推进中体会出来的，是现实发展中暴露出来的诉求，无论是对于个体的品行而言，还是对于社会的职责来说，履行道德责任都有了足够的理由，这在我们的社会共同体中被不断思索、体认，渐成共识。

生命至上，本是天经地义，但曾经却真的成了"问题"。从路人见倒不（敢）扶，到见死不（敢）救，引起了国人以及世界对中国道德水准的关注与批评。随着南京"彭宇案"的糟糕判决，这位"有悖常理"、举证倒置、有罪推定的判官，怎么也没想到会对中华大地的法律与道德、民风民俗产生如此的祸害。"人们何以如此冷漠"，引起了国人深深的、沉痛的思考。

究其原因，是人们物质层面逐渐丰裕起来的同时，精神文化却仍处于贫乏缺位的状态。赵本山在美国演出遭抗议甚至起诉，就是因为以模仿身体或智力残障者逗乐，把自己的快乐建立在别人痛苦的基础上。不得歧视弱者，平等尊重每个人，是文明社会的起码准则，但在一些有着特权意识与暴发户心态的人看来，权力、金钱似乎可以支配、购买一切。我们应当树立"天地之间莫贵于人"的意识，因为"生命无价"。

人们对于极端事例的反思，痛定思痛，表明了寻找缘由、寻求解决之道的良知，表明了社会对于真善美的强烈渴求。发现了问题，一个微博、一个倡议，就会得到善良人们的群起响应。比如，倡导随手"拍一拍"，瞬间改变了乞讨儿童的命运。上海动物园里一直以来存在的晨练喧器，也随着善良人们的呼吁，社会开始关心起动物本来就应有的权利了，园方做出了入园晨练人数每天7000人的限定，但依然可以看到，有人在猩猩馆内打羽毛球，在离动物不足3米处高声播放京剧，并辩解说"动物也可以听音乐"……各种动物们被严重地扰乱了生活，即使在属于它们自己的动物园里，也不得安生！

社会文明、道德风尚，是社会发展与人的发展程度的重要标杆。新社会是以每个人的全面而自由的发展为基本原则的社会形式①，但这个新社会的建立需要一个漫长的过程，既有社会制度的更新，也有社会成员个人的"日日新"。正如马克思所指出的，人的发展，人的自由，人的解放，是一种历史活动，不是思想活动。解放是由历史的关系，由工业状况、商业状况、农业状况、交往状况促成的。② 社会风气、社会环境会影响人的道德水平，同样，个人的道德状况也会对社会风气的形成造成影响。在加强制度建设的同时，切实加强个人品德建设、公民品德建设是一个重要的路径。

就目前的社会风气来说，风气影响了个人，同时众多个人也造就了风气，而领导干部的品行，正如其社会地位一样受到人们的瞩目。道德建设的诸多方面，如社会公德、职业道德、家庭美德，最终都要落脚于个人品德来实现，个人是最终的履行者。我们说，个人行为之所以会成为公众关注的焦点，主要还是因为触及了公共利益。像知名演员、文化人，尽管也属于公众人物，但公众对其个人隐私的窥探，其实还是当事人个人魅力的

① 《马克思恩格斯选集》第2卷，人民出版社1995年版，第239页。
② 《马克思恩格斯选集》第1卷，人民出版社1995年版，第74—75页。

一部分。但作为官员、公共组织成员，他们已经不是一般的公众人物，而是与社会利益密切相关的人物。作为公权力的掌握者，公众便很容易从其个人生活隐私细节、个人品格联想到公共权力行使的正当性、公正性问题。因此，胡锦涛总书记在中央纪委七次全会上强调，各级领导干部"要生活正派、情趣健康，讲操守，重品行，注重培养健康的生活情趣，保持高尚的精神追求"。其实从卡恩事件、郭美美炫富，以及某公安局长向省厅领导发短信买官，却群发给了"所有中层干部"等一系列引发公众关注的隐私事件中，我们都能找到这样一个共同点：他们都与公权力背景有着千丝万缕的联系。

古人说："百行以德为首。"解决好道德问题，这是做人的首要的基本问题。近些年成熟起来的行政伦理学，除了对制度政策的伦理要求之外，也对官员个人、公共组织成员提出了很多品格要求。因为这类公众人物受全体公民的委托，掌握着公共权力，对他们的要求自然要比一般公民来得更高。所以，行政伦理学秉承"位高责重"的理念，提出"德行的公民，高尚的官员"的理念①，强调对行政人员的甄选、升迁，宜"在所有的因素中，首选为良好的品格，次为技术专知"。② 但现在有一些奇怪的现象，如某地在公务员选拔录用的方法中规定，忤逆不孝者将被一票否决。这其实根本无须专门作出规定。作为普通公民都应该孝敬父母，何况作为公务员呢？做出这样的规定，其实是将对公职人员的道德底线降到比普通公民还低。

比如，同样是说谎，在美国曾有数位总统因此而受到弹劾。作为国家重要公职人员，哪怕是私生活问题，都不应该说谎。一旦说谎，就会影响到公职身份的公信力。但在著名的辛普森杀人案中，辛普森的说辞到处充斥着谎言。作为普通公民，他没有义务向公共权力提供不利于自己的证据，所以他可以保持沉默，可以不提供对自己不利的证词。这就是对公民个人利益的保护，而对公共权力包括其执行者可以做出苛求甚至刁难。我们国家新修订的《刑事诉讼法》也规定"不得强迫自证其罪"。"不得强迫自证其罪"对于公职人员、公众人物，不仅能约束其公职行为规范，在私

---

① David K. Hart, "The Virtuous Citizen, the Honorable Bureaucrat, and 'Public' Administration", *Public Administration Review*, No. 1, Vol. 44, 1984, p. 114.

② Hart, "Administration and the Ethics of Virtue", in T. Cooper, Administration and the Ethics of Virtue, Marcel Dekker, Inc. , 2001, p. 131.

德上同样提出了要求。很早以前，美国联邦法院确立了这样一个原则：当公众人物的隐私权与公众监督发生冲突时，限制公众人物的隐私权，以保护公众和媒体的监督权。所以，公职人员祭出保护隐私权的大旗，来逃避公众的监督和追问，其实是很幼稚的。在今天的中国，同样也是如此。

然而，各种有悖道德的现象也促使我们做出进一步的思考。在我们经济总量达到将近40万亿的今天，在世界第二大经济体的国度，在物质丰裕并初步跃升至"中上等收入国家"行列之时，我们的精神何求？生活乃至生命的意义与价值何在？

"人应当如何生活"，是人生面临的"大问题"。进入2012年，所谓的"玛雅预言"倒是给终日忙碌的人们提供了一个喘口气，来直面生命本身、思考一下人生意义的恰好时机。人类掌握的知识呈爆炸性增长，物质财富像吹气般地膨胀，但人类对于道德、良知，对于人类灵魂的思考，却在不断地受到冲击、挤压、缩水。市场经济弥漫开来之时，现代性的兴起，在西方甚至把"宗教冲动力"也放到一边去了，信仰成了私人的选择，最后使人只剩下了"经济冲动力"。但获取财富是为了什么？亚里士多德早就提出，财富只是在有助于我们幸福这个意义上才是值得追求的，幸福是目的，财富只是通达幸福的手段，而不是目的本身。

幸福，是以个人的方式并最终以群体的方式达到的。于个人而言，是追求好的生活，在儒家那里，在西方的康德那里，都是德福一致的生活；于群体而言，则是要建立好社会，形成富有活力、有着良好秩序的善治共同体。政治不只是一门管理的艺术，更是道德上的努力。"公正是社会制度的首要品格。"政府要在制度建设上体现出公正，使得和谐社会不仅全民共建，还能全民共享。由于"合格"地作为公民参与到"共建"之中，也就理所当然地应当有"共享"的权利，公正地分担"成本"、公平地分配"好处"就非常重要。但目前公正已成为中国社会非常严重的问题。据统计，美国5%的人口占有60%的财富，中国是1%的家庭掌握了全国41.4%的财富，财富集中度甚至超过了美国。① 而社会主义的价值优势就是实现公正。西方有学者著书指出，之所以拥护社会主义，就在于社会主义能够比资本主义更为公正。政府管理、公共政策，应当是道德的首要着眼点；政府公务人员，是道德建设的重点人群。"君子之德风"，领导干

---

① 《低调，并请保持低调》，《新华每日电讯》2011年12月15日。

部的作风起着举足轻重的示范与标杆作用。国家提出在未来几年，公务员的道德培训必须纳入规划，切实实施。作为曾经给公务员讲授"行政伦理学"的教师，笔者深知这一任务的艰巨。据笔者的调查，在上这门课之前，只有5%的学员意识到行政管理也有伦理，二者之间竟然还有联结，他们一直以为行政就是服从安排，根据程序要求做好分内的任务。可见，即使是作为社会精英的政府工作人员，其道德意识与文化自觉依然是个问题，作为普通的民众，这一任务同样严峻。

二　公共领域与公民品德

现代社会的一个重要特征是公共性。这样的社会如何形成，如何凝结为一个整体？与传统的威权社会不同的是，现代社会是多个社会群体层次的共同"治理"，不再是自上而下的单向"统治"。公民如何参与自我治理？治理的原则是什么？观念基础是什么？公共合作由于观念共识而形成制度，制度有公民品德作为其坚实的支撑，公民品德的培养有赖于制度与公民"合作"的氛围。它要求公民在公共领域中拥有自主性、理性化、契约化、自律化的品格。现代社会的公民品德如何形成？

对于制度的认同、遵从，形成了维护制度的愿望与要求。对于社会成员，也需要有教育，使这一愿望成为共同体成员的一致观念。社会认同理论认为，个体通过社会分类，对自己的群体产生认同，并产生内群体偏好和外群体偏见。①

公民德行，就是成为一个好公民的道德与政治品性。

公共生活，每个成员都是参与者，面对着共同的情景，不同的个体聚焦于一个共同的目标——维持制度的良性运行。"公共"一词在希腊文中有两个词源：一是"成熟"，是指在生理、情感、智力上的成熟，是"从自我关心或自利，到超越自我而理解别人的利益，它包含一种能力：理解个体行为对他人的后果的能力"；二是"共同""关心"，表明了"关系的重要性"。个体如果没有走出个人狭隘私利的局限，就仍然是没"成熟"的。正如爱因斯坦提出的，能让人从自私欲望的束缚中解脱出来的、

---

① 张莹瑞、佐斌：《社会认同理论及其发展》，《心理科学进展》2006 年第 3 期。

"超个人"的价值，是值得追求的最好的能力。

现代社会的公共性，要求公共生活有其共同的约束，要求理性化、制度化。制度的设计非常重要，但与文化相比，制度是舟，文化是海。僵硬的制度需要社会成员赋予其生命力。美国从事现代化问题研究的著名社会学家英格尔斯指出："那些完善的现代制度以及伴随而来的指导大纲、管理守则，本身是一些空的躯壳。如果一个国家的人民缺乏一种能赋予这些制度以真实生命力的广泛的现代心理基础，如果执行和运用着这些现代制度的人，自身还没有从心理、思想、态度和行为方式上都经历一个向现代化的转变，失败和畸形发展的悲剧结局是不可避免的。"① 一个现代国家，要求它的全体公民关心和参与国家事务和政治活动。一言以蔽之，那些先进的现代制度要获得成功，取得预期的效果，必须依赖运用它们的人的现代人格、现代品质。② 即便是功利主义也需要个人品德的支撑。密尔提出："功利主义要达到自己的目的，也只能靠高尚品格的普遍培养。"③ 罗尔斯的《正义论》由理论、制度、目的三部分组成，从提出公平的正义理论，到体现这一理论的制度，再深入到这一社会制度的理想、共同体的价值，形成了层层递进的逻辑体系。这位强调契约、个人自由权利、利益的正当的政治哲学家，深入探讨了道德情操对制度的支撑。他认为，"制度是由共同的规则体系规定的人类行为样式"，它体现公正、正义感，这种原则非常重要，"在正义原则中包含着一种人格理想，它提供判断社会基本结构的阿基米德支点"。"如果那些一批批地参与一个社会合作体系之中的人们带着显明的意图坚持它的公正的（或公平的）规则，友谊和相互信任的纽带就会在他们中间发展，因而把他们更牢固地同这个合作体系联系在一起。"④

这就需要公民对于自己的观念、原则、追求有充分的自觉。对于价值的文化自觉，是一个共同体形成向心力、凝聚力的重要纽带。社会纽带理论提出，联结社会共同体的链条包括依恋、承担、参与和信念四个因素。当成员对于自己的角色、责任、使命有了清晰的体认之后，才能更加自觉

---

① ［美］英格尔斯:《人的现代化》，四川人民出版社1985年版，第3—5页。

② 同上。

③ J. S. Mill, *Utilitarianism*, edited by Roger Crisp, Oxford University Press, 1998, reprinted 2004, p. 59.

④ ［美］罗尔斯:《正义论》，中国社会科学出版社2009年版，第389页。

地融入社会共同体的活动中。每个个体要能够相互协调地共同促进幸福生活，达到各尽所能、各得其所、和谐相处的和谐社会，使个体、群体、社会、自然等关系得到恰当的调节，达到和谐，在公平公正的条件下来协调利益关系，都需要通过合作组成共同体来一致地行动，每个公民也必须担当其应有的责任。

正义的社会与正义感密切相关。由于社会的基本结构是正义的，具有正义感的社会成员会普遍地认同这样的制度，并自觉地维护它，因为它们最大限度地保障了作为社会成员的个人利益，他们有一种让这一"制度得到肯定的欲望"①，人们也希望其他人具有哪些基本德行，特别是具有一种正义感，因为每一个人的合理的生活计划有赖于这些正当的约束性条件，这些限制和条件，也需要其他成员的承认与遵守。因此，基本德行就是良序社会的成员们合理地相互要求的有着广泛根基的一些特性。一种制度亦即社会的基本结构是一种公共的规范体系，每个介入其中的人都知道，制度、规范对自身及别人提出了什么要求，规范的公共性保证了他们知道互相期望的行为界限，知道什么样的行为是被允许的，即"在决定相互期望方面有一个共同的基础"。②

每个人不能像天马行空一样来行事，公共生活所带来的公共性，决定了其有共同的基础，受一种共享的正义观（从而是受共享的价值观）的调节，对何谓正义、非正义有一种公共的理解。社会的良好秩序，不能只靠制度，不能只着眼于建立好的制度，而是一开始就要着眼于成员们的善观念、公共正义的观念。罗尔斯致力于探讨：良序的社会，人们怎样可以获得一种正义感和其他道德情感？并提出社会的联合，需要"依恋关系和感情与友谊因素相融合"。③ 他引证洪堡的看法说，当每一个人能分享其他人实现出来的天赋才能，这就被引向一种人类共同体的概念，从彼此的自由的制度所激发的美德和个性中得到享受，承认每一个人的善是人类完整活动的一个因素。现代社会要克服"公民的私人化症状"（哈贝马斯语），克服冷漠、不合群、孤独，就要拥有和表现出公民资格所需要的公民品德。密尔在《代议制政府》中也提出："好政府的第一要素既然是组成社会的人们的美德和智慧，所以任何政府形式所能具有的最重要的优点

---

① ［美］罗尔斯：《正义论》，中国社会科学出版社 2009 年版，第 462 页。
② 同上书，第 372 页。
③ 同上书，第 344 页。

就是促进人民本身的美德和智慧。对任何政治制度来说，首要问题就是在任何程度上它们有助于培养社会成员的各种可想望的品质——道德的和智力的，或者可以说（按照边沁更完善的分类），道德的、智力的和积极的品质。在这方面做得最好的政府，就很可能在其他一切方面是最好的，因为政府的实际工作中一切可能的优点正是有赖于这些品质（就它们存在于人民中来说）。"①

　　通过公共生活，通过对制度的遵循与观念的支撑，社会成员也在发生着变化，培养文化自觉的品格，锻铸出新的自我。正如我国古代儒家所倡导的"苟日新，日日新，又日新"，"大学之道，在明明德，在亲（新）民，在止于至善"。恩格斯也说：在再生产的行为本身中，不但客观条件改变着，例如乡村变为城市，荒野变为开垦地，等等，而且生产者也改变着，他炼出新的品质，通过生产而发展和改造着自身，造成新的力量和新的观念，造成新的交往方式，新的需要和新的语言。② 从这个角度，品质的提升、德行的培养、思想观念与精神境界的提高，是古今中外都在强调的事业。罗尔斯在《正义论》中提到道德教育时，主张谆谆教诲，反对强制说教，（但中译本均将其译为"灌输"，就混淆了二者的区别）。在这里，罗尔斯断定："在一个良好秩序社会中的人不会反对教诲一种正义感的道德教育实践。"说教无法取得道德教育的效果，"没有任何人的道德信念是强迫说教的结果"③，"道德教育是为着达到自律的教育"④。他会认识到为什么要接受这些道德原则。罗尔斯力推道德心理学，关注道德概念在人类生活中的作用，研究概念如何组织道德推理，道德概念的社会作用是什么，它们是如何成为某个社会公共文化的本质部分的，以说明共同体的价值认同，并进而提出，这是良好秩序社会的成员们需要的"道德品质"。这正是一种高度的自觉的公民品格，对于我们塑造新的社会风气，建设现代公共生活，有着重要的借鉴意义。

　　　　　　　　（作者：高国希，原载《思想理论教育》2012 年第 5 期）

---

① ［英］密尔：《代议制政府》，汪暄译，商务印书馆 1982 年版，第 26—27 页。
② 《马克思恩格斯文集》第 8 卷，人民出版社 2009 年版，第 145 页。
③ ［美］罗尔斯：《正义论》，中国社会科学出版社 2009 年版，第 431 页。
④ 同上书，第 415 页。

道德焦虑现象的成因与对策

西格蒙德·弗洛伊德是道德焦虑概念的创始者，他认为："道德焦虑就是严厉的超我和受制于它的自我之间的紧张关系"。[①] 有人把 2011 年称作中国的"道德焦虑年"：食品安全的焦虑、生态环境的焦虑、社会生活的焦虑、身份的焦虑、人际关系的焦虑、价值信仰的焦虑，等等，焦虑成了现代人心理状态的标签。但并不是每个人都会产生焦虑，良心是焦虑产生的内驱力。可以说，"焦虑是现代文明最闪耀的心理特质"。[②]

一 引发道德焦虑的典型案例

近年来，从中央电视台、人民网、搜狐网、新浪网等主流媒体到各大地方新闻传媒纷纷关注社会的道德事件，官德领域、食品安全领域、社会生活领域、生态环境领域等道德失范事件层出不穷，其危害程度之深、影响之恶劣，造成严重的社会危害。对生命触目惊心地漠视和社会责任感的沦丧频频触动社会的道德底线，引发人们沉重的道德焦虑。

（一）"老人摔倒无人敢扶"事件

2011 年 1 月 10 日早上，家住北京市朝阳区的许大妈去菜市场途中摔倒。年过 60 的她因膝关节不灵活，自己爬起来很费力。当她向周围的人投去求助的眼神时，却无人愿意上前搀扶。最后，她不得不用了很长时间自己才挣扎着站了起来，这是不幸中的万幸，没有危及老人的生命危险。[③] 但并不是所有老人都这样"幸运"。9 月 2 日上午，湖北省武汉市，

---

① ［奥］西格蒙德·弗洛伊德：《论文明》，何桂全译，国际文化出版公司 2000 年版，第 121 页。
② 徐建军、刘玉梅：《道德焦虑：一种不可或缺的道德情感》，《道德与文明》2009 年第 2 期。
③ 殷泓、王逸吟：《"老人摔倒无人敢扶"事件频发 专家称因信任危机》，《光明日报》2011 年 1 月 13 日。

88 岁的李大爷在离家不到 100 米的菜场门口迎面摔倒后，围观者无人敢上前扶他一把。据众多摊贩反映，李大爷摔倒后，面朝下躺在菜市口近一个小时，这期间来往者众多，但大家仅仅是围观，却无人敢扶他一把。直到 8 点 20 分左右，李大爷的老伴和儿子赶到现场才将他扶起，8 点 40 分左右 120 救护车赶到时，李大爷已摔倒了近一个半小时，他的呼吸道已被鼻血堵死。①

（二）"瘦肉精"事件

据央视"3·15"特别行动报道，在河南一些市、县，用"瘦肉精"喂出来的所谓瘦肉型"健美猪"，钻过当地养殖环节的监管漏洞，进入贩运环节。不但堂而皇之地进入市场销售，并且流入了双汇等质量把关严格著称的知名肉制品企业。瘦肉精属于肾上腺类神经兴奋剂，将其添加到饲料中，可以增加动物的瘦肉量，但食用含有"瘦肉精"的肉会对人体产生危害，常见有恶心、头晕、四肢无力、手颤等中毒症状，特别是对心脏病、高血压患者危害更大，长期食用甚至可能诱发恶性肿瘤。②

（三）"救人反被诬陷撞人"事件

殷红彬是南通汽运集团飞鹤快客公司驾驶员，2011 年 8 月 26 日中午 1 时左右，他看到一名年迈的老人倒地受伤，主动将车停稳后，下车将老人扶起。这一善举却被人误认为是肇事者，还惊动了公安。民警赶到现场并展开调查，老人的儿子称，当时他不在现场，但邻居打电话告诉自己，母亲是被一辆大巴车撞倒的。而大巴车司机将老人扶起后就走了。"肯定是大巴车撞的"，老人的儿子说。而在医院接受治疗的老太、81 岁的石某，也对南通电视台《城市日历》记者坚称，就是那辆大巴车将自己撞倒在地的。但好在车内有监控录像，将殷红彬整个救人过程记录了下来，还了他自己清白。③

（四）"小悦悦"事件

2011 年 10 月 13 日，佛山一名两岁女童小悦悦在南海黄岐广佛五金

---

① 《88 岁老人菜场门口摔倒无人扶窒息身亡》，http：//news. sina. com. cn/s/2011 - 09 - 04/042223101541. shtml，2011 - 09 - 04。

② 《2011 年度十大健康新闻 瘦肉精地沟油上榜》，http：//news. china. com. cn/rollnews/2012 - 01/05/content_ 12109103. htm，2012 - 01 - 05。

③ 李孝文、郭小川、于英杰：《司机救人反被诬陷撞人 监控录像证清白》，《扬子晚报》2011 年 8 月 30 日。

城被面包车两次碾压，几分钟后又被一货柜车碾过。7 分钟内在女童身边经过的 18 个路人都视而不见，对此不闻不问。最后，捡垃圾的阿姨把小悦悦抱到路边并找到她的妈妈。事件一经曝光，立刻引起了国内外网站和新闻媒体的广泛热议，18 个路人的道德冷漠和肇事司机社会责任感的沦丧被迅速推向了舆论的风口浪尖之上，激起了人们猛烈的口诛笔伐。①。

　　这些频频上演的道德失范行为，可以说是彭宇案的破窗效应，暴露出社会诚信的缺失、社会主义法制的缺位和人们内心道德权威的消解。如果说"一件事不足以消融社会道德，一系列事件很容易形成社会'风潮'，这股巨大的无形力量，慢慢摧毁着还在坚守社会道德的民众的心理，严重影响了正常的政治生态，造成极大的社会公害"②，引发人们极度的道德焦虑。

二　道德焦虑的成因分析

　　道德焦虑作为一种道德情感，是道德主体对理想的道德应然与道德实然的反差之间的紧张关系，反映了道德主体对道德的坚守及对现实的失望，具有强烈的弥散性，其形成和发展受道德主体内部因素和社会、学校、家庭等外部因素影响。所以，道德焦虑的产生是道德主体内外因素共同作用的结果，必须全面、系统地加以分析，探其成因，究其根源。

（一）法制监管的缺位

　　我国实行依法治国和以德治国相结合的治国方略，法治与德治相得益彰。法律具有权威性和强制性，通过法定程序约束人的思想行为，维护社会秩序，保障人民合法权益；道德则通过内化社会舆论、风俗习惯，使道德主体形成内在的控制力，实现人们的文化自觉与自信。由于我国正处于社会转型期，社会从传统走向现代，从野蛮走向文明，而现代性带来的不仅是现代的物质文明，也附带着不当的利与欲的糟粕。传统的法律体系难以对现代社会进行有效监管，新的法制体系还尚未建立，具体行业内的法律法规欠缺、新生事物立法空白、执行过程中执法不严、第三方有效的民

<hr/>

① 《两岁女童连遭二车碾压　十余名路人见死不救》，《羊城晚报》2011 年 10 月 16 日。
② 张国献：《"门"透视出的"官二代"道德解析》，《中国青年研究》2011 年第 7 期。

间监管机构稀缺，日常生活制度规范的缺席，导致失德行为缺乏法制的约束和管制，钱权交易、"暗箱"操作等违法违规行为涌现。而法制的缺位，致使失德行为无关痛痒、放纵自如，好人不但得不到褒扬，反而被诬陷，可谓"英雄流血流汗又流泪"；更有甚者处心积虑，设法钻法律的空子，打着行善的幌子满的却是自己的腰包，奢华生活的背后是对道德的无耻践踏……这些现象虽然只是少数人的勾当，但是助长的却是整个社会的歪风邪气，引起人们日益严重的道德焦虑。这无疑会模糊是与非、善与恶、美与丑的界限，影响人们的道德判断，其结果必然引发人们道德沦丧、人性泯灭。在社会生活中就会表现为：当他人遇到困难时不敢伸出援助之手，避免惹祸上身；当遇到邪恶事件时不敢揭发，唯恐打击报复；对于不正当手段获取的物质利益，盲目模仿崇拜；面对多元文化的侵袭，无所适从。

（二）社会公德的缺失

罗国杰从广义和狭义两方面界定社会公德。他认为，从广义上说，凡是与个人私生活中处理爱情、婚姻、家庭问题的道德，以及与个人品德、作风相对的反映阶级和民族共同利益的道德，通称为公德。从狭义上说，社会公德就是人类在长期社会生活实践中逐渐积累起来的最简单、最起码的公共生活准则。① 中国由传统差序格局的熟人社会向现代陌生人社会转型，人们公共交往空间逐步扩展，私德已无法保障社会公共生活秩序的维护，亟须社会公德加以协调和维系。而传统中国以家庭生产为主的小农经济、"事亲为大""血亲情理"的儒家思想彰显私德忽视公德、公共领域发展的不成熟，阻碍了公德的形成和发展。社会公德的先天发育畸形使中国公民意识缺乏肥沃的土壤，对待除自身利益和家庭之外的他人、他物、他事置若罔闻、漠然视之，"事不关己，高高挂起"，缺少现代公民应有的公共精神和公德习惯。加之经济全球化背景下，市场经济的兴风作浪，文化的交流、交融、交锋，新旧价值观的激烈碰撞，个人主义、金钱万能、权力至上等腐朽思想暗仓涌动；部分地方官员徇私舞弊、以权谋私、贪赃枉法；部分企业制假贩假、恶意竞争、偷税漏税；部分公民知法犯法、散布谣言。这些由于社会公德缺失而引起的道德焦虑现象虽然只是不同领域的个案，但其性质之恶劣、影响之大、危害之深足以在公众心里埋

① 罗国杰：《伦理学》，人民出版社1989年版，第217页。

下毒瘤的隐患，时间越久，焦虑越深。

（三）学校德育的错位

我国一直高度重视学校德育建设，但投入大、收益小，德育效果不尽如人意。过于理想化、政治化的德育目标与社会转型期的媚俗观念和失德现实反差极大，加剧了二者的紧张关系，引起人们极度的道德焦虑。

首先，德育内容的远大空，缺乏现实说服力，不能起到很好的解疑释惑的作用，德育内容的高不可攀，失去了道德应有的约束作用，道德的权威性被消解，导致人们无所敬畏，无限度的自由行事，心灵的栖息地被彻底摧毁，引起人们道德信仰的焦虑。

其次，学校的德育方法僵化，重灌输轻启发。教师摇旗呐喊，学生知其然，不信其然；教师说教式、指令式的课本授课方式，忽视了师生间的交流与互动，漠视了学生道德情感的培养和道德习惯的养成，极易形成学生的逆反心理，造成学生的道德焦虑。

再次，学生道德考核的形式化。学校受传统应试教育的影响，奖助贷、推优选干等评选主要都是以学生的学习成绩作为参照标准，学生考核标准的异化使学生沉迷分数，考试作弊、论文剽窃，等等，而学生的道德的考核却仅仅是"印象分"，或是形同虚设、敷衍了事，缺乏科学的量化标准。

最后，教师的道德示范作用弱化。古人云："师者，传道、授业、解惑也。"少数教师在公共场合遵纪守法、高谈阔论、视金钱、名利如鸿毛；背地里却是一心只为名权利、媚上欺下、钱学交易、钱权交易、阳奉阴违，等等，师德、公德、社会责任感统统被抛到九霄云外，拜金主义、享乐主义、个人主义等腐朽价值观暴露无遗。这虽说是极少数教师所为，但是教书育人的职责是神圣的，教师的特殊身份不允许有第二个"范跑跑"，否则会严重影响教育的公信力，引发全社会的道德焦虑。

（四）人的异化

道德焦虑的产生和现代社会中人与人、人与自然、人与社会关系的异化密切相关。

首先，道德焦虑源于人与人关系的异化。人与人之间是建立在不侵犯他人正当利益的前提下真诚、友好地交往，但随着人们交往领域的扩大，交往主体由熟人转向陌生人，加之中国传统的家族观念根深蒂固，部分陌生人之间以利益、金钱、权力为交往目的，缺少人文关怀，功利化了人与人之间的关系，这就意味着一旦利益链断裂，人与人的关系也就会松动。所以，当人与人之间真诚地交往被物化了的利益所侵蚀时，道德焦虑就会产生。

其次，人与自然关系的异化引发道德焦虑。人的生存发展离不开大自然的滋养，人与自然是休戚与共的和谐共生关系，但是，人类贪婪的欲望和不健康的生活方式无情地破坏了自然的生态系统，致使自然环境污染、地质灾害频发、疫病快速蔓延，加速了人们的生存危机，引起人们的道德焦虑。

最后，人与社会关系的异化引发道德焦虑。人是自然属性和社会属性的统一体，社会属性是人的根本属性。所以，人的发展与社会的发展是相互影响、相互促进的关系。即人的发展为社会是社会发展的前提，社会的发展又为人的发展提供保障和支持，而人是社会中最活跃的因素，在行使社会赋予的权利的同时，必须履行服务社会的义务，当权利与义务被人为地分裂开来的时候，部分人的正当利益就会遭到侵害，道德焦虑不可避免。

三　缓解道德焦虑的有效路径

道德焦虑是受良心支配的一种心理的紧张状态，对于道德主体而言，适度的道德焦虑能够及时预见失德的不良后果，抑制、避免失德行为的发生；而过度的道德焦虑是不健康的心理状态，会影响道德主体的判断力，瞻前顾后，最终沦为冷漠的"看客"。所以，有效缓解现代人的道德焦虑对于构建和谐社会具有重要的现实意义，亟须社会、学校、家庭等外部环境和道德主体自身等多方联动。

（一）健全法律制度，加强监管力度

人性有自私的一面，沉溺于私利是现代社会道德缺失的引擎，而单纯的道德自律与教化不足以对失德主体形成威慑力，必须利用法律的强制力来抑制人性中的"恶"，保证社会的公平正义，以此来缓解人们的道德焦虑。

首先，与时俱进地创新、完善法律法规。广泛听取群众和社会呼声，以国家和人民群众的利益为旨归，确保立法的科学性、连续性、具体性、

可操作性，保证人民群众有法可依。

其次，加强普法宣传工作。提高人民群众知法、守法、护法的法律意识，依法行事，并学会用法律武器维护自身的合法利益。

再次，提高执法透明度，严格执法。社会的违法乱纪行为必然会损害部分人的合法权益，执法人员的偏袒是对职业道德的亵渎，势必会助长违法者的嚣张气焰，造成更大的社会危害，加剧公众的紧张心理。公正执法是维护法律权威、保证人民利益的关键。只有这样，不法行为才能得到震慑，英雄才能义无反顾。

最后，加强法律监管，违法必究。坚决维护法律尊严，对于违法行为要追究到底，绝不姑息养奸。自觉接受舆论、群众监督，杜绝"钱刑交易"、"权刑交易"、"人情交易"。

（二）弘扬社会公德，注重人文关怀

人的高贵性和超越性决定了人道德自觉实现的可能性，社会公德是体现现代社会人的高贵性不可或缺的道德品质，是维系正常的社会秩序、缓解道德焦虑的有效武器。

首先，加强培养公民的公德意识。差序格局的传统中国缺少公德生长的沃土，十年浩劫又使公德元气大伤，市场经济的巨浪使人们在利益面前摇摆不定。先天畸形、后天发育迟缓的公德现实阻碍公民的公德意识的形成，必须扩大公共领域的建设，为公众创造良好的交往空间，促成公德意识的形成。

其次，注重培养公民的公共情感和公共意志。道德焦虑的产生源于道德主体的道德认知，是道德主体的超我与现实的自我之间的紧张和冲突，需要适然的情绪和意志来弥合，公平、诚信、包容的公共情感和意志能够消融人与人之间的隔阂与猜疑，拉近人与人之间的距离，减少或避免失德行为的发生，缓解道德焦虑。

再次，养成公德习惯。人们是否具有公德品质要通过具体的行为来衡量，人们常说："做一次好事容易，但做一辈子好事却很难。""习惯"顾名思义，就是习以为常的惯例，"做一次好事"和"做一辈子好事"的区别就在于是否具有行善的习惯。所以，具有公德习惯是构建和谐社会的应有之义，是消解道德焦虑的有效手段。

最后，建立健全道德回报机制。加大对道德模范、诚信集体的宣传和奖励力度，兼顾精神鼓励和物质奖励；严惩失德个人和团体，降低信用等

级并处以相应的经济处罚，使其接受道德的审判和法律的制裁。

（三）突出舆论导向，加强舆论监管

信息时代，传媒的高速发展，信息触手可及，舆论的道德示范和监督作用日益凸显。全球一体化的国际环境，多元文化的交流与碰撞，吸收先进文化的同时，低俗文化也粉墨登场、乘虚而入，冲击社会主流价值体系，加之道德理想与道德现实的冲突和困惑，肢解了人们的价值信仰，道德焦虑不可避免，需要鲜明的舆论导向去邪扶正。

首先，抢占舆论高地。权威媒体要抢占先机，保证及时、客观、公正地报道事件的真相和进展情况，邀请权威专家解读社会热点，消除群众的疑点，变被动应对为主动出击，突出舆论的价值导向。

其次，加强舆论监管。信息的良莠不齐需要监管部门加强信息过滤，仔细辨别信息真伪，防止不法之徒利用网络等传播媒体散布虚假谣言、煽动是非，引发社会恐慌，达到其不可告人的目的；避免为了炫富、出名、高点击率等个人利益而传播低俗文化，扰乱文化市场的正常秩序。

（四）完善学校德育，严格遵守师德

道德焦虑实际是自我意识的表征，是道德主体对客观实在的主观反映，与道德主体的自身认知密切相关。学校作为道德文化建设的高地，是树立崇高的人生观、世界观、价值观形成的重要场所。所以，缓解道德焦虑，必须完善学校德育，注重教师的道德示范作用。

首先，与时俱进地创新、完善德育内容。用马克思主义的最新理论成果——社会主义核心价值体系来引领学校德育，结合教育规律和各阶段学生的身心发展规律，制定具体的德育内容，提高学生的认知水平。

其次，变革德育方法，增强理论的现实意义。以典型案例分析、社会实践、情景模拟、音频视频、热点分析等教学方法取代传统的"填鸭式教学"，注重教材体系向教学体系的转化，激发学生的学习热情，培养学生辩证地分析、处理问题的思维和方法，缓解道德焦虑。

最后，提高教师的职业修养，发挥教师的道德示范作用。教师承担着教书育人的伟大使命，一言一行都有着示范作用，其特殊身份也会使影响被放大，加强教师的职业道德培训，使教师做到爱岗敬业、知行统一、言行一致，发挥好道德示范作用意义重大。

（五）传承家庭美德，家长先行示范

父母是孩子的第一任老师，良好的家庭教育对孩子的身心发育影响重

大、意义深远。家长的思想观念、言谈举止直接影响孩子的道德认知。父母应不断加强自身修养，提高道德认识，做到言行一致，发挥好思想和行为的表率作用，引导孩子形成正确的人生观、价值观。同时，家长应引导孩子确定合理的奋斗目标，注重目标的层次性，避免目标与现实的遥不可及，影响教育效果，引起挫败感。培养孩子诚实守信、与人为善的道德品质。鼓励孩子接触社会，多参加集体和实践活动，培养孩子的沟通和协作能力，使孩子养成宽容、理智的品格。人们过度的道德焦虑受客观条件的曲折发展和主观认知影响，父母的引导和言传身教有利于孩子形成正确的道德认知和辩证的思维方法，理性地看待社会的道德失范行为，缓解孩子的心理焦虑。

（六）提高自身修养，强化道德自律

事物的发展是内外因共同作用的结果，内因是根本，外因是条件，外因通过内因起作用。人作为道德焦虑产生的主体，提高自身道德修养是关键。深入学习马克思主义的经典著作，用最新的理论成果——社会主义核心价值体系来武装自己的头脑，以道德楷模、时代先锋、感动中国等先进人物的感人事迹为榜样，不断提高思想道德素质，争做思想的巨人。同时，强化道德自律。道德自律是道德主体在社会实践中自觉地对社会道德规范的认同，并把道德规范内化为内心的道德律令，是道德行为发生的基础。马克思曾经说过：道德的基础是人类精神的自律，[①]精神自律的程度是个人道德修养高低的体现，是道德主体公与私、利与义在思想中的博弈和选择。树立正确的利益观，理性地看待是与非，强化自我约束，缓解道德主体的道德焦虑。

（作者：周辉、卢黎歌，原载《广西社会科学》2012 年第 5 期）

---

① 《马克思恩格斯全集》第 1 卷，人民出版社 1956 年版，第 15 页。

如何认识和分析历史虚无主义思潮

习近平同志《在纪念毛泽东同志诞辰120周年座谈会上的讲话》一文中曾经指出："历史就是历史，历史不能任意选择，一个民族的历史是一个民族安身立命的基础。"这再一次说明，树立并坚持正确的历史观，是国家长治久安的思想文化基础。习近平《在文艺工作座谈会上讲话》中也说，要把爱国主义作为文艺创作的主旋律，引导人民树立和坚持正确的历史观、民族观、国家观、文化观，以便增强做中国人的骨气和底气。① 可是，近年来，在我国意识形态领域所涌动着的一股历史虚无主义思潮，就起着消解这一基础的消极作用。这种"虚无化"的历史思维，在历史研究、历史教育和文艺创作领域中，都有所反映。显而易见，如何正确认识和对待历史虚无主义，事关国家命脉。因此，有必要对历史虚无主义进行一番深入辨析。

一 历史"虚实之辨"仅仅是学派相争吗？

有关历史虚无主义问题的争论是学术之争还是非学术之争？要解决这个问题，首先需要对历史虚无主义是不是一个学派进行分析。"学派"得以成立的基本要素有：代表性的学术领军人物、独有的理论内核及其论证方式、标志性的学术专著、相对稳定的学者圈层。然而，现有文献研究证明，没有资料显示有学者自称历史虚无主义者，也没有发现坚持历史虚无主义的标志性学术专著，更没有公认的该学派领军人物。由此似乎可以得出结论，历史虚无主义不属于真正意义上的学派，关于历史虚无主义问题

---

① 习近平：《在文艺工作座谈会上讲话》，http://culture.people.com.cn/n/2014/1015/c22219-25842812.html。

的争论，不属于不同学派的不同学术观点之争。但是，一段时期以来，它的社会影响力却是客观存在的。这种社会影响力不是通过传统的学术学派方式实现的，而是通过社会思潮的学术情绪和社会心理衍射形式实现的。可是，我们无法思议一种思潮在没有领军人物和思想理论的情况下能够实现常态发展，并产生一定的社会影响。由此推断，历史虚无主义"学派"是客观存在的，它的领军人物和思想理论是以特殊的"隐性"方式存在的，而且是具有明确政治目的的"隐性学派"。这是历史虚无主义与其他几种在当代中国有影响的社会思潮（如民主社会主义、新自由主义和后现代主义等）的不同之处。这种特点使得历史虚无主义既能在社会上发挥影响作用，又使得反对者难以找到论争主体和批判对象，难以展开学术辩论。

二 历史虚无主义思潮为何会有一定市场？

将整个历史虚无化的做法，从常识、逻辑和经验的角度是很难被人们所持久普遍认同的，但是在对于具体历史问题的争论中，却屡屡有人使用它并暂时赢得一定市场。所以，历史虚无主义思潮所宣扬的某些不当甚至错误观点，可能会在特定领域、特定时期和特定人群中受到一定的认同甚至追捧。为什么会出现这种奇特现象呢？要回答这个问题，首先要讨论什么是历史。

这里所涉及的历史概念，可以从三个维度来理解：一是历史真实。它是历史上曾经发生过的真实的曾经。二是历史记载。它是由史学家记载，并由后世学者补充完善的资料性的文献。三是历史结论。它是由人类世世代代对于历史经历、历史记忆和历史记载等进行归纳和概括而形成的历史共识。

历史真实已经发生并永远地过去了，传递给后世的只是文字和器物所承载的部分信息，而全景性的真实不可能再现。对历史真实的求知、求证，正是史家的特殊使命和学术动力。后世所能得到的历史记载并不是全部信息，虽然我们不能无端地怀疑历代史家的职业操守及其对于历史的忠诚，但是，记载历史的具体个人毕竟会受到信息采集条件、个人视野和思想方法等主客观历史认识条件的制约。这些局限性是特定历史时期的史家个人无法超越的,它必然会造成部分历史信息的佚失①,形成历史的谜团,有的信息甚至永远湮灭在历史的封尘中,难被知晓。同时,历史的记载也是有选择的。被记载的总是那个时代视域的重大事件和人物。但是,也不排除当时以为次要的事件和人物,其实有很重要的史料价值,可是却被遗憾地疏漏了。总之,历史结论是建立在对历史经历、历史记忆和历史记载的认识基础上的,由于历史信息的不完整性,后人在历史资料信息新发现基础上,对历史结论进行部分修正也是正常的。正因为历史记载、历史结论与历史真实有一定的距离,人们就有理由对历史记载、历史结论存在某种程度的质疑心理,并且渴望了解或者还原历史真实。历史虚无主义正是利用了人们的这种心理和愿望,在"距离"上做足了文章,打着还原历史真相的旗帜,假设历史、揣摩历史、哗众取宠、误导舆论,以争取认同者。

三 "还原历史"与"虚无历史"有何区别?

历史真理是相对的,但是夸大历史真理的相对性是错误的。由于历史记载、历史结论客观上的确可能存在某些不足,就会引发或触及历史认识论的基本问题:历史可知吗?对此,有人持历史相对主义立场,认为历史不可知、不可信。"虚无历史"其实就是历史相对主义或者历史唯心主义治史方法和立场的具体表现,它假借所谓"史事如烟"、"见仁见智"来宣扬历史不可知论。历史唯物主义认为,历史不仅是可知的,也是可信的。它的可信度在于人类可以通过多角度的证据链、历史科学及其真理性的结论、出土文物等渠道不断丰富历史资料,不断逼近历史真实。公认的历史结论一般都经历了时间长河的检验,经历了逻辑思辨的拷问,应该是客观的和值得信任的。所以,对待历史的正确态度是,既不能因为在某些方面有了点滴性的新发现就颠覆原来的历史结论,也不能固守原来的历史结论而不愿去正视历史的新发现。

---

① 吕澄在《中国佛学源流略讲》中谈到文献时曾经讲过,史家凭据文献常常有所不足,因为"目录原本,也早已佚失"。郭沫若也曾经在《〈沸羹集〉序》中论及文献收集时说道,除了一些文献,"此外当然也还有些佚失了的,年岁太久,发表处太广,再要收集恐怕已经是不可能了"。所以,要完全复原历史,史家每每力有不逮。

　　"还原历史"与"虚无历史",从表象上看,似乎都在某些方面或者某种程度上"改写"了历史,因此,常常会被人有意无意地加以混淆。"虚无历史"者常常就把"还原历史"作为自己的旗号。实际上,"还原历史"与"虚无历史"有着本质区别,必须加以厘清。"还原历史"是为了追求历史真实之目的,以科学求实的态度,以历史文献和文物所承载的历史信息为依据,采用实事求是的历史研究原则和方法,不断补充完善历史记载。所以,它属于历史唯物主义的范畴。"虚无历史"则是否认历史的规律性,在历史认识和评价中,常常以支流否定主流,以偏概全,以局部否定整体,以偶发性事件、个别现象否认历史本质,随心所欲地解读历史,篡改历史,混淆视听,以达到利用歪曲了的"历史"为自己的价值诉求立论之目的。可见,历史虚无主义在本质上是属于历史唯心主义的,是与历史唯物主义根本对立的。其实质在于通过对历史真理的否定从而达到对现实社会制度合理性的否定。①

四　历史虚无主义思潮真的是要"虚无"历史吗?

　　人们何以长存历史兴趣,不断研习发掘历史话题?因为历史有着特殊的社会功能,因为"历史的用处就是要对当前有所帮助。"② 人们可以以史为鉴,鉴古识今,吸取古人的经验教训,少走弯路;人们可以传承文化,在前人智慧和文化成果的基础上推动文明进步;人们可以通过学习历史知识,洞察和发现人类发展规律与发展趋势;人们可以说古论今,以古讽今,古为今用,为自己的价值诉求寻找历史依据,争取支持者,占领舆论高地。怀揣各种目的,不同阶级和集团总是要争夺历史话语权,争相登上历史论坛,发表着各自的历史主张,力图扩大自己的影响,引领舆论和人们的关注点。历史虚无主义者,也跻身于其中。

　　透过现象看本质,历史虚无主义并不是想要"虚无"历史,而是要"重构"历史。即按照自己的意图唯心地"删减"、"增加"、"解读"、"建构"所谓的"历史",达到自己的某些企图。无论在国际上还是在国

---

① 郭世佑:《历史虚无主义的实与虚》,《炎黄春秋》2014 年第 5 期。
② ［美］斯塔夫里阿诺斯:《全球通史——1500 年以后的历史》,吴象婴、梁赤民译,上海社会科学院出版社 1999 年版。

内，都有一批自称尊重历史的人在歪曲着历史，并企图否定历史。在国际上，当代日本右翼历史学者和政治家就是典型的代表。他们常常采取"选择性失忆"，狡称"'侵略'的定义在学术乃至国际上都没有定论，取决于看待这个问题的是哪一方"。用所谓的"学术定义"来否定国际社会对日本侵略历史的定论，搅乱战后国际秩序和战后体制，以此达到否定日本侵略者滔天罪行、复活军国主义的政治目的。国内也有一些人用"虚无"历史的方法，或者企图否认中华民族的文明史，削弱民族自豪感和自信心，盲目崇拜外国文明；或者企图否定中国共产党历史和新中国历史①，兜售他们所主张的"封闭僵化的老路"或者"改旗易帜的邪路"。

历史虚无主义与文化复古主义都采取了全盘否定的态度"虚无"中国近现代史。从总体上看，历史虚无主义与文化复古主义是两股不同的历史思潮。尽管它们的主张是不同的，甚至是针锋相对的，但是在对待中国近现代史的问题上，它们却有着惊人的相似之处，都主张否定或重构历史，都采取了有选择的"虚无"、"强化"或"构建"的错误方法。文化复古主义的"虚化"就是"儒化"，它以"弘扬民族文化"为旗帜，否定"五四"新文化运动及其以后的新民主主义革命和社会主义革命，主张"儒化"现代中国社会。历史虚无主义则否定中国人民推翻"三座大山"的奋斗史，尤其是歪曲中国共产党领导人民革命和建设的历史，主张"西化"现代中国社会。而在对待中国古代历史的态度上两种思潮则出现分野。历史虚无主义是有"选择性"的虚无，其重点是把对支撑民族自信的史实、人物、事件等历史证据虚无化。文化复古主义则主张儒化现代中国社会，返回孔孟之道，在社会上提倡尊孔运动，倡导诵经复古，反对马克思主义，排斥西方文化精华。

五 "虚无"历史的主要方法有哪些？

历史虚无主义者在虚无历史、宣扬历史虚无的过程中主要采用了下列方法。

---

① 郭世佑：《历史虚无主义的实与虚》，《炎黄春秋》2014 年第 5 期。

（一）学术方法虚无

一些人提出要用所谓的"现代化史观"取代"革命史观"。有人认为，用"文明史观、文化史观、社会史观"取代唯物史观，是"很大的进步"。按照所谓的"现代化史观"，近代史上的改革和革命，是造成社会动荡、经济衰败、社会阻滞的原因，因而是中国走向现代化历史进程的消极力量。"一些学者就认为，我们看待历史，就不要以反侵略为主要线索了，主张用现代化史观取代中国近代史研究中长期形成的'革命史观'，用现代化史观统帅近代史研究。他们认为中国近代一百年的历史发展不是革命斗争的历史，而是一场现代化史，他们想依据此种观点来重新对近代中国的历史进程进行阐述。"① 其实，"现代化史观"与"革命史观"并非是尖锐对立、水火不容的。它们原本应该只是站在不同的历史认识角度，而不应该是从不同的政治立场来看待中国近现代历史的。在历史辩证法看来，不论单纯站在哪个角度看待历史，难免有一定的局限性。站在多个角度来观察历史，有利于人们更全面、更客观、更清晰地把握历史发展脉络，了解历史发展的必然趋势。比如，我们如何来看待辛亥革命？正如有人所说："一百年前，资产阶级革命派经过不屈不挠、前赴后继的英勇斗争，终于推翻了清王朝的专制统治，建立起民主共和政体的国家。无论辛亥革命存在着怎样的不足与局限，其历史意义与作用都是不能抹杀的，都是一个永远值得纪念的重大事件。"② 这样，就比较准确地认识了辛亥革命的历史地位。把革命同现代化对立起来，在方法论上是不可取的，在政治上则会导致否定中国近代史上的革命斗争作用的错误结论。

（二）选择性虚无

历史虚无主义并没有全盘否定历史，而是部分地否定历史。肯定什么、否定什么、颠覆什么，都是有选择的。列宁曾指出："在社会现象方面，没有哪种方法比胡乱抽出一些个别事实和玩弄实例更普遍、更站不住脚的了。……如果不是从整体上、不是从联系中去掌握事实，如果事实是零碎的和随意挑出来的，那么，它们就只能是一种儿戏，或者连儿戏都不如。"③ 选择性虚无，使得原本完整一体的历史被肢解得支离破碎，尽管剩下的"历史"可能的确也是真实的，但是，不完整、不全面的个别

---

① 吴亮：《试论革命史观和现代化史观》，《文艺生活》2011 年第 1 期。
② 王开玺：《辛亥革命的历史省思》，《广东社会科学》2014 年第 1 期。
③ 《列宁全集》第 28 卷，人民出版社 1990 年版，第 374 页。

"真实"是"没有任何意义，或者有纯粹消极的意义"。有关文献显示，"选择性虚无"要么选择对民族认可的历史英雄人物虚无，抹杀他们的历史功绩，"改写"他们正面形象，冲击他们在人们心目中的地位，混淆人们的是非观念。比如认为岳母刺字"是作秀"；认为岳飞、文天祥不是爱国英雄，是"打内战"。要么选择对中华文明史的虚无，否认中华文明史对世界文明的贡献，解构国人的民族自豪感。比如，贬低或诋毁中医中药的科学性及其对人类健康做出的不朽贡献。要么选择中国历史发展进程中的重大历史事件进行虚无。比如，认为承认农民起义积极意义是"革命史观"范式，是左的思想作祟①；认为"五四运动"从历史作用看，割断了中国传统文化的命脉，造成中国传统文化的断裂及中国价值的失落②；认为"五四运动"不符合"用正当的方法来传播自己的主张"的现代民主意识和现代法律常识，而是以多数压倒少数的"暴民专制"的表现。③

（三）"重读历史"

矫正过去存在的对历史评价过于简单化的做法，无疑是必要的。但是，用所谓的重新解读历史的方法，取其一点，不及其余，甚至无中生有，用奇谈怪论和激情化语言有意误读历史铁案和共识、误导公众和历史舆论则是完全错误的。对历史的重新解读，目前似乎很时髦。一些人在"重新解读历史"后提出，慈禧、袁世凯等人是中国现代化的开拓者，是"在为中国找出路"，而把革命斗争说成是"百年的疯狂和幼稚"（参见《告别革命》）。有人认为，"西太后确曾真诚地主张进步与革新"。④ 在美化、拔高式"重新解读"慈禧、袁世凯的同时，对林则徐、谭嗣同、孙中山等人也进行非难、贬低式的"重新解读"。这一褒一贬，其"重新解读历史""隐微"寓意也就很"显白"露骨了。"重新解读历史"在新民主主义历史和新中国历史的研究中，范围更广，参与者更多、影响更大。

（四）所谓"人性化"地解读历史人物

"人性化"或"他者"是近年来的热门认识视角。在以往的历史研究中，也许的确存在着非"人性化"的问题。对人的处境、人的心理缺乏

---

① 马龙闪：《历史虚无主义的来龙去脉》，《炎黄春秋》2014年第5期。

② 黄丝雨：《截流的虚妄——对"五四新文化运动造成中国传统文化断裂"的驳斥》，《理论界》2005年第10期。

③ 张耀杰：《五四运动的法理反思》，《南方周末》2009年4月8日。

④ 马勇：《超越革命与改良》，生活·读书·新知三联书店2001年版，第62页。

必要的理解和研究，见物见事不见人。通过人性视角解读历史可以丰富历史研究方法，也可能解读出一些新信息，可能发掘出新史料。但是，有的所谓"人性化"解读历史，实际上是以不着边际的"呓语"和"神话"方式来美化被历史所否定的事件和人物。比较有代表性的是影片《南京！南京！》。不少影评对影片《南京！南京！》"人性化"历史解读法提出批评，指出这部影片以"人性"为幌子，歪曲史实，美化军国主义分子，美化汉奸；以抽象的普遍人性理念解读日本侵略者的残暴，变相为大屠杀开罪；把人类社会的主要矛盾描写为"人性与非人性"的矛盾，试图塑造日本侵略者也具有人类普遍秉持的善良本性，试图从"'他者'视角，淡化敌我双方角色差异，在依托某些历史片段的基础上，编织出关于人性的美好神话"。[1]

（五）在表现方式上的虚无

主要采取以下具体方法：一是学术讨论。通过学术争鸣中对历史结论、历史史料、历史人物、历史事件的争鸣，表达对其中某些历史的虚无意愿或观点，甚至把对于虚无主义的批判说成是虚无主义。[2]二是历史评论。通过对历史史料、历史人物、历史事件的"反思性"评价、"创新性"评价，表达评论人的历史观。三是文艺作品。通过艺术创作手法，对历史事件、历史人物的形象进行"重新"塑造，或者以支代主的塑造，以改变人们历史观。四是历史人物展馆解说。通过对历史人物的文物选择和解说，"挖掘"文物中"鲜为人知"的信息，在满足参观者猎奇心理的同时，屏蔽某些主要信息，凸显某些次要信息，以影响人们对某些历史人物的感情和态度。

六　历史虚无主义有哪些影响？

在社会生活的众多领域都可见历史虚无主义思潮负面影响的踪影。

（一）质疑党和政府的执政合法性

历史虚无主义歪曲近现代中国革命的历史、中国共产党的历史和中华

---

① 徐晓利、岳春梅：《构建人性的神话——试论他者视角下二战题材电影〈南京！南京！〉和〈硫磺岛家书〉》，《温州大学学报》（社会科学版）2012年第2期。
② 尹保云：《要警惕什么样的历史虚无主义》，《炎黄春秋》2014年第5期。

人民共和国的历史，贬损甚至否定中国人民在中国共产党领导下争取民族独立、人民解放而进行的反帝反封建斗争和社会主义建设取得的伟大成就。说到底，就是否定"只有社会主义才能救中国"的主流历史结论，就是否定中国近现代历史的"三个选择"（坚持马克思主义指导、坚持党的领导、坚持社会主义）。换言之，就是否定社会主义中国的历史根据与现实合理性，否定中国共产党的执政合法性。

（二）消解主流意识形态

历史虚无主义用"多元意识形态"消解主流意识形态，它通过虚无中国数千年的文明历史，消解民族认同感和民族自信心，涣散民族凝聚力；它通过虚无中国近现代反帝反封建的革命史和奋斗史，消解人们对中国道路的信心、化解国人对列强的仇恨情绪；它通过虚无中国共产党的历史贡献来消解群众对党和政府的信任。总之，历史虚无主义动摇了人们尤其是青年学生对"三个坚持"的信念，造成了人们的思想混乱。

（三）模糊和扰乱人们的价值评价标准

不同的历史观会直接影响到人们如何看待历史、看待社会、看待未来走向。科学的历史观帮助人们确立正确的世界观、人生观和价值观。历史虚无主义淡化或质疑以爱国主义为核心的民族精神和以改革创新为核心的时代精神，导致民族和文化的虚无主义，优秀的文化被否定，民族独立的历史被篡改，是非荣辱被颠倒，与我们所倡导的社会主义核心价值观背道而驰。

（四）挑战马克思主义唯物史观

历史虚无主义在历史本体论、历史认识论和历史价值论上都是持唯心主义观点的。它无视历史事实，任意曲解历史事件和人物，因而也就将客观的历史进程误解为偶然的精神过程，从而滑向非历史决定论的泥淖。历史虚无主义否定近代以来中国人民推翻"三座大山"的伟大斗争，也就是否定人民群众创造历史的伟大作用，从而走向英雄史观。可见，历史虚无主义在历史主体论、历史客体论、历史动力论上，都走向唯物史观的对立面。一些历史虚无主义者，甚至极力宣扬在马克思、恩格斯和列宁那里早已批判过的历史唯心主义观点。

总之，历史虚无主义是一种包藏特殊历史价值观和政治动机的"隐性"学术派系，是一种试图破坏和销蚀主流意识形态核心价值的错误社会思潮。我们绝不能低估它所造成的消极社会影响。值得警惕的是，由于历史虚无主义具有隐蔽性强的特点，所以，很容易混淆视听，并以潜移默化、暗度陈仓的方式在社会生活的各个领域发生作用。它所产生的影响，不仅存在于历史学术领域，影响到学术见解，更严重的是，它还越过学界渗透到社会精神生活各个领域，而且大有不断蔓延和发酵的态势。如果任其"虚无"历史判断标准，就有可能搞乱人们的思想，使得社会发展失去必要的思想共识。所以，绝不应该把有关历史虚无主义的争论，简单地仅仅看作学术之争层面的问题，而应该将其看作两种历史观和价值观博弈的具体表现。因此，低估历史虚无主义所造成的社会行为和社会心态影响，就不再简单的是一种学术迷思了。

　　[作者：卢黎歌、程馨莹，原载《西安交通大学学报》（社会科学版）2014 年第 11 期]

后　记

　　本书是由教育部"思想道德修养与法律基础"课教学指导分委员会推荐申报、卢黎歌教授和武东生教授主持的教育部人文社会科学研究专项任务项目（高校思想政治理论课）"'思想道德修养与法律基础'课教学设计研究"（11JDSZK023）的最终成果。

　　本课题由西安交通大学卢黎歌、南开大学武东生主持。其他主要成员有：西安交通大学杨华、何志敏、伊景冰；西北大学程馨莹；西安电子科技大学宋宝萍；复旦大学高国希；天津师范大学闫艳；中央财经大学谢玉进。其后，高国希带他的博士生张琳参与课题研究全过程。

　　本书的形成是课题组辛勤劳动的结晶。课题立项以来，课题研究团队积极投入、扎实研究，召开了多次专门研讨会，使课题研究不断深入。课题大体进行了五个阶段：第一阶段：讨论课题研究方案、研究遴选每章的核心观点和每节的重要观点；第二阶段：完成教学重点部分的撰写；第三阶段：完成研究综述部分的撰写；第四阶段：完成教学设计部分、教材主线部分的撰写，联系出版事宜；第五阶段：先按照2013年版修改教材对成果进行调整修改，后又按照2015年版（初稿）的章节安排再次修改调整，补充了对第八章的研究成果，并对研究综述进行了补充，收集了课题组成员发表的相关论文，汇编成研究论文部分。

　　第一部分教学设计，由卢黎歌、岳潇撰写；第二部分教材主线，由卢黎歌、程馨莹、吕广利撰写；第三部分教学重点、第四部分研究综述和第五部分研究论文，由全体课题组成员和部分其他参与教师执笔完成，已在文中标注，在此不再赘述。全书由卢黎歌审稿并修改。研究生岳潇为研究论文的收集整理和本书的出版也付出了辛勤的劳动。

　　本课题历经三年有余，研究的教材从2010年版、2013年版到2015年版，期间反反复复多次开会研讨，多次调整修改，大家有一个共同的目的，希望自己的努力能够为高校"基础课"广大教师的教学提供一点参考借鉴的思路和资料，为提高"基础课"教学质量尽一点绵薄之力。虽然课题已经结项，我们也在全国高校的一些教学研究会介绍我们的观点，并引起了一些同行尤其是一线教师的认可和共鸣，起到了一些推进教改的作用。但是，课题组成员还是希望我把大家研究的成果汇总出版，提供给更多的一线教师。可惜我因病住院，耽误了一段时间。不过，也正逢2015年版的教材修改版出炉，使我们得以按照新版教材再次修改调整。感谢参与课题的全体教师的精诚合作和辛勤努力，感谢武东生教授与我一起主持完成了此项工作。

本课题得到了教育部社科司原副司长徐维凡的大力支持。从课题立项的目的，研究思路，把握的重点，到课题成果的应用预期，徐司长都给予了细致明确的指导。社科司"马工程办"陈茅副主任、教学处调研员陈睿都对课题给予了鼓励和指导。教育部思想政治理论课教学指导委员会主任委员、"基础课"分指导委员会主任委员胡树祥教授，从教指委的角度积极推荐课题立项，并且在课题进行过程中亲切关心、全程监督、着力推进。副主任委员陈大文参加课题组在复旦大学的讨论会，对法律基础部分把握重点给出了重要建议。在此，对上述领导和同人的关怀支持表示衷心感谢。特别需要提到的是，本书第五部分收集了课题组成员在我国学术期刊发表的论文，其目的是希望这些关于教学改革和课程内容研究的成果能够给高校思想政治理论课教师以借鉴参考，用学术成果来支撑教学。特此对论文刊登的期刊和付出劳动的编辑致以敬意和感谢。

如何提高"基础课"教学质量，使它成为学生真心喜爱、终身受益的课程，全国高校的"基础课"教师都进行了并正在进行着不懈的努力与探索。我们课题组的研究，也是这一探索的组成部分，希望我们的一家之言能够对同仁们有所参考和借鉴。由于水平有限，书中难免有许多不尽如人意之处，敬请同仁们批评斧正。

本书得到教育部人文社会科学研究专项任务项目（高校思想政治理论课）和西安交通大学提供的"中央高校基本科研业务费"资助，得到了中国社会科学出版社和卢小生编审的支持帮助，也是纳入陕西省高校哲学社会科学重点基地——高校德育研究基地的年度计划的项目，诚致谢意。

卢黎歌

2015 年 7 月 30 日